新编21世纪研究生系列教材

林业经济学

拓展与进展

FORESTRY ECONOMICS

EXPANSION AND PROGRESSION

柯水发 等 编著

中国人民大学出版社
·北京·

本教材为中国人民大学研究生精品教材

建设项目成果，

受到中国人民大学“中央高校建设世界一流

大学（学科）和特色发展引导专项资金”

支持

《林业经济学：拓展与进展》主要编著人员

主　编：

柯水发（中国人民大学农业与农村发展学院）

崔海兴（中国人民大学农业与农村发展学院）

谢　屹（北京林业大学经济管理学院）

李红勋（北京林业大学经济管理学院）

副主编：

李　娅（西南林业大学经济管理学院）

李　怡（华南农业大学经济管理学院）

孙　星（上海财经大学城市与区域科学学院/财经研究所）

黄　雷（北京农学院经济管理学院）

田晓晖（中国人民大学农业与农村发展学院）

宁攸凉（中国林业科学研究院林业科技信息研究所）

参编人员：

米　锋（北京林业大学经济管理学院）

王雨濛（中国人民大学农业与农村发展学院）

赵海兰（国家林业和草原局发展研究中心）

赵铁蕊（中国林业科学研究院林业科技信息研究所）

陈思莹（福建农林大学经济与管理学院）

马明娟（北方民族大学经济学院）

乔　丹（北京林业大学经济管理学院）

前　言

FOREWORD

新时代下，我国正在协同推进生态文明建设、“双碳”战略、乡村振兴战略和共同富裕，而新形势下的林业大有可为，它已成为新时代的重要公益事业和基础特色产业。林业经济有了新的时代内涵和发展动力。面对新的发展形势，我们感觉有必要与时俱进地新编一本研究生教材《林业经济学：拓展与进展》，旨在系统梳理林业经济学的发展、林业经济思想演进、林业经济学的前沿动态、林业经济学的理论体系、林业经济实践进展和研究进展等。

新时代下的林业经济学研究生教材建设极为重要。当前，林业经济学是各相关高校农林经济管理专业的必修课。与本科生教材相区别，面向研究生开设的林业经济学课程所配套的教材需要更具高阶性、学术性、理论性和前沿性。当前，林业经济学类的本科教材较为丰富多样，但国内缺乏适用于研究生层次的相关教材，而国外的教材又大多适合国外教育体系，照搬国外教材难免出现水土不服。特别是为了进一步贯彻习近平总书记所强调的“加快构建中国特色哲学社会科学，归根结底是建构中国自主的知识体系”，为更好地支撑特色学科和研究生课程建设，更好地促进农林经济管理学科建设，更好地促进人才培养，我们编写了一本适用于研究生层次的教材《林业经济学：拓展与进展》。

本教材共设置 12 章：第一章为林业经济学的兴起与拓展；第二章为中国林业经济政策和思想；第三章为国有林区改革；第四章为集体林权改革；第五章为森林治理；第六章为国家公园建设与管理；第七章为乡村林业发展；第八章为森林资源价值核算；第九章为森林生态产品价值实现；第十章为森林碳汇经济；第十一章为林业生物质能源经济；第十二章为木材非法采伐及应对。

与国内外的本科生教材和国外的研究生教材相比，本教材的特色及创新点主要体现在：（1）突出教材的思想性和思政性。本教材采取了与本科生教材不同的编写思路与编写结构，更加突出思想性，系统梳理了国内外古代、近代和现代的林业经济思想，充分体现研究生教材的思想性和思政性，以便提升研究生的政治站位和学术思辨能力。（2）强化教材的理论性、学术性和实践性。本教材更加注重理论性和学术性，有助于在教学中提升研究生的理论水平和理论素养。本教材将较为系统地梳理中国林业经济实践进展，在放眼国际的同时融合国内林业经济理论体系，并广泛吸收国内外产权经济学、制度经济学、行为经济学、转型经济学等相关学科领域的理论新发展和学术前沿，探索其在林业经济学领域的应用与拓展。（3）创新教材内容的系统性。本教材既有基础综合知识体系建构，又有对当前林业经济学领域热点研究的专题梳理。本教材尝试从林业经济思想、理论体系拓展与研究进展综述三个维度，创新性地系统建构林业经济学的新学理体系，突出教材的深度、广度和宽度，让学生在教材中获得学术知识、学科思想、理论体系和研究能力。（4）注重教材的适用性、规范性、可读性和拓展性。本教材基于研究生课程的特点加以编写，注重研究生教材的适用性。本教材各章节的编写注重逻辑和内容条理，注重文字、图表和版式的规范性。本教材各章后都附有推荐读物和思考与讨论，正文附有部分图表，从而增强了教材的可读性和拓展性。当然，本教材在部分章节的内容组织和写作深度上存有不足，仍待以后不断修订和完善。

本教材的主要策划者和主要编著者为中国人民大学农业与农村发展学院柯水发教授、中国人民大学农业与农村发展学院崔海兴副教授、北京林业大学经济管理学院谢屹教授、北京林业大学经济管理学院李红勋教授。全书主要由柯水发教授负责统稿。西南林业大学经济管理学院李娅教授、华南农业大学经济管理学院李怡教授、上海财经大学城市与区域科学学院/财经研究所孙星副研究员、北京农学院经济管理学院黄雷副教授、中国人民大学农业与农村发展学院田晓晖教授、中国林业科学研究院林业科技信息研究所宁攸凉副研究员、北京林业大学经济管理学院米锋教授、中国人民大学农业与农村发展学院王雨濛副教授、国家林业和草原局发展研究中心赵海兰副研究员、中国林业科学研究院林业科技信息研究所赵铁蕊助理研究员、福建农林大学经济与管理学院陈思莹副教授、北方民族大学经济学院马明娟副教授、北京林业大学经济管理学院乔丹讲师等参加了相关章节的撰写。此外，中国人民大学农业与农村发展学院的研究生纪元、谢艳琦、梁晨、万深玮、陈津志、袁雪婷、吕晓萱、袁婉潼、李康淼、周丁盈、樊文慧、张融存、黄丹妮、石守信等也参与了教材编写资料的搜集整理、部分章节内容编写及书稿校对工作。

本教材为中国人民大学研究生精品教材建设项目（项目编号 21YJC038）成果，受到中国人民大学“中央高校建设世界一流大学（学科）和特色发展引导专项资金”支持。特别感谢中国人民大学研究生院、中国人民大学农业与农村发展学院和中国人民大学出版社给予的大力支持！

本教材梳理和借鉴了许多林业经济领域前辈及广大师生的一些文献成果，在此也特别向所有同行学者和文献作者致谢！

本教材既可作为高校林业经济管理相关专业或相关课程的研究生教材或教学参考用书，也可供林业经济管理相关领域研究人员或政府工作人员参考借鉴。

由于编著者水平有限，书中难免存在疏漏之处，敬请同行及广大读者给予谅解和指正！

本书编著者

2024 年 9 月

目　录

CONTENTS

第一章

林业经济学的兴起与拓展[①]

林业经济学是揭示林业经济现象及本质、研究林业经济活动规律、发现和解决林业经济问题的一门课程和学科。林业经济学是基于森林资源及森林生态系统的社会经济属性，应用相关理论和方法研究林业部门生产以及与此相联系的分配、交换、消费等经济活动和经济关系发展运动的规律，揭示人类社会培育、保护及利用森林资源和森林生态系统的一般原理，分析和解决林业生产经营管理问题，最终实现林业资源合理优化配置的一门科学。林业经济学是经济学的重要分支，属于经济学与林业科学相结合的应用经济学。林业经济学是农林经济管理学科的核心课程。当前，林业经济学的课程内容体系不断拓展。

本章概述了林业和林业经济学的界定，梳理了林业经济学的兴起与发展历程，并探讨了林业经济学在理论基础、内容体系和研究方法三个方面的未来拓展方向。本章旨在让读者了解林业经济学的一些基础概念和林业经济学的发展历程。

第一节　林业概述

一、林业的界定与特点

林业是指从事培育、保护、利用森林资源，充分发挥森林的生态、经济和社会等多重效益，促进人口、经济、社会、环境及资源协调发展的基础性产业和社会公益事业。林业具有产业属性，它提供了国民经济建设和人民生活所需的各种木质林产品、非木质林产品和各类生态服务产品，可以促进经济发展；与此同时，林业作为社会公益事业，它提供了生态环境以及各类生态系统服务和各种社会服务，可以促进社会发展。

林业生产经营的主要特点如下：（1）森林资源多种多样，由于树种不同、立地条件

① 本章参加编著人员：柯水发、纪元、赵海兰、崔海兴、李红勋。

差异以及生产周期参差不齐，由此造成了林业生产经营活动的多层次性、复杂性和多样性。(2) 在林业产品的生产过程中，自然再生产和经济再生产交织在一起，而且自然再生产通常具有主导性。自然再生产是指动植物依靠其特有的新陈代谢机能，通过生长、发育和繁殖等一系列生命活动，不断更新繁衍的过程。经济再生产是指人们通过投放活劳动和物化劳动，使生产过程不断反复和经常更新的经济活动，主要包括产品的再生产、劳动力的再生产和生产关系的再生产。(3) 林业生产的区域性、风险性和难预测性。由于林木自身的生物学特性，也就是每个树种都有一定的生态要求和自己的分布范围，所以林业生产具有强烈的区域性。由于林业的生产周期相对较长，会受到自然、社会和人为等多种因素影响，所以林业生产要面对自然风险、经济风险和社会风险，其生产经营过程具有较大的不确定性、风险性和难预测性。(4) 初期培育森林的经济依赖性，在林业再生产过程中，初始人工林森林培育的经济依赖性特别明显，没有一定的经济基础作保证，初始森林是无法产生的，而一旦进入主伐期，当人工林有了后续森林且能进行永续利用时，森林的经济依赖性就会有所减弱。(5) 林业生产经营的多目标性。由于森林的多功能性和人类社会需求的多样性，决定了林业生产经营通常要兼顾经济、生态、社会等多重目标。林业产品包括生物性产品（如活立木、林中动植物等）和非生物性产品（如林产加工产品等），还包括经济性产品和非经济性产品。林业生产经营的产出既包括有形的物质产品和经济产品，又包括无形的生态服务和社会服务。发展林业可以满足人们对于林木产品的需要，同时促进经济的发展；更重要的是，发展林业有利于改善人类与地球的关系，促进人与自然的和谐发展。

二、林业的主要功能

林业具有如下几项主要功能：

(1) 林业具有巨大的生态功能，在实现生态良好、维护生态安全中发挥着决定性作用。林业部门不仅能够生产出经济建设所必需的物质产品，而且能够生产出大量的生态产品，如固碳释氧、涵养水源、保持水土、防风固沙、调节气候、保护物种基因、减少噪音、减轻光辐射等。

(2) 林业具有巨大的经济功能，在推动经济发展、维护经济安全中发挥着重要作用。第一，木材是经济建设不可或缺的世界公认的三大传统原材料之一。与钢材、水泥相比，木材是绿色的、环保的、可降解的原材料。第二，森林是一种仅次于煤炭、石油、天然气的第四大战略性能源资源，而且具有可再生、可降解的特点。森林生物质能源主要是用林木的果实或籽提炼柴油，用木质纤维燃烧发电。在化石能源日益枯竭的情况下，发展森林生物质能源已成为世界各国能源替代战略的重要选择。第三，林业对维护国家粮油安全具有重要意义。我国木本粮油树种十分丰富，有适宜发展木本粮油的山地 1.6 亿亩。大力发展林业，提高林产品供给能力，就是大力发展绿色经济和低碳经济，对于转变经济发展方式、优化产业结构、改善生态环境、减少温室气体排放、建设资源节约型和环境友好型社会，具有十分重要的意义。

(3) 林业具有巨大的碳汇功能，在应对气候变化和维护气候安全中承担着特殊使命。《京都议定书》明确规定了两种减排途径：一是工业直接减排；二是通过森林碳汇间接减排。森林通过光合作用，可以吸收二氧化碳、放出氧气，这就是森林的碳汇功能。森林每生长1立方米蓄积，约吸收1.83吨二氧化碳、释放1.62吨氧气。森林是陆地上最大的储碳库和最经济的吸碳器。陆地生态系统一半以上的碳储存在森林生态系统中。与工业减排相比，森林固碳具有投资少、代价低、综合效益大等优点。加快林业发展、增强森林碳汇功能，已成为全球应对气候变化的共识和行动，对实现我国碳中和目标也具有重要意义。

（4）林业具有巨大的保健功能，在调节人体生理机能、促进人的身心健康方面发挥着重要作用。维系人的生命不仅要有吃的、穿的、住的等物质产品，而且也离不开氧气、水、适宜的生境等生态产品。森林还能释放出大量的负氧离子，像保健品一样调节人体的生理机能，改善人体呼吸和血液循环，促进人的身心健康。社会圈中的人，如果感到精神压抑，就可以到自然圈中呼吸新鲜空气、释放心理压力，从而促进身心健康。与森林等大自然亲密接触的人更合群、更大度、更重视社区、更有活力，他们的精力也更充沛。

（5）林业具有巨大的美化功能，在树立地方形象、改善投资环境中发挥着主导作用。良好的生态环境已成为衡量一个地区外在形象、投资环境和生活品质的重要标志。在形成良好的森林生态系统和湿地生态系统后，一个地区的形象就会大为改观，人们的生活品质就会明显提升，经济发展的环境容量就会大大增加，从而形成投资洼地，并会吸引大量的资金、人才、技术。

（6）林业具有巨大的文化功能，在繁荣生态文化中扮演着重要角色。森林是人类文明的摇篮，孕育了灿烂悠久、丰富多样的生态文化，如森林文化、花文化、竹文化、茶文化、湿地文化、野生动物文化、生态旅游文化等（周建元，2021）。这些文化集中反映了人类热爱自然、与自然和谐相处的共同价值观。林业建设和管理的自然保护区、森林公园、湿地公园，是生态文化的主要源泉和重要阵地，承担着繁荣生态文化、弘扬生态文明的先锋任务，可以为全社会牢固树立生态文明观发挥积极的促进作用（周建元，2021）。与此同时，广大社会成员通过参与义务植树以及各种生态文化活动，可以进一步增强生态意识和生态责任，更加自觉地投入生态文明建设的伟大实践（周建元，2021）。

（7）林业具有巨大的社会功能，在促进社会和谐中发挥着积极作用。加快林业发展，可以为解决“三农”问题、增加社会就业、改善人居环境、保障身心健康等发挥积极作用，有力地推动社会主义和谐社会建设（周建元，2021）。我国山区占国土总面积的69%，山区人口占全国总人口的56%，这些地区的贫困人口相对集中，经济社会发展相对滞后，民生问题较为突出。我国林地广阔，现有43亿亩，是耕地面积的2.3倍。依托山区丰富的林地资源和森林资源，大力发展林业产业，可以加快山区经济发展，帮助农民就业增收，有效解决“三农”问题，促进乡村振兴和城乡协调发展（周建元，2021）。森林不仅能够有效改善人居环境，还能够为城市居民提供一个良好的生存空间，促进人的身心健康。同时，随着生物技术的不断发展，很多树种能够提炼出新药品，满足人们防治疾病、延年益寿的愿望（周建元，2021）。林业的这些社会功能正在被人们广泛接受，并在和谐社会建设中发挥越来越大的作用。

总之，中央把林业的地位提升到前所未有的高度，体现了一个重大战略意图，那就是要求林业为实现科学发展、建设生态文明、维护生态安全、应对气候变化、解决“三农”问题、促进乡村振兴、实现“双碳”目标、维护社会和谐稳定，乃至促进整个经济社会发展做出重大贡献。

三、林业的地位与使命

林业肩负着重要的历史使命，关系着国家经济社会发展战略全局。2003 年，中央决定将林业定性为重要的公益事业和基础产业。2008 年国务院批准的国家林业局“三定”方案，赋予林业部门建设森林生态系统、保护湿地生态系统、治理荒漠生态系统、维护生物多样性的重要职责。2009 年 6 月，中央召开了新中国成立以来的首次中央林业工作会议，进一步明确了新时期林业的地位和使命；会议明确指出，在贯彻可持续发展战略中林业具有重要地位，在生态建设中林业具有首要地位，在西部大开发中林业具有基础地位，在应对气候变化中林业具有特殊地位；会议明确要求，实现科学发展必须把发展林业作为重大举措，建设生态文明必须把发展林业作为首要任务，应对气候变化必须把发展林业作为战略选择，解决“三农”问题必须把发展林业作为重要途径。这“四个地位”和“四大使命”充分表明，在建设生态文明的新形势下，林业的地位越来越重要、使命越来越光荣、任务越来越艰巨。党的十八大对生态文明建设做了全面部署，把生态文明建设提到与经济建设、政治建设、文化建设、社会建设并列的位置，形成了中国特色社会主义“五位一体”的总体布局。而林业是生态文明建设的主体，承担着保护自然生态系统、实施重大生态修复工程、构建生态安全格局、促进绿色发展、建设美丽中国、为应对全球气候变化做贡献等重大职责，党中央、国务院多次强调要把发展林业作为建设生态文明的首要任务，因此林业部门承担着更加重大的历史责任。同时，林业还牵头执行或参与执行防沙治沙、湿地保护、濒危野生动植物种国际贸易、应对气候变化等方面的国际公约，而且它维护国家利益和形象的任务也十分繁重。

党的十八大提出，把生态文明建设放在突出地位，融入经济建设、政治建设、文化建设、社会建设各方面和全过程，努力建设美丽中国，实现中华民族永续发展。林业在生态文明建设中占有非常重要的地位。在实现森林多功能利用后，林业必然获得进一步拓宽产业链、谋划新产业体系的社会需求和条件。例如，林业开发可再生的生物质能源、木本粮油、生物基质等产品，皆有广阔的市场需求和新的经济效益；林业为人们提供良好的生态环境，可以促进身体健康，提高人民生活幸福指数，保障了生态安全、国土安全及社会安定；林业建设的大力发展，不仅为社会就业提供了大量岗位，也为美丽中国宏伟目标的实现、促进社会进步做出了新贡献；森林景观建设为弘扬生态文化、普及生态知识、传播生态理念、推进生态文明建设提供了载体。

林业在农业生态系统中具有重要地位和价值。实践中，林业为农业发展提供了很多基础性保障作用，两者往往相互促进、相互协同，是山水林田湖草沙生命共同体的重要组成部分。2022 年 3 月 30 日，习近平总书记在参加首都义务植树活动时指出，森林是水库、钱库、粮库、碳库，生动形象地阐明了森林在国家生态安全和人类经济社会可持续发展中的基础性、战略性地位与作用。森林“四库”的重要论断为林业的未来发展指明了重要方向，从森林“四库”功能出发，推进林业发展必将为早日实现乡村振兴提供有力支撑，而全面推进乡村振兴离不开林业的深度参与。

林业关系着全球和国家的八大战略问题。这八大战略问题是指生态安全问题、气候安全问题、能源安全问题、物种安全问题、粮食安全问题、淡水安全问题、木材安全问题、社会就业与社会和谐稳定问题。林业的地位和作用越来越重要，林业肩负着重大而特殊的历史使命，关系着地球的前途和人类的命运，关系着国家长远发展和战略全局。

第二节　林业经济学概述

一、林业经济学的界定

林业经济学是经济学的重要分支，属于经济学与林业科学相结合的应用经济学。早期，国外的林业经济学主要以微观经济学和林学为理论基础，目前的林业经济学已得到了广泛的拓展。

林业经济学是基于森林资源及森林生态系统的社会经济属性，应用相关理论和方法研究林业部门生产以及与此相联系的分配、交换、消费等经济活动和经济关系发展运动的规律，揭示人类社会培育、保护及利用森林资源和森林生态系统的一般原理，分析和解决林业生产经营管理问题，最终实现林业资源合理优化配置的一门学科。

美国弗吉尼亚理工学院暨州立大学林业与野生动物资源学院教授戴维·克伦佩雷尔（David Klemperer，1996）强调：林业经济学是一门应用经济学，其主要任务就是运用标准经济学的理论研究由于林业的特点造成的市场失灵的相关规律，以提供适当的干预，提高森林资源管理的效率。

美国北卡罗来纳州立大学教授埃林·西尔斯（Erin O. Sills）和美国林务局官员卡伦·李·阿布特（Karen Lee Abt）（Sills and Abt，2003）认为：林业经济学是运用基本经济学理论分析林业在国民经济中的作用，国民经济对林业的影响，土地所有者和政府实现森林管理目标的手段，并对基于各类市场的林业政策进行评价；同时，他们还研究了林业非市场化产出的价值评价、生产和消费活动的规律。

我国对林业经济学的学科属性研究很少，对林业经济学的学科形式也有不同观点。例如，施荫森、张文琪和苑文仲（1982）认为：林业经济学是研究林业部门的经济关系和经济活动规律及其应用的学科，是经济学的分支，属于部门经济学。20 世纪 90 年代末以后，学界逐步淡化了对林业这种部门经济学属性的认识。廖士义（1987）认为："林业经济科学是以林业生产经营活动为研究对象，正确处理林业生产和再生产中各方面的经济关系，组织与协调林业生产力诸要素和讲求林业经济效益三个方面存在的各种矛盾及问题，并探求其发展规律的一门科学。"邱俊齐（1998）认为：林业经济学是应用相关经济学及自然科学的理论和方法，并结合林业经济活动的特点，系统地研究林业生产经营一般规律，现阶段经济发展的主要问题，林业内部及与外部以价值为核心、以管理为手段的各种经济关系的应用经济学。张建国（1992）认为："林业经济学是依据马克思主义政治经济学研究林业经济部门物质资料的生产、交换、分配和消费的经济关系以及经济活动规律的部门经济学。"刘俊昌（2011）认为：林业经济学属于应用经济学的组成部分，是资源经济学的分支，其理论基础和方法论主要源于经济学；其研究对象是森林资源及森林生态系统的培育、保护与利用以及人类经济社会与森林的经济关系；概要地说，林业经济学是研究人类社会经济发展与森林资源及森林生态系统相互作用关系的应用经济学。

由此可见，学者对林业经济学的范畴界定虽未形成统一意见，但其核心是统一的，即林业经济学是研究林业部门生产以及与此相联系的分配、交换、消费等经济活动和经济关系发展运动的规律及其应用的学科。林业经济学是揭示林业经济现象及本质、研究林业经济活动规律、发现和解决林业经济问题的一门学科或课程。

二、林业经济学的起源与发展

林业经济学是林学和经济学相互结合而形成的一门新兴边缘学科。放眼国外，林业经济学在1502年的奥地利就已出现，19世纪的德国和瑞典在资本主义林业发展过程中逐步形成了独立的林业经济学科体系，代表性的林价理论研究距今已有200年的历史。当时，欧洲的林业商品经济发展迅速，由于欧洲把森林作为商品木材采伐和林产原料基地来经营，需要计算费用与效益和进行市场预测，从而推动了林业经济的研究，逐步形成以木材贸易为核心的林业经济学。20世纪初产生了一批有影响力的林业经济学著作，如德国恩特雷斯的《林业政策》(1905年)，美国费尔诺的《林业经济学》(1902年)，瑞典帕特森的《瑞典的林业》(1912年)、哈密尔敦的《瑞典森林经济对策》(1915年)，法国于费尔的《林业经济》(1920年）等。为了改善林业经营、加强管理、提高效率，林业经济学的研究不断向纵深发展，出现了林政学、森林较利学、林业经济与组织学以及木材税收、木材流通等各方面的著作，并在欧美和亚洲初步形成了以德国为代表的森林永续经营利用学派和以日本为代表的永续经营保护学派。

聚焦国内，林业经济活动早在奴隶社会和封建社会的历史文献中就有记载。春秋战国时期，《礼记·月令》中写道："孟春之月，禁止伐木；孟夏之月，无伐大树；季夏之月，树木方盛，乃命虞人入山行木为斩伐；季秋之月，草木黄落，乃伐薪为炭；仲冬之月，日短至，则伐木取竹箭。"孟子提道："斧斤以时入山林，则材木不可胜用也。"公元前1世纪，汉代司马迁所著《史记·货殖列传》中已有人工经营用材林、经济林的论述。11世纪，宋代陈翥的《桐谱》论述了植桐的经济效益，韩彦直的《橘录》论及柑橘的生产和运销。14世纪，明代俞贞木（一作俞宗本）撰写的《种树书》中，也有对林业经济问题的论述。17世纪，清代吴其濬所著的《植物名实图考》论述了森林植物的经济价值。然而，历代虽有不少著述论及林木利用和相关经济活动在古时的普遍性，但未曾出现专门的林业经济研究，独立的林业经济学科也一直没有成形（柯水发等，2020)。

20世纪初，随着"西学东渐"和"新学"的兴起，大学里开始讲授"林业经济学"和"林政学"。1916年，凌道扬从振兴林政的角度全面论述了"森林与国家之关系"；1921年，李英贤编译了《森林管理学》，将西方森林经营管理思想引入我国。曾济宽为满足教学需要，曾参考德国、英国和日本等国外林业经济方面的研究资料，编写了《林业经济学》(1927年）和《林政学》(1932年)，论述了林业经济要素、林业企业、林业纯收益、林业政策和管理等问题。1934年，陈嵘出版《历代森林史略及民国林政史料》。

李相符曾在四川大学农学院森林系讲授林政学，但由于当时我国林业并没有什么发展，再加上国家社会环境动荡不安，因此以讲授国外的内容为主。在这一时期，西方林业经济学著作开始传入中国，北平图书馆逐步引进了 *Forest Finance*，*Forest Economics and Finance* 及其他日本、苏联、德国等国的林业经济学思想和著作。这些教育和研究积累，为此后我国的林业经济研究提供了基础材料（柯水发等，2020）。

新中国成立后，由于新中国建设和国民经济快速发展的需要，我国现代意义上的林业开始萌发。20 世纪 50 年代中后期，中国开始了对林业经济学的探索和研究，在接受苏联林业经济专家的指导和借鉴苏联木材经济学的基础上逐步形成了林业经济学科。

1952 年，北京林学院朱江户教授在国内首开林业政策与管理课程。1955 年 7 月，苏联林业经济专家谢·瓦·马利谢夫教授受我国政府邀请来东北林学院工作，开办了“林业经济研究班”，培养两年制研究生；此外，他还开办了“林业经济教师进修班”，学制一年，拉开了林业经济管理作为一门独立学科在我国的序幕。王长富是这两个班的班主任，张建国任秘书，他们协助苏联专家工作，并翻译了多种教材。研究班和进修班为我国培养了第一批林业经济理论专业人才，是中国林业经济研究及学科建设的起点和重要标志。王长富为此做出了突出贡献，可以说是新中国林业经济学科的开拓者和奠基人。

1956 年，北京林学院的朱江户和廖士义以苏联的《林业经济学》和《林业企业组织与计划》为主要参考资料，为林业专业开设了“林业经济学”课程，这是新中国最早开设的林业经济类课程。同一时间，南京林学院和东北林学院也都开始设立林业经济教研组，并由东北林学院林业及森林工业经济组织与计划教研组编写了《林业及森林工业经济学》，涵盖绪言及十四章内容，但书中内容明显受到了苏联林业经济理论的影响。1957 年，张建国编写了《林业经济学初稿》讲义，这是新中国第一本林业经济学教材。1958 年，中国林业科学研究院成立，同时设立林业经济研究室，这就使林业经济的研究体系不断完善。至改革开放前，我国基本建立起以马克思主义政治经济学为理论基础的中国林业经济学体系，其生产实践是以木材采伐和利用为核心，研究内容集中在优化微观资源配置上，比如改善生产组织方式、选择合适的森工企业生产规模、确定林区道路网密度、提高采伐及加工剩余物综合利用率等（李周，1996）。这个时期的林业经济学发展及人才培养为新中国林业建设做出了重要贡献。

1980 年，中国林业经济学会成立，同时创办了《林业经济》《林业经济问题》等刊物，北京林学院、东北林学院、南京林学院、福建林学院、浙江林学院等林业高校陆续建立了林业经济系，它们对林业经济理论研究水平的提高起到了促进作用。20 世纪 90 年代以后，我国林业经济研究进入了繁荣时期，相关研究的广度和深度不断提高，并且与林业经济实践的要求紧密结合。这一时期出现了一系列林业经济学的相关教材或著作，如陈嵘所著的《中国森林史料》（1983 年）、张建国主编的《中国林业经济问题》（1984 年）、许伍权等翻译的 G. 鲁宾逊·格雷戈里所著的《森林资源经济学》（1985 年）、李克亮和宋宗水主编的论文集《林业经济理论与实践》（1986 年）、东北林业大学主编的《林业经济学》（1987 年）、廖士义编著的《林业经济学导论》（1987 年）、北京林业大学主编的《林业经济管理》（1988 年）、孔敏文等主编的《森林灾害经济》（1989 年）、刘平康编的《林政学》（1989 年）、谢家祜主编的《林业经济法教程》（1990 年）、王长富的《中国林业经济史》(1990 年)、蒋敏元和李龙成编著的《森林资源经济学》(1991 年)、张建国主编的《中国林业经济学》(1992 年)、张广智等主编的《南方集体林区经济论》(1992 年)、翟中齐等编著的《中国林业经济地理》(1993 年)、荣佩珠的《森林资源经济学》(1994 年)、谢家祐和邱俊齐主编的《林业经济管理学》(1995 年)、蒋敏元编写的《森林旅游经济学》(1995 年)、邱俊齐主编的《林业经济学》(1998 年)、马天乐主编的《林业政策与林政管理》(1998 年)、蒋敏元主编的《林业经济管理》(2000 年）等。在这一时期，林业经济学仍以木材利用为主线，大多偏重从国家层面或大区域层面研究林业的历史、林业的再生产过程，而且受限于数据基础建设和计量工具开发的落后，主要是以定性分析、经验性总结为主，对定量方法的应用十分匮乏。不过，随着改革开放后我国经济体制改革的不断深入，特别是林业中各项宏观制度和微观制度的改革，以及对西方经济学的引入和应用，我国林业经济学的研究内容和体系也逐渐发生了变化，具体表现为越来越多的林业经济学者开始重视林业经营理论对实践的重要指导作用，开始关注现代林业制度、国有林业企业、产业组织生成、林业生产要素配置、国际林产品贸易等内容，即从对表面问题的判断转向了对林业经济运行特点和规律的研究。

进入 21 世纪，林业经济发展加入了生态效益目标，经济增长方式也从最初的利用和消耗自然资源向与生态环境协调发展、可持续发展转变。在这种情况下，林业经济学研究更加多元化、国际化和规范化，而且产权经济学、制度经济学、实验经济学、行为经济学等开始融入林业经济学，其研究范式和研究方法都得到了极大的拓展和提升。这个时期出现了一系列林业经济学相关教材或著作，如王志山著的《中国林区绿色经济概论》(2006 年)，刘俊昌主编的《林业经济学》(2011 年）和《林业经济学（第二版)》(2018 年)，沈月琴和张耀启主编的《林业经济学》(2011 年）和《林业经济学（第 2 版)》(2020 年)，祝列克和王爱民著的《林业经济论》(2011 年)，万志芳等编著的《林业经济学》(2013 年)，张道卫和皮特 · H. 皮尔森著的《林业经济学》(2013 年)。此外，相关的教材还有董新春著的《林业经济管理》(2002 年)，高岚主编的《林业经济管理学》(2005 年，2010 年)，朱洪革主编的《林业经济管理》(2012 年)，柯水发等主编的《林业政策学》(2013 年，2014 年)，蔡敏主编的《林业经济管理》(2018 年)，由中国林业经济学会及国家林业和草原局管理干部学院组织编写的《新中国林业经济思想史略(1949—2000)》(2019 年)，柯水发、李红勋等编著的《林业绿色经济理论与实践》(2019 年)，柯水发、李红勋、崔海兴等编著的《林业经济学》(2020 年)，威廉 · F. 海德著的《全球视角下的林业经济学》(2022 年）等。

三、当前国内林业经济学相关教材概述

自改革开放后，涌现出不少与林业经济学相关的经典著作。吴静和在参编的《林业经济管理学》(1988 年）一书中明确指出了林业在国民经济中的地位和作用，林业现代化的重要性，并且探讨了林业的经济核算与林业经济管理体制等。张建国在 1984 年出版的《中国林业经济问题》中，把林业经营的指导思想建立在生态平衡的基础上，进一步阐述了森林资源、林业计划和森林资源再生产；此外，该书还探讨了中国集体林业经济和林业经济的核算与预算问题。在 1992 年出版的《中国林业经济学》中，张建国进一步

阐释了林业在社会经济发展中的地位和作用，并分析了林业生产要素的配置，将木材流通与消费的相关知识写进书中，较为详细地阐明了林产品国际贸易及林业的国际发展。刘俊昌在2011年出版的《林业经济学》中，以林业经济为主要研究对象，系统地介绍了林业经济学以及林业经济管理的一般原理与实践，并对林业经济的实证研究方法进行了介绍。该书的主要内容包括世界林业及林业经济发展、中国林业社会经济环境分析、轮伐期、森林资源生态效益经济评价、森林资源管理体制、社区林业、林产品市场、林产品贸易、林业宏观政策等。沈月琴和张耀启于2011年主编的《林业经济学》，从林业生产要素、林业产出、林产品市场、产权和林业经营、林业政策、林业与区域发展、林业发展新趋势、林业经济调查研究方法等方面展开深入分析，系统建构了林业经济学的框架。高岚于2010年出版的《林业经济管理学》，以一般和专门经济学为理论基础：一方面，从宏观经济角度研究了整个林业领域的生产、分配、交换、消费环节的经济问题及其规律表现和正确处理生态、经济与社会三大效益等问题；另一方面，从微观经济角度探讨了如何合理组织林业生产力及资源配置等问题。张道卫、皮特·H. 皮尔森于2013年出版的《林业经济学》介绍了经济学的基本概念和原理及其在现代林业管理和政策制定中的应用，包括对从林业投资到林产品供给和需求、无价格的林产品和服务的评估、土地利用、森林经营、政府干预、产权、税收以及全球性的林业与环境经济学问题的综合和系统分析，为实现信息交流做出了相应的贡献。自新中国成立以来，中国林业发展的成绩引人瞩目。祝列克和王爱民于2011年出版的《林业经济论》回答了林业基本问题演进与林权政策演进的相互关系，证明了政府在林业生态环境产品供给和需求上的双重垄断特征，对林业碳汇问题进行了初步的经济学解释。朱洪革等人于2012年出版的《林业经济管理》包含了林业及现代林业、世界林业和中国林业概况、林业生产要素、森林资源经济评价、林权与林权制度变迁、森林采伐与木材流通管理、林业政策、林业管理体制与林业经营、林产品市场、林产品贸易。另外，该书对国内外林业经济管理领域的做法、经验加以提炼，并以专栏的形式提供了拓展阅读资料，以丰富学习内容。2018年，国家林业和草原局翻译了美国学者沙希·康德（Shashi Kant）和贾纳基·R. R. 阿拉瓦拉帕蒂（Janaki R. R. Alavalapati）编的《森林资源经济学手册》一书，书中涵盖了详细、全面和广泛的森林经济学内容，包括传统的关于木材生产的森林经济学、森林环境效用经济学以及森林经济学的最新进展。全书分为六个部分：森林资源经济学的基础命题；森林生态系统经济学；林业经济学、气候变化和生物质能源；风险、不确定性和自然干扰经济学问题；森林产权和认证的经济学问题；新型命题及进展。

2020年，柯水发、李红勋、崔海兴等编著的《林业经济学》共包括十章，尝试从基础知识、理论架构与方法体系三个维度创新性地系统建构林业经济学的新学理体系，具体包括林业经济学概述、林业经济学研究方法、林业管理制度和政策体系、林业生产要素配置、林业市场需求与供给、森林经营决策、林产品市场与贸易、林业经济效益评价、森林生态效益评价和森林社会效益评价。该教材更注重适用性，既有基本概念界定，又有理论阐述和方法介绍，各章后均附有延伸阅读文献推荐、思考讨论题、案例材料等，从而增强了可读性和拓展性。

由美国林业经济学家威廉·F. 海德所著、徐晋涛和陈思莹等译的《全球视角下的林业经济学》于2022年由北京大学出版社出版，这是一本兼具经济学理论深度和全球应用视角的林业经济教材。该书首先提出了经济发展过程中的林业三阶段模式，然后分析了林业长期发展、林业政策、特许经营、宏观经济与贸易等对林业的影响；随后，从林业所有者的角度，依次介绍了工业林业、机构投资者、非工业私人土地所有者以及公共土地所有者四类所有者的特点，并分析了林业与地方社区的关系；最后，该书进行了总结，并特别指出了这些结论的政策含义。该书不仅包含了传统林业经济学的研究内容，而且涵盖许多新的视角。特别是该书从全球视野和实例出发，提出和讨论了独特的理论议题，其视野超越了传统林业经济学的范畴。

总之，当前林业经济学的相关教材更加多元和丰富，从而促进了林业经济学教学和研究的持续发展。

第三节　林业经济学的进一步拓展①

党的十八大之后，中国特色社会主义进入了新时代，国家将生态文明建设纳入“五位一体”总体布局，出台了最严格的天然林全面停止商业采伐政策，设立了多个国家公园、生态保护区。“绿水青山就是金山银山”的科学论断进一步表明：林业已成为当前生态文明建设的关键阵地，而且在绿色经济、低碳经济发展模式的构建中发挥着不可替代的作用，因此林业经济学科的重要性彰明较著。与此同时，随着信息技术、现代生物技术和新材料科学的发展及其在林业中的普遍应用，导致林业发展方式发生了明显转变，并使林业生产力水平显著提升，推动林业进入新时代高质量发展新阶段，而一系列生产实践活动愈发需要理论支撑。然而，在快速转型的社会面前，经济学科与资源、环境、社会等学科的交叉不断深化，传统林业经济学的理论基础、学科内容处在淘汰的边缘，而新范式、新体系却未形成，同时其研究方法也落后于国际前沿，所以该学科的国际竞争力发展缓慢。在新时代乡村振兴战略和生态文明建设的蓝图之下，农林教育肩负着前所未有的重要使命，也面临着重大的重组机遇。

一、理论基础的拓展

林业经济管理学科建立在以林学、经济学和管理学为基础的理论框架之上，兼有自然科学与社会科学的交叉特性。然而，以新古典经济学为基础的传统林业经济模型远不能刻画真实的生产过程，亦不能凸显我国林业经济管理特色，因而该学科的理论基础亟须拓展（柯水发等，2023）。

自福斯特曼（Faustmann）于1849年提出森林最优轮伐期公式开始，林业经济研究逐渐活跃起来。经过众多学者对经济轮伐期公式和模型的不断改进，考虑了各要素和价格的不确定性、市场的不完善以及价值的多重标准的经济模型成为当时林业经济领域研究的主流，也确定了新古典经济学及其衍生思想在林业经济管理学科的重要理论基础地

① 本节内容主要基于柯水发等于2023年发表在《中国林业教育》第41卷第1期上的文章《新时代我国林业经济管理学科的拓展》进行梳理。

位，即假定“理性个体追求效用（收益）最大化”“个体偏好不变”“交易成本为零”，使用“市场会产生高效率”的一般均衡分析。但这种严格假设下的新古典模型同现实有很大的差距，如果考虑到原本所忽略的木材资源交易过程、时间偏好、不同类型价值的不完全替代性等重要因素，以及森林经营模式的多样化和转型趋势，那么就会出现新古典经济学无法处理的“多元均衡”问题（Shashi Kant et al.，2005）。另外，新古典主义理论强调人的理性行为和资源的配置问题，主要处理边际效用相等或边际收益等于边际成本等技术性问题，但仅局限于私人领域，用以解决个人对稀缺物质的需求。随着物质资本积累的丰富，生产要素和人类需求开始向更为广泛的非经济、非物质领域转换，很多经济学研究开始向政治经济学回归，向制度等公共领域拓展，林业经济管理活动在发展过程中同样具有这类特点，所以在刻画和分析完整而真实的林业生产过程时，该学科的理论基础需要进一步拓展。

我国的林学学理基因来自西方，因而在自然科学知识的更新、演进方面能够很快同国际潮流接洽（刘金龙等，2016）；但在经济管理领域的探索和发展最初是效仿苏联，于20世纪50年代初具雏形，并以苏联的社会主义政治经济学为理论基础，而后指导了计划经济体制下的林区大规模开发和木材生产利用（廖士义，1979），直至20世纪80年代才开始缓慢同西方主流经济学和管理学思想接轨，并使建立在新古典经济学理论框架之上的林业经济理论及模型不断得到充实。然而，在长久以来计划经济管理体制的残余影响之下，市场在我国林业的生产、交易过程中发挥的作用微弱，新古典经济学的应用空间不大。直至南方集体林区进行了一系列产权制度改革，我国才开始将市场机制引入相对封闭的林区社会，但在如今中国天然林禁伐政策的严格管控之下，对林业生产经营者来说，森林采伐指标的获取相较于森林资源的最优化经营可能是更关键的问题（谢屹等，2007）。蒋海（1997）曾指出：完全以马克思主义经济学为理论基础的林业经济理论体系不适合市场经济条件下的林业经济发展，但完全以西方经济学为理论基础也是不适合的，因为我国的政治体制、产权制度、市场发育程度、人文资源和文化背景皆异于西方，同时经济环境更为复杂，所以在打破“旧范式”之后如何构建“新范式”至关重要。

现有单薄且陈旧的学科理论基础已不适应新时代的林业经济管理活动，如何拓展并使之能支撑林业生产经营活动、林业绿色转型发展、林业经济政策探索、森林资源管理、森林生态建设、森林治理、林业经营主体行为、林区社会发展等方面的研究与实践至关重要。

1. 自然学科基础的拓展

森林经营实践及林业经济管理活动都围绕着森林展开，因此林业经济管理学科的理论基础离不开林学、生态学、景观学、资源与环境科学等相关自然科学。森林植物学、森林生态学、林木育种学、造林学、森林保护学、木材学、测树学、森林经理学等学科理应成为林业经济管理学科重要的关联学科，这些相关自然学科的一些基础理论也应成为林业经济管理学科的重要理论基础。森林永续经营理论、森林多功能理论、森林生态系统健康理论、森林近自然经营理论、森林分类经营理论等理应成为林业经济管理学科重要的学科基础。就森林资源的内涵而言，林业经济管理学科研究的资源客体理应涵盖林木资源、林地资源、野生动植物资源，微生物资源、森林景观资源、森林生态资源、森林环境资源等。在建设生态文明和绿色中国的大背景下，2018 年国家林业和草原局划归自然资源部管理，负责监督并统筹管理森林、草原、湿地、荒漠和陆生野生动植物资源，因此林业经济管理的研究对象理应进一步拓展至生态森林资源、草原资源、湿地资源、荒漠资源、生物多样性资源等全域自然资源，同时融入生态学、景观学、资源与环境科学等理论基础，系统构建起以生态环境应对气候变化的行动体系，不断提升自然生态系统的功能和质量。当然，林业经济管理学科的研究对象除了自然资源，还包括从事相关资源生产经营管理的经营主体，如农户、合作组织、企业集团、国际组织、管理机构等，以及规制行为的具体政策、法规规章和管理体制等。

2. 经济管理学科基础的拓展

经济学和管理学作为一种社会科学，具有极强的包容性和融合性，林业经济管理学科未来需要在当前西方宏观、微观经济学理论基础之上不断“添砖加瓦”，向资源经济学、生态经济学、环境经济学、低碳经济学、绿色经济学、气候变化经济学、能源经济学、生物经济学、发展经济学、产业经济学、区域经济学、制度经济学、产权经济学、行为经济学、福利经济学、数字经济学、信息经济学、技术经济学、公共经济学、管理经济学、公共管理学等领域融合拓展，灵活吸纳各类理论来充实研究基础，以更好地解释、解决现实问题。同时，传统计划经济学、转型经济学、规制经济学、马克思主义政治经济学、社会主义经济学、东方经济学、新结构经济学等相关理论也可以用来阐释分析一些林业经济问题或现象。此外，林业经济管理学科有必要加强与草原经济的融合，建构新型的林草经济理论体系，深化与自然资源经济、保护经济学、自然资源管理和森林公园管理等学科理论基础的拓展与融合。

3. 社会学科基础的拓展

近些年，林业经济管理领域的研究不断向政治学、法学、社会学、人类学等社会科学范畴拓展，在面对森林资源背后复杂的治理问题时，这些理论具有极强的解释能力，比如政治学领域的特殊利益集团理论、公共选择理论，社会学领域的结构功能论、冲突管理理论以及行为组织层次的社会资本理论、社会网络理论等都将成为分析问题的重要切入点。

4. 其他人文学科基础的拓展

在人类需求层次提升的背景下，越来越多的人关注到森林对精神文明建设的重要意义，其本土性或民族性的文化价值、美学价值、哲学价值等社会价值不断凸显，而人类对自然认识的进步终将转化为人类行为的能力（刘金龙等，2016），因此林业经济管理学科的理论基础同样有必要向历史学、哲学、艺术学、文化学、健康学、养生学、心理学、伦理学等人文科学领域拓展。近年来，林业经济史、森林哲学、森林艺术、森林文化、森林康养、森林伦理等理论基础逐渐融入了林业经济管理学科体系。

二、内容体系的拓展

长期以来，林业经济管理学科的研究方向设置滞后于实践进程。林业经济管理学科的主流研究内容仍较为传统，在新时代新形势下，该学科的知识结构和研究内容体系亟须重新审视和持续优化（柯水发等，2023）。

自 1849 年福斯特曼提出了森林的最优轮伐期公式后，林业经济研究逐渐成形并得到重视，在众多林业经济学者的努力下，该模型引入了宏观经济投资管理理论、消费者理论、社会选择理论、贴现理论等，由其发展形成的林价研究内容体系成为长期主导林业经济学科的灵魂。在我国，传统林业经济研究以森林资源的最佳利用、林产品市场与贸易、经济因素对林业经济的影响、林业经济体制改革等作为核心内容。然而，时代发展呈现出新特点，林业经济的实践领域逐步拓展，其内涵也不断丰富，这些都对林业经济研究内容的拓展提出了新要求。最初只是营林与林产品加工制造支配着林业经济活动，所以寻求最优化蓄积量、生物量和产品产量的理论及方法形成了一个知识体系，而如今的森林已成为保护和恢复自然资源、提供生态系统服务、保障木材供给安全的主阵地，森林经营管理目标综合了社会、生态、经济三大领域，其经济增长方式也从最初的利用和消耗自然资源向与生态环境协调发展、可持续发展转变。此外，现代林业经济活动主体和客体的多元化使得林业经济研究的视角更加广阔，从资源的所有者行为、生产经营者行为逐渐拓展到林业的政府行为、社会行为和国际行为，而林业经济活动的组织形式不断丰富，也促使林业经济学科内容不断向外延伸。在这种转型之下，林业经济学的边界更加模糊，同时生态环境建设、社会经济可持续发展中与林业相关的大多数命题都不断被吸纳，体现出更鲜明的“交叉学科”特点。若仍以传统林价计算作为林业经济管理学科的主要内容，尽管能加上国家贸易、税费制度、利率地租等因素对其不断拓展，但已同林业经济管理活动的现实目标相去甚远。

在我国林业发展和转型的过程中，相关学术研究大多缺乏前瞻性、系统性和针对性，通常跟随或依附于国家时政方针，滞后于实际发展需求。由于林业经济管理学科的内容散乱、建构性差，其研究内容及成果往往也不系统、不成熟，因此提高该学科研究内容的建构性和前瞻性需要不断优化及拓展学科内容体系，以切实解决好现实问题、满足人民日益增长的美好生活需要，真正助力国家生态文明建设和“双碳”目标的实现。

在参考现实发展需求与国际研究前沿的基础上，考虑到林业经济学的“交叉性”特点，以增强建构性、调整滞后性研究内容为目标，具有中国特色的林业经济重要研究拓展方向至少还应包括以下四个方面（柯水发等，2023）。

1. 战略热点研究

在国家生态文明战略和“双碳目标”的旗帜之下，林业经济管理活动已经从过去的木材资源利用向提供生态服务、促进社会经济可持续发展转变。当前，如何缓解新冠疫情冲击带来的经济下行压力、平衡好国家生态文明建设进程是摆在现实面前的棘手难题，同时生态经济、碳汇经济、生物经济、能源经济的重要性日益凸显。林业是生态文明建设的主战场，在国家大力推进生态文明建设这一进程中，如何深入研究生态文明建设与林业及林业经济管理学科的关系，如何学习贯彻习近平生态文明思想和“两山理论”来指引林业经济管理学科发展方向，如何贯彻党和国家领导人的林业经济思想，如何研究生态文明战略下林业经济转型升级和高质量发展等，已成为当代重要的研究课题。学界需要进一步深入挖掘林业对于生态文明建设的贡献、地位和潜力，探索森林资源生态效益和经济效益的综合实现路径，深化森林碳汇、森林生态产品价值实现、森林绿色转型等研究课题，使之成为经济增长的新突破点和生态文明建设的坚实后方。

与此同时，在我国全面实施乡村振兴战略和巩固脱贫攻坚成果的新形势下，乡村林业扶贫和生态扶贫的成效如何，乡村林业发展对乡村振兴有何重要意义，森林食物经济发展对保障我国粮食安全有何重要贡献，乡村林业传统知识、乡村生态资源价值实现与林农生计保障有何关系，乡村林场如何实现现代化经营转型，乡村林业合作组织如何规范建设等也理应成为现代林业经济管理学科重要的现实研究课题。

此外，在实现共同富裕之路上，林区通常处于被忽略的边缘地带，林区的生产生活基础设施较为落后，国家财政资金保障仍然不足。林区共同富裕与林区振兴事关林业现代化和美丽乡村、美丽中国建设全局，既是当前改革面临的重大挑战，又是学界贡献智慧和力量所应深入的关键领域，林区社会利益分配体系构建、林业职工生计与福利评价、森林社会效益估算、生态保护补偿与支付框架完善等内容都应成为学者向世界讲述中国故事和中国经验的理论“策源地”。

2. 多主体融合研究

我国林业经济管理领域的林农集体行为、政府行为、公益性与国际性非政府组织行为不断增加，其主体呈现出明显的多元化趋势（柯水发等，2020），因而森林资源管理和利用的复杂关系也相伴而生。当前，有关多主体的研究尚处于萌芽阶段，后续应成为学界重点关注的领域之一，同时加强与博弈论、制度经济学、公共管理学、行为经济学等理论的灵活结合，聚焦国家公园建设、乡村林业振兴、林区改革与转型、森林善治等现实情境，剖析林农、村集体、企业、政府与非政府组织等多元利益主体背后的森林治理逻辑、发展动力来源和冲突化解机制。此外，除了关注传统林农的生产经营行为之外，还应关注新型林业经营主体（如家庭林场、林业合作组织、林业龙头企业、林业混合所有制经济主体）的生产运作和组织建设，以及传统林农如何与林业现代化体系建设相衔接等现实问题。此外，随着我国市场机制在资源配置中发挥越来越重要的作用，针对林业市场经济主体的企业及企业管理研究既有必要又很重要，因此有必要把林商管理也纳入林业经济管理学科体系中，主要研究内容可涵盖国有林业企业市场化改革、林业企业市场战略设计、林业生产运作和组织管理、林产品绿色消费行为、林产品供应链管理、林产品营销手段规划、林产品目标消费群体识别以及林业企业合作伙伴网络构建等，以探索林业企业科学经营管理规律，提升林业市场经济活力，促进林业经济系统健康持续发展。

3. 多学科交叉研究

多学科交叉研究是我国新农科建设中提出的拓展和改造传统学科的路径之一。目前，国际上的林业经济管理领域已经呈现出学科交叉融合的特征（例如，将森林生态学与林业应对气候变化和碳中和相融合，将森林生物多样性与人类学和健康学相融合，加强林业经济管理学科与资源环境学科、地理学科、大数据学科、金融学等相融合，将生态安全、木材安全与粮食安全相融合等），并开展了一系列跨学科、跨行业、跨产业的交叉融合研究。但在我国，相关交叉融合研究尚处于起步阶段，其研究视角有限，研究深度存在不足。考虑到中国特色的现实发展道路，除上述国际研究前沿之外，未来同林业经济管理相关的多学科研究应向林业生物经济与林业绿色经济、森林食物经济、森林食品经济相结合，森林经营与乡村产业振兴、社区发展与农户生计相结合，生物多样性保护与国家公园建设、乡村生态振兴和山区（林区）共同富裕相结合等内容拓展。

4. 学科思政建设研究

随着生态文明建设和林业改革的深化，围绕生态林业、民生林业的不同思想潮流间的碰撞更加激烈，这就为思想政治工作的开展提出了新挑战，也为林业经济管理学科的高质量持续发展带来了新课题。在新形势下，林业经济管理学科的演变规律和发展态势有待系统研究。在传承经典与开拓创新时，还应进一步探索如何将思政元素融合渗透到相关林业经济管理研究和教育中，比如森林经营思想和林业经济史中蕴含了丰富的生态文明理念、可持续发展观等内容，这也是林业部门在当前定位和地位的特殊意义所在，但罕有学者对此进行深入的探讨。此外，近现代的一些林业经济思想也有待进一步梳理。党的十八大以来，习近平总书记提出的社会主义生态文明观也为林业经济管理学科的思政建设研究提供了重要指引。在这种情况下，将林业经济管理学科的专业特征与思政建设相融合将是未来重要的研究内容之一。

三、研究方法的拓展

经济学研究的开端大多采用叙述式方法和经验性的定性分析（李周，2017），直至19世纪70年代的“边际革命”把数学方法引入西方主流经济学的分析视野，而后第三次科技革命中的信息处理技术又进一步提高了经济计量模型的运算效率，极大地丰富了经济学、管理学学科体系（陆昱，2017）。发展至今，经济管理学科的研究手段已经有了跨越式发展，同样呈现出多学科、多方法交叉融合的趋势。

我国的林业经济学科起步于20世纪之初，受限于数据基础建设和计量工具开发的落后，因此描述性研究过多而定量分析手段匮乏，所以大部分研究是对林业生产和发展实践中的经验总结、存在问题的认识及对策性研究，同国外林业经济研究间存在较大的差距。进入21世纪以来，我国信息技术快速发展、数据库建设不断完善，有关林业领域的可用研究资源和数据规模逐渐庞大，计量经济学模型发展逐渐成熟且应用范围不断扩大。另外，如今我国已步入了大数据时代，云计算、人工智能、机器学习、区块链、元宇宙等新技术正在深刻地改变人类的生产、生活方式，数据已成为新的生产要素形式（洪永淼和汪寿阳，2021）。同时，人工智能、机器学习、深度学习等方法的进步，将不可避免地进一步强化经济学的跨学科交叉研究属性，并突破西方经济学一些基本假设的局限性。例如，个体的情绪、情感等心理信息可以通过人工智能方法从文本数据中抓取，进而帮助经济学家分析社会心理中的“非理性”对经济的影响，推动经济学研究范式和研究方法的创新（洪永淼和汪寿阳，2021）。目前，国内社科研究领域涉及大数据的研究还很少，仍处于起步阶段，具体到林业经济领域的相关研究数量更是少之又少。因此，在林业经济领域融入自然科学、大数据、人工智能等领域的先进知识既是培养“新农科”“新林科”人才，实现乡村振兴和林区振兴的应有之义，也是时代发展的必然要求。

1. 注意形成敏锐的问题意识和科学的思维方法

林业经济管理作为一种社会科学，首先要注意培养问题意识，建立科学的思维方法体系。坚持问题导向是习近平经济思想的鲜明特征。仇立平（2010）认为：在社会科学研究中，“提出问题”和“解决问题”都是问题，采用什么方法解决问题本身也是一个

“问题”，如果能够根据现实需要和已经获得的知识提出科学问题，便意味着走完了解决问题的一半行程（陈萌山，2020）。就思维方法而言，通常包括比较方法、归纳与演绎方法、分析与综合方法（杨东升，2018），学者要不断提高创新思维能力和抽象思维能力，服务于提出问题和解决问题。

2. 注意质性分析和定量分析的适用条件与局限性

要注意质性分析和定量分析的适用条件与局限性，掌握这两种方法应用的条件和规范操作，任何一种方法既不能“妖魔化”，也不能“神化”。质性研究适于进行抽象的理论推导和思辨性阐述，或者用于分析微观个案特征、情境性因素及主客体互动机制，而定量研究更适于从宏观角度揭示一般特征和普遍因果规律。

具体而言，在质性分析领域，要建立起逻辑分析方法、辩证分析方法和系统分析方法的方法论框架，遵循结构性、功能性、动态性、目的性、能动性等基本原则，运用参与观察、人物访谈、行动研究、历史研究、文献分析等具体方法收集资料，通过归纳和演绎、分析与综合以及抽象与概括对获得的各种材料进行思维加工（张彦，2018）。从实际应用来讲，定性比较分析（qualitative comparative analysis，QCA）方法的出现是定性研究领域的重要突破，在林业经济管理活动中的应用和分析相对较少，未来有很大的拓展应用可能。就定量分析而言，该分析方法倾向于用观察、实验、调查、统计等方法来分析社会现象，对于研究程序的严密性、客观性和价值中立性都提出了规范性要求。在实际运用中，一般要结合数理经济分析和计量经济分析，前者为计量经济分析奠定了基础，后者则是联系理论和实际的重要桥梁。在林业经济管理研究领域，常见的计量分析模型除了多目标规划、多元线性回归、多元非线性回归之外，还有时间序列分析、面板数据分析、数据包络分析、随机前沿生产函数分析、双重差分法、倾向得分匹配、结构方程模型等工具。20 世纪 90 年代以来，一般均衡分析模型（computable general equilibrium，CGE）成为我国研究森林能源、碳汇、碳税的较为成熟的重要分析工具（沈月琴等，2015）。另外，系统动力模型和虚拟仿真分析能够综合探索及解决系统的问题，对于解决复杂的林业系统、林区系统问题也有极大的适用性。

3. 注意质性分析和定量分析两种研究手段的融合

分析既定资源约束下人类的经济行为和经济现象，既要考虑到个人行为的盲目性、社会性和主观性等非理性特征，还要考虑到个人的习俗、情感、意识形态和制度文化等复杂情境，因而研究方法绝不是单一的，而是要从多角度和不同侧面分析把握经济学的研究对象，综合运用质性分析和定量分析可以更清晰地刻画人类行为（曹均伟和李凌，2007）。实际上，质性分析和定量分析由于各自不同的特征，在对中国转型社会的研究中可以适应不同的研究范围（陆益龙，2008），如果片面追求某一种方法都会有悖于科学精神。这两种方法本质上是互为补充、相得益彰的关系，它们的差别仅在于认识社会发展转型过程的切入点不同、资料要求不同、分析程序不同（张彦，2018），因此需要融会贯通这两种方法，以便从不同侧面剖析问题、更好地解决实际问题。

4. 注意融入其他领域的先进知识、技术与方法

林业经济管理学科的研究方法要多元融合拓展，积极开展跨学科研究：一是要向大数据研究方法拓展，结合计算机算法开展深度跨学科交叉应用研究。从跨学科实际应用

来看，大数据及人工智能方法在林业经济管理领域有巨大的应用空间，但尚未得到开发，同国外相比已经明显落后，因此林业经济管理学科的研究方法一定要把握国际发展前沿，及时向这类最新兴、最关键的技术进行融合拓展。面对我国丰富的大数据资源，下一步需要在林业经济管理学科的科研和教学中导入“大数据”的概念、引入“机器学习”等算法，同时结合传统分析方法，紧密联系林业经济发展的社会实践，开展跨学科研究和大数据的实证研究，为总结中国林业发展经验、构建具有中国特色的林业经济管理理论体系奠定基础。二是要向自然科学方法拓展。当前，实验经济学快速发展，正在与计量经济学深入融合，随机控制实验、自然实验、观测方法等因果分析方法已被广泛用于经济学科研究（洪永淼和薛涧坡，2021），深化了行为经济学、劳动经济学、发展经济学、公共经济学等理论内涵（罗俊等，2015），而且可以改进经济测度，减少经济观测数据的不可实验性，并排除其他因素的影响，从而更好地观察经济行为和经济规律。聚焦到国内农林经济管理领域，该领域运用实验经济学分析农林经济活动的研究相对较少，也就是实验经济学的应用还处于起步阶段，其拓展的潜力巨大。

推荐读物

［1］高岚．林业经济管理学［M］．6版．北京：中国农业出版社，2019.

［2］高岚，温亚利，刘俊昌．农林经济管理研究进程［M］．北京：中国环境科学出版社，2006.

［3］柯水发，李红勋，崔海兴，等．林业经济学［M］．北京：中国林业出版社，2020.

［4］李周．林业经济学科建设的思考［J］．林业经济问题，2017，37(3)：88－96，112.

［5］刘俊昌．林业经济学［M］．2版．北京：中国农业出版社，2018.

［6］邱俊齐．林业经济学［M］．北京：林业出版社，1998.

［7］沙希·康德，贾纳基·R. R. 阿拉瓦拉帕蒂．森林资源经济学手册［M］．国家林业和草原局经济发展研究中心，国家林业和草原局对外合作项目中心，译．北京：中国林业出版社，2018.

［8］沈月琴，朱臻，张耀启．林业经济学［M］．3版．北京：中国林业出版社，2024.

［9］威廉·F. 海德．全球视角下的林业经济学［M］．徐晋涛，陈思莹，等译．北京：北京大学出版社，2022.

［10］Shashi Kant，谢屹，温亚利．林业经济学领域的拓展［J］．绿色中国，2005(2)：54－57.

思考与讨论

1. 林业有哪些特性？
2. 林业如何兼顾多种功能的发挥？

3．林业的地位和使命是什么？
4．我国林业经济学是如何演进的？
5．国内外林业经济学教材有何差异？
6．你认为未来的林业经济学会如何拓展？

第二章

中国林业经济政策和思想[①]

政策是一系列战略、规划、法令、措施、办法和条例的总称。林业经济政策是党和国家在一定时期为实现或服务于一定的林业经济发展目标而采取的政治行为或规定的行为准则，是国家经济政策的重要组成部分。

思想是人类对客观世界和自身的认识及理解，是人类改造世界的先导，是推动人类文明发展的重要动力。林业经济思想是关于林业经济建设、改革与发展以及林业资源配置的认知判断、理论思考和理念观点等。中国古代、近代和现代的林业经济思想丰富，这些思想对于当代林业建设、改革与发展具有重要的启示和借鉴意义。

本章旨在系统概述中国古代、近代和现代林业经济政策与思想，重点梳理了中国古代、近代和现代的一些林业管理机构设置、主要林业经济政策和林业经济思想。本章内容主要基于柯水发等编著的《中国近现代林业经济史》(2023 年)、李莉主编的《中国林业史》(2017 年)、樊宝敏所著的《中国清代以来林政史研究》(2002 年) 和《中国林业思想与政策史 (1866—2008 年)》(2009 年)、熊大桐编著的《中国近代林业史》(1989 年) 以及陈嵘所著的《历代森林史略及民国林政史料》(1934 年) 等文献资料加以梳理。

第一节　中国古代林业经济政策和思想

森林是自然界的重要组成部分，是人类赖以生存与发展的重要依托。我国古代林业发展有着光辉的历史，在相当长的时期内一直走在世界前列。本章通过系统梳理中国历史上各个朝代或时期的林业政策法规、管理机构和林业管理特点等，总结在当时的社会和林业资源条件下一些林业经济思想及其所起的作用，以及我们可以从中吸取的经验和教训，旨在为当今的林业经济发展提供思想借鉴。

---

① 本章参加编著人员：柯水发、陈思莹、王雨濛、崔海兴、袁雪婷、吕晓萱、樊文慧。

一、先秦（公元前 221 年以前）

先秦时期是指秦朝以前的历史时期，自我国进入文明时代，历经夏、商、西周以及春秋、战国等不同的历史阶段，止于公元前 221 年秦始皇统一六国。先秦时期是国家制度的形成和发展时期，自国家政权建立肇始，统治者就开始设立各种管理山林的官员，并颁布相应的法令制度。而随着国家管理体制的逐步完善，林业政策和管理机制也日趋成熟。

（一）主要林业管理机构设置

据《礼记》记载，我国从商朝起就开始设置掌管山林的官吏。其中“司土，土均也；司木，山虞也；司水，川衡也”。这三司，一是土地，二是山林，三是平地林，都与森林有关，但在殷商奴隶制经济条件下，只是徒具虚名而已（古开弼，1984）。

据《周礼》记载，单就林业来说，在周王室的中央最高行政机构“天官冢宰”下设“大司徒”主管林业。就“大司徒”领导的中央执行机关来看，其机构分为两支：一支为“山虞”领导，下分“中士”“下士”“府”“吏”“胥”“徒”六级，分授职称。然后，以地域上的“大山”、“中山”或“小山”分级设置官吏，分配管理人员。另一支由称为“林衡”的主持，分“下士”“吏”“胥”“徒”四等，分授职称。在地域上则按“大林麓”“中林麓”“小林麓”分设官吏，分配管理人员（古开弼，1984）。

在职权的划分上，“山虞”是决策机构，“林衡”是一个执行机构。“山虞”主要监督有关法令的执行，其下属机构级别越高、人数越多，越往下、人数越少。而“林衡”主要是巡视林区、保护森林、执行有关法令，因而级别越高、人数越少，级别越低、人数越多。这种机制设置和人员配备重在加强基层（古开弼，1984）。

除了“大司徒”的执行机构由“山虞”和“林衡”分工管理外，“大司徒”还专门设置了掌管地方林业的官吏，分为“司险”“职方氏”“土方氏”三种职称。对于民有林，则设置了“载师”“闾师”“山师”“原师”等官吏加以管理（古开弼，1984）。

（二）林业政策和法规

先秦时期，人们已具有了朦胧的生态意识，开始制定相应的林业政策和法规。《荀子·王制》载有“修火宪，养山林”，要制定严格的禁火政策，并将其作为国家林政的重要管理职责。先秦时期还制定了规范狩猎时间和地点的法规，避免了森林野生动物被随意、无限制地大量捕杀。《管子·七臣七主》载：“春政不禁则百长不生，夏政不禁则五谷不成。”《管子·轻重己》载：“毋行大火，毋断大木。”《周礼》载：“为之厉禁而守之，凡畋猎者受令焉，禁麛卵者与其毒矢射者。”从这些记载都能看出当时的人们倡导在动物繁殖排卵的季节严禁各种捕捉活动，遵循自然规律。《史记·五帝本纪》记载了黄帝要求部落成员“劳勤心力耳目，节用水火材物”，也就是有节制地取用、利用资源，能够满足需要即可。

夏代大禹统治时期，大禹以部落首领（即统治者）的身份，制定了自然生物资源保护的两项明确禁令：一是“时禁”，即在不同的时期禁止对不同资源的利用，也可以是有节制地利用资源；二是禁止在动植物繁殖期、生长期进行捕捉或利用，以保证资源生长繁衍，从而实现永续利用。商汤曾网开三面，张其一面，德及禽兽，受到诸侯的拥护和爱戴，反映了朴素的生态保护思想。

殷商末年和西周时期，周文王提出了永续利用森林资源的观念。他对林业资源利用的观点是“山林非时，不升斤斧，以成草木之长；川泽非时，不入网罟，以成鱼鳖之长。”周文王还曾颁布《伐崇令》：“乃伐崇，令毋杀人，毋坏室，毋填井，毋伐树木，毋动六畜，有不如令者死无赦。”主要意思是说，在战争中不准随意毁坏树木，不准随意宰杀牲畜，如果出现违反此命令的行为，立即处死。这是中国历史上较早的林木保护法令，在林政法律法规史上具有重要意义。这一时期已将森林资源视为统治者的重要财富，并且是衡量国家贫富的重要标志之一，因而保护好森林资源、发展好林业生产就成了当时统治者的主要政策。同时，统治者也主张对森林进行有节制的开发利用，他们认识到山林永续利用的思想，那时制定的天时、地宜、节用等“六务四禁”政策就成为林业可持续发展的初始政策。

春秋战国时期，有了更多的林业政策和法规：“春秋之斩木不入禁”“仲冬斩阳木，仲夏斩阴木”“凡窃木者有刑罚”。百姓在春秋季砍伐林木时不能进入封禁的山林，而且砍伐要根据时令的规定进行，不能违反规定，盗窃林木亦会受到相应的惩罚。在林木茂盛的季节，命令山虞入山巡视森林，防止有人盗伐林木，必须要等到草木凋零的冬季才能入山伐木。《礼记》也有“树木以时伐焉，禽兽以时杀焉”“禁谓禁其欲伐，止谓止其已伐者”的记载。统治者还制定了山林的开放和封禁政策。对于一些名山大川和风水宝地，统治者往往采取封禁政策，并对在桑山求雨过程中破坏森林、砍伐山木的官员进行了惩处。这种以封山为代表的林业法制，在漫长的古代社会一直延续。

从记载来看，先秦时期已有关于森林焚火法规和限制狩猎的法规，主要目的是规范林木利用，间接起着保护森林资源的作用。自古以来，我国很注重防范森林火灾的发生，通常保证在森林中有效用火的同时制定相关用火的规范，避免大面积焚林的发生，起到林木保护的作用。先秦时期还制定了规范狩猎时间和地点的法规，避免了森林野生动物被随意、无限制地大量捕杀；在动物繁殖排卵的季节严禁各种捕捉活动，尊重动物的自然繁衍规律。

（三）林业经济思想

在先秦时期，人们已开始视山林资源为可通过人的劳动开发利用的社会财富。在先秦诸子百家的著述中，保育山林的呼吁更是不绝于书。这标志着我国古代林业的发展已进入消极保存和利用山林的阶段，产生了我国古代森林经营的雏形。在西周时期，我国劳动人民就开始经营漆林，并在市场上用生漆交换其他生活必需品。到了春秋战国时期，生漆与谷物等生活必需品同为大宗交换商品。在春秋战国时期，漆林的经营已非常普遍（古开弼，1984）。

由于春秋战国时期商品交换的范围比以前扩大了，因而木材及各种林产品在人民生活中得到了广泛利用。据《周礼·冬官考工记》载，当时的木工已分为七类，可见木材利用的广泛程度。

在先秦时期，人们已开始用竹材造纸，同时也知道了如何提炼樟脑和樟油，因而经营山林已成为当时一部分人的谋生之道，也是我国古代社会分工的一个重要组成部分（古开弼，1984）。

这个时期的林业经济思想还体现在对于税收的争论。西周统治者对山林采取封禁政策并对林木和林产品课以重税。“唯漆林之征，二十而五”，想以此来限制木材和林产品交易的发展，其目的就是确保“贡赋”的来源，以维持财政收支的平衡。管子认为：应根据不同的情况，以三种不同的标准对林木利用征收赋税。荀子率先提出要利用征收山林赋税的政策加强山林管理，控制资源利用，即“山林泽梁，以时禁发而不税”。随着封建地主经济逐渐站稳了脚跟，到春秋、战国时期，商品交换的范围以不可遏止之势冲破了地域的限制而日益扩大，代表新兴地主阶级和商人利益的思想家纷纷主张开禁山林，反对对山林强征贡赋，以扩大木材和林副产品的交换及利用。

二、秦汉时期（公元前 221 年—公元 220 年）

秦汉时期是中国传统林业的一个重要演进阶段。秦汉时期改变了西周以来的分封制，建立起统一的中央集权王朝，在地方推行郡县制，对地方采取统一管理，“大一统”的政治格局对林业发展也产生了一定影响。出于强国富民、巩固皇朝的目的，皇朝统治者对农林生产的重视程度越来越高，并在政府机构中设置了涉林职官，在法律政策方面也多有涉及。朝野以务农为本，上倡下效，使农林生产大有起色，并初步形成了一定规模的农林经营模式。

（一）主要林业管理机构设置

秦汉时期没有专门负责林业保护的机构，林木保护职能由其他林木管理机构兼具。从森林资源的有效保护看，秦汉时期以国家为主体的山林保护体系处于不断弱化的历史阶段，对山林护育的行政保障从先秦时代的“律”“令”规制退化为汉代“月令”等时俗性的约束。先秦“大司徒”及其所属职官构成的管理山林川泽的完善体系，在秦汉时期被彻底打散，由水衡都尉、上林苑令、大司农、少府、将作大匠等负责山林税赋、木材调用等具体事务，而且这部分官职的设置还带有一定的临时性，并非常置。其中，水衡都尉设置于西汉武帝元鼎二年，主要负责管理上林苑与林业事务；上林苑令为水衡都尉的属官；东汉时期的大司农与西汉时期的少府都担负有山林川泽税收的征收与管理职责。大司农与少府两者的区别为：一是处于不同时期；二是大司农是管理一般农林事务的政府性机构，而少府是管理皇室苑囿、山林池泽的皇室私属机构。森林利用机构与职官包括少府、将作大匠等。其中，少府负责山林川泽收入和皇室手工制造；少府在这一时期承担了主要的林业管理职能，负责森林木材采伐的限令，具有处罚随意毁坏林木的职能，属于兼职林木保护机构。将作大匠的主要职责是木土工程修建，同时负责经济和木材加工利用职能；地方官员负责属地内的所有林业事务，秦汉时期大多是承担各种林产品利用职能（罗启龙和刘鹏，2018）。

（二）林业经济思想概述

自战国时期开始，统治者就倡行重农抑商，各国在变法中鼓励农耕、兴修水利，以及诸子著作中大量关于农业的论述，都是重农思想的体现。到秦汉时期，重农思想得到进一步继承和发展。从汉文帝、汉景帝提出“农，天下之本”的论断与汉武帝的重农抑商政策，到贾谊的《论积贮疏》与晁错的《论贵粟疏》，都是重农思想的反映。古代统治者的重农思想，使他们自觉地关注农林生产。

自先秦时期以来，历代统治者一直将山林川泽的所有权视为神圣不可侵犯之物。尽管有先秦时期管子的“以租代税”开禁山林的呼吁，但历代最高统治者仍然牢牢地把住山泽之权不放。汉代的山林封禁政策是持续执行固定政策，对国有山泽完全禁止百姓渔猎。秦律、汉律中关于保护农林资源的法令，属于中国古代较早的林业法制范畴，略显粗糙、原始，大多是就具体问题展开。秦汉时期重视农林资源、明确以法律形式进行强制性规定，并推行相关律令等做法，体现了政府与社会对自然资源的重视。

但在某些时期或受到某些事件的影响，多次出现短期的山林开放政策，然而期限一到即恢复禁止，到了西汉时期，情况才有了新的变化。王莽设五均六管之令，开山泽之防，收盐铁山泽之利，始建国二年（公元 10 年）下诏规定：“命县官酤酒，卖盐铁器，铸钱，诸采取名山大泽众物者税之。”王莽开禁山林，在推行国家直管部分事务的同时，实行新的山林赋税政策，允许民众取用各类山林资源，但需要根据取用多寡缴纳相应赋税。后汉和帝免征山林之税，并开放国有园林。由此可以看出，统治者正逐渐放松对山林的管辖。

（三）出台的主要林业政策

在林木保护政策方面，秦代制定的《秦律·田律》是我国最早的林木保护法令。《田律》是已知的 18 种秦律之一，又有“畋猎之律”的说明。《田律》规定在不同的季节不能从事哪些林业事务，还明确对城邑附近的封禁苑囿进行保护，禁止在幼兽繁殖时带着狗去狩猎，违反者按规定处罚。

在林木培育政策方面，秦始皇统一六国后，修筑了以咸阳为中心的通向全国的驰道，下令在驰道两侧“树以青松”，也就是今天的行道树，这是史料记载的最早以皇帝诏令形式出现的林木培育的法规。秦代经济林木种植面积不断增加，林果业具有了一定规模，表明秦代已开始关注树木的经济价值，已形成具有地域特点、规模较大的经济林区。汉景帝也是一个勤勉的君王，在其任内不遗余力地劝民农桑。景帝元年（公元前 156 年）春正月，下诏规定：“间者岁比不登，民多乏食，夭绝天年，朕甚痛之。郡国或硗狭，无所农桑系畜；或地饶广，荐草莽，水泉利，而不得徙。其议民欲徙宽大地者，听之。”

在林木利用政策方面，秦代发展林木种植，已不局限于绿化和经济功能，而是扩展到兼具军事防御作用。秦始皇三十三年（公元前 214 年），秦代大将蒙恬率军抗击匈奴，在军事部署上将原来的秦、赵、燕三国分别修筑的长城连接起来，并且沿长城一线种植了大量榆树，从而扼制了匈奴骑兵的突袭。

三、魏晋南北朝时期（220—581 年）

魏晋南北朝是中国历史上政权更迭较为频繁的时期。虽然社会持续动荡，但民族融合加强，各民族间经济文化交流广泛，农业开发范围不断扩大，南方经济获得长足发展。这一时期的林业发展出现了一些新气象，如独立林业生产的出现，农林培育技术的提高，私家庄园以及园林的兴盛。可以说，魏晋南北朝时期是中国古代林业发展的重要转折时期。

（一）主要林业管理机构设置

中国古代国家政权机构中涉及林业领域的职官，先秦即已出现，历秦汉至魏晋南北朝而不断发展、演变。魏晋南北朝时期政权更迭频繁，涉及林业的官制也多承前代而来。两汉时期的林业职官分为征敛赋税官（大司农、少府）、土木建筑官（将作大匠）、管理皇家林苑官（水衡都尉、上林苑令）三大体系。实际上，魏晋南北朝时期林业职官的设置和沿革也大致符合这三大体系。总的来看，大司农的职能在这一时期变化较大，但管理权限是逐步缩小的，至曹魏时期以后，不再承担赋税职责，仅保留森林培育、山泽管理、苑囿管理等林业管理职能。根据《晋书·职官志》记载："少府，统材官校尉、中左右三尚方、中黄左右藏、左校、甄官、平准、奚官等令，左校坊、邺中黄左右藏、油官等丞。及渡江，哀帝省并丹阳尹，孝武复置。自渡江唯置一尚方，又省御府。"将作大匠主要掌管土木工程的修造事务。材官将军的职能与将作大匠基本一样，但区别是：将作大匠不常设，而材官将军是常设林木管理官员。上林苑令的主要职能是管理上林苑等皇家苑囿，负责各个皇家苑囿的树木种植、蔬果管理、花草繁育、禽兽饲养及池沼、藏冰等事务。都水台的管辖范围为航运、灌溉、栽培、水利、河道、湖泊等多方面事务，与林业关系密切的是河堤植树职能。太舟卿掌管舟航堤渠管理和水路运输，其职能与都水台基本一样，与林业关系密切的是河堤植树职能。两晋设置度支部主管山林税收。

（二）出台的主要林业政策

魏晋南北朝时期的林政依然在大农业经济背景下缓慢发展，但随着政权的不断更迭和统治思想的不断进步，林业对于政权稳固、百姓安居乐业的重要作用日益被帝王所认识和重视。北魏文成帝曾下达过不再捕捉虎、狼等野生动物的诏令。这些政令和民约虽然没能改变当时森林资源总体被破坏、减少的趋势，但在增加森林面积以及野生动物保护方面还是起到了一定的作用。

1. 林木保护政策

魏文帝以设置禁山并征收重税的方式来控制民众利用林产品，即以赋税保护山林。魏明帝即位后，令陈群等删节汉律，制定《魏律》一百八十余篇，其中在《治民》十八篇中就有"贼伐树木"的刑律。《通典》记载有魏武帝时期的林业保护军令，"军行，不得斫伐田中五果、桑、柘、棘、枣"。而西晋初定新律，其中也有禁止破坏陵园草木的内容。东晋和南朝也多次颁布禁止私占山林、乱砍滥伐的法令。晋成帝就曾下诏禁止擅占山泽，违者以强盗律论。但在那个战乱的时代，许多禁律事实上只是一纸空文。

2. 林木培育政策

曹魏时期，曹操曾令司空掾邢颙负责农桑事务，在任期间劝课农桑，下令要求各地官员在战争间隙发展农林业，大行风化。西晋武帝建国后，各项施政举措中以"弃末反本，竞农务功"最著名，这句话深刻体现了吏治为百事之先，只有调动了官员的积极性，才能保证各项治国方略的执行。太和九年（485 年）诏："今遣使者循行州郡，与牧守均给天下之田，还受以生死为断，劝课农桑，兴富民之本。"均田令中明确规定了授田的多少、种植树种要求和种植时令要求，同时还有相关的监督、管理办法，若不能按要求完成，将收回所授之田。此均田令的推行，为之后的北齐、北周、隋、唐诸代继承，延续了二百七十余年。

3. 林木利用政策

西晋建国初，武帝承袭曹操征收实物之制，创户调之式，收取林业税赋。《晋书·食货》载："又制户调之式：丁男之户，岁输绢三匹，绵三斤，女及次丁男为户者半输。其诸边郡或三分之二，远者三分之一。夷人输賨布，户一匹，远者或一丈。"赋税管理办法的确定，有利于国家对山林利用的管理。东晋制定开放山林的禁令，使受灾地区人民可以自由进山樵采渔猎，有助于当时因战乱而逃离家园的人解决吃饭、居住等最基本的生计问题。宋孝武帝大明七年（463 年）七月诏令："前诏江海田池，与民共利，历岁未久，浸以弛替。名山大川，往往占固。有司严加检纠，申明旧制。"再次强调了大明三年颁布的诏令，说明前诏由于开禁后并没有严格管理，导致山林被过量开采，而且出现了被部分地方豪族私自霸占的现象，现在命令地方官吏按照前诏规定，加强山林管理，执行山林封禁政策。

（三）林业经济思想概述

魏晋南北朝时期，林业政策受朝代更替的影响不断变化，有些朝代采取了封禁山林、严禁进山樵采的政策，但更多的朝代受政治、军事因素影响，制定了鼓励生产、发展经济的政策，以及为应对频繁的灾荒而选择了"弛山泽之禁"。统治者开放山林的政策有效解决了大量灾民的基本生活问题，促进了社会稳定。同时，通过开放山林与民共之，达到鼓励生产种植、增强国防力量的目的，使林业政策具有了救荒的功能。在这一时期，许多帝王在当国理政中，对生态环境有意识地进行保护，旨在保持自然界生态平衡与自然资源不断再生，以达到持续开发之目的，他们所主张的"水陆捕采各顺时日"，蕴含着朦胧的野生动植物保护思想。北朝时期，部分帝王认为天生万物，生命可贵，野生动植物与人类一样有生命，需要重视和保护，禁止屠杀与滥伐。北朝帝王诸种放生禁贡的行为，体现出对万物生命的珍惜、对野生动植物的爱护和对自然资源的保护，有益于保持自然资源的平衡与良性循环，并为林业资源的持续开发利用打下了基础。

四、隋唐五代时期（581—960 年）

（一）主要林业管理机构设置

北周和隋代，林业职官主要分布于尚书省的工部、司农寺及其所属上林署。其中，尚书省工部掌管林业行政、山泽资源保护、营造及田猎采捕政令；司农寺、将作监、少府监分掌屯田种植、劝民农桑、征收税赋、采伐材木、土木工程、百工技巧等关系林业的事务。隋朝常派学有专长的大臣担任。唐朝按既定的进官组织章程及职事条例、办事细则行事，唐朝林业职官也大体同于隋朝。不过，唐朝林业政务机关与林业事务机关的职掌远比隋朝分明，其下属机构的分工也比隋朝细致得多。唐朝工部尚书"掌天下百工、屯田、山泽之政令"，工部所属虞部司（天宝年间曾改称司虞）是专管山泽草木、苑圃封禁、街巷植树、樵采牧和田猎政令的林业政务机关。司农寺、将作监、少府监及其有关监署分掌劝课农桑、薪炭供应、竹木种植、林木采伐以及部分手工业的林业事务机关或林业职能机关。司农寺除了沿隋制设置上林（管苑囿园池）、太仓（管帮国粮库）、钩盾（掌薪炭供给）、导官（掌细粮供应）四署外，还增设了司竹、宫苑、盐池等监。五代时，省、台、寺、监之设置，仍与唐朝大同小异，林业职官在中央政府中的分布，也同唐朝类似。十国官制，也基本依仿唐朝，其中有的虽然臣服中原，但在其国内俨然是独立王朝。所以，它们一般都有省、台、寺、监的设置，设官也有尚书、侍郎、卿、监之类。

总的说来，五代十国官制有两点值得注意：一是体制虽有一定程度变化，但涉及林业职官的变化却很小；二是五代十国的“天子”大多以藩镇节度使起家，所以他们原来的幕职往往就成为新政权的骨干。此外，对于那些有功将士，往往要给予官号作为赏赐。这些做法一直持续到北宋，成为北京官职的历史渊源。

（二）出台的主要林业政策

隋代“均田”的土地范围主要为荒地及政府直接掌握的官田，并未触及大小地主所占之地。因此，它主要有利于各级官僚占田，农民占田非常有限，授田限额既低，实授之数又从未足额。不过，在战乱之后，农民得到了一定实惠，因而对于隋代农林业的恢复和发展，“均田”的作用还是积极的。就林业而言，由于隋代“均田”继承了北魏以来的传统，把农作物的培育同经济林、用材林的培育结合起来，突破了过往单一种植农作物的局限，这就充分显示了广大农村实施农林兼营的必要性。与此同时，由于继承了北魏以来“授田”严格区分“还受”和“不还受”的做法，把培育桑榆枣等经济林、用材林的“桑田”规定为必须世代经营的不必“还受”的“永业田”，反映了林木培育期较长的特点，这就有效地调动了农民经营林业的积极性。总之，“均田”特别是授予“永业田”，对于隋代农区的人工林（如提高农区森林覆被率、保障农业生产）确实发挥了重要作用。运河的开凿，虽然同炀帝个人有关，但毕竟是社会经济发展的反映。同样，运河植树不能不说也涉及炀帝的个人生活，但客观效果为：运河两岸绿树成荫，既固堤又美化了环境，既有经济效益又有生态效益，值得人们称道。

《唐律》中的有些条文涉及林业，不少诏令也涉及林业：唐初继续实行“均田”，从武德年间起到开元末年止，就颁行了三次诏令。唐代“均田”的主要内容和基本精神仍是北魏以来均田制的继续，但因历史条件不同，特别是封建土地私有制的发展以及唐初国家占有土地的减少和社会阶级状况的变化，便产生了四大特点：第一，降低了农户受田额。第二，规定官吏和市民可以在各种名义下买卖土地。这是北魏以来封建土地私有制的一小步发展在法令上的反映，它反过来又为地主兼并土地提供了合法的依据。基于土地兼并盛行，不久均田制终于崩溃，庄园经济便兴旺发达起来。第三，均定田租。第四，兴修水利、整顿河渠。

（三）林业经济思想概述

唐太宗在位期间（626—649 年）积极推行均田制、租庸调法和府兵制度，并加强对地方官吏的考核；又修《氏族志》，发展科举制度。当时，社会经济因此获得了快速恢复和发展，后被史学家称为“贞观之治”。唐太宗能够顺利地推行重农政策，亦即“恣其耕稼”的“富农”政策、“轻徭薄赋”的“劝农”政策、“增殖人口”的“利农”政策、“兴修水利”的“贵农”政策，维护小农经济这个封建社会的物质基础，恢复并发展农林业生产，进而实现了“贞观之治”。显然，这正是民为邦本、静为农本的重农思想得到了坚决贯彻的结果。陆贽认为，最好是开放山泽，由人们自由经营，不必由国家垄断：“三代立制，山泽不禁，天地材利，与人共之。”可是，如果“兴榷管之法，以佐兵赋，以宽地征”，那也未尝不可。这些反映了他拥护“山泽国有”的保守思想。唐代中后期，随着林地私有制的逐步确认，民间林地买卖交易逐渐增多，带动了庄园经济的发展。及至元和八年（813 年），十二月……辛巳，敕：应赐王公、公主、百官等庄宅、碾硙、店铺、车坊、园林等，一任贴典货卖；元和十四年（819年）赦令："本任得替后，遂于当处置百姓庄园、舍宅。"随着林地买卖而发展起来的庄园经济逐步得到了政府认可，成了林业赋税的重要来源，并促进了林地规模化管理。

隋唐时期，林业政策和管理的重点是林木培育。这一时期的国力日渐强盛，生产力水平不断提高。统治者认识到森林的经济和环境价值，对森林的管理转变为以种植、栽培为主，绿化林、观赏林和经济林等人工种植林发展迅速。经济林业在这一时期得到快速发展，并成为当时主要的林业经济产业；同时，较好的城市行道树栽培和保护，改善了当时人们的生活环境，也起到了保护森林生态环境的作用，为当代城市管理提供了良好的借鉴和启示。

五、宋元时期（960—1368年）

（一）主要林业管理机构设置

1. 宋代林业官制

宋代承袭了唐代官制，但为了强化中央集权，故中央机构庞大且复杂多变。宋代中央政府最高机构设有中书门下，简称中书，主管民政；枢密院，简称枢府，主管军政；三司，简称计省，主管财政。三省以下设吏、户、礼、兵、刑、工六部，皆与林业建设和发展有一定关系，以工部、户部、刑部与林业建设和发展的关系更为密切。工部属于综合管理机构，宋元时期的工部主要负责策划和发布林业政令，掌天下城郭、宫室、山泽、苑囿、河渠之政。依宋制，植树造林是农户的法定义务；刑部所制定的法治，如不滥伐、非时捕猎和严禁于城郊山野、陵墓北域纵火等律令，是保护森林资源、促进林业发展的强有力武器；吏部把植树造林列为官吏的后续考核内容，这是促进林业建设和植树造林事业的重要保障。

2. 元代林业官制

元代林业分属有关部、司、寺、监、院等机构。森林采伐与木材加工利用主要归属于工部、武备寺等部门。工部掌管营造等事宜，包括"城池之修濬、土木之缮葺，材物之给受"等。植树造林归属于大司农司。元朝赋予大司农从一品，仅次于省、院、台的地位。司农司"专掌农桑水利"。其主要职责是领导和督促贯彻《农桑之制一十四条》，包括林木种植，并举察勤惰。至元二十四年（1287年），又于大司农司下设永平屯田总管府，"以北京采木三千人隶之"。也就是说，除领导植树造林之外，大司农司也兼有采伐任务。

（二）出台的主要林业政策

宋元时期，为适应振兴与繁荣国民经济和军事斗争的需要，在广泛开发利用森林资源（包括野生动植物资源）的同时，比较注意保护森林资源，并制定了许多保护森林和野生动植物资源的法令与政策，是我国历史上发布保护森林和野生动植物资源政策最多的时代。唐末五代以来，中原地区饱经战乱，民生凋敝，出现了滥伐桑枣为薪之风。宋太祖即位后，为恢复经济、安定民生，发布禁伐桑枣的诏令。

1. 林木保护政策

《宋刑统·发冢》对禁止乱砍滥伐林木的规定："诸盗园陵内草木者，徒二年半。若盗他人墓茔内树者，杖一百。”《宋刑统・失火》对森林防火的规定：“诸于山陵兆域内失火者，徒二年；延烧林木者，流二千里……在其外失火而延烧者，各减一等。”《宋史・刑法志》中记载：从祖宗之时，宋廷就禁止盗剥他人桑柘，对于盗剥他人桑柘的制裁非常重视，规定桑树“枯者以尺计，积四十二尺为一功，三功以上抵死”。元代统治者源于大漠，对农林业认识不足，再加之这一时期天灾不断，致使森林开禁成为救灾的主要措施之一。《元史・刑法志》载：“卫辉等处贩卖私竹者，竹及其价并没官。首告得实者，于官没物，约量给赏。”

2. 林木培育政策

宋太祖建国之后，沿用周世宗之法，命官分诣诸道均田，劝课农桑。建隆二年（961年）下诏：“课民种树，定民籍为五等，第一等种杂树百，每等减二十为差，桑枣半之；男女十岁以上种韭一畦，阔一步，长十步；乏井者，邻伍为凿之；令、佐春秋巡视其数，秩满赴调，有司第其课而为之殿最。”宋太宗乾德四年（966年）时规定：“令佐如能招复捕逃，劝课栽植，岁减一选者，加一阶。”通过对官员进行奖惩的办法，引导官员重视植树，认真带领百姓植树栽桑。宋真宗非常重视林业，同意了司农寺制定鼓励农桑法规的请求，先在开封地区试行，而后看到效果很好，遂推广至全国实行，由此从法律上明确了农户多种植的农林作物不增收赋税。

3. 林木利用政策

两宋政府对于税务官员的公务执行有严格的法律制度规范，以防止官员苛征暴敛、巧作名色、横取税钱，严禁官员利用职务之便偷税漏税。宋初规定：“凡布帛、什器、香药、宝货、羊彘、民间典卖庄田、店宅、马牛、驴骡、橐驼及商人贩茶盐皆算。有敢藏匿物货为官司所捕获，没其三分之一，以其半畀捕者。”可见，宋代对于偷税漏税的违法行为，处罚是很严厉的。宋初，为了劝民农桑，鼓励农民种桑枣，规定除了分配的定额外，多种桑枣不再增税，减免赋税成为宋代推动林业发展的主要经济手段。宋代实行林产品官营制度，对林产品买卖制定有严格的法规。史书记载了多起因私自贩运木材而受到追究的案件。

（三）林业经济思想概述

宋元时期，封建政府高度重视林业建设，积极劝谕和引导民众栽桑种树，使宋代形成了规模庞大的林业体系。在发展和建设林业资源的过程中，宋代除了提倡和奖励植树造林外，更重视对林业资源的管理与保护，采取了鼓励植树、减免赋税、赏罚官吏、保护山林等一系列措施，它们对宋代的林业建设和保护发挥了重大作用，当时制定的发展和保护林业资源的政策措施取得了很好的效果。

在宋元时期的帝王中，宋太祖赵匡胤（927—976年）是宋朝林业政策和法令的奠基人，也是我国历史上关心林业建设、大力提倡植树造林事业的皇帝之一。宋太祖为解决建国初期田地荒芜、人口流失、农业残败的景象，十分重视林业的作用。他说：“桑枣之利，衣食所资，可济公私，岂宜剪伐?”因此，他大力提倡植树造林，把发展林业作为恢复与发展农业、振兴经济、巩固政权的重要措施。宋太祖不仅大力提倡植树造林，而且重视保护森林和野生动物资源，颁布了一系列保护法令和政策，为宋后世所继承和发展，在林业史上占有极重要的地位。

六、明朝到清朝后期（1368—1840年）

（一）主要林业管理机构设置

明朝及清朝前中期的林业官制，大抵沿袭汉唐的制度并有增减。明初，设丞相掌中书省，治理天下事。洪武十三年（1380年），为铲除积弊，防止个人专擅，析中书省之政，改设吏、户、礼、兵、刑、工六部。各部设尚书、侍郎、员外郎、主事等职。六部之中的户部和工部，分司治理林业。明代户部“掌天下户口、田赋之政令”，管理田土侵占、投献、诡寄、影射等事务，以“山泽、陂池、关市、坑冶之政佐邦国”。清代户部“掌军国支计，以足邦用”，掌管全国田亩、疆土、财务和户役等政令。凡是土木建造、器物制作、堤坝修筑等事务都归工部。清代前中期的林业官制，沿袭明制不改。其中，工部属于综合管理机构，设尚书、左右侍郎等职。户部属于综合管理机构，主管林业赋税，设尚书、左右侍郎。永乐五年（1407年）设置上林苑监，负责保护和管理苑内林木。清代，各级地方政府的省、府、州、县的长官也承担其辖区内与林业有关的所有政务，结合地方官员的权限，大多是种植林木，所以在此列入林木管理机构。知县或县令为最基层的地方长官，林业事务也是其职能之一。

（二）出台的主要林业政策

明代及清代前中期，皆属于封建君主专制政治实体，皇帝有至高无上的权力。但在历代皇帝的诏谕中，诸法合一，单一的林业法制是不存在的，包括大力劝课农桑、重视河堤植树以及保护山林资源。

1. 林木保护政策

《大明律·户律》包括禁止盗伐陵园内树木等林木保护的内容，主要有四个条款。该律例对盗伐、毁坏树木以及擅食他人田园瓜果之类的行为按照盗窃罪进行处罚；还制定了限制放牧区域的规定，在规定区域以外不得开展畜牧养殖，违律处罚，起到了保护区的作用。

《大明律·杂律》规定：“毁伐树木稼穑，各准盗论。”清代的《大清律例·盗园陵树木》规定了六款盗伐林木的处罚法规。清代统治者认为长白山是上天赏赐给满人的厚礼，把长白山周围的千里林海、参山、珠河划为禁区；自此，清政府在东北地区开始“四禁”政策。这一时期还出现了一种新的护林政策推广方式，就是由官方竖立载有护林法规的石碑于保护地区，以此石碑警示人们勿毁林木，否则将受惩处。

2. 林木培育政策

明太祖视农桑为立国之本，建国初始就诏告天下尽快发展农林业。明太祖在完成统一的战争过程中，也不忘农桑生产，“分遣儒士告谕乡邑，劝农桑”。清高宗乾隆很重视植树绿化环境，编写了简单明了的种树护堤基本技巧，在民间广为传颂：“堤柳以护堤，宜内不宜外，内则根盘结，御浪堤弗败。”清宣宗道光年间，曾批准在山东等地种桑养蚕。由官方主导的养蚕植桑业在地方曾大规模开展，各地官吏也具有了因地制宜发展种养业的权力，并获得统治者支持。

3. 林木利用政策

明太祖建国初即规定：“麻亩征八两，木棉亩四两。栽桑以四年起科。”这是关于明代赋税的最早记录，也是抽分征税法的开始。明代对竹木果品柴炭均征税。征税机构有都税、宣课、司、分司、抽分场局、河泊所。征税有课税和抽分两种方法，凡是课税，征商估物货，抽分，科竹木柴薪。商税的标准是三十而取一。明成祖永乐元年（1403年），“奏准各处小民挑担蔬菜，民间家园池塘采用杂果，非兴贩者及民间常用竹木、蒲草、器物，俱免税”。清雍正六年（1728年），为了加强东北的林业管理，下诏规定盛京工部负责管理东北、长白山地区的森林资源和林产品利用，包括发放准许采伐林木的官票，并负责征收各类林产品赋税。由于清代宗室园林乃重禁之地，树木为护荫之物，较诸官物为重，而申其禁令从而对陵寝林木进行保护。清代前中期，为了防御外来侵略、维护国家安全、保护人民的生命财产安全，对边境山林严加保护，禁伐边防林。为了防止因火灾毁掉大面积山林，对山林火灾的处罚非常严格，犯者不仅受到杖刑，还要发配两千里边疆。清代实行封禁，以保护森林。地方官吏发布的一些护林禁令、告示等，大多刻于石碑，立于被封禁的山林处。

（三）林业经济思想概述

明清时，人们已把林业放到发展经济和富国富民的高度来认识。

1. 以农为本，注重林业生产

林业中的桑、果、茶等经济林是属于农业的部分，并以“农桑”并称。因此，农本思想一直影响着林业的发展，各朝皆把农耕与发展经济林放在同等重要的地位。朱元璋即位以后，重申农桑为立国之本，在一些诏谕中，体现了明太祖的大农业思想。他强调以农为本，着眼于解决当时农民的衣食短缺问题，而提倡广植桑枣，是谈不上发展森林的。这是因为营造用材多年才能收益，而且大面积荒山造林，仅凭一家一户是办不到的。当时的农民也忙于眼前温饱，无暇顾及。但是，朱元璋在以农桑为立国之本中，已把果木列入大农业的主要内容，这与我们现在所说的以粮为主、多种经营的战略思想相吻合。清代著名农学家杨屾在《知本提纲》中指出：“致富之本，皆出于农。农非一端，耕、桑、树、畜，四者备而农道全矣。若缺其一，终属不足。”这是一种大农业思想，要求农林全面发展，不可有农无林，比起前代只把农业定性为种植业大大前进了一步。

2. 对林木的多种效益的认识

这一时期已经认识到林业是商品交换的物质基础。比如宋应星在《天工开物》中阐述财富与货币间的关系时，反问“今天下何尝少白金哉”，缺少的是“田之五谷、山林之木、墙下之桑、洿池之鱼耳”等，认为实现了包括林业在内的大量商品生产，就会形成良性循环，“白镪黄金可以疾呼而至，腰缠箧盛而来贸者，必相踵也”。这说明商品丰盛则流通加快，商品与货币总是随时换位的。在这一时期，已经认识到了林木具有防灾备荒、有益风水等作用，比如认为林木可以护堤、发挥防护作用。明代一直受到北方蒙古族的威胁，为了防御蒙古兵南下，在兴修长城的同时，还在长城两侧种植了茂密的树木，以其防御。龙脉砂穴之树木不能砍伐，土石不能乱动。不仅是帝陵，民间亦如此，因此使得大面积树木被保留下来。王夫之认为：桑麻、茶漆、竹木、棕苇等的生产，不用费很多劳动，“人不必待以生，而或不劳而多获……固当即取于民以用者也”。这种比较经济的观点，对我们今天调整农业产业结构仍有参考作用。无独有偶，杨屾的《豳风广义》也主张：“树桑者，不过一夫之力，树成之后，可享数十年之利。采后复生，不劳更种，又无耕牛、子种之费，不虑水旱风虫之灾，所谓一劳永逸，比之棉麻逸劳十佶”。杨屾把这种思想贯穿于宣讲种桑之道上，对振兴当时陕西关中的林业经济起了重要作用。

3. 因地制宜开发山泽之利是致富之策

顾炎武在《郡县九论》中认为：“东南之竹箭不可胜用矣。他物之称是者，不可悉数。且使为令者得以省耕敛，教树畜，而田功之获，果蓏之收，六畜之孳，材木之茂，五年之中必当倍益。从是而山泽之利亦可开也……利尽山泽而不取诸民，故曰，此富国之策也。”他充分认识到开发山林之利是事半功倍的益事，这在当时对增加财政收入、减轻人民租税负担是有积极作用的。

第二节　中国近代林业经济政策和思想

清朝后期或曰清末，开始于道光二十年（1840 年）。在这一时期，中国的社会性质开始发生变化，由封建社会转变为半殖民地半封建社会。天朝上国的迷梦被惊醒后，一大批有识之士开始睁眼看世界，努力向西方学习先进的科学文化；与此同时，大量先进的西方学术思想也开始传入中国，其中就包括林业思想。为了救亡图存，师夷长技以制夷，朝野各界人士呼吁大力发展包括林业在内的实业经济。清末思想和政策上的准备为中国近代林业的诞生奠定了基础。中华民国是从1912—1949 年，可分为北洋政府时期（1912—1927 年）和国民政府时期（1927—1949 年）。近代，中国森林资源破坏加剧，但林业得到一定程度的发展，林政更加完善，森林的培育和利用得到进一步发展，林业思想文化和林业科技、教育在接受西方先进学说的基础上又有了符合中国实际的创见，为现代林业的发展奠定了基础。

一、清朝后期（1840—1911 年）

清朝后期是指从 1840 年 6 月 28 日鸦片战争爆发至 1911 年清朝灭亡的这段历史。鸦片战争开启了中国近代史，也是近代中国半殖民地半封建社会的形成时期。清朝后期经历了五个皇帝的统治，他们的年号为：道光（1821—1850 年）、咸丰（1851—1861 年）、同治（1862—1874 年）、光绪（1875—1908 年）、宣统（1909—1911 年）。其实，慈禧太后是同治、光绪两朝的实际掌权者，当政长达 48 年（龚书铎，1996）。

（一）清朝后期林业管理机构

在鸦片战争前后，面对西方资本主义国家的迅速发展和列强对中国的虎视眈眈，加上腐败不堪的清朝政府，农民起义风起云涌，基于这些原因，地主阶级内部逐渐分化出一部分具有进步思想的知识分子，他们对有关国计民生的重大问题提出了改革、改良的各种建议。龚自珍、林则徐、魏源等是中国近代第一批提出改良朝政和向西方学习的人士。在他们之后，则以梁启超、康有为为代表。光绪皇帝为世界潮流所趋，进行戊戌变法，其改革之事与农林有关的为设专官、兴学校。

光绪二十四年（1898 年）戊戌变法时，光绪帝谕令设农工商总局，管理农工商事务。总局下设农务司，所辖事务包含林业。光绪二十九年（1903 年），设置商部，下设平均司，林业即归其管辖。光绪三十二年（1906 年），商部改为农工商部，平均司改为农务司，其管辖范围涉及林业。农务司最初设 6 名官员，后增加到 11 名，并有艺士、议员若干。由此可见，林业官员极少。光绪三十三年（1907 年），各省设置劝业道，掌管农工商，下设 6 科中的农务科掌管林业相关事务。每科设科长、副科长各 1 名，农务科科员 2～3 名。省辖厅、州、县也分别设置劝业道。同年，吉林林业公司和吉兴林业总局成立。至宣统元年（1909 年），一些省份成立了林业专门机构。

（二）清朝后期林业经济发展状况

1. 森林工业

清朝后期，中国资产主义森林工业主要是木材生产工业和木材加工工业。嘉庆四五年（1800 年左右），在陕西省盩厔（即周至县）地区，有木商办木材厂并雇工进山伐木。在咸丰末年、同治初期（约 1861—1864 年），为开发鸭绿江流域的森林和发展林业做了组织准备，派左宝贵将军有组织、有计划地进入鸭绿江流域的上游地带，并进行了林区调查，为开发林区打下了良好的基础。木材生产由熟悉木材生产业务的“木把”（即把头）组织执行，他们把来自山东省、为谋生而“闯关东”的破产农民组织起来进入林区，从事木材采运工作。此后，这支劳动大军成为中国森林工业产业工人的主力军。同治八九年（约 1870 年），盛产杉木的福建省出现了农民伐木出卖的情形，由闽江而下，因此在福州形成了木材市场。浙江省宁波的许多木商都涌向福州，设点收购木材，然后转运到上海出售，也就是后来所谓“宁波材”的由来。这就是中国木材采运工业产生资本主义萌芽的初期阶段。在此期间，还出现了农民“卖青山”的情形。所谓“卖青山”者，乃农民在自己的山场植树造林，在林木成熟、林木未成熟或接近成熟的阶段，与木商洽谈：一是作价出卖；二是合作，即由木商出资招工采伐，在出卖木材后木商与农民分成。基本上就是这两种方式，但木商的出价是很低的，以此来剥削农民。一时间，各地相继出现了木材生产事业，长江沿岸也出现了大小木商，此时的南京木材市场已相当繁荣。

太平天国（1851—1864 年）以后，清朝政府开始在当时的主要木材生产基地或主要木材市场设局征税，比如在南京设木厘征税。光绪初年（1875 年），在安东（即丹东）设局，后移至大东沟，设大东沟木税局。在光绪四年（1878 年），在上海董家渡有华商开办小型机器锯木厂，为制材机械化的开端。光绪二十八年（1902 年）由官商合办，共同出资 20 万两在安东创办鸭绿江木植公司，在吉林设立了江浙铁路木植公司。

光绪二十九年（1903 年），中日合办的义盛公司成立，主要是采伐鸭绿江流域的木材。光绪三十年（1904 年），黑龙江铁路交涉总局与中东铁路公司签订《砍伐木植合同》。光绪三十四年（1908 年），中日两国在安东成立鸭绿江采木公司，资本金为 300 万元，两国政府各出一半。除了合办公司外，中国近代官办的第一批伐木企业也出现了，比如黑龙江省成立了官办的裕祥木植公司。光绪三十三年（1907 年），清朝政府设吉林劝业道，并以 1 万元资金设立吉林林业公司，经营伐木业。此后，吉林省当局又与官银号、官商士绅共同出资开设松江林业公司，也是经营木材生产事业。这是中国近代史中期官办或中外合办以及官商士绅合办的第一批木材采运企业。但是，有的公司是根据不平等条约被迫承办的，使利权外溢，是中国的一大损失。

2. 木材贸易

道光二十年（1840 年）以后，中国进口木材数量逐年递增。同治七年（1868 年），中国开始进口木材。甲午战争后，帝国主义垄断了中国经济命脉，将大量木材倾销到中国，导致中国进口木材激增。自光绪二十九年（1903 年）起，中国开始出口木材。在中华民国成立前，每年出口木材的价值约为 100 多万关平两。19 世纪 60 年代，英商开设上海砖瓦锯木厂，而后又设立密勒锯木厂。光绪十年（1884 年），英商在上海开设祥泰木行。1832 年，英商在广州创立的怡和洋行也涉足木材贸易。这些外商企业凭借殖民权益从事木材经销，严重冲击了中国民族资本的木材产业。

（三）清朝后期的林业经济思想

在清朝后期半殖民地半封建社会里，受西方思想文化的影响，我国传统的以农本思想和风水观念为主体的林业思想受到了冲击，而向西方林业学习、兴办林业教育、加强林政管理、振兴林业等的近代林业思想迅速兴起。农林学术团体开始产生，西方先进的生物学、植物学、林学知识开始向中国传播。传统的科举制度被废弃，农林学堂正式诞生，林科教育出现于中国大地。林业思想、科技和教育，一步步从传统向现代转变。

中国第一位林学硕士凌道扬（1888—1993 年）认为，林政对于国家意义重大：振兴林政可以增加财政收入，为工业提供原料，使荒废的土地资源得到利用，增加就业，改善国计民生，还可以获得间接效益。他是中国近代放眼世界林业的第一人，也是较早提出森林间接效益（即生态效益）的人。凌道扬有感于中国林政人员、经费都远远少于欧美日等列强，遂大声疾呼增加林业人员和经费、加强林政管理、发展林业教育。他是呼吁政府增加林业投入的第一人。他认为，振兴林业必须发展林业教育：小学教科书中有必要加入林业相关知识，以便从小培养爱林、造林的习惯；大学森林系教学须考虑各地不同情况。由于中国地域广大，各地气候、土壤、森林情况不同，各地森林学校的教学内容应根据当地实际有所侧重。他还提出了东北、中部和北部、南方森林学校应注重讲授的教学内容。他认为，森林学校的课程内容必须实用，要注重实验，使学生学到实际本领。

凌道扬的林业思想对孙中山、黎元洪、张謇等人产生了巨大影响，孙中山起草的《国民政府建国大纲》中的农、林部分内容便是由他协助完成的。

二、中华民国（1912—1949 年）

中华民国是从 1912 年到 1949 年，可分为北洋政府时期（1912—1927 年）和国民政府时期（1927—1949 年）。近代，中国森林资源破坏加剧，但林业得到了一定程度的发展，林政更加完善，森林的培育和利用得到重视，林业思想文化和林业科技、林业教育在接受西方先进学说的基础上又有了符合中国实际的创见，为现代林业的发展奠定了基础。

（一）中华民国的林业管理机构

北洋政府时期，一些近代最早的林业专门机构和官职出现了。民国元年（1912 年）1 月 1 日，中华民国临时政府在南京成立，设实业部，下辖农务、矿务、工务、商务 4 司，由农务司管辖林业。同年 4 月，中华民国迁都北京后，实业部分为农林、工商二部。农林部山林司分管林业，同时农林部设有直属林业机构。12 月，在吉林设林务总局，下设沈阳、哈尔滨两个林务分局。翌年 10 月，农林、工商二部合并为农商部，林业由其下农林司主管。民国五年（1916 年）1 月，农商部设林务处，管理全国森林事务。该处设督办 1 名、会办 2 名，另设技术人员、事务人员若干名。同年 10 月，林务处被裁撤，其业务仍交农林司管辖。这一年农商部还将各省行政区域划为大林区，设林务专员 1 名。民国六年（1917 年），林业总局撤销，次年设直属农商部的吉林、黑龙江两个森林局。

民国十七年（1928 年）3 月，国民政府成立农矿部，其下农务司掌管林业。同年 10 月，改组机构，由林政司负责林业行政。民国十九年（1930 年）12 月，农矿、工商两部合并为实业部，下设林垦署管理林业，编制与人员超出一般司级机构，且结合了行政人员与技术人员。各省林业由建设厅、实业厅管辖，下设林务局或造林场。一些省划分了林区，设林务局或森林局。南京、北平、上海、青岛四个特别市在社会局下设农林事务所管理林业。各县则由建设局（科）管理林业。民国二十七年（1938 年）1 月，为应对抗战需要，实业部改为经济部，林垦署被裁撤，由经济部农林司管理林业。民国二十九年（1940 年）5 月，国民政府成立农林部，下设林业司主管林业行政。

1933 年 4 月，中国共产党领导的中华苏维埃共和国临时中央政府设国民经济人民委员部，中央革命根据地的林业由该部管辖。陕甘宁边区林业初时由建设厅主管，1940 年底成立边区林务局，统筹规划边区林业工作。陕甘宁边区设有七个林区。1942 年“精兵简政”期间，林务局被撤销，仍由建设厅主管林业。其他边区的林业主管机构有：晋冀鲁豫边区的农林局；晋绥边区的林业管理委员会；晋察冀边区的农林牧殖局；北岳行政公署的农林厅；1948 年华北人民政府设立的农业部。1948 年，东北行政委员会成立林务总局，各省、县设林务局。由此可见，各革命根据地和解放区政府都设有林业机构，这就从组织上保证了林业生产建设的有序进行。

（二）中华民国的林业经济政策

中华民国分为北洋政府时期和国民政府时期。

北洋政府时期的林政在清朝后期的基础上得到进一步发展。在林业经济政策方面，森林所有制分为国有、公有和私有三种。北洋政府虽然形式上采取鼓励造林的政策，但实际上所投入的林业经费却相当有限，林业捐税十分繁重，对林业显然是“取多予少”。在此期间，北洋政府制定了我国第一部《森林法》，揭开了以法治林的序幕，制定的其他法规还有《狩猎法》《东三省国有林发放规则》等。

国民政府时期的森林在形式上分国有、公有和私有三种，但实际上主要被大地主和官僚资产阶级占有。林业经费较北洋政府时期有所增加，但林业捐税有增无减。在林业法规方面，国民政府重新公布了《森林法》《狩猎法》，在植树造林、经营管理、考成奖励等方面也制定了一些规则和章程，但由于客观形势、社会制度等原因，文件制定的不少，实际执行的不多。

1. 北洋政府时期

民国三年（1914 年）10 月 3 日，北洋政府公布了中国第一部《森林法》，该法共分总纲、保安林、奖励、监督、罚则、附则 6 章 32 条。其主要内容包括五方面，分别为：（1）将确无业主之森林和依照法律应归国有的森林编为国有林，由农商部直接管理和委托地方官署管理，其中关系江河水源的、面积跨两省以上的或关系国际交涉的国有林由农商部直接管理。（2）将有关预防水患、涵养水源、公共卫生、航行目标、便利渔业、防蔽风沙的森林编为保安林，由农商部委托地方官署经营管理，非经准许，不得樵采，并禁止带引火物入林。到无必要时，可以解除保安林。（3）鼓励个人或团体承领官荒山地造林。承领的面积不得超过100方里，当该地造林完毕后，可以申请扩大面积。承领时，每10方里应缴纳20个银圆以上、100个银圆以下的保证金，按年息3%～5%核给利息。承领荒地后，经过1年尚未着手造林的，则撤回荒地，没收保证金。所领荒地5～30年免征租税。（4）地方官署为公益起见，可禁止或限制在公、私有林内开垦，如公、私有林所有者滥伐或荒废森林，可以限制或进行警诫。地方官署还可对公、私有荒山限期强制造林。（5）对盗窃、烧毁和损害森林者，视不同情况给予相应处罚。

《森林法》是指导一国林业活动的总章程，是林业的基本大法，是国家林业政策的集中体现，也是制定其他林业法规的重要依据。北洋政府制定的这部《森林法》，虽然条文简单，同时内容也存在极大的完善空间，但首创意义不容低估，是中国林业法规的发轫之作。此后，民国政府又两次修订该法。

民国四年（1915年）6月30日，北洋政府公布《森林法施行细则》，共20条。该细则对划定国有林、保安林以及承领官荒山地造林做出了具体规定。

民国三年（1914年）9月1日，北洋政府公布《狩猎法》，共14条。《狩猎法》规定：本法所指的狩猎是以铳器、网罟或其他器械捕获鸟兽。狩猎器具的种类和限制，由地方警察官署长官规定，详报当地最高级长官转农商部。不论何人，未经警察官署核准不准捕猎。警察官署给狩猎者发狩猎证书。不准用炸药、毒药、剧药、陷阱捕获鸟兽。遇到特殊情况必须使用上述方法捕猎时，应经警察官署核准，由警察官署先期发布布告。狩猎时须携带狩猎证书，随时接受警察官署检查，不得冒用他人证书。该法还规定了禁止狩猎的场所、每年允许狩猎的时间以及违反相关规定时需缴纳的罚金数额。

民国十年（1921年）9月14日，民国农商部规定了《狩猎法施行细则》，共23条。该细则对狩猎证书、狩猎禁区、受保护鸟兽的种类以及相关处罚措施都做出了详细规定。

甲午战争后，日本帝国主义对中国东北的渗透愈演愈烈，并与沙俄势力互相角力，致使东北森林资源被肆意掠夺。中华民国成立后，北洋政府依旧无力经营东北森林资源。当时的农林部认为东北森林资源丰富，但因滥伐无度、水灾频发，再加之外国势力垂涎于此、交涉困难，如长期放任自由，于国防和经济利益极为不利，故认为筹办林政就应从东北这一中国最著名的林区入手。民国农林部在先期调研的基础上，于民国元年（1912年）12月11日公布《东三省国有森林发放暂行规则》（以下简称《暂行规则》），共20条。《暂行规则》准许中国人进入林区采伐，规定：东三省的国有森林除由林务局经营外，树木可以依照规则予以发放，有中华民国国籍者均可承领。但有关国土保安和供公用的森林不予发放。承领森林者须向林务局递承领书，写明相关情况。经林务局许可后，须领取执照，并按拟伐木数量缴纳保证金。木材出山到埠后，须由林务局查验，按木植市价的8%收取执照费，保证金如数发还承领者。执照有效期为1年，若1年内未着手采伐，则执照作废，保证金不予发还；若树木尚未伐完或未运出，得呈请林务局核发新执照。承领者若将执照转让或抵押他人，须经林务局许可。若超过原定界限采伐，应给予处罚。

民国三年（1914年）8月8日，北洋政府农商部公布经修正的《东三省国有林发放规则》。与民国元年（1912年）的《暂行规则》相比，这次增加了以下内容：除中国人民外，依照中华民国法律成立的法人也可承领森林。林务局（森林局）收到承领书后进行查核，若无重复，再派员勘测，造具报告，呈农商部核办。承领书除了记载原定项目外，还要记载运输设备和制材设备，并附上承领地的图说。每人承领森林不得超过100方里。该规则还规定了承领者应缴纳的勘测费数额。林务局（森林局）勘测后呈报农商部，如认为该处森林不能发放，则退还一半的勘测费。承领森林经农商部核准，由部注册，发给部照，此照有效期最多20年，期满缴销。承领人领取执照后缴纳相应的注册费。林木出山时，承领人将所伐树木的相关情况呈报相关主管官厅查验。树木出售时，承领人除按税则缴纳木税外，还应按树木市价的8%分别缴纳山本和木植票费。转让已领林区，须按相关规定呈农商部核准，由转领人缴纳注册更正费50元。转让执照有效期限以原领执照为准。承领森林如已超过执照所写期限仍未采伐，则撤销承领原案，追缴部照。承领人伐木时，每亩应按规定保留天然下种母树。采伐后的林地，除该主管官厅认为不能开垦者外，承领人可按照国有荒地承垦条例承领开垦。由此，林地变为农地就有了法律上的依据。

民国九年（1920年）6月9日，北洋政府农商部再次修正《东三省国有林发放规则》，对原规则稍微做出了修改补充。

民国四年（1915年）6月30日，北洋政府农商部公布《造林奖励条例》。该条例规定的奖励共分一、二、三、四等奖和特等奖，并按照成活标准和相应造林面积颁发各级奖励。该条例还规定，凡经营特种林业，与国际贸易有重大关系者，或者可供造船、筑路等大工程之用者，农商部认为必要时，可按其面积、株数核给奖金。

民国五年（1916年）12月，北洋政府农商部制定了《林业公会规则》，次年9月又公布《林业公会组织办法》。这两份文件规定：每村可设立一所林业公会（即林业合作所），有特殊情况的也可两村以上联合设立林业公会。此外，该文件还规定了林业公会组织、造林、收益分配及奖惩等相关事项。北洋政府设立林业公会的目的就在于保护森林、恢复荒废林野、育苗造林。

为了规范林业机构及其人员的行政事务，北洋政府农商部还制定了《农商部林务处暂行章程》《林务专员规则》《林务研究所章程》《林业试验场章程》《林务局章程》《农商部交通部会同筹办造林保路办法》。

除上述北洋政府制定的法律法规外，一些省也根据当地情况制定了林业法规，如《云南省森林章程》《山西省保护森林简章》《山西省种树简章》《吉林省国有林临时规则》《吉林省国有林征收山分及其分配章程》《广东省暂行森林法草案》等。

2. 国民政府时期

（1）森林法。为了完善内容以及适应新情况，民国二十一年（1932年）9月16日，国民政府公布新《森林法》，共10章77条。主要内容包括：总则、国有林及公有林、保安林、林业合作社、土地使用及征收、监督、保护、奖励、罚则、附则。此次颁布的《森林法》与民国三年（1914年）的相比增加了4章45条，内容更加充实。新增4章为国有林及公有林、林业合作社、土地使用及征收、保护。其中，林业合作社一章规定：为了协同保护森林、进行荒废林地造林、进行森林采伐加工作业、合作进行其他有关森林事项，应限定区域组织林业合作社。林业合作社有无偿承领附近国有荒山荒地的优先权。土地使用及征收一章规定：森林所有权人从森林内搬运产物和设备，必要时经地方主管官署许可，得使用他人土地。土地使用继续三年以上，或变更土地地形地貌及使用性质时，土地所有权人得请求征收其土地。第四、五章是新增内容中较有特色的章节。

民国二十四年（1935 年）2 月 4 日，国民政府公布了《森林法施行规则》，对《森林法》的施行办法做出了详细界定。该规则明确规定了实业部、地方主管官署、个人或自治团体、国有林管理机关、林业合作社社员和承领国有荒山荒地造林者所应担负的职责以及相互关系。

民国三十四年（1945 年）2 月 6 日，国民政府公布了经再次修正的《森林法》，此次修正后的《森林法》共 9 章、57 条，各项处罚措施较之前的《森林法》稍重，并且删除了关于林业合作社和土地征收的条款。此次修正的《森林法》与民国二十一年（1932 年）的《森林法》相比，增加了如下内容：森林以国有为原则。国有林的编定、经营、林区管理由农林部拟订计划，呈报行政院审核。国有林的采伐，除农林部依作业计划直接经营或委托地方林业管理机关经营外，其他人非经农林部核准并取得伐木执照，不得经营。砍伐公有林、私有林，应经林业管理机关查验才能运销。设置森林警察保护森林，未设置森林警察时，由当地警察代行森林警察职务。各地方乡镇保（甲）长有协助保护森林之责。奖励扑灭森林火灾或害虫有显著功效者。承领荒山荒地面积不得超过 20 平方千米。承领荒山荒地的保证金以承领时当地所申报的地价为准，原则是不超过 5%。

民国三十七年（1948 年）2 月 28 日，国民政府公布修正的《森林法施行细则》。该细则主要包括经营国有林的具体规定；国有林、公有林和私有林的采伐规定；国有林区管理处的工作范围；森林用地地价税的减征条件；荒山荒地造林后的免税条件；承领国有荒山荒地造林的相关事项。

（2）狩猎法。民国二十一年（1932 年）12 月 28 日，国民政府公布了新修订的《狩猎法》。这部《狩猎法》与此前相比，在鸟兽种类、狩猎人员条件、狩猎时间、处罚和禁猎条件等方面都做出了更加严格和明确的规定。新规定如下：将鸟兽分为四类，并分别规定了四类鸟兽的不同狩猎限制条件；未成年人、精神病人、士兵和警察、受本法处罚不满年者不得狩猎；狩猎期为每年 11 月 1 日至翌年 2 月末；鸟兽众多之地，市、县政府每年应将禁止狩猎的鸟兽种类名目于开猎前公布；在宣布戒严或发现盗匪时，准许狩猎的鸟兽有保护必要时和准许狩猎的地方有禁止狩猎的必要时，市、县政府和警察机关必须停止狩猎。触犯该法相关条款者，处以 50 元以下罚金，并撤销狩猎许可证。

（3）其他规章制度。此外，国民政府在植树造林、森林经营管理、林业考成和奖励、林业机构组织条例等方面都制定了相应的规章制度。在植树造林方面，农矿部于民国十八年（1929 年）2 月 9 日公布《总理逝世纪念植树式各省植树暂行条例》；行政院于民国十九年（1930 年）11 月公布《堤防造林及限制倾斜地垦殖办法》；实业部于民国二十五年（1936 年）4 月 27 日公布《全国公路植树监督规则》，又于次年 2 月 2 日公布《培植保护特种林木监督办法》；同年 8 月，军政部和实业部公布《军队造林办法》；民国三十二年（1943 年）2 月 27 日，行政院公布《植树节举行造林运动办法》，3 月 26 日农林部公布《强制造林办法》，5 月教育部和农林部公布《学校造林办法》；民国三十三年

(1944 年) 6 月，交通部、内政部、农林部联合公布《全国公路植树规则》。在森林经营管理方面，实业部于民国二十年（1931 年）5 月 27 日，公布《管理国有林公有林暂行规则》，核心内容是国有林停止发放，公有林（包括省、市、县所有森林）绝对禁止发放。民国三十年（1941 年）4 月 30 日，农林部公布《国有林区管理规则》。此外，实业部（农林部）还颁布了一系列业务性规章和办法，如《督促防除松毛虫办法》《森林警察规程》《国有林区内伐木查验规则》《公私有林登记规则》等。在林业考成和奖励方面，实业部于民国二十年（1931 年）1 月 26 日公布《林业考成暂行办法》；农林部和侨务委员会于民国三十年（1941 年）6 月 12 日共同公布《奖励华侨资营林办法》，8 月 28 日农林部公布《奖励经营林业办法》。在林业机构组织条例方面，国民政府公布了《农矿部直辖中央模范林区组织章程》《实业部林垦署组织法》《经济林场组织通则》《水源林区管理处组织通则》《农林部民林督导实验区组织条例》等规章制度。

国民政府虽然继承并发展了北洋政府的林业政策法规，但由于社会动荡、政治腐败等因素，大多流于形式。

3. 革命根据地和解放区

1928 年的《井冈山土地法》、1929 年的《兴国土地法》、1931 年的《中华苏维埃共和国土地法》和 1947 年的《中国土地法大纲》均对革命根据地和解放区的森林产权安排、森林保护和利用起到了重要作用。中国共产党领导的革命根据地和解放区政权一向对保护森林和造林事业相当重视。1932 年 3 月，在江西瑞金召开的中华苏维埃人民委员会第十次常务委员会上，通过了《中华苏维埃人民委员会对植树运动的决议》。

1939 年 9 月，晋察冀边区政府公布了《保护公私林木办法》，主要内容包括划定禁伐区域、封禁期限、处罚、举报奖励等。同年 10 月，晋察冀边区政府公布了《禁山办法》。

1940 年 4 月，陕甘宁边区政府公布《陕甘宁边区森林保护办法》和《陕甘宁边区植树造林办法》。翌年 1 月，将这两个文件修正后以“条例”形式再次公布，并公布《陕甘宁边区砍伐树木暂行规则》。这三个文件详细规定了保护边区树木和植树造林的相关事项。

1941 年 10 月，晋冀鲁豫边区政府公布《林木保护办法》，规定边区军民都有保护林木的义务，并对公有林、村林、禁山的林木砍伐实行严格管理，且鼓励植树造林。

1946 年 3 月，晋察冀边区行政委员会公布《森林保护条例》。该条例在 1939 年 9 月的《保护公私林木办法》基础上修订而成，内容比较完善，新增了关于林权划分的内容。

1948 年 3 月，晋冀鲁豫边区政府公布了《林木保护培植办法》，规定了对不同所有权和类型的林地的管理措施，严格管理采伐行为，提倡造林，严格赏罚。

1948 年 11 月，山东省政府公布《山东省保护及奖励培植林木暂行办法》。该暂行办法规定保护公、私有林，划定牧场以便于群众放牧，并用免征公粮的方式鼓励造林。

1949 年 4 月，晋西北行政公署发布《保护与发展林木林业暂行条例（草案）》。该条例共 6 章、26 条，分别是总则、林权与管理、保护、砍伐办法、奖励与罚则、附则。同年 4 月，热河省人民政府公布了《热河省植树造林护林暂行办法》。

1949 年，东北行政委员会公布了《东北解放区森林保护暂行条例》《东北解放区森林管理暂行条例》《东北国有林暂行伐木条例》。这三个条例的内容比较完善，在贯彻落实后，东北解放区的林区管理工作逐渐步入正轨。东北其他地方政府也制定了一些详细的森林保护和管理条例。

革命根据地和解放区政府所制定的林业政策法规有效地保护了森林资源和林业发展，并为新中国成立后的林业建设积累了经验。

第三节 中国现代林业经济政策和思想

1949 年新中国成立以后，我国林业生态体系逐渐完善，林业产业体系逐渐发展壮大，生态文化理念不断增强。本节将现代林业发展分为了四个时期：第一个时期是新中国成立初期计划经济体制时期；第二个时期是计划经济体制向社会主义市场经济体制转轨时期；第三个时期是全面建立和完善社会主义市场经济体制时期；第四个时期是新时代全面深化改革和中国特色社会主义高质量发展时期。本节内容主要基于《中国林业史》（李莉，2017）和《新中国林业经济思想史略（1949—2000）》（中国林业经济学会，国家林业和草原局管理干部学院，2019）加以整理。

一、新中国成立初期计划经济体制时期（1949—1978 年）

新中国成立后建立了国营经济领导下多种经济成分并存的新民主主义经济体制，中国共产党运用政治魄力和政治智慧，仅用三年的时间就奇迹般地在战争废墟上恢复了国民经济，并在此贫穷落后的基础上开始了大规模的经济建设。“一五”时期开展了以“156 项工程”为中心的大规模工业建设，为我国基础工业体系奠定了重要的基础，大大缩短了中国与发达国家工业发展水平的距离。与此同时，我国将新民主主义经济形态改造为社会主义初级阶段经济形态，建立了高度集中的计划经济体制。

（一）新中国成立初期恢复发展时期（1949—1957 年）

1949 年 10 月 1 日，以毛泽东同志为主要代表的中国共产党人，团结带领全党全国各族人民，完成新民主主义革命，建立了中华人民共和国。自此，中国历史进入社会主义革命和建设新时期。从 1950 年开始，政府进行了大规模的城市工商业社会主义改造和农村土地集体化以及社会改革。1953 年，开始进行社会主义工业化建设和对农业、手工业与资本主义工商业的社会主义改造（即“三大改造”），逐步由新民主主义向社会主义过渡。

在当时的历史条件下，林业实行“以木材生产为主”。为适应国家建设对大量木材生产的需要，我国森林工业得到迅速发展，木材产量由 1950 年的 55 万立方米增加到 1957 年的 2 800 万立方米，森林工业职工达 36 万人，木材采运机械化水平达到 42%，为国家上缴利润最高列全国各行业的第二位（樊宝敏，2022）。

中华人民共和国成立后不久，党和政府迅速建立起从中央到地方多等级的林业行政管理机构。林业机构依据党的政策和国家行政法则对全国林业进行有效管理。1949 年 10 月，中华人民共和国成立后，根据《中央人民政府组织法》，设立了中央人民政府林垦部，管理全国林业经营和林政工作。林垦部内设林政司、造林司、森林经营司、森林利用司和办公厅。1954 年 11 月 30 日，中央人民政府林业部改为中华人民共和国林业部，梁希任部长。为适应国家经济建设迅速发展对木材的需要；1956 年 5 月 12 日经全国人大常委会决定，成立中华人民共和国森林工业部，主管全国的森林工业。森林工业部内设 10 个司局，由罗隆基任部长。同时，保留林业部，主管全国造林营林和林产品生产，林业部内设 7 个司局（李莉，2017）。

在这一时期，经历了从均衡化的山林所有制步入自愿合作的互助组、初级社时期（山林入社，权属私有），再到山林入社、山林权属归合作社所有的时期（陈思莹和徐晋涛，2021）。1953 年，国家制定发展国民经济的第一个五年计划（1953—1957 年），林业开始走合作化的道路。在这个阶段，农户将原来分给自己的山林折价入社，大部分山林归集体所有，仅房前屋后、零星林木归社员所有，实行合作社集体经营（中国林业经济学会，国家林业和草原局管理干部学院，2019）。

在这一时期，林业管理实行计划经济体制。1954 年撤销大区一级行政机构，东北、内蒙古、西南、西北等国有林区和南方集体林区的森林工业局、木材加工厂、林产化工厂和木材公司，分别由林业部和各省（自治区）林业厅（局）领导。此举加强了中央的集中统一领导，使主要权力集中在中央林业部，逐渐形成一套苏联型中央集权的经济管理体制，实行以中央部门为主的垂直管理。林业及基本建设计划通常采取指令形式自上而下地传达。林业基本建设项目由国家统一安排，林业生产所需的投资和生产技术装备、器材由国家统一分配，林业企业和各地的生产任务由国家统一下达，木材和主要林产品由国家统一调拨，下达指令计划指标；在林业财务方面，包括资金和利润，由国家实行统收统支。在“一五”期间，国家把林业工作方针调整为“普遍护林护山，大力造林育林，合理采伐利用木材”。在这一时期，党和政府采取一系列有利于林业发展的政策，变革生产关系，使社会生产力得到极大解放，农民植树造林的积极性高涨。但是，从营林、采伐方式直至林业行政管理，一度生硬地搬用苏联模式：全面推行皆伐，人工更新跟不上；高度集中的木材生产和统购统销政策在发挥积极性的同时，一定程度上抑制了市场经济萌生和木材价格的合理形成；投入短缺，致使林区和企业的基础设施建设“先天不足”（中国林业经济学会，国家林业和草原局管理干部学院，2019）。

林业实行“以木材生产为主”。1956 年 1 月 31 日林业部公布《国有林主伐试行规程》，其目的是“为贯彻国有林合理采伐，满足国民经济建设木材的需要，保证森林更新，扩大森林再生产，并保持森林的防护作用”（中国林业经济学会，国家林业和草原局管理干部学院，2019）。

（二）动荡发展时期（1957—1978 年）

1958 年，全国各条战线掀起了“大跃进”高潮，1966—1976 年的“文化大革命”使林业偏离了发展轨道，导致林地被侵占、森林被乱砍滥伐，不少地区的森林资源情况变得严峻，生态环境持续恶化，国民经济遭受了很大的损失。

为适应国家经济建设迅速发展对木材的需要，1957 年按照中央发布的《关于企业下放的几项规定》，除一些重要的、特殊的和试验性质的企业仍归中央继续管理以外，其余企业一律下放给地方管理。在这一时期，我国森林工业得到迅速发展，木材产量由 1950 年的 55 万立方米增加到 1957 年的 2 800 万立方米，森林工业职工达 36 万人，木材采运机械化水平达到 42%，为国家上缴利润列全国各行业的前三位。这种管理机构的设立深受苏联管理体制的影响，但没有与国内实际情况相结合，因而实践效果并不理想，特别是造成采伐森林和培育森林之间的许多矛盾（中国林业经济学会和国家林业和草原局管理干部学院，2019）。

1958 年 2 月，森林工业部和林业部合并为林业部。尽管森林工业部与林业部两部合在了一起，但由于没有很好地研究解决森林采育之间的问题，没有建立起一套正常合理的采育经济关系，所以森林资源保护和利用这对根本性的矛盾仍然没有很好解决，给以后不断加重的森林资源采育失调问题留下了隐患。1958—1960 年的“大跃进”和“人民公社化”在全国推开之后，林业遭受第一次大的挫折。由于搞“一平二调”的“共产风”，一些地方将初级、高级农业生产合作社时期尚未偿还的折价山林，全部低价甚至无偿划归公社集体所有，造成林木、林地权属混乱，严重挫伤了广大农民植树造林的积极性，有的地方乱砍滥伐森林，导致了以后的林权纠纷（中国林业经济学会和国家林业和草原局管理干部学院，2019）。

1966—1976 年“文化大革命”的内乱，使林业管理陷入混乱状态，国家制定的林业政策难以推行，林业遭受巨大挫折，生态环境日益脆弱，社会经济受到严重不利影响：一是国营林业管理弱化，使国有林受到破坏。各省（区、市）大多撤销林业厅（局），林业干部和技术人员下放到农村基层和“五七”干校劳动锻炼。全国 83%的国营林场下放到地方县或公社管理，管理机构全部撤销，工作人员也被陆续下放。二是国家执行“以粮为纲”方针，林业的地位下降（樊宝敏，2022）。

1966 年“文化大革命”开始后，林业管理机构被撤销，专业干部和技术人员大量流失。林业部于 1967 年 10 月实行军事管制，原有的行政管理机构和生产指挥系统被打乱，工作基本停滞。直至 1970 年 5 月，农业部、林业部和水产部合并成立农林部，林业行政管理工作才开始有所转机（李莉，2017）。

在“大跃进”和“人民公社化”对森林资源造成严重破坏后，党和国家领导人十分重视，刘少奇、周恩来等中央领导对林业建设提出了许多方向性的指示（中国林业经济学会，国家林业和草原局管理干部学院，2019）。

第一，确定以营林为基础的林业建设方针。1962 年 11 月 2 日，周恩来提出林业建设方针，指示“林业的经营一定要愈伐愈多，愈多愈伐，青山常在，永续作业”。1964 年，国家提出“以营林为基础，采育结合，造管并举，综合利用，多种经营”的林业建设指导思想。第二，调整农村林业政策。1961 年 6 月，中共中央及时发布《关于确定林权、保护山林和发展林业的若干政策规定（试行草案）》（简称《林业十八条》），其核心是确定和保证山林的所有权，社员在村前村后、房前屋后、路旁水旁、自留地上和坟地上种植树木，都归社员个人所有，造林坚持“谁种谁有”的原则；同时规定，山林归谁所有，林木的产品和收入就归谁支配。第三，扩大对林业的扶持力度。1961 年夏，刘少奇到东北、内蒙古国有林区进行视察调研，并题词：“充分利用森林资源，尽可能满足国家和人民群众各方面的需要。”刘少奇下决心解决拖延 10 余年没有解决的育林费问题。刘少奇在视察时表示育林费“由中央作决定，解决育林费。林业建设周期长，林业建设要有共产主义思想。我们建设林业不仅是为了当前，而更重要的是为了将来，为了子孙后代。”根据刘少奇的指示，1961 年 12 月 25 日林业部、财政部发布《关于在国有林区建立“育林基金”的联合通知》，规定将更新费改为育林基金制，由每立方米原木销售成本中提取10元育林费作为育林基金，只供森林更新、造林、育林经营之用，并实行专款专用。1962年3月28日，财政部、林业部颁发《国有林区育林基金使用管理暂行办法》。育林基金实行林业部和省、自治区、直辖市分级管理，在规定的使用范围内，林业部可以在省、自治区、直辖市间进行调剂。南方集体林区也于1964年实行该制度。对重要经济林产品的收购，如桐籽、茶籽、松脂、毛竹等，于1961年起采取兴励粮食的办法，有力地促进了经济林的发展。1963年5月，国务院发布《森林保护条例》。为了加快已开发林区的营林生产，1963年根据刘少奇的指示，国有林区开始试办“营林村”，为国有林区发展营林业探索路子。1965年7月15日，林业部做出《关于在国有林区建立营林村的决定》，颁发《关于国有林区建立营林村若干问题的暂行规定》和《关于营林村建村经费开支标准的具体规定》（中国林业经济学会，国家林业和草原局管理干部学院，2019）。

从1966年“文化大革命”开始至1978年党的十一届三中全会召开前，中国的林业事业受到严重影响，但仍在困难中艰辛前行。在1971—1973年和1975年邓小平主持国务院工作期间，进行了两次整顿和调整，一批老干部和管理、技术人员陆续恢复工作，给林业建设带来了转机，使用材林基地建设得到恢复。1971年9月，全国林业会议通过了《全国林业发展规划（草案）》，提出“南方9省、自治区自然条件好，林木生长快，是扩大我国森林资源的重要战略基地，要充分利用有利条件，大造速生丰产林，加强用材林基地建设”（中国林业经济学会，国家林业和草原局管理干部学院，2019）。

二、计划经济体制向社会主义市场经济体制转轨时期（1978—1992年）

1978年改革是从农村实行家庭联产承包责任制开始的，乡镇企业“异军突起”，1984年全面转向城市的国有企业扩大自主权和“利改税”改革；放弃了国家对外贸的垄断和闭关锁国政策，在沿海设立经济特区、开放沿海城市、建立海南经济特区和浦东开发区。1984年，“六五”计划提前一年完成，成为新中国成立以来效益最好的五年计划。我国经济体制朝着党的十二届三中全会确定的“有计划的商品经济”转型，逐步摆脱传统的发展模式和经济体制的束缚。此后，我国国民经济经历了1986—1987年的“软着陆”、1988年价格“闯关”和1989—1991年治理整顿的曲折。

1978年，国务院批准成立国家林业总局；1979年2月16日，中共中央、国务院决定撤销农林部，成立农业部、林业部。同时，各省（自治区、直辖市）的林业、农林厅（局）也相继恢复或者重建。从中央到地方，林业行政管理体系逐渐形成，各级林业主管部门担负起了组织实施造林绿化规划、保护管理森林资源的重任。1982年2月28日，中央绿化委员会成立。1987年7月18日，中央森林防火总指挥部成立。林业部经过1986年、1988年两次国家机构的改革，都作为单独的行政部门存在，这对林业的改革和发展起到了非常积极的作用（李莉，2017）。

党的十一届三中全会以后，林业经济管理体制改革逐步展开，开始逐步减少用行政办法管理经济，注重利用经济杠杆来管理林业经济，并辅之以法律手段，使三者有机结合起来。国家林业管理部门更多地运用行政、经济、法律等手段，综合地对林业建设进行宏观调控，并且把林业发展从部门行为进一步扩展成全社会的共同职责，在全国推广实行了“领导任期森林资源消长目标责任制”，极大地调动了各级政府和全社会重视林业、支持林业、建设林业、保护森林的积极性。林业市场在优化资源配置方面开始发挥基础性的调节作用，我国的林业经济管理体制日益走上社会主义市场经济之路。在我国林业建设方针政策的指引下，林业的发展步伐明显加快（中国林业经济学会，国家林业和草原局管理干部学院，2019）。

党的十一届三中全会以后，在农村经济体制改革的浪潮下，我国林业经济体制改革也迅速展开，在所有制形式上，实行了以公有制林业为主体的多种经济形式并存的格局；在经营方式上，改变了国营林业的集体劳动、等级工资制和集体林业评工记分的经营模式与分配方式，实行了以家庭承包、联合经营等形式为主的多种经营方式。在这个大背景下，林业经济学家积极探索国营林场管理体制改革、试办集体林业企业、生产经济责任制、森林保险等改革发展问题，取得了一批重要成果（中国林业经济学会，国家林业和草原局管理干部学院，2019）。

三、全面建立和完善社会主义市场经济体制时期（1992—2013年）

1992年邓小平南方谈话和党的十四大的召开，统一了全党关于经济发展和改革开放方面的认识，明确了改革的目标是“建立社会主义市场经济体制”。该正确决策调动了全国人民的积极性，先后经历了价格体制改革、商品流通体制改革、金融体制改革、国有企业改革等一系列重大的改革实践，逐渐打破了计划经济体制的僵局，使市场化程度不断提高。

林业部经1993年国家机构改革后，仍然作为单独的行政部门存在，这对林业的改革和发展起到了非常积极的作用。至1998年3月，根据国家机构改革的统一部署，林业部改为国务院直属的国家林业局（李莉，2017）。

1993年以后，我国进入社会主义市场经济时期，现代林业快速发展。1993年，党的十四届三中全会作出《中共中央关于建立社会主义市场经济体制若干问题的决定》，以此为纲领，我国加快了市场化进程（中国林业经济学会，国家林业和草原局管理干部学院，2019）。

1995年8月，国家体制改革委员会和林业部联合颁发《林业经济体制改革总体纲要》，提出了林业经济体制改革的目标和任务。林业改革的重点是逐步开展分类经营，调整产业结构，完善产业政策，建立森林资源林政管理和森林资产监管、运营并重的管理体制，建立现代林业企业制度，建立布局合理、规则健全、管理有序的林业市场体系，建立经济、法律、行政手段相结合的林业宏观调控体系。为了促进山区经济发展和群众脱贫致富，从1996年开始，在国家财政信贷的支持下，各地积极推进以林业为龙头的山区综合开发，鼓励和吸引社会各方面力量，以多种形式参加山区开发和兴办绿色产业，改善山区生态环境，带动群众脱贫致富。到20世纪末，全国已经建立114个山区综合开发示范县，山区林业综合开发取得明显成效（中国林业经济学会，国家林业和草原局管理干部学院，2019）。

2002年，中国已初步建立了市场经济体制，政府对企业和个人等微观经济主体的干预程度大大减弱，市场成为资源配置的基本手段。社会主义市场经济体制推动中国经济社会进入高速发展的快车道，1995 年实现了 GDP 总量比 1980 年翻两番，2000 年实现了人均 GDP 比 1980 年翻两番。

2003 年，党的十六届三中全会作出《中共中央关于完善社会主义市场经济体制若干问题的决定》，特别是 2013 年党的十八届三中全会提出“紧紧围绕使市场在资源配置中起决定性作用深化经济体制改革”，一系列重大工作部署都是着力于使初步建立起来的社会主义市场经济体制不断完善、走向成熟。

根据表 2-1，2003 年林业产业总产值较 2002 年的增长率为 26.46%，高于前 5 年 14.16%的平均增长速度。2003—2012 年林业产业稳步发展，第一产业的比重逐渐缩小，向第二产业和第三产业转移，森林旅游业游客人次持续增加，森林旅游业保持良好发展态势。林产品进出口贸易总额的总体趋势是增加的，但在 2009 年出现增长率下降，这主要是由于受 2008 年两灾影响，须清理受损林木和进行灾后重建，导致木材产量增幅较大，故对外贸易的需求有所下降。

表 2-1 2003—2012 年林业经济发展状况

年份	林业产业总产值较上一年的增长率（%）	林业三次产业的产值结构	林产品进出口贸易总额（亿美元）	林产品进出口贸易总额较上一年的增长率（%）	森林旅游业游客人次（亿人）
2003	26.46	60.04∶34.24∶5.72			
2004	17.61	56.40∶37.16∶6.44			1.47
2005	22.73	51.49∶41.22∶7.29	412.90	18.14	1.47
2006	25.93	44.21∶48.80∶6.99	507.65	22.95	2.13
2007	17.66	44.25∶48.14∶7.61	642.91	23.32	2.47
2008	14.94	44.14∶47.47∶8.39	719.27	23.67	2.74
2009	21.43	41.30∶49.84∶8.86	702.18	−16.27	3.33
2011	34.32	36.14∶54.54∶9.32	1 203.33	28.25	4.68
2012	28.94	34.85∶52.97∶12.18	1 206.39	1.51	6.80

资料来源：国家林业和草原局政府网。

在 1999 年 1 月召开的全国林业厅局长会议上，国家林业局在总结我国林业建设发展 50 年正反两方面经验教训的基础上，提出在新形势下发展林业的新思路：要遵循现代林业的思想，按照建立比较完备的林业生态体系和比较发达的林业产业体系的目标，大力推进和深化林业分类经营改革，以此为突破口，促进整个林业的改革和发展。2000 年 3 月，经国务院批准，退耕还林试点在中西部地区 17 个省（区、市）和新疆生产建设兵团的 188 个县（市、区、旗）正式展开（中国林业经济学会，国家林业和草原局管理干部学院，2019）。

首先，林业政策方面的创新举措重点是实施林业分类经营政策。在森林资源和林政管理实施方案中规定了“努力建立生态公益林体系，实现森林分类经营”，并将林区划为两类：生态公益林与商品用材林。划分生态公益林与商品用材林以及实现分类经营理论成为指导林业工作的核心理论，同时该理论也在实践中不断地得到验证和发展。其次，林业工程建设的力度空前加强（中国林业经济学会，国家林业和草原局管理干部学院，2019）。

在新时期、新阶段，中国顺应国内外形势发展变化，抓住重要的战略机遇期，完善了社会主义市场经济体制。我们以转变政府职能为核心，着力推进行政管理体制改革；取消农业税、牧业税和农业特产税；国有企业改革向纵深推进，依法加强对私有财产的保护，促进各种所有制经济平等竞争、相互促进；健全公共财政体制，加快推进国有商业银行股份制改革，实行有管理的浮动汇率制度，逐步扩大企业投资自主权；进一步健全商品市场，发展要素市场，加快重要资源价格的市场化步伐。

四、新时代全面深化改革和中国特色社会主义高质量发展时期（2013 年至今）

党的十八大以来的时期，开启了我国新的历史发展阶段，在党史、中国发展史上具有划时代的重大意义。党的十八大以来的时期是党史、中国发展史上的重要里程碑，主要体现在开启全面深化改革进程，系统整体设计新时代发展方略；贯彻新发展理念，推动国家发展全局发生历史性变革。2013 年 11 月，党的十八届三中全会通过了《中共中央关于全面深化改革若干重大问题的决定》，正式拉开全面深化改革的大幕。2017 年 10 月 18 日，习近平总书记在党的十九大报告中指出“中国特色社会主义进入了新时代”。

2018 年 3 月，组建国家林业和草原局，由自然资源部管理；不再保留国家林业局。国家林业和草原局的主要职责为：负责林业和草原及其生态保护修复的监督管理；拟订林业和草原及其生态保护修复的政策、规划、标准并组织实施，起草相关法律法规、部门规章草案；组织开展森林、草原、湿地、荒漠和陆生野生动植物资源动态监测与评价；组织林业和草原生态保护修复和造林绿化工作；组织实施林业和草原重点生态保护修复工程，指导公益林和商品林的培育，指导、监督全民义务植树、城乡绿化工作；指导林业和草原有害生物防治、检疫工作；承担林业和草原应对气候变化的相关工作；等等。

2013—2016 年中国林业产业的总产值持续增长，林业产业结构中第一产业所占比重略有减少，第二产业所占比重也逐渐下降，以林业旅游与休闲为主的第三产业所占比重逐年增大，产业结构逐步优化（见表 2-2）。

表 2-2　2013—2016 年林业产业发展状况

年份	林业产业总产值较上一年的增长率（%）	林业三次产业的产值结构
2013	19.93	35∶53∶12
2014	14.20	34∶52∶14
2015	9.86	34∶50∶16
2016	9.30	33∶50∶17

资料来源：国家林业和草原局政府网。

2016 年，全国林业产业总产值首次突破 6 万亿元，16 年间增长了 15.6 倍。我国已成为世界林业产业发展最快的国家，是世界林产品生产、贸易、消费第一大国。2018 年，我国林业产业的总产值达到 7.63 万亿元（按现价计算）。林业第一、二、三产业的产值与 2017 年相比，都有不同幅度的增长，第三产业的迅速增长，使林业三次产业结构比得到进一步优化。林业旅游与休闲服务业的产值增速达 21.50%。

2017 年，全国商品材总产量为 8 398.17 万立方米；各类经济林产品产量继续增长，达到 1.88 亿吨；全国林业旅游与休闲的人次达 31.02 亿人次，旅游收入为 10 676.00 亿元，直接带动的其他产业产值为 11 050.05 亿元。国家林业局与各地方人民政府联合举办了国家级林业重点展会 5 个，参观人数近 100 万人次，交易金额为 65 亿元人民币。2018 年，全国商品材总产量为 8 810.86 万立方米，全国非商品材总产量为 2 087.64 万立方米。2018 年，全国各类经济林产品的产量有所减少，经济林产品的产量达到 1.81 亿吨。全年林业旅游和休闲的人数达到 36.6 亿人次。

2017 年，林产品出口 734.06 亿美元，占全国商品出口额的 3.24%；林产品进口 749.84 亿美元，占全国商品进口额的 4.07%；林产品贸易逆差为 15 亿美元。2018 年，林产品出口 784.91 亿美元，占全国商品出口额的 3.16%，林产品贸易逆差为 33.82 亿美元。

在这一时期，我国狠抓林业全面改革，增强林业发展动力；深化集体林权制度改革，进一步改革和创新集体林采伐管理、资源保护、生态补偿、税费管理等相关政策机制；积极稳妥地推进重点国有林区改革，健全国有林区经营管理体制；积极推进国有林场改革，按照公益事业单位管理要求，进一步明确国有林场生态公益功能定位，理顺管理体制，创新经营机制，完善政策体系；建立健全森林资源资产产权制度，加强对林权流转交易的监督管理；大力推行林长制，加强林业综合执法和行政审批改革，强化林业执法监管职能，规范审批行为。

这一时期的林草产业取得了大发展，同时注重与巩固脱贫成果相结合，并深度融入乡村振兴中：一是发展优势特色产业，包括油茶等木本油料产业、竹产业、花卉苗木产业、林草中药材等，推进产业升级，发展国家级特色林草产品优势区和示范园区，培养国家级重点龙头企业，实施森林生态标志产品建设。二是培育产业新业态，发展林下经济，培育森林旅游、森林康养、生态观光、自然教育等新业态新产品，积极发展林草循环经济，打造“生态＋”“互联网＋”等产业发展新模式。三是做强传统产业，支持经济林、木竹材加工、林产化工、制浆造纸等产业绿色化、数字化改造，推广节能环保和清洁生产技术，加快淘汰落后产能，加强产业品牌建设，形成林草品牌体系。

推荐读物

[1] 陈嵘．历代森林史略及民国林政史料 [J]．南京：金陵大学农学院森林系林业推广部，1934.

[2] 陈思莹，徐晋涛．土地改革前夕山林权属的研究：基于南方六省的分析 [J]．中国经济史研究，2021 (5)：168 - 181.

[3] 樊宝敏．中国清代以来林政史研究 [D]. 北京：北京林业大学，2002.
[4] 胡坚强．中国林业史研究概述 [J]. 浙江林学院学报，2002 (3)：4.
[5] 柯水发，等．中国近现代林业经济史 [M]. 北京：经济科学出版社，2023.
[6] 李莉．中国林业史 [M]. 北京：中国林业出版社，2017.
[7] 蒙莹莹．孙中山林业思想研究 [D]. 北京：北京林业大学，2014.
[8] 王长富．东北近代林业经济史 [M]. 北京：中国林业出版社，1991.
[9] 熊大桐，等．中国近代林业史 [M]. 北京：中国林业出版社，1989.
[10] 中国林业经济学会，国家林业和草原局管理干部学院．新中国林业经济思想史略（1949—2000）[M]. 北京：中国林业出版社，2019.

思考与讨论

1. 中国古代林业经济思想演进有哪些特点？对当前林业经济发展有哪些启示？
2. 中国古代林业经济发展主要受哪些因素影响？
3. 中国古代林业管理机构如何演进？有哪些特点？
4. 中国近代林业经济思想有哪些特征？
5. 中国近代有哪些代表性的林业经济学研究成果？
6. 新中国成立以来的林业经济发展阶段如何划分？
7. 新时代的林业经济发展有什么特点？
8. 请列举一个当代有代表性的林业经济学家，其林业经济思想是什么？

第三章

国有林区改革[①]

国有林区是在特定历史时期和特殊发展战略下开发建设并逐渐形成的特有区域。国有林区森林资源禀赋丰富，既承担着木材储备和供给的重要责任，也承担着森林水果、森林干果、森林药材等非木质林产品生产功能，还承担着生态屏障、环境维护、水土保持、固碳释氧、水源保护、应对气候变化等重要的生态功能。国有林区是我国重要的生态安全屏障和森林资源培育战略基地，是维护国家生态安全最重要的基础设施，在经济社会发展和生态文明建设中发挥着不可替代的重要作用，为国家经济建设做出了重大贡献。国有林区改革对于促进国有林区的高质量持续发展和林区现代化建设意义重大。

本章主要介绍了我国国有林区改革的研究进展：第一节对国有林区进行了概念界定，简要介绍了六大森工集团。第二节介绍了与国企改革相关的理论，包括政企分开理论、路径依赖理论、制度变迁理论、社会生态系统理论以及转型发展理论。第三节主要针对国有林区改革的实践进展进行了阐述，对国内外国有林区（国有林）的改革进行了梳理。第四节对国有林区改革方面的研究进展进行了综述。第五节对未来国有林区改革前景和相关研究态势进行了展望。

第一节　相关概念界定

一、国有林区

国有林区是新中国成立初期，为了生产木材和管理森林而在东北、内蒙古、西南、西北等森林资源丰富地区建立的林区。国有林区又是一个经济概念，它一直是国家林业投资的重点，包含着森林资源培育、森林采伐、林产工业和多种经营等多种产业（张松岩等，2010），是我国最大的森林后备资源培育基地和木材及林副产品供应基地，也是国

---

① 本章参加编著人员：柯水发、乔丹、赵铁蕊、袁雪婷、纪元。

家生态环境建设的重点地区（李育材，2004）。我国国有林区共计建立了138个国有林业局，其中在黑龙江、吉林、内蒙古3省（区）范围内的87个国有林业局组成了重点国有林区。

二、重点国有林区六大森工集团概况

1. 大兴安岭林业集团公司

大兴安岭地处我国最北部边疆，2020年4月2日大兴安岭林业集团公司在黑龙江省大兴安岭地区加格达奇区成立，林区面积8.35万平方公里，是我国面积最大的集中连片重点国有林区，也是我国北方的生态屏障和木材资源战略储备基地，肩负着维护国家生态安全、粮食安全和国防安全的三大职责，生态区位非常重要。

2. 中国内蒙古森林工业集团有限责任公司

中国内蒙古森林工业集团有限责任公司（简称“内蒙古森工集团”）是国务院确定的首批57户试点企业集团之一，1995年挂牌成立，总部设在内蒙古自治区呼伦贝尔市牙克石市。内蒙古森工集团受国家林业和草原局的委托，承担内蒙古大兴安岭重点国有林区森林资源经营保护工作，主要开展植树造林、森林抚育、森林湿地和野生动植物保护、日常巡护、森林防火、病虫害防治等，是内蒙古自治区国资委监管的特定功能类全资国有企业。

内蒙古森工集团有直属企事业单位44个，其中有19个森工公司、3个国家级自然保护区管理局、1个原始林区管护局，另有林业规划院、生态研究院、党校、航空护林局等其他企事业单位21个，2020年末在岗职工4.6万人。内蒙古森工集团经营的生态功能区总面积10.67万平方公里，地跨内蒙古自治区呼伦贝尔市、兴安盟的9个旗市，活立木总蓄积10.33亿立方米，森林碳储总量约17.2亿吨，生态系统服务功能总价值6 160亿元/年，是我国北方生态安全屏障的重要组成部分；开发建设70年来，累计提供2亿立方米优质木材，栽植2 000万亩人工林，森林覆盖率由开发初期的56.49%提高到目前的78.39%，为国家经济和生态建设做出了巨大贡献。

3. 中国吉林森林工业集团有限责任公司

中国吉林森林工业集团有限责任公司（简称“吉林森工集团”）位于吉林省东南部长白山区，总经营面积134.8万公顷，有林地面积122万公顷，活立木总蓄积1.72亿立方米，森林覆盖率90.6%，乔木林公顷蓄积141.58立方米，位居全国四大森工集团之首。吉林森工集团所属森工企业局8户，拥有8个国家森林公园，域内有各种野生动植物4 000余种，钼、金、铜、铁等矿产10余类，水资源和旅游资源得天独厚。

吉林森工集团经过多年的建设和发展，已初步形成包括森林资源经营、林木精深加工、森林矿产水电、森林食品医药、森林生态旅游和现代服务六大产业体系，拥有原木、人造板、地板和矿泉水四大主导产品，其中人造板、地板和矿泉水年生产能力分别达到60万立方米、1 000万平方米和50万吨。吉林森工集团还拥有上市公司、财务公司和投资担保公司，是吉林省同时拥有上市公司和财务公司的两家大型企业集团之一。

4. 中国龙江森林工业集团有限公司

中国龙江森林工业集团有限公司（简称“龙江森工集团”）于2018年6月30日由原

中国龙江森林工业集团（总公司）改组成立，为大型国有公益性企业，作为天保工程政策及人员承载主体和全省林业发展战略实施主体，担负着生态建设、产业发展和林业投资的职责。

龙江森工集团下辖 2 个林区分公司、23 个公益类子公司、7 个直属森林经营单位、5 个商业类子公司、4 所中高职院校、17 家院墙企业、2 家三甲医院以及其他 11 家事业单位。林区人口 83.9 万人（其中，林业人口 77.7 万人），职工 12.48 万人，退休人员 18.45 万人。龙江森工集团纵贯小兴安岭、完达山、张广才岭，森林经营总面积 658.56 万公顷，占黑龙江省国土面积的 14.5%；其中，有林地面积 557.61 万公顷，活立木总蓄积 6.56 亿立方米，森林覆盖率 84.67%。

林区动植物资源丰富，有野生动物 408 种，野生植物 2 000 余种；森林旅游资源丰富，有 2A 级以上景区 21 家，其中，4A 级 13 家；矿产资源丰富，已探明矿产资源储量的有 30 多个矿种，总储量 64 171.4 万吨；土地资源优良，森工林区现有耕地 540 万亩，是发展天然绿色有机农业的良田沃土。龙江森工集团丰富的自然资源为其转型发展奠定了坚实的物质基础。

5. 黑龙江伊春森工集团有限责任公司

黑龙江伊春森工集团有限责任公司（简称“伊春森工集团”）是黑龙江省属企业，由黑龙江省人民政府履行出资人职责，授权伊春市人民政府为履行出资人职责机构，是以保护和经营森林资源为基础产业、多元化发展的公益类企业。伊春森工集团下辖 17 个林业局公司、191 个林场所及附属林业事业单位。

伊春森工集团位于黑龙江省东北部、小兴安岭腹地，施业区总面积 351.8 万公顷，其中林地面积 306.9 万公顷，活立木蓄积量 3.13 亿立方米，森林覆盖率 87.6%。有大小河流 702 条，境内流长 443 公里，总蓄水量 102 亿立方米，平均水资源总量 83.56 亿立方米。

林区矿产资源种类齐全，已发现矿产 45 种，探明储量 36 种。其中，金、银、铅、锌、铁、钼、水晶等矿产资源储量居全省前列，鹿鸣钼矿是迄今亚洲超大规模的单体矿。动植物物种繁多，有东北虎、马鹿、黑熊等 60 余种珍稀野生动物，鸟类 49 科 274 种。其中，国家珍稀一、二级保护动物 64 种。林区有各类植物 1 390 种：人参、刺五加、五味子等野生药材 300 余种；松子、榛子、都柿等山野果 32 种；刺嫩芽、猴腿、蕨菜等山野菜 102 种；黑木耳、香菇、滑子菇等食用菌 30 余种。林区旅游资源丰富，现有 5A 级景区 1 处，4A 级景区 10 处，3A 级景区 8 处，2A 级景区 8 处，4S 级滑雪场 2 处。

伊春林区开发 70 多年来，共为国家提供计划内木材 2.7 亿立方米，累计上缴利税、育林基金等 70 亿元，相当于国家同期投资的 5 倍，同时形成统配材差价 300 亿元。70 多年来，伊春林区由森林采伐逐步转向森林资源保护培育，共计造林 3 200 多万亩，特别是 2003 年主动停伐红松、2011 年率先停止森林主伐、2013 年全面停止天然林商业性采伐，森林蓄积近七年来年均增长 1 000 万立方米，为国家生态安全和经济建设做出了贡献。同时，还涌现出著名林业英雄马永顺，“马永顺精神”成为林区人民开拓奋进的力量源泉。

6. 长白山森工集团

长白山森工集团位于吉林省东部长白山区，是图们江、松花江、牡丹江、鸭绿江的发源地，地处中、朝、俄三国交界的核心地带，集团总部位于吉林省延边朝鲜族自治州延吉市。集团所辖的重点国有林区既是东北平原的天然生态屏障，又是国家重要的木材战略储备基地、商品材基地和林业产业基地，在延边朝鲜族自治州经济社会全面可持续发展中占有重要地位。

长白山森工集团是一个由汉、朝、满、回、蒙古等构成的多民族大家庭，集团现有在册职工 73 775 名，户籍人口 22 万人，在林区生活的社会人口 150 万人，占延边州 220 万总人口的 68.1%，拥有总资产 60 亿元。下辖 10 个国有森工企业、1 个森林经营局、3 个林产工业企业。长白山森工集团承担着吉林省 60%的国有森林资源生态建设重任。集团总经营面积 406.6 万公顷，森林覆盖率 80.5%，总资产 60 亿元，是集森林培育、林木加工、生态旅游、森林矿泉水、林下经济等多种绿色产业为一体的省属国有大型功能类企业集团。

2023 年 12 月 15 日，按照吉林省委、省政府关于两大森工集团战略性重组和专业化整合部署要求，原长白山森工集团、吉林森工集团正式组建成立吉林长白山森工集团，是以森林资源经营和森林绿色健康产业为主业的省属大型林业产业集团。2023 年末，资产总额 273 亿元，负债总额 231 亿元，净资产 42 亿元，资产负债率 85%；营业收入 25.4 亿元，利润 9 500 万元。下辖 22 个重点子企业（19 个林业公司、1 个上市公司和 2 个木材加工企业），在册职工 4.26 万人，在岗职工人均收入 7.6 万元。

第二节　国有林区改革研究常用的基础理论

一、政企分开理论

政府和企业的关系，是社会管理者和社会主体之间的关系（徐黎，2013），政企分开的严格含义应是国家所有者职能与社会经济管理职能分离（银温泉，1998），通过调适政企关系，使其最终发展到适应市场化发展、权责分明、高效运作的理性状态（刘宇，2019）。

国有森工企业作为资源型国有企业，兼有资源和企业“双重国有”的特点，而且国有企业庞大的旧体制负担和市场缺位限制造成了经济危困的现象（曾燕南，2019）。受到地理位置和历史背景的影响，一方面，森工企业集森林资源占有、使用、收益、处置四权于一身，既是管资源的政府，又是用资源的企业；另一方面，由于政事企合一，国有林区逐步形成了企业办社会的格局。森林资源过度开发，基础设施欠账很多，民生问题比较突出，严重制约了国有林区的生态安全保障能力。

2015 年，中共中央、国务院印发的《国有林区改革指导意见》明确提出：要推动政企分开，做好各项社会职能移交。将企业除与生产经营相关的经济职能以外所承担的额外政治职能与社会职能剥离到地方政府，具体包括公安局、检察院、法院（简称“公检法”），供水、供电、供热及物业（简称“三供一业”），市政环卫，教育医疗，离退休人员管理等一系列社会职能。政企分开政策出台的主要目的是重新对政府行为和市场作用进行定位，充分发挥两者各自的比较优势（刘清泉等，2019），强化林区政府的社会管理和公共服务职能，使森林资源管护和监管体系更加完善；将林区经济社会的发展融入地方，使林区人员的生产生活条件得到明显改善，职工基本生活得到有效保障。

二、路径依赖理论

诺斯（1994）认为：制度变迁存在自我增强或正反馈机制，一旦它走上某条路径，其原有方向就会在后期发展中不断得到强化，从而形成制度变迁的轨迹依赖。诺斯（1994）强调，“路径依赖性是分析理解长期经济变迁的关键”，人类社会中的技术演进或制度变迁均有类似于物理学中的惯性，即一旦进入某一路径，就可能对这种路径产生依赖（牛余庆和牛家驹，2017）。“人们过去做出的选择决定他们现在的选择”，沿着既定的路线进行制度变迁，既可能进入良性循环的轨道，但也可能顺着错误的路径走下去，甚至被锁定在某种无效率的状态中，一旦进入锁定状态，要走出这种境地就非常困难（顾水水，2012）。所以，依赖正确的路径，国有企业改革将会高效发展，从而进入相互发展、互相促进的良性循环，并不断优化；而依赖错误的路径，国有企业改革可能就要陷入低效、无效甚至是负效率的状态而停滞不前，从而进入短暂的锁定模式无法自拔（郝环一，2017）。

国有林区改革的过程既是一种渐进式的制度变迁，也是一种强制性的制度变迁。渐进式的制度变迁由于维持了原有组织资源和法律体系的连续性，从而基本保持了制度创新中制度安排的相对稳定和有效衔接，避免了社会结构的断层和社会秩序的混乱（牛余庆和牛家驹，2017）。但它受到了计划经济残存的惯性影响，国有林区延续了过去的传统体制，不断自我发展、自我强化，最终形成了政企合一的全能治理模式，已经严重束缚了国有林区的生机与活力。重点国有林区的初始制度状态就是政企合一，且延续至今、历时已久。在路径依赖的过程中，将会在林区形成一种“锁定”的状态，而且大多是一种低效率的甚至是无效率的变迁（吴敬琏，1993），造成国有林区政府、社会、市场三方严重失衡。

三、制度变迁理论

制度变迁是指对整体结构中的规则进行一定的边际改变（林毅夫，2000）。有学者以速度进行区分，将制度变迁分为激进式制度变迁和渐进式制度变迁（盛洪，2002）。激进式制度变迁是以目的为导向，通过快速的方式，使新制度高效地一步到位，即在最短的时间内完成新制度替代旧制度的变迁过程，但有可能引起社会的动荡；渐进式制度变迁是以一种渐进的方式，其变迁速度较激进式制度变迁缓慢，即通过平稳推动制度改变，逐渐完成制度变迁的过程。渐进式制度变迁的整个过程虽然历时较长，但由于采取了温和的变迁方式，所以并不会引起社会的动荡（詹姆斯·马霍尼等，2017）。从需求供给角度来看，制度变迁可分成两类：一类是诱致性制度变迁，另一类是强制性制度变迁（丰雷等，2013）。诱致性制度变迁是由于原有制度无法满足现有的状态，主要是人们的生活、经济的发展以及社会的进步等，而必须采取新的制度来代替原有落后的制度，以提高制度效率。一般来说，这种变迁是由基层自主发起的，是自下而上的一种变迁，通常是渐进性的。强制性制度变迁是自上而下的，由国家或者政府通过法律或者政策对全社会进行规制，借以完成制度的更替，通常是激进式的（樊纲，1993）。从变迁的变化大小来看，制度变迁可分为移植式制度变迁和创设式制度变迁（张壮和赵红艳，2021）。移植式制度变迁是指制度变迁的目标制度基本上是根据他方已经创设和运作并具有一定效率的制度进行变迁。换言之，移植式制度变迁其实是一种合法的“搭便车”行为（曹元坤，1997）。创设式制度变迁是指制度变迁的目标制度基本上是依赖自我设计和自我建构的制度变迁。这种性质的制度安排或制度结构基本上没有先例，所以这种制度变迁的论证分析在很大程度上是依据理论的预期分析，而没有他方制度的实际绩效可供参考（曹元坤，1997）。依据变迁的规模差异，制度变迁可分为整体制度变迁和局部制度变迁（张壮和赵红艳，2021）。整体制度变迁是指特定社会范围内各种制度相互配合、协调一致的变迁，强调不同制度之间的关联和影响。局部制度变迁包括单项制度变迁。

制度变迁受到内部和外部因素的共同影响。一般来说，制度变迁的内部因素是引起该制度发生变迁的根本原因。由于在制度内部的利益主体间出现了不平衡，因此需要通过制度变迁来达到协调的状态。外部条件的变化一般只有通过对内部因素的影响才能加速或迟缓制度变迁的过程。制度变迁的外部因素是指与该制度无关的其他因素的变化，主要是客观的外界变量，包括经济发展、社会变动、政治变化等方方面面的因素。这些变化都会对制度造成或多或少的影响，长期积累下来，便会推动该制度的变迁（卢现祥和朱巧玲，2007）。此外，外部的环境、政府政策引导和内部的物质生产或生产力发展也是制度变迁的诱导因素（李谷成等，2014；程军国等，2020）。

我国国有林区的制度变迁主要是围绕优化国有林区的内部治理结构和外部治理环境的渐进式变迁，呈现出对国有林区的认识逐渐升级、改革逐渐深化、治理更加科学化的逻辑特征（张壮和赵红艳，2021）。渐进性改革具有试验性和累积性。试验性使改革主体渐渐认识到改革方向，为改革提供适应的过程。此外，渐进性改革为增长提供了不断的动力，是比较长期的积累，在达到稳态之前，人均收入已提到了比较高的水平，这比较适合国有林区目前比较困难、人均收入水平低、改革承受能力差的状况（姜宏伟和宋文胜，2006）。

四、社会生态系统理论

根据李卓（2021）的研究，社会生态系统（social-ecological systems，SES）框架是由诺贝尔经济学奖获得者奥斯特罗姆（Ostrom）于2007年提出的，主要用于解决自然资源管理问题。SES理论源于对公共事务治理的政治经济学研究，核心思想在于自然资源的合理利用，避免公地悲剧的发生。同时，该理论深入剖析了各方利益博弈，充分认识了政府在其中扮演的角色，旨在使自然资源的管理达到动态平衡的状态（Collins，2011）。如图3－1所示，SES分析框架结构由资源系统、资源单元、治理系统、公众4个核心子系统及其在社会系统和生态系统两个宏观背景下进行的互馈作用和产出结果构成（王彬武，2015）。该框架囊括了人类经济社会和生态系统交互过程中涉及的所有资源，组成了一个非线性、动态性、复杂性、多尺度交互的自适应系统，在内涵上强调生态系统服务对人类福祉的影响（王彬武和孙丹峰，2016）。上述 SES 理论将社会系统与生态系统进行有机整合，并把人类作为管理者纳入整个系统中，形成了一个受到自身和外界干扰与驱动影响的多维耦合互动的有机体（Ostrom，2009）。

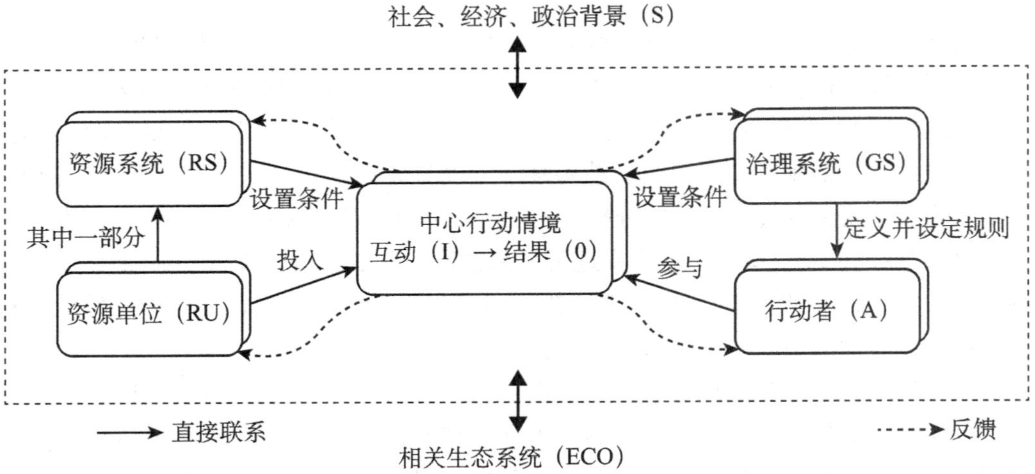

图 3-1 社会生态系统（SES）分析框架示意图

资料来源：McGinnis，M. D.，Ostrom，E.，“Social-Ecological System Framework：Initial Changes and Continuing Challenges”［J］，*Ecology and Society*，2014，19（2）：30-42.

国有林区改革兼顾了生态文明建设和林区经济发展，国有林区长期的可持续性发展可依靠 SES 分析框架来检验。

五、转型发展理论

通常说来，转型是指事物发展过程中发生结构形态、运转模型的升级换代，转型不同于一般的变化，而是一种特殊的、典型的变化和发展（郭海霞和康旭华，2017）。转型发展是指一个国家既要实现体制的转换，又要实现经济的发展（厉以宁，1997）。郭海霞和康旭华（2017）概括了《资本论》中关于经济转型的理论：一是有劳动生产方式的转型，劳动生产方式的转型需要与一定的经济条件、背景相适应才能实现，劳动方式会随着生产力的改变而发生相应变化；反过来，生产力的发展也将推动劳动方式的转变。二是有经济增长方式的转型，马克思将扩大再生产分为外延型扩大再生产、内涵型扩大再生产这两种类型。外延型扩大再生产与粗放型经济增长方式相似，主要是指在劳动生产率不变动的前提下，通过增加资本、劳动力等生产要素的投入量，达到经济增长的目的。内涵型扩大再生产与集约型经济增长方式相似，即在技术进步或者生产方式改变的情况下，劳动者的平均生产率得以提高而引起的扩大再生产。外延型扩大再生产是内涵型扩大再生产的前提和基础，这两种经济增长方式总是结合在一起，并以一种方式为主。三是有资源配置方式的转型，马克思依照不同社会劳动的联系方式和性质将资源配置的基本方式归为三种，即直接配置资源方式、市场配置资源方式和计划配置资源方式，分别对应前资本主义社会、资本主义社会和共产主义社会。直接配置资源方式是指经济主体（以个人或家庭为主）按照各自需要，直接配置其掌握的物质和劳动力于不同的生产活动中。市场配置资源方式是指在经济运行过程中，市场机制根据市场需求与供给的变动引起价格变动，从而实现对资源进行分配、组合及再分配与再组合的过程。计划配置资源方式是指资源由联合起来的生产者或者说自由人联合体共同支配，是全社会范围内有计划的配置，即“劳动时间的社会的有计划的分配，调节着各种劳动职能同各种需要的适当的比例”。[①] 经济发展是一国或地区摆脱相对落后状态走向现代化的过程，是包含经济数量增长、经济结构优化、经济质量提升的过程，是数量与质量相统一的概念。经济发展的内涵比经济增长的内涵更为宽广，是经济运行系统的协调性、可持续性、发展成果共享性等合成的过程。经济发展包括生产力和生产关系两个方面（朱云平，2012）。

在中国经济步入高质量发展的新时代背景下，国有企业改革在整个经济体制改革系统中仍然具有中心地位。重点国有林区森工企业与其他国有企业一样是传统计划经济体制下的产物，是适应传统重工业优先发展战略的需要和高度集中统一的计划经济体制而产生的。重点国有林区改革集中于体制、资源和民生三个着眼点，实质上是国有森工企业从计划经济时期政企合一体制向社会主义市场经济阶段政企分开的转变，是森林资源经营思想从传统林业向现代林业治理的转变，是由兜底性民生保障向持续增进人民福利的转变。目前，国有林区已经在探索产业转型升级，发展特色种养殖等林下经济，开发森林旅游等第三产业，但国有林区的“三危问题”仍是一大困扰。

第三节　国有林区改革的实践进展

一、我国国有林区改革进程

国有林区改革包括林权制度、林区管理体制、经营体制等方面的改革（王佳辉，2019）。

（一）完全的计划经济阶段（1949—1978 年）

1949 年《中国人民政治协商会议共同纲领》和 1954 年第一部《中华人民共和国宪法》的颁布，从法律上明确了国有林区森林资源的所有权属于国家，管理权和使用权等权利由森工企业代表国家行使的全民所有产权结构，这是对国有林区产权配置的初始界定（张壮和赵红艳，2021）。

此阶段是中国国有林区的成型期。在国家推行重工业优先发展的宏观赶超战略过程中，国有林区的开发建设以满足木材生产为中心，承担着工业发展和原始积累的重担（曹玉昆，2000）。因此，以完成木材生产任务为主导而形成的以林业生产工人为主要构成的国有林区社会逐渐成形，东北、内蒙古国有林区是其中最大的国有林区。国有林区经营建设的重心在于：提高国有林区森工企业的木材产量，扩大林区后续林场建设，推进森林资源的培育、经营，开发新林区等方面（刘向越等，2021）。

国有林区的管理体制可以用“政企合一”四字概括，王毅昌和蒋敏元（2005）将其延伸为“政企合一、企事合一、司企合一、企社合一”，更有甚者可以说是“党政企”三

① 马克思．资本论：第一卷［M］．2 版．北京：人民出版社，2004：96.

者合一。该管理体制的形成与当时完全的计划经济体制密切相关，全民所有制是国有林区治理制度的主要形式。张志达等（2008）将其形成过程概括为“先有森工企业，后有林区政府”，也就是森工企业既开展其本职工作（森工企业的经营生产），同时又行使政府的行政管理职能，森工企业利用经营收入供养林区政府，向它提供管理社会所需的资金。

在这个阶段，国家是最大的垄断经济主体，森林治理以国有产权为基础。也就是说，林区的保护、开发利用和其他所有环节都以国家指令性计划和行政手段来实现，完全不允许市场机制发挥作用。我国森林资源在1949—1956年由林垦部、林业部和各大行政区林业主管部门管理，上层是营林和森工合一，在1951年11月后统一由林业部管理，基层是营林和森工两个系统分开，也就是“上合下分”的管理体制。1956年，全国人大常委会第四十次会议决定成立森林工业部，同时保留林业部，正式分立两部门。1958年再次改革，两部门合并为林业部，同时将森工企业管理权下放给地方，各省森工体制与营林体制合并，形成了由省到林场四级全部统一管理的体制。1962年11月，中共中央、国务院决定成立东北林业总局，1963年国家第二次分设东北林业总局和各省林业厅，林业厅负责地方的林业生产经营，东北林业总局负责国有林区森工企业管理。1968年将东北林业总局下放到省。

在权力分配方面，呈现“四权合一”的体制，政府的社会行政管理权、国有森林资源所有者的管理权、国有森林资源资产经营权和国有森林资源实体经营权四种权力统一掌握在政府手中，由政府全权支配国有森林资源资产（王兆君，2005）。国有林区的所有权、占有权、支配权和使用权都集中在中央和地方林业主管部门手中。

在新中国成立初期、社会主义建设的特定历史背景下，森林治理这种“党政企合一”“四权合一”的管理体制适合当时的形势，具备时代的合理性，能推动林区经济社会发展。这种高度集中、计划指令性质的统一管理方式很好地把人力、物力、财力快速集中起来，带动了早期的林业发展、林区建设，初步形成了相对独立的国营林业和森林工业体系。但是，其弊端也在后期日益突显：以企代政、以企代事的越位行为与日俱增，体制内权利和义务关系、职能和责任划分不清，导致森林资源被过度开发、职工自主性缺乏且工作效率低下、政企都不能很好地发展主业等（赵元生，1997；崔海兴，2010；刘长青，2007）。从20世纪70年代起，国有林区陷入了“可采林木资源危机、林业企业经济危困”的“两危”困境（温铁军等，2007）。

（二）计划体制改革的阶段（1978—1993年）

十年“文化大革命”的教训和洗礼，使人们认识到依法治国的重要性。在这种背景下，国有林区开始向法治转变，我国陆续出台了《中华人民共和国森林法》《中华人民共和国环境保护法（试行）》等一系列法律和规章制度，正式确立了国有林区的产权制度，从法律层面为国有林区建设提供了保障，开启了依法治林的新阶段（张壮和赵红艳，2021）。1985年召开的首次全国国有林区经济体制改革座谈会，探讨了国有林区长期积累下来的一些问题，拉开了国有林区全面改革的序幕。随后，提出国有林区的工作紧紧围绕恢复和发展森林资源这个中心，从以原木生产为中心转移到以营林为基础，重新确立了以培育、保护、利用为主的森林资源永续利用的经营方针（刘向越，2021）。1989

年林业部颁布《东北、内蒙古国有林区森工企业试行采伐限额计划管理的决定》《关于加强林木采伐许可证管理的通知》，实行全国统一的木材采伐许可证制度，用法律法规的形式加强了对木材等森林资源的宏观控制。采伐限额管理是中国国有林区改革的开端，给国有林区的木材生产带来了短暂的"冷却"期，但国有林区木材生产的主要职能并未发生根本改变。

此阶段明确了森林资源的产权。1989 年，国务院同意林业部向黑龙江省森工总局、大兴安岭林业公司、吉林省林业厅、内蒙古大兴安岭林业管理局所属各国营林业局核发林权证。1993 年，林业部与国家国有资产管理局联合下发《关于加强国有森林资源产权管理的通知》，要求森林资源实行资产化管理，对森林资源实行宏观控制、微观搞活的管理方式（邢红，2006）。

国有林区积极实行林木生产商品化，使森林经营体制改革取得了探索性突破。1991 年，吉林、黑龙江林区实行林木生产商品化试点（刘向越，2021）：探索建立林价制度，变过去木材无偿采伐为有偿采伐；营林生产实行育林基金"拨改买"的制度，由过去的拨给制变为收购制（国家林业局，1991）。1986 年，国务院做出在东北、内蒙古国有林区建立林价制度的决定，1990 年国务院批复同意林业部、国家物价局《关于在东北、内蒙古国有林区建立林价制度的报告》（帅宗和，1991），1993 年林业部印发《关于在东北内蒙古国有林区森工企业全面推行林木生产商品化改革的意见》，改革的主要内容是：全面推行林价制度，改革营林资金管理体制，促进了营林与森工利益分配的相对合理化；使林业产品的价值形成过程更加符合市场经济规律，逐步取消了计划调拨和国家定价，并建立了林产品交易市场。

在林区管理方面，组建了森工企业集团公司。1991 年，国有林区开始强调政策调整，目标是探索建立现代森工企业制度，1995 年颁布了《林业经济体制改革总体纲要》，2000 年颁布了《中华人民共和国森林法实施条例》。1991 年，国务院批准在东北、内蒙古国有林区组建 4 个企业集团，分别是：中国龙江森林工业集团公司、中国吉林森林工业集团公司、中国内蒙古大兴安岭森林工业集团公司和大兴安岭林业集团公司。

（三）市场经济初建阶段（1993—2015 年）

1993 年，各森工集团相继成立。森工企业的主体资格与法律地位得到确立，在一定程度上解决了所有者缺位问题，为国有林区发展注入了新动力（张壮和赵红艳，2021）。1994 年，我国着手探索建立林区现代企业制度。国有林业企业实行公司制，大部分改为有限责任公司，少部分改为国有独资公司或股份有限公司。1995 年的《林业经济体制改革总体纲要》和《中国 21 世纪议程林业行动计划》同时指出：要建立起既适应社会主义市场经济又反映林业特点要求的林业经济体制，为中国林业改革指明了方向（中华人民共和国林业部，1995）。我国在此阶段对林业发展进行了两次定位，分别是：1995 年的"第二次定位"，提出"林业既是基础产业，同时还是公益事业"；2001 年的"第三次定位"，强调林业和国有林区是生态建设的主体，从以木材生产为中心转向生态效益优先，特别是在重点国有林区开展新时代林业建设，即国有林区的经营开始"向建设和培育森林生态系统转变"（雷加富，2003；王忠林，2003）。

该阶段的林业经济运行机制和森林治理管理体制都发生了较大的变化，包括运行规则的市场化、组织制度的多元化、产业结构的合理化等。国有林区在该阶段的改革重点是改变组织制度，尝试调整所有制结构，探索公有制的多种实现形式，大力发展非公有制经济。最具代表性的就是 1998 年在国有林区先行试点实施的天然林资源保护工程（简称“天保工程”），开启了国有林区从“大木头”林业向生态林业和多元化产业转变的生态建设转型新阶段。2000 年，天保工程一期全面启动，重点国有林区的木材产量大幅调减。2011 年，天保工程二期正式启动，更加关注工程区的民生、资源培育和企业改革。这类改革措施在很大程度上确实缓解了国有林区的困境，雷加富（2006）认为：该工程是国有林区的救命工程。但是，由于配套改革不到位，体制性、结构性矛盾仍然突出，再加上缺乏真正深层次的改革导致的林区职工各种保障和福利减少，使他们的生活陷入危困境地，国有林区的“三危”问题愈演愈烈（温铁军等，2007）。

我国为推进国有林区产权制度改革，于 2003 年出台和实施了《中共中央、国务院关于加快林业发展的决定》；2005 年，进行了国有森林资源产权制度改革，进一步推进了政企分开；2012 年颁布实施了《国家林业局关于加强国有林场森林资源管理保障国有林场改革顺利进行的意见》。在此阶段，我国出台了一系列林业相关政策，并把黑龙江伊春重点国有林区、吉林森工集团等确定为先期改革试点地区，取得了一定的实践探索经验，但在试点过程中，具体的产权契约设计和程序操作仍处于不确定、不完整的残缺状态（张壮和赵艳红，2021）。

2013 年 11 月，党的十八届三中全会将健全国有林区经营管理体制列为生态文明制度建设的重大举措。

（四）全面深化改革阶段（2015 年至今）

2015 年，我国出台了《国有林区改革指导意见》（简称《意见》），明确了国有林区管理体制改革的目标和指导思想，对后续具体工作方案进行了规划部署，标志着国有林区改革进入了实质性推动的新阶段。《意见》设立的目标如下：“到 2020 年，基本理顺中央与地方、政府与企业的关系，实现政企、政事、事企、管办分开，林区政府社会管理和公共服务职能得到进一步强化，森林资源管护和监管体系更加完善，林区经济社会发展基本融入地方，生产生活条件得到明显改善，职工基本生活得到有效保障。”在该目标的引领下，各国有林区的管理体制开始大范围改革，遵循“一个战略，四个分开”的指导思想（以生态建设为主的林业发展战略，政企、政事、事企、管办分开），在后续工作中努力健全森林资源监管体制，推动以木材生产为主向以生态修复和建设为主转变，由利用森林获取经济利益为主向保护森林提供生态服务为主转变，实现既能保障国有林区生态安全功能，又能从长远发展上保障国家木材战略储备的要求。

根据张壮和赵红艳（2021）的研究：2018 年 3 月，新组建的国家林业和草原局引领改革创新，使国有林区封闭僵化、权利冲突、低效运转、无序利用和资源闲置等问题开始得到明显改善，同时国有林区的各项改革取得了阶段性进展。第一，进入了全面保护发展的新阶段。全面禁止天然林商业性采伐，森林资源消耗明显减少，森林蓄积明显增加。第二，林业职工生活的整体满意度有所提升。当地职工和群众的工资水平得到提高，住房、医疗、教育、养老条件获得改善。第三，政事企分开推进较快。据统计，目前国有林区森工企业已剥离机构 706 个，人员 5.1 万人。第四，森林资源监管得到进一步强化。我国已基本形成了较为完善的强林惠林政策体系。第五，政府职能转变显著。地方政府在抓改革、保生态、惠民生、促转型方面的作用越来越明显。尽管取得的成效很大，但国有林区的正外部性还难以实现内部化，同时改革压力较大、动力仍然不足，还存在诸如地方政府和林业部门的林权纠纷、林权证内城镇建设用地违法、政策性负担沉重、资金投入严重不足、森工企业地位尴尬、林业职工生活非常艰苦、基础设施较为落后等一些历史遗留问题，这些问题亟待从根本上解决。

自 2015 年重点国有林区改革启动以来，国家林业和草原局会同国家发展改革委，联合中央机构编制委员会办公室（简称“中央编办”）、财政部、民政部等 14 个部门组成改革工作小组，督促指导内蒙古、吉林、黑龙江三省（区）推动改革工作。2020 年 8 月，改革工作小组对三省（区）改革任务完成情况进行国家验收，验收结果表明：国有林区改革取得预期成效（国家林业和草原局，2020）。

具体成效如下：第一，重点国有林区生态建设成效明显。在改革期内，林区全面落实停伐政策，累计减少森林蓄积消耗 3 100 余万立方米，森林资源实现持续恢复和稳定增长，林区东北虎、东北豹、紫貂等珍稀野生动物种群数量明显增多，生物多样性日益丰富，生态功能逐渐增强。第二，森工企业政企不分的管理体制充分优化。三省（区）将森工企业承担的行政职能全部移交地方政府，所办社会机构全部移交属地，特别是大兴安岭和伊春林区打破几十年来“政企合一”管理体制，有效地理顺了地方政府和森工企业的关系。第三，重点国有林区的森林资源保护管理体制不断完善。建立了国家林草局代表国家行使重点国有林区国有森林资源所有者职责，森工企业受国家林草局委托，承担重点国有林区森林资源经营保护工作，县级以上各级林草部门承担行政执法和森林资源监管职责的重点国有林区森林资源管理新体制。理顺了中央和地方关系，解决了重点国有林区森林资源长期由森工企业自管自用和所有权主体缺位的问题。第四，重点国有林区的民生得到了逐渐改善，既保了生态也保了民生。在改革期间，森工企业通过多种途径，使 22.74 万名职工得到妥善安置。林区职工人均年收入较改革前增加 1.5 万元，增长 50%，职工医疗、养老基本实现全覆盖，社会管理和公共服务能力不断提升，基础设施建设显著加强，职工饮水、用电、住房等条件显著改善，国有林区职工民生得到有效保障（国家林业和草原局，2020）。

重点国有林区改革取得上述显著成效，离不开政府对改革的全面谋划、高位推动与精准施策。具体说来，中央组织部、中央编办印发文件，明确了重点国有林区森林资源管理体制；国家发展改革委累计安排投资 127.5 亿元，用于支持林区防火应急道路、管护用房等建设；交通运输部等部门安排车购税资金 134.5 亿元，支持场部通硬化路以及林下经济节点道路建设；财政部将森林管护补助标准由每年每亩 5 元提高到 10 元，提高了社会保险和政社性支出补助标准；财政部、银保监会每年安排贴息补助 6.37 亿元；民政部、司法部、人力资源社会保障部、自然资源部、住建部、水利部、审计署、能源局加大政策资金支持，形成推动改革的合力。重点国有林区改革实施的 5 年间，中央累计投入天保资金 1 145 亿元（国家林业和草原局，2020）。

二、国际上国有林改革进展状况

根据《2020年全球森林资源评估》，森林目前占全球土地面积的30.8%（联合国粮食及农业组织，2020）。全球森林总面积为40.6亿公顷，人均约0.52公顷，但森林并非均匀分布于全球。五个国家（俄罗斯、巴西、加拿大、美国和中国）拥有世界一半以上的森林，十个国家拥有全球三分之二（66%）的森林（见图3-2）。下面根据森林面积，列举排名前四的国家，概述国际上国有林改革的进展状况。

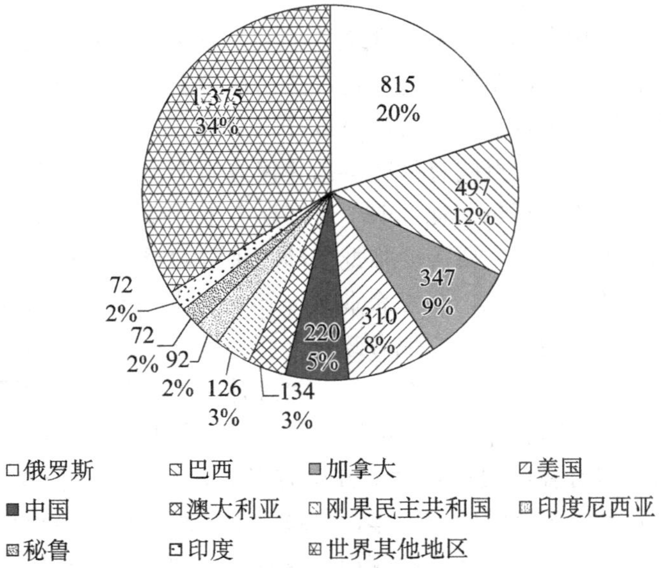

图3-2　2020年全球森林分布及森林面积（百万公顷）最大的十个国家

资料来源：联合国粮食及农业组织．2020年全球森林资源评估［R］，2020-07-22.

（一）俄罗斯国有林改革进展

俄罗斯不仅是世界上国土面积最大的国家，也是世界上森林资源第一大国，其森林面积约占世界森林总面积的20%，其中属俄罗斯政府管辖的国有林占全国森林总面积的94%。由于中、俄两国同属资源大国，曾经历相同的社会制度，特别是我国现行法规中有一些是参考苏联立法模式建立的，因此两国在互相借鉴和完善法律制度方面都有值得相互学习的地方。

营林业和森林工业是俄罗斯林业传统的两大系统。按照森林的意义、经营目的和主要功能，俄罗斯把国有林分为防护林、用材林和储备林三大类，通过实行分类经营管理和利用，以保护国民的生存环境。森林培育和森林经营两大技术体系是俄罗斯国有林发展的有力支撑。在森林培育方面，以国有林采伐为例，《俄罗斯联邦森林法典》对国有林采伐有详细的规定，必须在持有森林采伐许可证、任务书和森林利用证的情况下才能进行采伐，这样做不仅对森林经营单位起到了监督作用，又可以有效地防止乱砍滥伐，保护森林资源。在森林经营方面，《俄罗斯联邦森林法典》将国有林的经营权划分给森林经营单位，由各联邦主体分别制订地方的林业计划，而主导国有林经营的是各租赁者或与国家签订了合同的林地中标者。

根据颜培瑾（2014）的研究，在国有林权责体制改革过程中，俄罗斯仍然坚持森林归联邦所有。2007年实施的《俄罗斯联邦森林法典》引入了森林的私有化，遭到了社会强烈的反对，开发林（生产林）的私有化道路被切断。森林管理由中央集权转向分权，联邦政府负责法律制度及基本政策的制定和森林资源状况的掌握，地方政府负责具体的森林管理计划和规章的制定以及使用权的分配和森林管理，实行国有民营的经营方式。林业资源作为一种准公共物品，表明林业不仅是一项产业，更是一项社会公益事业。俄罗斯在发展林业经济时采取了国有民营的经营方式，首先确定了森林国有的地位，然后将经营权移交给股份制企业和部分私有企业。此举有效理顺了政府和林业开发者之间的关系，政府的林业行政管理机构不直接经营国有林，而是由相应的企业性机构进行经营，同时接受职能机构的监督和调控，逐步建立起了健全有效的林业治理体制和运行机制。国有森林资源的功能从单一的林产品生产基地转向以提供生态服务为主，合理提供林产品，促进国有林区社会经济发展的多种功能效益综合体（陈文汇和刘俊昌，2012）。建立政企分开的林业管理机构，是按照国家职能和经济职能分离的政府行政改革基本方针进行的。具体做法是将林场改编为林管区，只从事林业管理工作，对于合法采伐的森林，将其更新、抚育等营林作业委托给采伐权人，其他的森林委托给民间的林业企业。《俄罗斯联邦森林法典》中明确规定：国家政权机关不得介入联邦森林资产的森林利用活动；扩大林权所有者的权利和义务，采伐权可以被转租、转让和抵押，而且采伐权人有义务依据森林经营方案制订森林开发计划，并进一步制订森林采伐管理年度计划。此外，森林开发计划要接受环境影响评估，得到地方政府认可，而且林管区要认可森林开发计划和森林采伐管理年度计划。

（二）美国国有林改革进展

美国国有林亦称公有林，为联邦、州、县等政府部门和其他公有主体所属，林地面积为1.30亿公顷，占美国林地总面积的41.67%，而且近80%的公有林分布在美国西部地区。联邦公有林和其他公有林分别占美国林地总面积的18.59%和23.08%，联邦公有林占总公有林的44.61%（刘克勇等，2018）。

下面根据国家林业局森林资源管理司国有林区管理体制改革培训考察团（2012）的研究，从产权制度、经营管理体制、财政体制三个方面，探讨美国国有林的改革进展。

在国有林的产权制度方面，美国国有林由联邦农业部林务局代表国家直接经营，实行垂直管理，机构设置长期保持稳定。其重要的特点就是：谁所有、谁管理、谁投入；所有权、经营权和资金投入一致。由于权属清晰、界线分明，各自管理自己所属的区域，所以基本不存在权属纠纷及自然资源开发利用方面的矛盾。

在国有林的经营管理体制方面，美国国有林实行垂直管理，因而自成体系。国有林管理机构设置分为4级：国有林管理局、国有林管理分局、林管所和营林所。从事国有林管理的工作人员全部为联邦公务员，机构设置稳定。地方林业立法必须服从联邦林业法律，国有林管理方面的财政、税收、金融政策由联邦政府制定实施，地方政府不参与联邦国有林的管理。美国国有林的经营主体是国有林管理局，它能够按照联邦林务局的经营理念经营国有森林资源，国有林的经营管理活动完全不受地方政府制约。美国国有林经营以生态建设为主，注重保持和提高森林资源质量，构建稳定健康的森林生态系统。

国有林主要实行抚育伐，而且其中只有30%用于商业目的。1990年以来，美国林务局采用了林地生态系统管理新模式，降低了经济利益导向，更多地关注环境，更好地权衡多功能利用，更多地关注印第安人等土著居民的需求。国有林的经营管理从以木材生产为主导转向以生态保护和森林资源恢复为主导（刘克勇等，2018）。

在国有林的财政体制方面，美国国有林的管理经费实行“收支两条线”政策。每年由基层逐级汇总、平衡、上报，由联邦国有林管理局向总统提出年度财政预算，经国会批准后，再逐级平衡下拨；对于处理森林火灾、病虫害等突发性灾害的费用，林务局可先申请专项拨款，然后转入第二年的预算。国有林管理经费的来源渠道和规模基本稳定。

（三）巴西国有林改革进展

巴西是世界上森林资源最丰富的国家之一，它有世界上最大的亚马孙热带雨林。根据2020年FAO的数据显示，巴西森林占陆地面积的百分比为59.42%；其中，2015年的数据显示，公有林占森林总面积的55.79%。巴西的森林资源长期处于被过度利用的状态，巴西政府为了缓解森林资源危机，不仅培育了大量人工林作为公共林经营管理，而且制定了一系列限制森林利用的法律，还建立了大型保护区来实现天然林保护（Bacha，2003；Cunha，2016）。

考虑到地区经济社会发展、资源状况、保护区生物多样性等各种因素，巴西实行全面保护和可持续利用分类经营管理。巴西将森林按用途分为三类：永久保护的森林；严格利用的森林；非严格利用的森林。第一类森林实施严格保护，禁止任何形式的利用。第二类森林的资源利用在地点或种类上受联邦法律规定的严格约束。对于第三类森林，林主可以自由使用森林，但采伐林木需要得到政府的授权。政府规定：大部分天然林由资源保护部门管理，不许砍伐，并通过制订可持续生产计划和发放许可证等手段对私有天然林的砍伐进行控制（陈林，2015）。

根据白秀萍（2017）的研究，2006年巴西颁布的《公共森林管理法》规定：政府将公有地租借给民间，委托民间对森林进行持续管理。2007年，巴西在环境部内设林务局，依法负责森林特许权的管理。国有林通过设立保护区、划定区域供当地社区管理森林、与巴西企业签订森林特许合同3种特许方式实现了国有林的可持续管理（联合国粮食及农业组织，2014）。2008年通过的《公有林可持续生产管理法》规定：以透明和公开招标的方式分配森林特许经营权，特许权期限可长达40年，特许权分配优先考虑非营利组织、社区和非政府组织，把20%的特许经营收入分配给巴西林务局。该法律的重点在于保护森林的环境、社会和经济价值。此外，只有在确认特许经营区域内的经营活动对环境影响最小、产生的直接社会效益最大、产品和服务的附加值最多之后，才能进行投标和评标（谭秀凤，2015）。2010年，巴西完成了最早的2个联邦森林特许权授权。

（四）加拿大国有林改革进展

加拿大森林资源约占全球森林资源总量的9%。根据2016年加拿大森林资源清查结果，加拿大的林地面积为3.96亿公顷，其中森林面积为3.47亿公顷，森林蓄积为473亿立方米，森林覆盖率为43.60%。林业在加拿大国民经济与社会发展中占据重要地位，2015年林业为加拿大创造了25.93万个全日制就业机会，林业出口额占加拿大总出口额的 7%。公有林地面积约占全部林地的 93.40%。其中，省和自治区所有林地面积占其林地面积的 88.80%，2.60%的加拿大林地为联邦政府所有，另外 2%的林地为原土著居民所有。除俄罗斯的林地完全为国有以外，在主要经济体中，加拿大是公有林比重最高的国家之一(刘克勇等，2018)。

在加拿大公有林管理模式方面，进入 21 世纪以后，2002 年南非约翰内斯堡大会和 2015 年气候变化巴黎大会促进了加拿大公有林经营发展战略的进一步转型，在一定程度上限制了加拿大公有林的商业性采伐，开展了更具可持续性的森林经营活动。省和自治区所有的公有林进一步强调了木材采伐的可持续性和区域经济增长。加拿大通过调整增长结构、木材利用和森林工业的市场战略来实现区域可持续发展，要求公有林提供更多的环境服务和生态系统服务（刘克勇等，2018)。加拿大坚持生态效益高于经济效益的原则，对森林的保护、健康和持续经营予以特别的规定：一是要求联邦和州拥有的国有林要榜样性地经营；二是要求森林的经营者要保护和维护原有森林的自然状况；三是禁止引种国外的树种造林；四是禁止砍伐死亡的树木；五是森林的经济效益必须服从生态和旅游效益；六是森林采伐只能进行择伐或小面积皆伐（颜培瑾，2014)。同时，加拿大提倡多元经济主体参与林业经营。

加拿大的林权管理首先以法律形式规范林权主体，其联邦法律与各省政府制定的法规文件有 50 多种，使得林业的管理与经营各方面都有章可循、有法可依，林权主体权责统一（颜培瑾，2014)。加拿大各省还建立了公有林产权管理系统，有权自行分配皇室林地的林木采伐权利并制定产权获得者的义务，主要形式为与林业企业签订合约和颁发许可证。许可证可以划分为三类：一是主要许可证（major licenses)，以可续长期许可证的形式决定大多数年采伐限额，主要颁发给垂直一体化的企业（如造纸和纸浆企业)，激励这些企业进行投资；二是次要许可证（minor licenses)，一般由采伐公司和企业持有，年限为 1～5 年；三是中等许可证（medium licenses)，主要颁发给中等规模的木材加工企业（如锯材厂）(刘克勇等，2018)。

第四节 重点国有林区改革研究进展

国有林区改革仍是目前林业改革的重点任务，关系到国家生态安全、粮食安全、木材安全和国防安全，并且涉及民生问题和社会稳定，一直是国内学术界探讨的重要议题。本节首先通过中国知网查询相关学术成果，以“国有林区＊改革”为主题词检索，共有 1 009 篇期刊论文和 215 篇硕博学位论文，国有林区改革的研究主要集中于重点国有林区，研究主题为林权制度改革和森林资源管理体制等。

1. 国有林区管理体制改革

(1) 建立“三权分治”管理体制。在新中国成立初期，国有林区的森工企业肩负着经济建设和社会发展的双重任务，逐渐形成了“企业办社会”的格局。然而，政企不分、政资不分、企资不分的管理体制越来越不适应社会主义市场经济体制发展的需要，因此应当重新构建政府、市场、企业、社会之间的关系（邢红，2006)。王毅昌和蒋敏元(2005) 提出：现行管理体制的弊端是森林资源管理、企业经营管理、政府行政管理三种职能不到位，改革的方向是构建国有森林资源、企业经营、林区政府管理的主体，强化森林资源、企业经营、林区政府管理三种职能。王显河和王德军（2014）认为：只有建立“三权分治”管理体制，才能改变林区企业集政府职能、资源管理职能和企业经营职能为一体的现状。同时，“三权分治”管理体制的建立也是实现政企分开的关键环节（中国可持续发展林业战略研究项目组，2002）。

（2）对林业的资源产权进行改革。国有林区政企合一的体制及其不健全的社会保障制度是森林资源破坏的根源，国有森林资源经营改革上的落后是造成林区改革落后的根本原因（徐晋涛等，2006；王兆君，2003）。王欣红（2007）提出：国有林区林权制度的改革是实现国有林区可持续发展的有力措施，应建立起与市场经济相适应的新的资源管理经营体制。王兆君（2003）提出：要实现森林资源的科学有序经营，应当从国有森林资产运营角度进行研究，要把森林资源作为资产进行管理。徐晋涛等（2006）认为：改革的方向是建立地方公有林体系，国家林业主管部门将精力集中于公共物品提供方面。左焕玉（2002）对东北、内蒙古的国有森林资源管理体制进行了梳理，认为改革需要彻底改变长期以来国有森林资源权属虚置的问题，做到产权清晰、权责明确。

（3）建立国家生态特区。张百平等（2006）提出：在战略重要、生态脆弱、贫困集聚的地区，建立国家生态特区可实现有限资源的优化组合，打破我国生态战略区的经济社会发展与生态安全的不平衡发展局面。王海（2005）提出：要将国有林区重新定位为国家林业生态建设主要基地和构建林业生态特区的发展模式，并认为林业生态特区的构建应包括自然、经济、社会等各个方面，其核心是政企分开，通过构建新型、独立的管理体制，建立起完善的森林生态系统和现代企业制度，打破国有森林资源国有经营的管理体制。

（4）内部政企分开。经济社会发展状况、企业经营的思想是影响国有林区管理体制的重要因素，但总体来说，国有林区管理体制向政企分开转变是一个明显的发展趋势（石峰等，1998）。一步到位式的政企分开改革容易造成林区社会不稳定的局面。魏国飞（2011）认为：针对黑龙江森工企业的特点，采取内部政企分开是用最小的经济和社会成本实现林区改革的措施。于长辉和姜宏伟（2006）提出了内部政企分开的过渡模式的基本设想，即先进行内部分开型改革，经过一定的过渡期，再实行完全的政企分开。田喜军（2009）提出：实施内部政企分开的关键是确立林区社会管理职能，建立林区社会管理机构、国有资源管理机构、林区企业三权分立且相互制衡的新机制。

2. 重点国有林区的转型发展

从总体转型上看，刘清泉等（2019）、王非等（2016）、曹娟娟和王玉芳（2020）都对制约重点国有林区转型发展的影响因素和转型路径做出了探索与研究，并指出：破除固有体制机制观念，提高转型能力对林区至关重要。

在经济转型方面，张芳和张思敏（2016）认为：应提供全方位的配套政策，以此激发职工的积极性。王玉芳等（2016）指出：大小兴安岭国有林区的经济领域转型发展情况最好，在后续促进林区协调发展的路径中应该进一步加快发展第三产业。柯水发等（2018）认为：在国有林区产业转型过程中，替代产业的选择应根据各地区的资源禀赋与环境因素，因地制宜、立足长远，并尊重市场的调节作用。李朝洪和赵晓红（2019）对黑龙江省国有林区的生态系统和经济系统的协调发展情况进行了评价及分析，并指出生态建设效果波动上升，经济建设效果呈 U 形变化趋势，两者在总体上体现了协调发展的态势。关于转型模式与必要条件，杨新华和张敏新（2014）认为：想要有效促使国有林区社会经济发展转型，必须构建以生态文明建设为核心的经济发展模式。杜钰玮和万志芳（2019）、刘拓等（2016）指出：技术水平和国家政策的有力扶持，能够积极推动林业产业转型发展。马明芹和郑德胜（2017）、修丕师和张晓梅（2020）指出：林下经济能够促进国有林区经济转型，但需因地制宜地制定发展规划。黄凤（2017）认为：加快完善职工的社会保障体系有助于林区的转型。

3. 国有林林权制度改革

我国林权的内涵应为林地所有权、使用权及林地上的森林、林木的所有权、使用权。对国有林权制度的变迁过程进行回顾，就会发现其整体脉络大致可分为四个阶段，从新中国成立伊始的完全国有化到初步重视国有林生态效应，再通过国有林权制度初步改革满足各方主体利益，到现阶段的深入调整，逐步实现经济、生态、社会综合绩效。经济效益的激励、森林资源的稀缺及各方主体利益博弈共同推动着国有林权制度不断发展完善（王佳，2019）。李国庆（2008）指出：在面对新时期发展的资源和环境困局时，有推进国有林权制度改革的必要，改革会提升国有林区的经济、生态、社会效益。张文龙等（2006）强调：在国有林权制度调整中明确界定产权是实现多方共赢的有效方法。万志芳和张琦（2009）提出：应将所有权进行分离，形成适于激发生产经营活力的产权新形式。钱静和聂影（2018）在研究森林可持续发展过程中的公众参与行为时指出：公众参与森林可持续发展政策的制定有益于实现政策的公平性，但现阶段我国的实际情况并不利于这一活动的开展。所以，如果想让改革制度更加贴近公众利益，那么要实现林业的可持续发展就要通过立法等各种方式使公众便于参与这一互动。李朝洪和赵晓红（2018）研究梳理了我国林业生态建设的历程并将其归纳为五个阶段，提出要解决现有的林业生态问题就要从科学技术入手，以立法作为保障，通过探寻新资本合作模式 PPP 的运用，使社会资本融入林业生态建设，以此完善林权制度，带动发展转型。

在对我国国有林权制度改革绩效的研究中，各位学者针对国有林权制度实施中林业生产力、林业经营、林业产业结构、林业经营者、森林资源管护、林业管理等方面的林权绩效进行了详细研究（王佳，2019）。国有林权制度改革对主体收入的提升是显著的，张艺鹏等（2014）基于双重倍差模型的对比分析，显示国有林权制度改革前后承包户与非承包户的收入水平、收入结构及未来收入三方面均有明显变化，改革对上述三方面均产生了助益并提出国有林权制度改革是提升收入的途径选择。同时，国有林权制度改革对经营模式起到优化作用，潘启英和杨卫东（2018）对黑龙江省国有林区林地经营模式进行了研究，从国有林权重要主体森工集团入手，探索相应的林地经营模式，明确了森工集团转型与国有林权调整及创新林业经营模式之间的关系，森工集团成为真正符合市场经济规律的主体有利于国有林业经营模式的合理化发展及国有林权制度综合绩效的提升。白景富（2007）提出：国有林权制度改革对林业生产力、森林经营也产生了正面影响，改革在促进林业生产力发展、林业生产效率提升等方面有着积极的作用。曹博和王玉芳（2019）以林业劳动力、林业资本、林业产业总产值、森林蓄积量为指标对国有林权改革的林业生产效率进行分析后发现：国有林权改革对林业生产效率产生了正向影响，但林业生产效率存在显著的区域差异。李婷婷等（2016）在对国有林场改革与森林经营的关系进行研究的过程中发现：国有林场改革中建立起的归属清晰、权责明确、监管有效的森林资源产权制度及由此对森林资源经营主体地位及权利、责任范围的明确是促进森林经营高效发展的有利因素。国有林权制度改革始终把生态效应放在首位，这也促使生态绩效逐步显现。朱洪革和王志勇（2010）在针对国有林权制度改革对森林资源影响进行分析的过程中，发现改革对森林生态效应呈现正面影响。森林资源面积、落积量的增加和质量的优化均为森林的可持续经营奠定了坚实基础。蒋雨琦等（2017）认为：通过国有林权制度改革在使森林资源的质量和数量得到优化、林业生产力获得提升、林业职工幸福感增加的同时，应进一步提升林业产业总产值及林业职工的获得感。

国有林权制度改革在产生正面影响的同时，也会有不足之处。王玉芳（2014）针对国有林权制度改革对承包户森林经营的投入效果进行分析，结果显示：承包户森林经营投入效率较低，反映了部分承包户的生产经营积极性不高，不利于改革目标的实现。分析其中原因，权属边界不清使国有林权制度弱化，进而出现权力寻租、森林资源分配和利用错位，阻碍了经营主体的积极性。张壮和赵红艳（2019）指出：目前的国有林权制度中仍然存在的不合理产权安排是形成国有林区“资源诅咒”的主要原因之一。柯水发等（2018）在对我国国有林区产业转型困境进行分析的过程中指出：制度障碍是形成困境的根本，其中国有林权制度下森林资源权属不清是制度障碍的一种表现形式。孙文琪和孙璐（2018）针对国有林区林权制度改革中的管理体制不完善进行了分析，并指出：国有林区管理体制不完善对民生问题的解决、生态资源的保护都会产生负面影响。

第五节　趋势展望

未来，在国有林区的深化改革时期，仍有必要进一步全面深入推动政企分开，加快剥离和彻底移交林区企业的各项社会职能。国有林区要通过厘清地方政府和森工企业职能定位，建立政府、企业和林业行政部门各司其职、各负其责的新型国有林区管理体制和治理体系。坚持以理顺政府与市场关系为核心，持续深化国有林区管理体制改革，发挥市场在资源配置中的决定性作用，更好地发挥政府作用，致力于打造“有为的政府”和“轻松的企业”。

进一步健全森林资源监管体制，逐步建立精简高效的国有森林管理机构，构建系统完备、科学规范、运行高效的国有森林职能管理体系，逐步形成更加成熟、更加完善、更加优越、更加有效的国有林区制度体系。建立简约高效的林区行政体系和基层管理体制，最大限度地实现社会经济效益，促进经济发展并维护社会稳定。通过不断提高林区治理能力，提升善治水平，为新时期国有林区生态环境、社会经济和民生保障等综合发展提供坚强的制度保障。

林区治理效果的实现，还需要一系列配套政策的支持，以提升依法依政治理水平。例如，出台相应的产权保障政策，创新和完善国有林区产权体系，特别是要放活林区森林资源的经营使用权，理顺资源监督管理权，确保经营收益权；建议在合理保护资源的基础上，放活企业对森林资源的经营使用权，恢复市场发展活力，为企业轻装上阵奠定基础，将短期内发展靠政策逐步转向长期发展靠转型。未来，可进一步探索构建国有林资源有偿使用及利益分享机制，变林区封闭保护为开放保护，变封闭发展为开放发展，通过发展林副产业或林区非林产业来实现国有林资源的增值创收，以充盈国库和地方财政。

进一步强化国有林生态资源、空间资源、景观资源和环境资源的科学合理有效利用，加强国有林区森林可持续经营，加强林道林区基础设施建设和产业转型扶持政策。推进森林管护产业、森林旅游业、森林康养业、森林碳汇产业、森林矿泉水业等替代产业发展，激活企业的造血功能，提高企业市场竞争力，将资源优势转化为经济优势。在保护好绿水青山的同时，尽可能变现生态资源价值，将绿水青山转化为金山银山，造福民生，提升社会福祉，实现国有林区的高质量发展。此外，适度放宽林地利用政策，进一步激活闲置的贮木场和林场用地及设施，用于森林旅游景区等相关基础设施建设，推动林区绿色产业的成功转型和持续发展。

在新时代新形势下，国有林区是国家生态建设、资源保护恢复和绿色转型发展的主战场。因此，我们有必要进一步构建符合森工集团公益性企业定位且适合林区客观发展实际的新型治理体系，通过贯彻新型治理理念、创新治理机制、探索新型治理手段、完善相关配套治理政策，理顺林区的生产关系和管理体制，激活林区内生产要素，放活林区生产经营机制，平衡林区相关主体的利益，完善林区治理体系，提升林区善治能力，实现林区全面振兴和高质量持续发展。

推荐读物

[1] 曹玉昆．国有林经营保护与国有森工企业改革发展［M］．北京：中国林业出版社，2000.

[2] 纪元，柯水发，乔丹．历史制度主义视角下重点国有林区管理体制变迁分析：以伊春重点国有林区为例［J］．北京林业大学学报（社会科学版），2023，22（3）：33－42.

[3] 柯水发，王宝锦，朱烈夫，等．我国国有林区产业转型困境解析与路径选择［J］．世界林业研究，2018，31（5）：44－50.

[4] 李育材．中国的天然林保护工程［M］．北京：中国林业出版社，2004.

[5] 刘于鹤．关于我国东北内蒙古重点国有林区改革与发展若干问题的思考［J］．林业资源管理，2016（2）：1－7.

[6] 乔丹，等．深化重点国有林区改革研究：基于职工福利提升视角［M］．北京：光明日报出版社，2024.

[7] 乔丹，袁婉潼，李红勋，等．重点国有林区多重依附关系的形成与破解：以中国吉林森工集团为例［J］．世界林业研究，2022，35（3）：99－105.

[8] 万志芳．国有林区林业微观主体重构研究［D］．哈尔滨：东北林业大学，2004.

[9] 王毅昌．黑龙江森工林区发展问题研究［D］．哈尔滨：东北林业大学，2008.

[10] 王毅昌，蒋敏元．东北、内蒙古重点国有林区管理体制改革探求［J］．林业科

学，2005 (5)：163 - 168.

[11] 王慧，张海鹏，徐晋涛．重点国有林区改革对林区就业的影响分析 [J]. 林业科学，2016，52 (4)：83 - 90.

[12] 王迎．我国重点国有林区森林经营与森林资源管理体制改革研究 [D]. 北京：北京林业大学，2013.

[13] 伊春国有林权制度改革试点指导协调小组．国有林区林权制度改革实践与探索 [M]. 北京：中国林业出版社，2008.

[14] 邹玉友，孔蓝蓝，田国双．重点国有林区改革对职工福祉的影响分析 [J]. 林业经济问题，2023，43 (4)：376 - 384.

[15] 朱洪革，等．基于可持续生计框架的大小兴安岭林区产业发展研究 [M]. 北京：科学出版社，2021.

思考与讨论

1. 重点国有林区如何划分？有哪些特点？
2. 国有林区改革历经了哪些阶段？有什么特点？
3. 我国的国有林区改革有哪些经验和教训？
4. 国外国有林区改革、建设与管理有哪些特点？
5. 重点国有林区的转型方向及路径是什么？
6. 当前，重点国有林区改革面临哪些机遇和挑战？

第四章

集体林权改革[①]

集体林作为我国重要的生态屏障和林产品供应基地，是“绿水青山”转化为“金山银山”的重要载体（柯水发等，2022）。在中国森林资源中，集体林占据重要地位，根据第九次全国森林资源清查的结果，集体林面积和人工林面积分别占全国相应指标的61.34％和 87.88％，43％的集体林已划为生态公益林，对于维护国家生态安全具有重要意义（刘璨，2020）。同时，集体林区在林产品供给中也发挥着不可或缺的作用，集体林区商品材产量、经济林产值和林业产业产值均占全国的 80％以上（王见等，2021）。此外，集体林作为我国林业的重要组成部分，其具有的森林碳汇功能是实现“双碳”目标的重要途径（徐晋涛和易媛媛，2022）。改革开放以来，中国集体林区建设取得了一些成效，但集体林区的有效供给与日益增长的多元社会需求的矛盾日益凸显，我国集体林区仍然面临着产业发展不平衡、人才短缺、生态脆弱、文化建设缺位以及组织制度不匹配的问题（孙博文，2022；潘丹等，2019）。

实行集体林权制度改革，在坚持集体林地所有权不变的前提下，依法将林地承包经营权与林木所有权承包和落实到该集体经济组织的农户，确立农民作为林地承包经营权人的主体地位，对于充分调动广大农民发展林业生产经营的积极性、促进农民脱贫致富、推进社会主义新农村建设、建设生态文明、推动经济社会可持续发展，具有重大意义。

本章首先介绍了森林分权的基础定义、分类、发展进程、研究进展及趋势，同时依据经典森林分权框架将中国的实际情况与理论的完整框架进行对比，分析我国的森林分权治理发展框架，并紧跟时代背景，在全球充满挑战性的政治经济环境背景下，寻找我国未来森林分权制度设计应该继续完善的领域，以便更好地利用分权手段进行森林资源的有效管理。

---

① 本章参加编著人员：柯水发、李康森、陈思莹、纪元、谢艳琦、崔海兴。

第一节 森林分权概述

一、森林分权概念界定

（一）分权的定义

分权是相对于集权而存在的，一般认为，权力和资源向中央政府集中的过程是集权，但对于分权而言，没有一个标准统一的定义，因为相较于中央政府而言，向其四周发散开来的方向、程度、内容种类繁杂，即分权涉及的分权对象、分权内容数量庞大，过程复杂，较难准确定义。但是，我们可以利用集权的定义，对其进行一个初步的定义，即权力和资源向中央政府以外的方向进行转移，中央政府的权力和资源减少（杨良松，2013）。还有学者将分权定义为计划、管理、资源收集和配置的责任从中央政府及其代理机构向其他机构转移，转移的对象可以分为中央政府各部或机构的分支机构、下属单位或下级政府、半独立的公共机构或组织、区域性或功能性的机构以及非政府性的私人或资源组织（Rondinelli，1981）。世界银行将其定义为中央政府的公共权力和责任向其下级政府，或者半独立的政府机构，或者私人部门的转移（Litvack et al.，2000）。

（二）产权的定义

与分权非常相近的一个概念是产权。要明白森林分权的概念，必须与森林产权的定义进行比较，明晰两者之间的差异与联系。森林资源的产权是指产权主体对产权客体的产权权利关系，因此涉及三方面概念：（1）产权主体，在我国为国家、集体、个人；（2）产权客体，即产权权利作用对象，是指森林资源，包含林地资源、林木资源、动植物及生态环境等；（3）产权权利，即所有权、使用权、处置权、收益权（其中，所有权和收益权是两项基本权利）。同时，应区分承包经营权和使用权。承包经营权是指对产权客体占有、使用、收益的权利。林地使用权是林地承包经营权物权化的适当形式。林地承包经营权是使用权的一种典型表现形式，其中承包权不可流转，经营权可以流转（柯水发，2013）。森林分权是指自然资源管理模式的一种，产权是对森林资源在法律意义上的基础定义，在集体林分权管理的过程中，有一种类型就是产权制度分权。森林资源产权制度的约束程度、下放程度不同，带来的森林经营效果也有差异。同时，有实证研究显示：对经营者的权利约束越多，森林增长越快（徐拓远，2020）。产权与分权均可成为自然资源管理的有力工具，可以将两者拆分、融合，从而达到更好的森林经营管理效果。

（三）分权类型

1. 按照分权程度划分

如表 4-1 所示，按照分权的强弱程度，由弱到强划分为三种类型：（1）分散（deconcentration），不涉及权力的任何转移，将政策执行和提供中央政府服务的责任分散到各地区分支机构，分权只是为了增加执行效率和弹性。（2）委派（delegation），中央政府依据明确的法律与规则，将决策制定和行使公共管理的权力交给那些不完全受中央控制，但最终对中央负责的地方政府或半独立机构，地方政府在决策制定上享有很多的自由裁量权，但中央政府可以改变和收回给予地方政府的权力。（3）授权（devolution），中央政府将决策制定、筹资、投资、管理等各项权利均移交给地方“自治”政府。分权对象能够自行决定行政首脑和议会，自筹财政收入及资金管理使用等（Martinez-Vazquez，2001）。

表 4-1 分权的类型及其特点——按照分权程度划分

分权程度	类型	分权对象	分权目的	特点
弱	分散 deconcentration	中央政府的地区分支机构	执行中央政策，提高执行效率	不涉及任何权力的转移，实质上是权力的分散
↓	委派 delegation	最终对中央政府负责的地方政府或半独立机构	分权对象依据法律和规则，执行中央政府计划，同时依据地方特点，实现一定的自由裁量，提高效率	决策制定和行使公共管理的权力被下放，分权对象拥有一定自主权，但中央政府拥有最终解释权
强	授权 devolution	依据地方特殊性，“自治”政府利用其信息优势及现有资源，自行决定各项权力	提高效率，增加政策的地方适应性	中央下放几乎所有权力，地方拥有基本约束下的自主权，是最高程度的自治权力

资料来源：依据世界银行官方报告文献整理。

2. 按涉及的领域进行划分

依据不同类型的分权涉及的不同领域将其划分为四大基础类别，即政治分权、行政分权、财政分权和市场分权。其中，政治分权（political decentralization）主要指两类，满足其一即可：地方政府有权制定一些政策，且不会遭到高层的驳回；地方官员是由当地居民而不是高层官员选择。行政分权（administrative decentralization）是指不伴随权力下放的行政代理，仅仅把贯彻执行政策的任务下放给地方，不给地方制订计划和选择政策的权力(Cai and Treisman，2006；Qian，Montinola and Weingast，1995)。财政分权（fiscal decentralization）涉及财政收入和支出的责任向更低层级的政府转移。财政分权有两个内涵：一是财政收入和支出上的决策制定权力在不同层级政府之间划分，涉及决策自主权的程度，即需要区分是分散、委派还是授权；二是财政收入和支出的执行在不同政府层级之间划分。市场分权（market decentralization）是指政府与社会、政府与市场的分权。从政府的角度来看，权力下放最完整的形式是私有化和解除管制，即把职能责任从公共部门转移到私营部门，分权后的政府部分职能主要或完全由企业、社区团体、合作社、私人协会和其他非政府组织来执行（Litvack et al.，2000）。私有化和撤销管制通常伴随着经济自由化和市场发展政策。近年来，我国对于资源产权的部分私有化，已成为比政府管理资源更有吸引力的替代办法。地方政府正在通过承包服务提供或管理实现私有化。虽然区分不同类型的权力下放有助于区分不同政策实施的领域和目标，但实际上这些概念有相当大的重叠。政治、行政、财政和市场权力下放可以在国家之间、国家内部甚至部门内部以不同的形式和组合出现，以上对于分权的划分只是便于更好地理解分权实施的领域、形式，但在实际操作过程中，不同分权类型的划分没有绝对的界限。

（四）分权理论体系的发展进程及经典框架

分权理论起始于美国联邦制下的中央政府和地方政府之间的权力分配，分权理论通过理论模型及实证数据，反映分权与公共支出、地方政府竞争以及经济增长之间的关系。第一代分权理论起始于1956年查尔斯·蒂布特在《政治经济学》杂志上发表的《地方支出的一个纯理论》（Tiebout，1956），文中最主要的结论就是双重身份者（既是消费者，又是公共物品选择的投票者）对公共物品的偏好及选择呈现出“用脚投票”的特点，类似于竞争市场中“无形的手”一样，地方政府之间产生的竞争通过此现象反映出来。同时，由于地方政府对于信息的掌握更完全，因而向地方政府的分权，能够解决中央政府面临的信息缺失问题，使得公共物品的供给和需求更加准确，财政支出的效率得以提高。第一代分权理论框架和理论工具还局限在公共财政的领域里，它还没有集中涉及地方政府的激励模式以及经济增长与分权的关系问题（刘灿和吴垠，2008）。第二代分权理论的特点之一就是将分权从局限于公共财政视角拓展为公共选择视角。公共选择视角认为，地方政府的选择能够改变资源配置效率，使资源分配更加公平，同时通过地方政府之间的经济竞争实现经济增长，这一阶段的分权理论与经济增长之间的实证研究占据主导地位。

在森林治理理论中，分权理论也被许多学者研究并应用于森林管理实践。森林治理理论分为三种主导形式：（1）政府主导与管制。该模式是由政府通过制定法律，限制资源利用，借以满足自身利益需求的森林资源公有制模式，比如许可、审批、标准、控制，涉及外来物种审批制度、木材采伐许可证、木材价格管制、生态功能区划分、保护区、国家公园等。该模式难以实现经济上的帕累托改进，同时存在产权分配不均的现象，导致资源使用者利益受损，政府主导模式受限于信息时滞性、寻租行为等，在实践中的效果不太令人满意。（2）市场化主导模式。该模式基于污染付费原则的庇古税以及基于市场产权交易的交易许可证制度或自愿协议（科斯定理），理论上存在两种途径，但实际是由政府主导的，而且基于科斯定理的污染环境付费活动占据着主要地位，其行动迅速，并可以在一定程度上利用群众与政府对于生态资源的价格预期差异，降低成本以及交易成本。建立交易许可证制度，需要的信息更多、更复杂，在实践中，特别是在大国中较难开展。（3）社区治理模式。奥斯特罗姆认为：社区当地资源的使用者对于资源的利用有较强的信息优势，以社区为单位进行集体行动，具有内生动力（Ostrom，2011）。综上所述，在现有的森林治理理论中，分权治理存在着巨大的能量，合理适度的分权能够使政府进行更加高效的森林管理活动，同时激发森林资源利用主体的经济动力。在现有的森林分权改革中，主要是向两个方向分权，发达国家倾向于向中央、地方及社区分权（可能更加利于管理）；发展中国家多选择向农户分权（更加有利于农户的发展，使其拥有使用权）（徐拓远，2020）。但同时，我们应该注意大的制度背景，发达国家多为中央联邦，私有权力完备，向中央或地方政府分权，是为了在一定程度上限制个人对资源的使用，对其进行合理规划；但发展中国家的情况可能与此相反。

在研究森林分权时，现有分权理论已经为其应用于森林资源管理领域提供了众多优秀和完整的理论框架，能为现有政策设计提供明晰的方向。其中，Larson（2003）和 Tacconi（2007）设计的分权框架应用广泛，他们认为：完整的框架应该考虑到分权的参与主体以及分权管理过程中各主体充当的角色及作用。国内学者大多从实证着手，研究分权与经济增长的计量关系，不同类型分权时序对于经济增长、绿色发展等的影响；还有学者研究财政分权、经济分权等对于不同类型地区的异质性影响等（李永友等，2021；邹璇等，2019；曹杨杨，2015；祁毓等，2014；林毅夫和刘志强，2000）。在与自然资源管理相关的领域中，有学者通过研究环境分权对政府绩效的影响，认为政府应该依据不同地方的治理力度，构建差异化的中央-地方两级政府环境治理体系（许佩和吴姗姗，2020）。环境分权会影响地区绿色发展，并呈现正向影响趋势，地方政府竞争作为调节变量，竞争程度越高，环境分权对绿色发展的促进效果越弱（李光龙和周云蕾，2019）。以上学者将分权管理主要聚焦在以“省直管县”为代理变量的行政分权和以“分税制”改革为代理变量的财政分权对经济增长的影响，通过寻找新的调节变量来研究其影响途径，但对于内在的完整分权框架的搭建存在理论空缺。同时，在对森林分权管理的实证研究中，学者主要将目光聚焦在森林产权对农户收入、森林资源增长领域的研究（何文剑等，2021；Xu，2020）。以上研究基本属于政策分析，而不是依赖于完整的分权理论框架去构造变量和分析问题，而且学者们几乎没有区分产权理论与分权理论，将其混杂在一起，产权理论属于微观层面，而分权理论基本属于宏观政策设计领域，更需要一个完整的框架来分析。

因此，完整的分权理论框架的搭建，是分析我国森林分权治理的基础。在对国际上分权理论文献总结的基础上，本章主要依赖 Larson（2003）所提出的森林分权管理的三大基础领域框架分析，结合 Tacconi（2007）在 Larson（2003）的基础上补充的几个领域，整理出以下分权框架，见图 4-1。Larson（2003）将影响森林分权管理的“社会经济环境结果”的因素分为三个领域：（1）法律结构；（2）调解因素；（3）地方决策领域。根据 Larson（2003）的观点，以下要素构成了法律结构：（1）问责制。这是其他学者也强调的关键因素（Ribot et al.，2006）。（2）权力的平衡和限制。地方当局需要对资源拥有自主决定权（遵循民主分权的定义），但这些权力需要在地方和中央机构之间取得平衡。（3）权力安全（Ribot，2002）。权力需要以权利的形式转移，而不是由中央政府控制的特权，否则相关关系将会向上转移，而不是向下。（4）最低环境标准。这是 Larson（2003）所列的又一项标准。之所以需要它，是因为资源使用者很可能利用自然资源而不是保护它们，特别是当资源使用的成本由他人承担时（Ribot，2002）。在法律结构和地方决策领域之间有两个中介因素：中央政府的作用和经济激励措施。中央政府的作用是指它需要致力于实施分权、提供培训、保护边缘化社会行动者的权利。Larson（2003）提供的框架认为：中央政府需要设置一个制裁制度，以促使地方政府遵守分权管理规则。经济激励措施包括国家一级的市场奖励（如促进转向农业或支持可持续林业）以及林业管理框架提供的激励措施（如促进社区的林业种植）。地方决策领域包括四个因素：地方激励结构、地方权力关系、地方政府能力、环境和社会意识形态。其中，地方激励结构包括地方政府的财政需求、地方经济发展选择（包含森林资源、生态旅游潜力、市场和环境服务付费等因素）以及保护、再造林或可持续发展的项目援助。

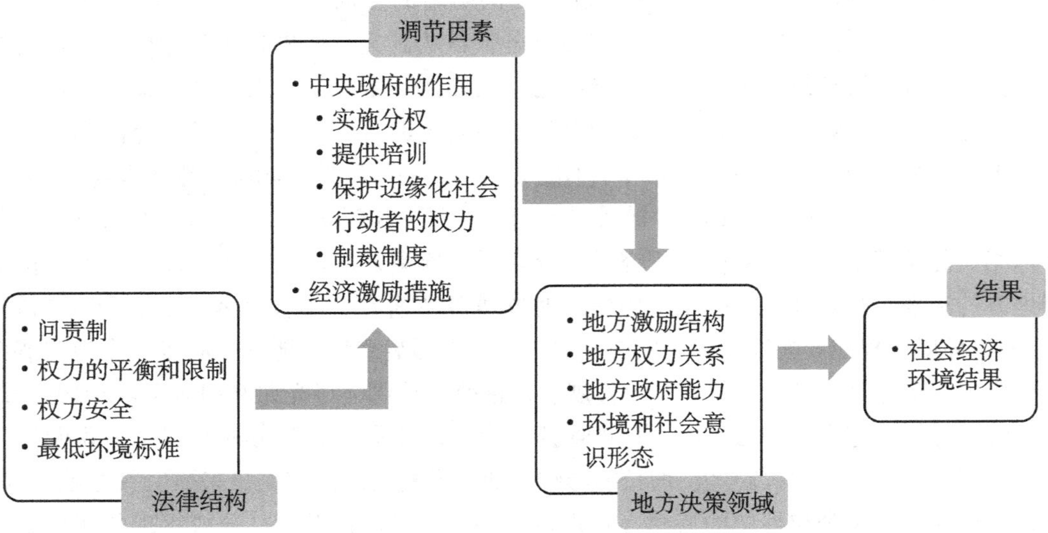

图 4-1 森林分权管理实施框架

资料来源：依据 Larson（2003）和 Tacconi（2007）整理。

二、森林分权相关研究进展

森林分权源于各国实践，而学术界在相关理论方面进行了逐步完善，对森林分权的研究从实践走向理论，又给予实践以改进动力。产权的私有化带来了生产的高效率，这给予自然资源管理政策制定者以启发，分权在产权私有化的过程中被应用到实践中，让森林资源得到了更好的管理与经营。中国学术界对于分权的关注度急速上升，源于全国政治经济政策的改革，分税制改革、省管县制度等吸引了大量学者参与分权理论的研究。研究内容的学科分布主要为财政与税收、企业经济、行政学等宏观经济政策领域，同时呈现出多学科融合趋势，包括行为经济学、心理学、教育学等。

分权理论在财政经济政策领域的发展，推动了该理论走向更宽广的应用领域；与此同时，政府管制也逐渐走向民主治理的方向，分权治理理念在自然资源管理领域逐渐展开。Ostrom（1999）提出的第三种治理理念，跳出了政府与市场的二元治理模式。此外，多元治理理念的兴起，促进了分权理论在自然资源管理领域的应用。森林分权改革增加了地方政府、市场与社区的权属。在德国，国家对森林管理的原则是将权力下放给基层林业单位，这与国家强制管控截然不同，即使是在政府组织力量最强硬的州，有关私人所有者的基本森林法的执行也被委托给所有者自己的协会（Mulholland，1940）。

参与式林业、基于社区的森林资源管理模式在全球各国开展，特别是非政府组织的大量工作论文为森林分权研究提供了大量案例基础。在印度尼西亚，地方政府向土著社区居民分享了森林资源的部分税收，并在法律中确定了森林分权改革过程中的居民权力（Wollenberg et al.，2006）。2012 年，RFGI（Responsive Forest Governance Initiative）项目在 12 个非洲国家开展了 33 个案例研究。其中，尼泊尔和秘鲁的案例显示：中央政府将森林管理和使用决策下放给地方政府，能够促进地方政府从事健全、公平且有利于穷人的森林管理（Mandondo，2015）。在中国，农民也获得了集体林地的承包经营权、森林资源的使用收益权等。森林分权的跨国研究旨在探索如何在实践中更好地应用森林分权改革，实现人民生计的改善、民主化、森林可持续经营等目标（Ribot et al.，2010）。

根据现有文献，全球森林分权的研究可分为以下几个类别：

第一类是评估森林分权对生计和森林本身的影响。这一研究领域对森林分权政策的结果关注更多，通过建立政策的代理变量，研究其与森林可持续发展程度指标（如树冠覆盖、立木数量、收获再生率等）、森林社区生计（如贫困程度、家庭总收入等）之间的因果关系。因此，该领域的研究倾向于将森林分权政策视为“非此即彼”的变量，并且强烈依托于官方统计数据或其他二手来源的统计数据（Rasolofoson，2015）。准实验研究设计、统计、过程跟踪等分析模式在一定程度上能够更加科学地量化森林分权政策的影响，但这种“科学性”依赖于两点：一是所研究区域必须有该类政策的实施（即能够寻找到该类政策科学合理的代理变量）；二是研究所依赖的数据本身是可信且有效的。

第二类是关注森林分权的民主化过程。这类研究的基本假设为：地方政府或组织依托于其熟悉当地的信息、制度等优势，参与分权政策（如行政、立法、执法政策等）实施，能够产生不同于由中央或个体直接决策的效果，即民主治理理论。这些研究多运用定性调查，通过多案例比较分析，研究森林分权过程中不同主体参与对政策效果所产生的差异（Lund et al.，2018）。权力下放的理想模式就是多方民主主体（如中央政府、地方政府政策实施者、非政府组织和咨询机构、村民自治委员会等）参与分权治理。但这类研究的结果大多表明：在实践中，分权政策通常不会产生民主分权的效果，因为权力往往下放给缺乏民主性的机构，如非政府组织等缺乏当地信息优势的团体，同时地方政府难以获得民主权力而被分权政策边缘化，从而导致分权政策的实施效果不佳。

第三类是研究森林分权中的权力关系网络。这类研究强调权力关系和地方精英的作用，试图解开林业分权政策如何嵌入并成为各种权力争夺资源的对象。这类研究通常建立在定性调查的基础上，重点是了解当地的斗争（Balooni，2010），同时通过定量方法研究权力斗争的影响程度和结果。这类研究发现：森林分权往往不利于最贫困的人，造成这一结果的主要原因可以被总结为以下几点经验规律：首先，穷人更加依赖森林资源，对自然资源的依赖度更高（王昌海等，2010）；其次，森林分权导致更严格的森林利用规则，由于精英群体对政策所带来的利益有着更充分的资源调动能力，因此从中获益更多，从而造成森林分权政策实施后，反而出现福利倒挂现象（Persha，2014）。在全球范围内的案例研究中，研究者还发现：权力勾结现象严重，当权者或者项目执行机构不愿意挑战现存的社会等级，不敢触及精英层级的现有利益。基于政治生态学和自然科学的一些研究表明：森林分权和官僚层级的存在往往有利于地方精英，而对实际的森林管理几乎没有帮助，并造成了人员不足和财政负担，阻碍林业机构的社会化学习进程（Lund，2013；Lund，2015）。

第四类是将森林分权置于更广泛的社会经济情境中，通过经验案例研究，从而深入了解更广泛的社会生态及更抽象的现象，比如财产和公民身份、暴力、国家政治、技术进步、发展政策、土地变革及其斗争和新自由主义等。这类研究将森林分权的背景和历史进行了归纳总结，从而有助于理解它们在社会、生态和经济关系中的框架与嵌入，以及为什么它们在当地、本国和国际上受到支持、竞争或放弃（Ribot et al.，2006）。森林分权的研究发展迅速，目前已结合现代遥感、统计、大数据等工具，使森林分权的研究领域不断扩展，相关案例的实证研究也在不断开展。

来自全球各国的经验案例及数据结果显示：虽然森林分权改革在实践中还未达到其期望的目的，如实现森林可持续经营、依赖于森林资源的社区居民的生计改善等，全球森林面积仍然呈现出下降趋势，但这并不能否定分权改革在森林经营管理领域作出的贡献。依据可知论，一定有符合自然发展规律的最佳分权管理模式，而分权/集权比也将在学者们的不断探索中收敛到最优平衡点。

第二节　集体林权制度改革概述

一、中国集体林的发展状况

我国集体林的发展最早源于1953年，农村合作化运动在全国各地兴起，一些原为农民私有财产的山林变成私人和集体共有，将个人财产作价转为集体所有（张红等，2016）。1958年，把原属合作社的山林归为人民公社，成立了数万个乡村林场，即森林只归国家和集体所有。1981年，我国在发展林业上实施了“三定”政策，即“稳定山权林权，划定自留山，确定林业生产责任制”的政策。自此，我国集体林区的80%森林以自留山或责任山的形式分给了农民。集体林发展形式进入了森林资源管理主体多元化时代，在20世纪80年代中后期，集体林的发展方向逐渐稳定。

集体林有别于国有林，包括两种形式：集体所有权和个人所有权，具体指村集体、乡（镇）组织及个人在村集体的林地所进行培育利用的森林资源。截至2024年，我国有集体林地25.68亿亩，占全国林地面积的63.5%，涉及1亿多农户，近5亿农村人口。我国集体林主要分布在传统南方10省区（安徽省、浙江省、福建省、广东省、广西壮族自治区、贵州省、湖南省、湖北省、海南省和江西省）和其他集体林比重较高的省（如山东省、河南省、河北省、江苏省等）。根据国家林业和草原局于2024年8月15日发布的我国集体林权制度改革的最新成果，截至2024年8月，全国集体林森林面积达21.83亿亩，比林改前增长37%；森林蓄积量为93.32亿立方米，集体林地亩均产出300元，均比林改前大幅增长。

二、中国集体林权制度改革的历程

（一）土地改革时期分林到户

1950年6月颁布的《中华人民共和国土地改革法》（简称《土地改革法》）规定了大森林、大荒山和矿山等归国家所有，没收和征收的山林、茶山、桐山、竹林、果园等可分土地应按适当比例统一分配，实行农民的土地所有制。1951年4月，政务院在《关于适当地处理林权，明确管理保护责任的指示》中指出：零星分散的山林，由当地人民政府根据实际情况，按《土地改革法》的规定，分别进行清理和确定林权，由县级人民政府发给林权证明。

（二）农业合作化时期山林入社

从1953年开始，全国进入有计划的经济建设时期，林业和农业一起走上合作化道路。1956年6月，全国人大颁布的《高级农业生产合作社示范章程》规定：除少量零星的树木仍归社员私有外，幼林和苗圃、大量成片的经济林和用材林，由社员私有转为合作社集体所有。从互助组到初级社，然后到高级社，农村林业逐步由分散经营转向集中统一经营。

（三）人民公社化阶段山林集体所有

1958年，中共中央颁布《关于在农村建立人民公社问题的决议》，人民公社化运动迅速开展，实行政社合一管理体制。1960年，《中共中央关于农村人民公社当前政策问题的紧急指示信》提出：以生产队为基础的三级所有制，对农村劳力、土地、耕畜、农具必须实行"四固定"，固定给生产队使用，并且登记造册。1961年，《中共中央关于确定林权、保护山林和发展林业的若干政策规定（试行草案）》要求开展确定山林权属工作，并提出必须坚持"谁种谁有"原则。1966年开始"文化大革命"动乱，再次将社员的少量零星树木全部收归集体所有。在人民公社时期，山林实行集体统一经营。

（四）林业"三定"时期家庭承包制阶段

1981年，根据《中共中央、国务院关于保护森林发展林业若干问题的决定》，全国开展了以稳定山权林权、划定自留山和确定林业生产责任制为主要内容的林业"三定"工作。1985年，《中共中央、国务院关于进一步活跃农村经济十项政策》颁布，确定"取消木材统购，放开木材市场，允许林农和集体的木材自由上市，实行议购议销"，集体林区木材经营进一步放开。林业"三定"时期开展的林权制度改革，在一定程度上促进了林业产业的发展，但由于后来出现的滥伐森林资源现象，1987年中央暂停了林业"三定"。1987年，中共中央、国务院发布了《关于加强南方集体林区森林资源管理坚决制止乱砍滥伐的指示》，要求"集体所有集中成片的用材林，凡没有分到户的不得再分""重点产材县，由林业部门统一管理和进山收购"。1992年，党的十四大明确提出中国经济体制改革的目标是建立社会主义市场经济体制。多个林业改革试验区开展了山地开发、资源林政管理、木竹税费、林产品流通市场、林业股份合作等一系列触及林权制度的改革实践，起到了作示范、探路子、出经验的作用，但没有形成以林权制度改革为核心的全局性的改革大势。

（五）集体林权制度改革及深化阶段

1. 2000—2007年新一轮集体林权制度改革试点阶段

进入21世纪，新一轮集体林权制度改革开始进入试点起步阶段。2001年，武平县在全国率先开展集体林权制度改革试点。2002年6月21—22日，时任福建省省长习近平同志在武平县调研，对武平县林改工作给予充分肯定，并作出"集体林权制度改革要像家庭联产承包责任制那样从山下转向山上"的重要指示。武平县林改的成功实践，为全省乃至全国林改起到了探路子、树典型、作示范的重要作用。

基于林业发展需求等内部动因，以及社会经济发展、农村反贫困、农民增收等外部动因，2003年6月中共中央、国务院颁布了《关于加快林业发展的决定》（简称《决定》），《决定》明确提出：进一步完善林业产权制度是调动社会各方面造林积极性，促进林业更好更快发展的重要基础。《决定》确立了林业改革发展的大方向，标志着新一轮集体林权制度改革的开始。《决定》发布之后，福建省率先开展了以“明晰所有权、放活经营权、落实处置权、确保收益权”为主要内容的集体林权制度改革。随后，林权制度改革陆续在江西（2005年）、辽宁（2005年）、浙江（2006年）等省相继推进，并取得了初步的政策实践经验。

2006年以来，中央领导同志深入福建、江西、辽宁、云南等省考察指导，多次对集体林权制度改革作出重要指示。2006年1月，胡锦涛总书记在福建永安农村考察时，看到永安林业取得的巨大成绩，特别指出：“林权制度改革意义确实很重大。”2007年4月20日，温家宝总理到江西省武宁县罗坪镇长水村考察林权制度改革情况。他说：“中国70%以上是山地。集体林权制度改革如同土地家庭承包改革一样，在山区林区具有历史性的意义。改革调动了农民的积极性，使山更绿、水更清、环境更好，农民的收入更多。要下决心加快推进。”2006年8月，回良玉副总理在全国集体林权制度改革现场经验交流会上，对集体林权制度改革进行了全面总结和安排部署，而后还做出了重要批示。回良玉副总理强调：“这项改革是顺应发展规律、顺乎农民意愿、合乎农村实际的重大创举，是加快林业发展、振兴林区经济、富裕广大林农的根本途径，也是落实科学发展观、构建社会主义和谐社会、建设社会主义新农村的有效举措，必将对我国经济社会发展产生重大而深远的影响，必将载入中国农村改革发展的史册。”

2007年5月13日，回良玉副总理在云南农村考察时指出：“集体林权制度改革是农村又一次大的生产关系变革，适应经济发展规律、顺应群众意愿、合乎农村实际。”2006年和2007年连续两年中央一号文件都将集体林权制度改革确定为深化农村改革的重要内容和重大举措。2006年3月14日，十届全国人大四次会议审议通过的《中华人民共和国国民经济和社会发展第十一个五年规划纲要》中，特别在深化农村改革部分增加“稳步推进集体林权改革”等内容模块。2007年10月，党的十七大报告中明确提出：“深化农村综合改革，推进农村金融体制改革和创新，改革集体林权制度。”

2007年，为了推进集体林权制度改革，国家林业局做了大量工作，先后在辽宁沈阳、陕西西安、云南普洱召开了东北华北片座谈会、西北片座谈会、南方片座谈会；会同中央农村工作领导小组、发展改革委等六部委组成联合调研组，对江西、福建两省的林权制度改革情况进行了全面深入的调研，形成了10篇调研报告向党中央、国务院汇报；到多个省区调研考察，与当地的党政一把手就集体林权制度改革事宜进行研究部署。国家林业局先后派出十几个工作组赴12个省36个县48个乡镇70个村进行了专题调研，形成调研报告17篇；成立了专门的林业改革领导小组办公室；举办了4期培训班，培训了29个省（区、市）的130多名领导干部和930多名技术人员；与国家档案局、财政部等部门联合出台了档案管理、森林资源资产评估、生态公益林补偿等一系列规范性文件，与有关部门协调解决了全国集体林权制度改革部分工作经费……这一步步扎实的工作，为全国推进集体林权制度改革打下了坚实基础。

截至2007年底，全国已经有27个省（区、市）成立了集体林权制度改革领导小组及其办公室，18个省（区、市）的党委、政府相继出台了关于开展集体林权制度改革的文件。财政部向14个省（区、市）先期拨付林改工作经费15.78亿元（总额25亿元），14个省（区、市）的地方财政也先后安排了专项经费约29亿元，全国已完成承包的集体林地约 0.583 亿公顷，占集体林业用地的 34.45%。

2. 2008—2010 年全面推进集体林权制度改革阶段

2008 年 4 月，温家宝总理主持召开国务院常务会议，研究推进集体林权制度改革。随后，胡锦涛总书记主持中共中央政治局常委会议，研究部署全面推进集体林权制度改革。2008 年 6 月，中共中央、国务院发布《关于全面推进集体林权制度改革的意见》(简称《意见》)，决定用 5 年时间，在全国基本完成集体林权制度改革。《意见》提出：在坚持集体林地所有权不变的前提下，依法将林地承包经营权和林木所有权，通过家庭承包方式落实到该集体经济组织的农户，确立农民作为林地承包经营权人的主体地位，承包期为 70 年，期满可以按照国家有关规定继续承包。《意见》明确了改革原则和主要任务，制定了推进改革的主要政策措施，标志着我国新时期集体林权制度改革政策进入全面推进阶段。《意见》颁布后，国家林业局于 2008 年 7 月分别在云南昆明和辽宁沈阳召开了全国集体林权制度改革厅（局）长培训班和集体林权制度改革师资培训班，对全面开展集体林权制度改革进行了系统的安排部署。截至 2008 年 11 月，全国已有 29 个省（区、市）成立了集体林权制度改革领导小组及其办公室，23 个省（区、市）出台了关于推进集体林权制度改革的文件，13 个省在全省范围内全面推开了集体林权制度改革工作。为推进集体林权制度改革，国家林业局会同财政部到林改地区进行专题调研，对林改工作经费进行实地测算，财政部最终确定对集体林权制度改革给予每亩 1 元的工作经费补助。2007 年，财政部先行拨付了 14 个省林改工作经费 15.78 亿元，2008 年给山西、北京、内蒙古、江苏、山东、河南、广东、海南、甘肃 9 个省（区、市）下达了 7.26 亿元林改工作经费。2008 年，国家林业局联合北京大学组成 3 个调研组，赴江西、福建、山西、辽宁进行专题调研，为办好集体林权制度改革论坛提供了支持。财政部、中国银监会、清华大学与国家林业局联合开展支持林改的金融政策研究，探讨林权抵押小额贴息贷款政策和森林保险政策。中共中央党校、中国农林工会分别与国家林业局合作，开展林改调研，为林改献计献策。九三学社等民主党派也积极为林改提案，吁吁各方加大支持林改的力度。

2008 年，中共中央、国务院印发了《关于全面推进集体林权制度改革的意见》，集体林权就此在全国推开。2009 年 6 月 22—23 日中央召开了新中国成立以来的首次中央林业工作会议，全面部署推进集体林权制度改革工作。会议强调，集体林权制度改革是农村经营制度的又一重大变革。全面推进集体林权制度改革，必须确保实现资源增长和农民增收两大基本目标，建立以家庭承包经营为基础的现代林业产权制度和支持林业发展的公共财政制度两项根本制度，坚持尊重农民意愿和依法办事两大重要原则，抓住勘界发证和落实责任两个关键环节，处理好改革与稳定、放活与管理两个重要关系，切实保证改革沿着正确的方向推进。

3. 2011—2013 年集体林权制度“回头看”及配套改革阶段

该阶段在落实和稳定农村林地家庭承包制度与保障农民的林地承包经营权的前提下，强化林权保护工作，依法规范林权日常登记发证管理工作，强化林权档案管理，加快信息系统建设，建立健全林地承包经营纠纷调解、仲裁制度，加快集体林权流转、林权交易市场监管制度建设，从制度上维护农民的合法权益，同时完善政策，进行相关配套改革。这主要体现在以下方面：一是加强森林抚育经营，提高森林质量和碳汇能力。二是加大财政支持力度，构建支持林业发展的长效机制。三是强化金融保险服务，吸引社会资金发展林业。四是规范林权流转行为，保障农民合法权益。五是加快发展林业产业，拓宽农民就业增收渠道。六是加强林业合作组织建设，健全林业社会化服务体系。

4. 全面深化集体林权制度改革阶段

2013 年 11 月，党的十八届三中全会审议通过的《中共中央关于全面深化改革若干重大问题的决定》（简称《决定》），是党在新形势下全面深化改革的科学指南。《决定》第（11）、（20）、（21）条均提及农村土地政策，这对集体林权制度改革提出了新要求，结合中国政府对农村集体土地提出的所有权、承包权、经营权“三权分置”新政策，构建包含家庭林场、林业大户、林业合作社、林业龙头企业及林业经济组织在内的新型林业经济组织，完善征地制度及征地补偿制度，赋予林农更多的林业集体资产的产权，完善林地交易制度与林权交易市场，对中国集体林权制度改革发展趋势进行展望。2014 年 2 月，习近平总书记在国家林业局报送的《关于第八次全国森林资源清查结果的报告》上作出重要批示，要求林业部门全面深化林业改革，创新林业治理体系。各级林业部门深入贯彻落实习近平总书记重要指示精神，关键要加快林业制度体系建设，力争到 2020 年形成比较成熟定型、具有中国特色的林业制度体系，初步实现林业治理体系和治理能力现代化。

2014 年 9 月 24 日，为深入贯彻落实党的十八届三中全会精神和当年中央一号文件精神，贯彻落实中央全面深化改革的决策部署，深化集体林权制度改革，国家林业局下发了《国家林业局办公室关于开展深化集体林权制度改革综合试验示范区申报工作的通知》，标志着集体林权制度改革进入了全面深化阶段。2018 年启动第二批改革综合试验示范区申报工作。2016 年，国务院办公厅印发了《关于完善集体林权制度的意见》。此次林改范围较小，但制度探索更深入，其阶段性成果《集体林业综合改革试验典型案例》（第一批）于 2020 年印发，主要涉及规模经营、林权投融资、社会化服务及林权保护等方面。2018 年，国家林草局出台的《关于进一步放活集体林经营权的意见》再次强调：要“加快建立集体林地三权分置运行机制”，“推行集体林地所有权、承包权、经营权的三权分置运行机制……充分发挥‘三权’的功能和整体效用，是深入推进集体林权制度改革的重要内容，放活林地经营权是其核心要义”。2019 年 10 月，党的十九届四中全会通过的《中共中央关于坚持和完善中国特色社会主义制度 推进国家治理体系和治理能力现代化若干重大问题的决定》明确指出：深化农村集体产权制度改革。2022 年，国家林业和草原局向国务院正式报送了《深化集体林权制度改革方案》，明确了三权分置、规模经营、森林可持续经营、创新生态产品价值实现机制、支持林业产业发展、做好林业管理和服务等重点任务，着力完善集体林权制度和政策体系，不断增强集体林区发展活力。2023 年 9 月，中共中央办公厅和国务院办公厅正式印发《深化集体林权制度改革方案》，明确提出到 2025 年，基本形成权属清晰、责权利统一、保护严格、流转有序、监督有效的集体林权制度。

第三节　趋势展望

一、未来集体林权制度改革的融合趋势[①]

与此前集体林权制度改革政策不同的是，融合改革阶段的政策设计应从林业子系统向社会全系统延伸，着眼于破除阻碍集体林生态子系统、经济子系统和社会子系统协同发展的壁垒，提高改革的系统性、整体性和集成性。集体林权制度改革不只是林业部门的重要任务，而是全社会需要关注的重点话题和共同建设的事业。下一阶段的集体林权制度改革要进一步平衡好集体林所具有的多种属性，深入探索集体林权制度与其他制度体系和集体森林资源状况等的辩证关系（刘璨等，2022），注重多目标融合、多战略融合、多主体融合、多部门融合（柯水发等，2022）。

（一）多目标融合

从实践视角来看，集体林的生态属性决定着它在维护国家生态安全、建设生态文明中的重要地位，因此管护好“绿水青山”并实现生态资源变资产、变资本至关重要；集体林的经济属性与地方产业发展和人民生活改善密切相关，承担着森林粮食、森林药材、森林干鲜果品等重要林产品的供给；集体林的社会属性则体现在维护林区稳定、保留地方特色森林传统等方面。新一轮集体林权制度改革政策主要定位于改善生态环境，促进生态文明建设，并在不影响生态环境的前提下兼顾其经济功能（林辉煌，2018）。未来，需要更加重视其社会功能，在公平与效率之间，经济效益、社会效益与生态效益之间构建系统的多属性政策安排，提高新一轮集体林权制度改革的多目标效应。

（1）注重与林业高质量发展目标融合。这也是集体林权制度改革的目标之一：一是充分发挥市场在林业生产要素配置中的基础性作用，大力培育林业发展的市场主体，带动实现森林资源高效化、集约化、多样化利用，提升集体林经营的综合效益；二是创新集体林经营体制机制、经营模式和经营技术，建设区域现代林产加工产业园区，部署推进集体林区林业第一、二、三产业的融合发展，形成有利于森林资源生态效益和经济效益共同实现的产业格局；三是建立健全林业投融资制度、林权抵押担保贷款制度和政策性集体林森林保险制度，提高林权金融市场活力和集体林的风险抵御能力；四是完善公共财政扶持林业发展的政策体系，吸引社会资本向林业产业聚集，解决好林业资源要素错配等问题。

（2）注重与共同富裕目标融合。集体林区涉及5亿多农民，由于大多地处山区，基础设施建设、产业培育都相对落后，是目前实现共同富裕道路上的痛点和难点，需要借集体林权制度改革之力突破困境。除了要盘活集体林资源、因地制宜发展富民产业、增加农民的财产性收入和经营性收入，还要积极推进林区民生建设，加快棚户区改造工程，全面加强林区道路、供水、供电、通信等基础设施建设；对于重点生态区要逐步提高中

---

① 本部分摘自柯水发、纪元和黄雷于2022年《农林经济管理学报》第21卷第4期发表的《新一轮中国集体林权制度改革：演进历程、驱动因素与融合趋势》，略有调整。

央和地方财政对森林生态效益的补偿标准，实现生态和民生的共赢。

(3) 注重与“双碳”目标融合。在落实国家“双碳”目标方面，集体林业具有巨大的潜力，是助力实现乡村生态振兴和“绿色经济”的关键环节。但目前中国林业的碳汇交易尚处于起步阶段，相关制度有效供给缺失，森林碳汇价值尚未得到充分开发。未来，有必要加快建立健全全国统一的林业碳汇交易制度体系，完善森林碳汇的生产标准、计量标准、认证标准和交易规则，简化操作程序及审批时间，同时加大在地理位置偏远但林木资源丰富山区对森林碳汇的宣传和普及，扩大林业碳汇交易范围和规模，充分发挥林木自然资源资产权能的经济价值（杨博文，2021）。碳汇交易制度还需要进一步与林权制度进行耦合，在林权流转规则之上建立碳汇产权体系，明晰碳汇权客体、归属及相关利益主体间的关系，通过制度协同解决林业碳汇收益的转移和分配问题（杨博文，2021），为深化集体林权制度改革提供动力、补偿和激励。

（二）多战略融合

2018 年 1 月，中共中央、国务院发布《关于实施乡村振兴战略的意见》并指出：“深入推进集体林权、水利设施产权等领域改革。”后续进一步深化集体林权制度改革，首先需要统筹考虑与乡村振兴战略融合。具体而言：一是要进一步规范林地流转，有序放活林地经营权，并鼓励、引导利用集体林资源发展经济林、林下经济、竹藤花卉、林木种苗、森林康养、生态旅游等乡村新业态，解放集体林地生产力，推动林业产业纵向融合与横向联合，实现乡村产业振兴。二是继续坚持“绿水青山就是金山银山”理念，统计摸清集体林区资源与经济状况，建立集体林科学经营管理制度，通过优化调整公益林区划、集约经营商品林等方式对商品林、生态林实行分类管理。此外，还可与美丽绿色乡村建设行动结合，大力推动森林生态治理和森林公园建设，不断完善生态产品调查监测机制、价值评价机制、经营开发机制和保护补偿机制，通过“生态银行”等体制机制创新推进森林资源资本化，实现乡村生态振兴。三是加强对集体林权制度改革过程中涌现的乡土人才、科技人才、林业手艺人、林业本土专家、林产品制作大师等“新林人”的挖掘和培育，引导各类人才向林业行业聚集，结合集体林地流转等政策营造有利于外出务工人员返乡育林务林、创业就业的良好环境，实现乡村人才振兴。四是充分尊重集体林风俗习惯及地方历史文化传统，在一定范围内允许多样化的产权制度实践，避免侵犯聚居村落对于森林的共有文化信仰，重点保护少数民族森林生态文化，实现乡村文化振兴。五是在后续集体林权制度改革过程中还要不断强化基层党组织对于改革的引领作用，大力培育家庭林场、林业专业合作社、林业企业等新型林业经营主体，通过构建“专业公司＋集体＋农户”等合作经营方式带动林业生产经营的规模化、专业化和标准化，实现乡村组织振兴。

同时，集体林权制度改革还有必要加强与区域协调发展战略的融合。集体林区与革命老区、边疆地区、民族地区、经济落后地区高度重叠，因此需要重点关注其发展问题，给予资源倾斜，比如通过深化林业经营体制机制改革、引导社会工商资本“上山入林”、探索“山海协作”“资源互换”等方式缩小区域发展差异，释放区域林业发展活力。此外，还需大力推动区域林权交易市场一体化建设工作，建立健全区域发展合作机制，打破地方保护主义；加快建设全国统一的碳排放权交易市场，破除林业生态服务交易领域的区域壁垒，推动集体林碳汇价值变现。

未来，集体林权制度改革还要加强与粮食安全战略的融合。森林物种丰富，蕴含了很多具有药用、食用价值的植物资源，而且这些森林食物所含的营养成分与主粮相比更为均衡，因此充分利用集体林资源，培育和发展林粮产业对于落实我国的粮食安全战略具有重要意义。第一，统计摸清集体林区森林粮食资源种类、数量和生长特点，因地制宜地制定森林食物保护开发规划。第二，大力鼓励林农合理利用自然资源发展森林粮食产业，通过科学合理的林粮间作、林果上山、荒山植林等方式扩大森林食物种植面积，既能推动国土绿化，也将成为提升我国粮食安全质量的重要战略举措。

（三）多主体融合

集体林权制度改革涉及政府、村集体、林农、合作组织、企业等不同利益主体的参与。面对各方不同的利益诉求和政策期望，下一阶段需要深入整合集体林权制度改革利益相关者的行动目标，构建起兼顾效率与公平的利益协调机制和沟通合作机制，实现政府部门、市场、林农间的明确分工、高效协作。

针对政府而言，各级政府的行动目标在垂直管理体系下逐层细化，因此需要协同相关行政部门加快机构改革和制度建设步伐，充当好“守门员”“宣传员”“服务员”“监督员”等角色，明确什么该管、什么应当交由市场，在突出生态文明建设主线任务的同时，平衡好集体林的多种功能。

针对市场而言，需要灵活发挥市场交易的自发性、竞争性、互利性，扬其长、避其短，发挥市场对资源配置的基础性作用。一是要加快打造统一、规范、标准的集体林权流转平台，减少交易成本，拓宽交易地理范围；二是要建立健全涵盖了公益性服务和经营性服务、专业性服务和综合性服务的林业社会化服务体系，利用市场机制优化配置劳动力、技术等资源，解决好“谁来营林”“如何营林”等问题。

针对林农而言，需要稳定承包权，保护好林农的财产性权利。在此基础上，鼓励林农合法、有序地流转林地的经营权、林木所有权和使用权，通过扶持补贴、典型示范等措施推动家庭林场、林业专业合作社等新型林业经营主体的发展，实现“资源变资产、资金变股金、林农变股东”。此外，政府相关部门还要进一步完善金融信贷、财税支农等政策体系，加大对弱小林农发展的支持力度，并灵活利用国家补贴资金稳定生态护林员等益贫岗位，将脱贫攻坚成果同乡村振兴紧密连接。

针对农村集体经济组织而言，林业分权在一定程度上弱化了村干部的权利、削减了村集体的收入来源，因此在集体林区治理过程中需要充分发挥基层民主自治作用，加快构建多层级多主体的治理体系。同时，在实现集体林多种价值的过程中，要加强村集体的统筹和参与，村集体可通过牵头成立专业联合社、股份经济合作社等方式，流转已承包林地或利用未承包到户的林地、森林等资源，自主开发或引进企业联合开发现代特色林业产业、林产品加工等集体经济产业发展项目，或以集体名义申报林下经济示范基地、森林康养基地、“生态银行”等建设项目，增加村集体的财政收入。

（四）多部门融合

林业政策的制定和执行涉及诸多行政管理部门。从体制上看，我国的涉林机构包括林业、环保、农业、财政、国土、档案等部门，分别承担着与林业有关的各行业分类管理职能。以林权证向不动产登记过渡为例，目前存在着林业部门与不动产登记部门的职责划分不清等问题，造成农户和其他经营主体无所适从，影响着集体林区的森林资源可持续经营管理（朱文清等，2018）。因此，需要配合机构改革，深化多部门在集体林权制度改革过程中的政策融合与程序贯通，减少政策制定与执行成本。

具体而言，要进一步完善涉林政府部门内外以及上下级间的目标协同与逻辑关联，包括将集体林权制度改革与供给侧结构性改革、金融市场改革等协调配合，同步推进集体林权制度与农村土地市场制度、农民经营组织制度以及农村经营管理体系建设，实现相关制度设计及保障体系间的融合；优化林地利用政策、林业经营权支持保障政策、林业补贴补偿政策等集体林发展配套政策体系，提高政策间的系统性和联动性；加快构建“一站式”服务体系，整合林权流转市场服务体系和森林生态产品交易市场服务体系、林业科技服务体系和森林资产评估服务体系、森林保险服务体系和林权投融资服务体系，转变传统的管理和服务方式，削减管理成本。

二、未来森林分权研究趋势与展望

通过分权理论，能够明确地方政府对于资源管控的权力范围。分权是为了更好地合作，实现利益共享。正如“分饼＋选饼”的故事，将分饼和选饼的工作由两个存在利益竞争的主体去完成，能够达到最佳效果。分权理论框架在森林管理领域的应用，也是为了厘清分权各利益相关主体的各项管理经营权力的界定。通过政府、市场以及地方的分权措施，可以将政策的决策、执行、监督划分开来，激励资源所有者对其进行最大限度的利用，从而促进森林资源的增长，实现林业收入提升。

在未来，森林分权理论将会更进一步发展，不论是在理论领域还是在实践领域。全球政治经济背景变化多端，分权理论中所强调的平等性、包容性对世界的和谐发展有着更重要的作用。在联合国可持续发展目标中，发展的平等性及韧性不断被强调。随着发展质量的不断提高，除效率外，全球都更加关注福利经济学领域中有关公平与平等的问题。在全球严峻的政治经济背景下，不平等正在持续加剧，贫困问题愈加严重，位于森林中或者周围的社区，面临的这一挑战更加严峻，森林分权研究在重塑不平等问题上更具实践意义。因此，关于重塑分权中的不平等问题，将是未来森林分权问题的研究趋势之一。

2020 年 9 月 22 日，中国政府在第七十五届联合国大会上提出：力争 2030 年前实现碳达峰，2060 年前实现碳中和。在全球节能减排的背景下，关于分权政策对碳排放、气候变化影响的研究也在不断拓展，先有分权领域的文章研究了如何调整财政分权的设计原则，如支出和收入分配、转移支付和借贷等，从而成功地让地方政府参与应对气候变化（Martinez-Vazquez，2021）。而森林在世界碳排放目标中起着举足轻重的作用，中国更是这一领域的先行者，设计合理的森林分权政策，助力中国可持续发展目标的实现将会是这一研究领域的探索方向之一。

目前，我国对林业的定位已经由单纯的木材产出转型为生态文明建设的重要支柱，所以我们要认识到，出于集体林的多功能性，对于集体林改革政策的评价、集体林权制度改革成效的评估不能仅局限于经济价值维度，而要关注改革所实现的生态价值、社会价值、文化价值；不能局限于森林面积增长，而要关注森林质量提升、生态安全和粮食安全保障、产业转型、林区富裕等多个方面。反之，这种认识也将指导下一步改革的开展，即要从系统融合、产业融合、行业融合、制度融合等角度看待集体林发展所面临的关键问题，并借改革的东风将集体林融入农村改革乃至社会改革的大背景、大进程中。

在追求高质量发展的新阶段，回首来路、总结已有经验对于开辟出路、展望未来发展具有重要意义。新一轮集体林权制度改革遵从“生态效益优先”原则，不断“解放绿色生产力”，在生态、社会、经济三大系统实现了绿色财富、绿色福利和绿色增长等改革红利。新一轮集体林权制度改革已经走过了改革攻坚之路、探索转型之路、渐进发展之路，未来还要走深化创新之路和融合开拓之路，需要打破地方林业发展保护主义，破除生态、经济、社会协同发展的体制机制阻碍，从而充分发挥林业在共同富裕、乡村振兴、低碳经济、城乡统筹、生态建设以及应对国际气候变化中的战略作用，实现集体林业发展的新时代历史使命。

推荐读物

[1] 陈思莹，徐晋涛．中国共产党成立以来集体林区林权制度的演变 [J]. 林业经济问题，2021，41 (4)：344 - 350.

[2] 福建农林大学，国家林业和草原局集体林业改革发展研究中心．顺民意、得民心的重大改革：福建集体林权制度改革的理论与实践探索 [M]. 北京：中共中央党校出版社，2022.

[3] 何文剑，赵秋雅，张红霄．林权改革的增收效应：机制讨论与经验证据 [J]. 中国农村经济，2021 (3)：46 - 67.

[4] 贺东航，朱冬亮．集体林权制度改革实施及绩效评估：集体林权制度改革 2014 年监测观察报告 [J]. 林业经济，2015，37 (2)：13 - 27.

[5] 贾治邦．论中国集体林权制度改革 [M]. 北京：中国林业出版社，2012.

[6] 柯水发，纪元，黄雷．新一轮中国集体林权制度改革：演进历程、驱动因素与融合趋势 [J]. 农林经济管理学报，2022，21 (4)：424 - 432.

[7] 联合国粮食及农业组织．林权制度改革：问题、原则和过程 [M]. 徐猛，刘翔洲，译．北京：中国农业出版社，2014.

[8] 刘璨，黄和亮，刘浩，等．中国集体林产权制度改革回顾与展望 [J]. 林业经济问题，2019，39 (2)：113 - 127.

[9] 刘璨．我国南方集体林区主要林业制度安排及绩效分析 [J]. 管理世界，2005，144 (9)：79 - 87.

[10] 刘璨，张寒．集体林权制度改革进程、效应与演化：2002—2022 年 [J]．改革，2023 (8)：140 - 155.

[11] 张红，周黎安，徐晋涛，等．林权改革、基层民主与投资激励 [J]. 经济学(季刊)，2016，15 (3)：845 - 868.

[12] 张建龙．中国集体林权制度改革 [M]. 北京：中国林业出版社，2017.

思考与讨论

1. 集体林区的历史地位和作用如何？
2. 集体林权制度改革经历了哪些演进阶段？有何特点？
3. 集体林分权有哪些意义和影响？
4. 国际森林分权态势如何？对我国集体林区深化改革有何启示？
5. 当前，我国集体林区发展面临哪些机遇和挑战？
6. 未来，集体林权制度改革的方向是什么？

第五章

森林治理[①]

20 世纪 90 年代以来，治理概念在欧美国家兴起，森林治理概念及相关研究也开始兴起。2013 年，联合国森林论坛第十届会议建议：构建未来的全球森林治理体系。由此，全球森林治理受到国际社会的普遍关注，也进入了国际学界的研究领域。

本章主要介绍了森林治理的研究进展，第一节首先对治理与森林治理进行了概念界定。第二节概述了森林治理的相关理论，包括公共池塘治理理论、多中心治理理论、适应性治理理论、善治理论以及全球森林治理理念。第三节主要针对国内外的森林治理研究进展进行了综述。第四节对未来森林治理前景和相关研究空间进行了展望。

第一节　相关概念界定

一、治理

在社会科学领域，治理一词最早出现在 1989 年世界银行对《撒哈拉以南非洲：从危机到可持续增长》的报告中。全球治理委员会将治理定义为：治理是各种公共和私人机构管理其共同事务的诸多方式的总和。联合国开发计划署认为：治理包括公民或组织表达利益诉求以及协同不同利益的机制、过程和制度（UNDP，1997）。此外，学界对于治理也有很多定义，Stoker（2004）认为，它包含五种主要的观点：第一，治理意味着一系列来自政府但又不局限于政府的社会公共机构和行动者；第二，治理意味着在为社会和经济问题寻求解决方案的过程中存在着界限和责任方面的模糊性；第三，治理明确了在涉及集体行动的各个社会公共机构之间存在着权利依赖；第四，治理意味着参与者最终会形成一个自主网络；第五，治理意味着除政府外也有其他力量可以解决好问题。总体而言，治理是指多元主体在对权力和权利的结构及运行机制重构的基础上，为实现公

① 本章参加编著人员：袁婉潼、柯水发、乔丹、周丁盈、宁攸凉。

共利益而进行的管理活动，包括制度、机制、行为等（聂法良，2015）。

二、治理理论

治理理论可以分为三个学派，包括市场主体治理、行政治理以及新型治理。市场主体治理主要强调治理的多元化，即不同的主体应根据其在公共服务中的相对作用来分享权利。根据联合国提出的定义，治理是由各种公共或私人组织、个人或机构管理其共同事务的诸多方式的总和。它是使相互冲突的或不同的利益得以调和并采取联合行动的持续过程。这既包括有权迫使人们服从的正式制度和规则，也包括各种人们同意或以为符合其利益的非正式制度安排（The Commission on Global Governance，1995）。行政治理主要强调以国家为中心来探讨达到有效治理目标的途径（Kettl，2002）。新型治理主要认为现代公共政策的制定和执行依赖于政府和多元主体之间的双向互动，在系统层次下，多元化的政策参与者正在协同决策。任何投身于集体行动的组织都需要借助其他组织的力量来进行资源交换并合作达成共同目标，而政府需要新型的管理工具和技术来实施有效的引导，而不是采取传统的直接命令或干预方法（Sorensen，2006）。

三、森林治理

当前，在关于全球资源（如森林资源）应如何被使用、被管理等问题上，国际社会还未达成全球共识。不同于法律约束，国际森林治理更多地建立在自愿的基础上。Hoogeveen（2010）在《可持续发展外交变革——全球森林治理的经验》中，明确提出了“全球森林治理”的概念，将世界林业政策、技术、机制、组织、条约、进程及各相关机构视作一个全球林业管理体系，并系统整合形成了全球森林治理体制。所谓森林治理，就是将一定区域内的林业政策、技术、机制、相关机构等视作一个系统化的林业管理体系，并整合形成森林治理机制，进而协调和解决林业问题（荆珍，2015）。根据龙贺兴和刘金龙（2022）撰写的中国大百科全书的“森林治理”条目，森林治理有狭义和广义之分。狭义的森林治理是指政府治理，即政府依靠其权威和强制性，通过官僚体制自上而下地协调内部及其外部不同主体的关系，管理森林事务，为全社会提供林产品和生态产品。森林治理的内涵随森林成为国际政治、发展和环境议题的组成部分而不断丰富，实现了从政府治理到多元治理的转变。广义的森林治理是指各行动者影响森林资源成效的各种知识、制度、决策、行为，强调通过推动政府、私人、社区、社会组织等不同行动主体的合作和互动来实现森林管理的多种需求及目标。良好的森林治理是各国林业发展的重要目标。一般而言，森林治理水平包括可持续性、效率、有效性、参与、透明、问责、能力等多个维度，涉及产权、林地利用、森林管理、收益分配、多部门协调、政策制定等多个领域，需要开发综合的指标体系进行衡量（龙贺兴和刘金龙，2022）。

第二节　森林治理研究常用的基础理论

一、公共池塘治理理论

公共池塘治理问题的提出源于公共事物治理的集体行动难题（谢晨等，2017）。市场的逐利性以及政府的信息不对称使得私有化或公有化都不能很好地解决“公地的悲剧”。制度如何形成、规则如何有效实施是奥斯特罗姆一直关注的问题，20 世纪 80 年代奥斯特罗姆从研究 5 000 多个小规模公共池塘案例出发（奥斯特罗姆，2000），应用制度分析与经验分析的方法，证明了政府与市场之外第三条道路的存在，即公共池塘的共享者可通过“自组织”有效地自主治理（张克中，2009）。

基于公共池塘治理理论，奥斯特罗姆及其团队在森林治理方面取得了很多研究成果。森林资源具有竞争性和非排他性，属于典型的公共池塘资源，因而集体行动的困境可能导致资源滥用（王浦劬和王晓琦，2015）。在公共池塘资源内部，资源系统和资源单位是其中两个关键概念，前者指向非排他性，后者指向竞争性。对这一资源予以研究的关键是认识作为存储变量的资源系统与由此系统产生的资源单位流量之间的依存关系，比如在森林资源中一片林地与林木的区别。

奥斯特罗姆强调了地方参与决策和自主组织在森林治理中的重要性。由于森林资源具有难以可持续、有效、平等治理的特点，如果地方森林利用者或政府没有建立有效的治理机制，则公共森林资源最容易被破坏或退化。同时，当地方自主组织没有被政策制定者认可，森林使用者继续采取他们自己的森林利用方式的自主性受到威胁的时候，森林管理就会出问题（Ostrom，1999）。研究发现：如果地方森林使用者能够参与政策制定，则森林系统将可以持续经营；如果他们不能参与政策制定，则森林系统将不可持续经营。此外，研究还发现：林地面积和森林可以给农户提供商业性生计的程度也会影响森林系统的可持续性（Persha et al.，2011）。此外，奥斯特罗姆提出了森林自主治理制度产生的条件。传统的森林资源管理理论认为：森林利用者本身不具有克服过量采伐森林的组织能力。但大量研究证明，森林使用者可以制定规则来规范他们的森林采伐方式，确保森林资源的长期可持续利用。表 5－1 展示了森林使用者将会制定规则有效地管理森林资源的四种情况以及森林使用者将自我组织起来管理森林的五种情况。

表 5－1　森林使用者制定规则及自主治理的条件

森林使用者制定规则的条件	当森林资源开始退化但尚未大面积消失的时候
	当一些森林产品对森林状况提供警示信息的时候
	当森林产品是可预见的时候
	当森林面积小、森林使用者可以完全掌握森林的确切情况的时候
森林使用者自主治理的条件	森林资源对于森林使用者非常重要
	当森林使用者对他们面临的问题有共同的认知和理解的时候
	当森林使用者的贴现率低的时候
	森林使用者之间相互信任
	森林使用者有制定自己规则的自主权，并且有先前的组织经验

资料来源：谢晨，张坤，王佳男．奥斯特罗姆的公共池塘理论及其对我国林业改革的启示 [J]．林业经济，2017，39 (5)：3－10，18.

二、多中心治理理论

奥斯特罗姆在总结公共池塘治理经验时认为：公共事物的治理应该摆脱市场或政府“单中心”的治理方式，建立政府、市场、社会三维框架下的“多中心”治理模式，以有效地克服单一依靠市场或政府的不足（李平原和刘海潮，2014）。多中心治理理论主张采用分级别、分层次、分阶段的多样性制度设置，加强政府、市场、社会之间的协同共治。通过社群组织自发形成的多中心自主治理结构、以多中心为基础的新的“多层级政府安排”具有权力分散和交叠管辖的特征，多中心公共论坛以及多样化的制度与公共政策安排可以最大限度地遏制集体行动中的机会主义，实现公共利益的持续发展（Ostrom et al.，1993）。在对公共池塘治理的研究分析中，奥斯特罗姆指出：有效的治理体制必须包含以下五项原则（见表5-2），表明成功的公共资源治理必须依赖当地社区中人的参与管理。

表5-2　有效治理体制的五项原则

1	规定有权使用公共池塘的一组使用者
2	考虑公共池塘的特殊性质和公共池塘使用者所在社群的特殊性质
3	全部规则或至少部分规则由当地使用者设计
4	规则的执行情况由对当地使用者负责的人进行监督
5	采用分级惩罚法对违规者进行制裁

资料来源：Ostrom E.，“Beyond Markets and States：Polycentric Governance of Complex Economic System”[J]，*The American Economic Review*，2010，100（3）：641-672.

具体而言，多中心治理理论包含四种内涵：第一，多中心治理的主体包括政府、企业、非营利组织等。社会环境的多样性使得不同参与者的利益和需求也各不相同。在社会系统整合的推动下，多样化的资源流向不同的组织，各个组织根据自身与社会中存在的利益和需求进行活动，不同组织之间的决策行为相互影响，构建了社会活动的多个中心主体。第二，多中心治理的结构是网络型的。在公民社会里，每个参与主体都交织在社会网络中。特别是在信息技术的加持下，个体之间、个体与组织之间以及组织之间的交流在一定程度上打破了层级上的障碍而呈现出扁平化。在网络化的治理结构中，没有单一的中心，每个网络上的结点就是一个中心。第三，多中心治理的目标是实现公民利益最大化和公民多样化的需求。评价政府及其官员公共管理和公共服务绩效的不只是权力的效率，而更主要的是看其能否合理有效地运用公共资源满足社会发展和公民需求。与此同时，公民、社会组织、企业不仅能够有效地表达其意愿，而且能够积极参与公共事务的治理和绩效评价。所有这些不取决于政府官员的意愿，而是由多中心的权力结构设计、多样化的治理结构安排和切实可行的民主参与制度的设计才能得以实现。第四，多中心治理的方式是“合作-竞争-合作”。多中心治理要提供的是社会公共物品和服务，从政府到公民个体都可以提供社会公共物品和服务，只是由于组织力量不同，各自提供的公共物品和服务消耗的成本有大有小。公共物品的生产、使用、维持本身就需要一种合作。因为各个中心是自治的，又各有不同的需求，所以它们以自身的需求为目标追求自我利益的最大化。这就使得各个中心纷纷进入公共物品的博弈，展开生产、使用和维护公共物品的竞争，而后通过谈判、协商、制定宪法式的合同达成一致行动策略，最后在意愿一致的复合体中又开始合作（王志刚，2009）。

基于多中心治理理论的经验，奥斯特罗姆等进一步提出了在不同情境下动态分析行为过程和相关影响的系统性分析工具（Ostrom et al.，1973）：制度分析与发展（institutional analysis and development，IAD）框架。IAD对繁杂的外部影响因子进行了初步分类整理，将个体行为从政治、经济、社会和制度等宏观因素中分离出来并定义为行为情境，同时阐述了行为情境和外部变量相互作用的复杂关系（黄冲和罗攀柱，2022）。IAD的外部变量包括三个核心要素：（1）自然资源禀赋，是物质世界的客观属性；（2）共同体属性，是系统内主体普遍接受的价值观念或行为规范；（3）应用规则，是影响系统的已有规则范式。IAD的行动"舞台"由行动者和行动情境构成：行动者是对参与系统的主体的理论假设，行动情境是个体间互动、交换商品和服务、解决问题、互相支配或争斗的社会空间（Ostrom，2011）。IAD的结果是在根据特定系统组建的针对性评估准则基础上形成和发展起来的（见图5-1）。

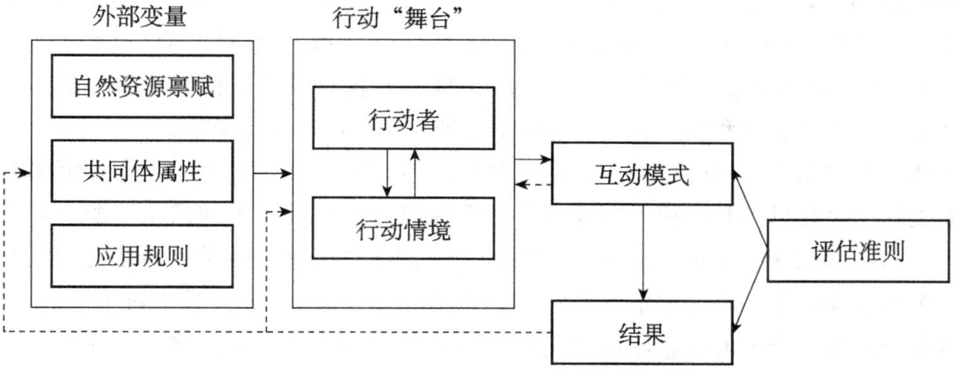

图5-1 制度分析与发展框架

资料来源：Ostrom，E.，Gardner，R.，and Walker，J.，*Rules，Games，and Common-Pool Resources*［M］，Ann Arbor：The University of Michigan Press，1994.

三、适应性治理理论

适应性治理也出自埃莉诺·奥斯特罗姆团队，他们研究认为：复杂、层叠的结构能够增强治理在多变环境下的适应性（Dietz et al.，2003）。适应性治理是地方政府按照恰适性逻辑进行的弹性治理，主要包括三个特征：第一，情境特征制约地方政府的行为选择。所谓适应是指行动与情境的恰当匹配（马奇和奥尔森，2011），而政策的制定与实施会受到情境影响。第二，适应性调节的治理仍然依托于政策作用（Walker et al.，2006）。第三，适应性治理强调对地方知识、专业知识的汲取（Dietz et al.，2003；Folke et al.，2005）。

具体而言，适应性治理关注的决策主体是地方政府，地方政府在决策时同时受到中央政府和地方社区的双重约束，有学者将其归纳为"双重嵌入"（石绍成和吴春梅，2020）。一方面，地方政府的自主空间是中央政府赋予的，中央政府在督察、考核等核心环节握有剩余控制权（周雪光，2011），并呈现出明显的制度化特征（Montinola et al.，1995）。因此，地方政府嵌入在政府体系中。另一方面，地方政府存在地方嵌入（Folke et al.，2005），地方政府只有深入其中才能了解真实问题与相关群体的想法。同时，适应性治理获得恰适性的关键在于汲取地方知识与专门知识，因为地方知识能够确保执行的方案符合地方情况，获得当地居民支持，而专门知识能够确保执行的方案在技术上有效运行（王绍光，2008；Qu，2012）。石绍成和吴春梅（2020）将知识汲取机制分为学习探索、委托代理和组织吸纳三种，认为在不同的适应性条件下通过上述三种方法可以促进政策适用性调整。

四、善治理论

1994 年，喀麦隆政府颁布的森林法对森林治理进行了定义，喀麦隆政府当年的森林政策目标主要体现在生态、经济和治理三个方面，即减少森林损失、改善依托森林人群的生计、减少腐败并将地方森林的管理权下放给当地居民（Topa et al.，2009）。很多学者的研究表明：当时非洲存在着较为严重的腐败问题，政府会将木材特许权分给有社会关系和权利的人，以获得他们在政治上的支持（Bayart，1993；De Sardan，1999）。在 20 世纪 80 年代后期，由于经济运行差，喀麦隆政府改善国内民众生活的压力很大（Mbaku and Takougang，2003）。善治体现在喀麦隆政府根除了林业系统中的寻租和腐败，并将地方森林管理和收益的权力下放给当地人民（Ribot，2002）。

虽然学界对森林善治的含义没有达成共识，但它可以被理解为：与森林资源相关的行为者之间的决策机制和过程，即森林资源管理以及由此对资源和依赖资源的人产生的影响（Giessen and Buttoud，2014），而后协调不同主体的利益诉求，将多元化的利益转化为一致的行动，并在该过程中实现对行为者的监督（Eising and Kohler-Koch，2005）。有学者认为：森林治理的概念超越了国家范围，是一种包含政策网络、企业责任、公众参与、社区林业、生态系统服务市场等的新治理模式，比传统的单一政府管理具有更高的适用性（Arts and Visseren-Hamakers，2012）。因此，治理的参与者也不局限于政府，还包括公民、社会组织、国际组织、企业等（Chhotray and Stoker，2009）。在这种情况下，地方森林治理需要理清在地方森林资源中的利益相关者，以及这些利益相关者间的社会权利关系（Newell，2013）。有学者（Zhang，2001）指出：在森林资源中既得利益者的异质性越大，共同管理资源的交易成本就越高，私有化更有可能导致更好的资源管理结果。

Davis and Read（2013）指出：森林治理可以按参与者、规则和实践三个维度进行评估。森林善治需要遵循五项原则，用以指导参与者、他们商定的规则类型以及他们为获得预期结果而采取的做法。这五项原则分别是透明度、参与、问责、协调和能力。具体而言，第一，透明度是指所有在森林资源中拥有权利和股份的行为者充分公开影响森林资源的行动信息，以便对这些行动进行审查。第二，参与是将不同的利益相关者和特殊利益集团聚集在一起，以便他们共同做出有关森林资源的决策。有效参与可以确保所有受影响的参与者平等加入审议，所有参与者共同承担交易成本（Zhang，2001）。第三，问责可以对决策者和资源管理者的行为进行监督，并对错误行为进行制裁。第四，为了实现商定的目标，所有行为者之间的有效合作都需要协调，包括同一层级行为者之间的横向协调和不同层级行为者之间的纵向协调。可以预见，协调带来的成本非常高，但协调对于整个过程非常重要。第五，能力是指拥有资源，能够有效地执行透明、参与、可核算和协调的森林治理，从而提供可持续的社会生态效益。

五、全球森林治理理念

1. 可持续治理理念

可持续森林治理已成为全球森林治理的总体目标。其概念不仅包括和承认与森林有关的所有价值，而且试图平衡这些不同的且可能有内在冲突的价值。森林区域共同的价值包括生态和环境价值、社会和文化价值以及贸易和发展价值。可持续森林治理的理念通过各种形式渗透到全球森林的利用和管理中。可持续森林治理的概念通常涉及以下主题：平衡森林区域的经济利益和生态利益；代表和认可森林的所有利益及价值；认证和促进可持续砍伐木材程序。从本质上说，这个概念被理解为管理森林资源所采取的方法和程序，用以满足现在和未来社会的多样化需求，而不损害生态承载力和更新森林资源的基本潜力。

2. 多元治理理念

多元治理理念表征了森林多目标经营的方向。在实践中，1985 年联合国粮农组织曾在《热带地区加强多元森林管理：印度、非洲、拉丁美洲和加勒比地区案例研究分析》中提出了“多元治理”的理念，强调增长迅速的需求和人口的高密度使得有必要加强多元森林管理（荆珍，2016）。2013 年联合国粮农组织又发布了《热带雨林的多元森林管理：可持续森林管理的机遇和挑战》，对多元森林管理计划和实践提出了新的认识（FAO，2013）。森林为人类提供了多种多样的森林产品、生态服务，产生了良好的生态效益、社会效益与经济效益，森林的多种价值早已被以森林为生的人们所享用。多元森林管理的目标在很多国家的法律中都有规定，同时也成为 1992 年里约地球峰会的原则。

总体而言，多元森林治理被定义为以一个以上的目的管理土地或森林，如木材生产、水质、野生动物、娱乐、美学或清洁空气，是一种森林管理的概念，它结合了两个或更多的目标，如生产的木材或木材衍生产品，饲料和保护国内野生动物，景观维护，保护家畜，适当的环境条件，娱乐及保护水源等（Nix，2015），以及在一个特定的林区、在特定的时间段管理各种森林产品和服务。该定义意味着森林用途的多样化（FAO，2013）。

第三节　相关研究进展

一、国内森林治理研究进展

国内关于森林治理的研究总体处于起步阶段，多数研究重在介绍国外森林治理相关经验实践，并期望在全球视野中理解并改善中国森林治理。龙贺兴等（2016）回顾了第二次世界大战以来国际森林治理中政府管制、森林分权改革以及森林问题国际化、政治化和环境化三个阶段纷繁复杂的变迁历程和主要特点，提出了分权和集权共存、多中心治理、综合治理的机制和工具，现已发展成全球森林治理的趋势。荆珍（2015，2016）分别从国家法的视角和多元森林治理的视角，分析了全球森林治理与法治的关系，界定了多元森林治理的定义和内涵。

国内一些学者也梳理了国外森林治理领域的应用性理论，以及以森林治理为依托的原创性理论，为形成中国化的森林治理理论提供了十分有益的启发。黄冲和罗攀柱（2022）探讨了社会生态系统框架在全球范围内森林治理研究中的应用情况，认为社会生态系统分析框架的提出为探究自然、政治、经济、社会等多因素的耦合作用提供了可行路径，对森林自治管理与政府配套政策的综合评估有明显助益，有助于进一步解释许多当下流行的森林治理政策和管理模式在现实中出现的各种“失灵”现象。赵佳程等（2020）介绍了马克斯·克罗特（Max Krott）等学者建立的以行动者为中心的权力理论。该理论提出：行动者可以通过强制、激励（抑制）、主导信息 3 个权力要素，将自己的意志强加给其他行动者，并改变他们的行为，从而决定森林治理的最终效果。在森林成为不同行动者博弈“舞台”的背景下，以行动者为中心的权力理论可以为中国学者分析森林等自然资源的现有治理结构、构建良好的治理体系提供有效的分析框架。

依托于中国森林快速恢复的生态实践，国内也有学者开展了案例和规范研究，提出了森林治理的中国经验和中国模式。涂成悦等（2021）基于福建省长汀县森林恢复的成功实践经验，分析了高层级政府与基层政府在森林治理中的互动，他们研究认为：高层级政府和基层政府是在环境治理共识和生态政绩驱动下开展的基层森林治理创新；高层级政府进行选择性控制，基层政府进行自主性试验；基层政府和高层级政府的纵向互动保障了森林治理创新“一任接着一任干”的可持续性，并由此提出建立高层级政府和基层政府保持良性互动下的适应性林业治理体系。黄冲和罗攀柱（2021）探讨了乡规民约与政策法规间的关系及其对现代森林治理的影响，他们将两者的关系分为“非耦合”、“一般耦合”和“积极耦合”三种状态，提出在“积极耦合”的状态下，乡规民约与政策法规各自的特性能达到一种良性平衡，双方各自渗透又互相制约，既能满足治理主体多元化发展、林权集中的需求，又能有效防止某一种制度失控，更易于达到现代森林治理强调的生态与生计并重效果。

二、国外森林治理研究进展

有别于国内研究较为空泛地介绍国外经验，国外关于森林治理开展了大量深入研究，侧重于剖析发展中国家森林治理的实践经验。一些研究揭露了发展中国家森林治理的种种困难（Aggarwal，2020；Mollick et al.，2018），凸显了实现森林善治的不易。Nuesiri（2022）的研究分析了喀麦隆的案例，发现其社区林业既不受社区规定的管辖，也不受宪法的管辖，而是受社区领导者个人治理风格的管辖，因此达成森林善治的成本很高，必须建立垂直、水平和对角问责机制，以激励形成良好的森林治理机制。Başkent（2022）采用质性研究方法分析了土耳其森林资源相关者的利益和冲突，研究发现：木材供应的行动者比参与其他生态系统服务的利益攸关方更具影响力；从总体上说，各方都赞成在全国各地设计和实施以生态系统为基础的森林治理概念，但有不同的偏好和优先事项。

还有一些研究总结了发展中国家森林治理的成功经验。Singh et al.（2011）分析了印度森林联合经营的成功经验，他们发现：提高地方监测水平和执行当地制定的规则，可以改善森林的恢复和更新、减少森林退化，而拥有地方规则制定、地方监督和地方执行权力的村级森林治理委员会更有可能在改善森林和改善生计的努力中取得成功。

国外学者也对城市林业和发达国家的森林治理进行了探究。Butt et al.（2021）对加拿大米西索加市的一些居民协会成员进行了深度访谈，研究城市森林知识在激励人们参与当地社区团体中扮演了什么角色，他发现：这些知识体现在居民协会成员承担的所有角色中，是激励居民参与森林治理的关键，有助于居民协会制定保护城市森林的方案。Bussola et al.（2021）基于详细的案例研究资料，分析了意大利东北部特伦蒂诺省森林局发展森林生态系统服务的治理创新，研究发现：当地利益相关者感受到了生物多样性丧失、文化认同和历史景观价值丧失等问题，森林局采取直接项目执行、财政奖励、组织奖励等治理组合措施，实现了利益攸关方之间的协调与合作。

此外，国外学者也不断从“喜忧参半”的研究结论中反思森林治理的概念，完善森林治理的相关理论。例如，Arts and Visseren-Hamakers（2012）认为：森林治理一词有多种含义，从一般性的指导到超越国家限制的新治理模式。多层次的森林治理新模式包括下放森林管理、参与式森林管理、森林核证和支付生态系统服务（特别是 REDD+）。Teye（2013）提出了一个综合政策网络模型，用以分析非洲森林政策的制定和执行情况。该模型基于权力关系的概念化，解决了现有政策网络理论的一些弱点，主要用于加纳森林的分析。综合政策网络模型为了解权力流动和非正式交流提供了一个有用的框架，这是非洲森林政策制定和执行的特点。

第四节　趋势展望

当前，我国正致力于提升国家治理能力和治理体系的现代化水平，“十四五”时期我国森林覆盖率将提高至 24.1%。鉴于我国国土覆盖面积之广、生态价值之重，致使提升森林治理能力和治理体系的现代化水平至关重要。未来，我国森林治理方面的研究应当紧跟实践发展的变化，着重加强以下几个方面：

第一，把握不同区域森林治理的重点及其关联。森林治理并非空泛层面的宏观概念，而是要落到具体区域、具体事项上的微观实践。不同区域森林治理的重点是有差异的，但其目的都是提高森林生态系统的产品和生态服务功能。在自然保护的核心区，森林治理的核心就是自然封育，应当研究如何防止人畜干扰，持续保持生态系统的原真性和完整性。在自然保护的缓冲区，应当研究如何协调人与自然和谐共生。人应当扮演积极合理利用森林资源的角色，同时要认识到把人排除在森林保护之外，是不现实也是不可持续的。我国具有历史悠久的森林可持续利用的文化和传统，需要加以研究利用。同时，我国应当建立有效的野生动物监管预警防控体系，防止自然保护区内的野生动物对周边社区的生产、生活和人员生命安全造成威胁。此外，在跨区域层面，我国应当研究如何建立森林保护的协同治理机制，以及如何对森林治理效果的外部性进行补偿。森林资源在地理范围内具有连续性，但在行政治理上具有非连续性，必须在防火、防病虫害、防入侵物种等方面加强协调治理，提高治理手段的信息化和科技化水平。森林资源的生长范围具有地域性，但森林资源的生态系统服务价值是跨地域性的，因而要实现生态价值受益者对提供者的补偿都有哪些路径以及采用何种具体手段均需进行细化研究。另外，不同区域森林治理事项之间的关联、机制及其效果也需要着重关注，比如缓冲区的人与森林的有效治理对于核心区的影响路径和效果怎样、跨区域森林治理协同性和成本分摊与成果共享机制的建立对缓冲区的影响机制和效果怎样，都需要加以细化研究。

第二，丰富森林治理研究的视角和手段。当前，我国森林治理的理论框架还不够完善，一些初步构建的理论总体处于理论介绍的层面，要形成具有中国风格的森林治理理论还需要漫长的理论和实践探索。森林治理涉及人与自然这个生态系统的各种复杂事项，不仅需要汲取政治学方面的影响，也需要充分借鉴和融合经济学、人类学、地理学、生态学等多学科的理论成果，借以逐渐延伸森林治理研究的理论范畴，形成森林治理理论的骨干框架。此外，我国应当丰富森林治理研究的手段，持续建立完善森林生态各项指标的数据系统，将森林生态系统数据与社会经济系统数据相融合，充分利用大数据、物联网、遥感等数据获取渠道，综合提升数据的丰富性和准确性。

第三，讲好森林治理的中国故事和中国经验。当前，我国森林面积和森林质量不断提升，森林治理取得了积极成效。但国外关于我国森林治理成效的批评和质疑始终存在，主要是针对我国进口了大量木材以及我国的森林恢复以人工造林模式为主，这直接指向我国森林建设成效有限且不利于他国的森林资源保护。对此，必须妥善分析我国木材工业“两头在外”的特性，拿出有力的研究证据，证明我国木材工业更具竞争优势，而大量进口木材有利于从整体上改善木材消费者的福利。虽然我国的森林恢复以人工造林模式为主，但森林覆盖的大量提升对国外生态环境的改善也具有提升作用，如何衡量、效应如何都需要进行更为深入和系统的研究。人工栽植的树种在提供经济林产品、保持水土等方面的综合作用，与自然恢复的森林相比，应当更能兼顾本地人的生计需要。在森林面积大量恢复的背景下，应当加大研究如何维持新增森林经济和生态的双重有效性，探索森林治理成效的可持续性。当前，针对发展中国家森林治理典型案例的研究仍较少，我们不能仅仅停留在学习发达国家森林治理的成功经验上，应当加大力度挖掘本地森林治理的成功经验，并进行总结推广。

推荐读物

[1] 埃莉诺·奥斯特罗姆．公共事物的治理之道：集体行动制度的演进［M］．余逊达，陈旭东，译．上海：上海译文出版社，2000.

[2] 埃莉诺·奥斯特罗姆，拉里·施罗德，苏珊·温．制度激励与可持续发展［M］．上海：上海三联书店，2000.

[3] 荆珍．全球森林治理：机制、机构、理念、前景［D］．长春：吉林大学，2015-07-25.

[4] 龙贺兴，傅一敏，刘金龙．国际森林治理的变迁历程和展望［J］．林业经济，2016，38（3）：3-7，42.

［5］聂法良．我国城市森林多主体协同治理问题研究［D］．哈尔滨：东北林业大学，2015-03-01.

［6］石绍成．适应性治理：地方环境事务过程研究［M］．北京：中国社会科学出版社，2020.

［7］王光菊，陈毅，陈国兴，等．森林生态—经济系统协同治理分析：机理与案例验证：基于福建省5个案例村的调研数据［J］．林业经济，2020，42（10）：39-49.

［8］王浦劬，王晓琦．公共池塘资源自主治理理论的借鉴与验证：以中国森林治理研究与实践为视角［J］．哈尔滨工业大学学报（社会科学版），2015，17（3）：23-32，2.

［9］谢晨，张坤，王佳男．奥斯特罗姆的公共池塘治理理论及其对我国林业改革的启示［J］．林业经济，2017，39（5）：3-10，18.

［10］Ostrom，E.，“Self-Governance and Forest Resources”［C］，CIFRO Occasional Paper，1999.

思考与讨论

1. 多元治理理念与多中心治理理论有什么联系与区别？
2. 奥斯特罗姆的治理理论适用于我国的林区治理吗？
3. 当前，我国的森林治理有哪些特点？
4. 如何有效实现我国的森林善治？
5. 如何有效构建全球森林治理体系？

第六章

国家公园建设与管理[①]

国家公园是自然保护地体系的主体。国家公园建设是“国之大者”，是建设生态文明和美丽中国的标志性工程。自然保护地是生态建设的核心载体，对于维护国家生态安全意义重大。近年来，我国着力建立以国家公园为主体的自然保护地体系，为推动人与自然和谐共生、保护生物多样性发挥了重要作用。

本章通过对国家公园相关理论研究成果的梳理、国内外国家公园建设与管理的现状以及研究进展的综述，为我国国家公园建设与管理的探索研究提供了不同视角和方向；同时，通过对照总结国内外国家公园的建设历程与管理模式，指出了当前我国国家公园建设与管理的过程中存在的不足之处，并结合我国国情，对我国国家公园未来的发展前景与建设管理方向进行了展望。

第一节　相关概念界定

自然保护地是高效维护生物多样性、保护自然资源及应对全球气候变化等保护工作的根本保障（庄鸿飞，2020）。世界自然保护联盟（International Union for Conservation of Nature，IUCN）将自然保护地定义为一个具有明确地理边界的地区，可通过法律或其他有效手段进行辨识、专用和管理，通过将生态系统服务与文化价值相结合，以实现对自然环境的长期保护（Dudley，2008）。在自然保护地体制长期发展的基础上，IUCN 将全球保护地大致分为 6 种类型，即严格自然保护区和原野保护区（Ia/Ib）、国家公园（II）、自然文化遗迹或地貌（III）、栖息地物种管理区（IV）、陆地景观/海洋景观保护区（V）以及自然资源可持续利用保护区（VI）（Dudley et al.，2021）。其中，自然保护区的建立被认为是生物多样性保护的有效途径（呼延佼奇，2008）。从生态保护的角度看，自然保护区往往是有效的土地利用形式（McNeely，1994）。自然保护区在一定程度上能

① 本章参加编著人员：李怡、柯水发、宁攸凉、谢艳琦。

够较好地保护自然资源与生态环境，但也可能因过度严格的保护而弱化了为当地社区居民生产生活和经济发展提供多种系统效益的功能（马勇，2017）。国家公园这一概念于1948年由IUCN首次给予清晰的定义（高燕等，2017），设立国家公园是用于保护物种及其栖息地的关键措施（Burns et al.，2003）。虽然许多国家公园仍以保护自然资源为中心，但其有着更广泛的目标。例如，用于协调社会与自然之间的紧张关系（Adam and Barker，2008），促进当地社区经济与社会文化的全面发展（高燕等，2017），建立实现可持续发展目标的机制（Dower，1999）。但相对于自然保护区来说，国家公园的管理偏向于提供保护环境之外的服务与设施，因此国家公园对于其内部的生态系统需要更高效有力的保护管理（Guclu and Karahan，2004）。

我国对于国家公园体制的建设起步较晚。2019年6月，中共中央办公厅、国务院办公厅印发了《关于建立以国家公园为主体的自然保护地体系的指导意见》，提出要按照国内自然生态系统原真性、整体性、系统性及其内在规律，依据管理目标与效能并借鉴国际经验，将自然保护地按生态价值和保护强度高低依次分为国家公园、自然保护区、自然公园三个类型。我国主要保护地类型比较，见表6-1。

表6-1 我国主要保护地类型比较

保护地类型	归属管辖部门	第一批设立时间	相关立法	设立目标
自然保护区	生态环境部	1956年	《中华人民共和国自然保护区条例》	以保护为主，在不影响保护的前提下，将科学研究、教育、生产和旅游等活动有机地结合起来，使其生态、社会和经济效益得到充分展示
风景名胜区	住房城乡建设部	1982年	《风景名胜区管理暂行条例》《风景名胜区条例》《风景名胜区规划规范》等	供人们游览、观赏、休息和进行科学文化活动
森林公园	国家林草局	1982年	《森林公园管理办法》《中国森林公园风景资源质量等级评定标准》等	保护和合理利用森林风景资源，保护生物多样性，发展森林生态旅游，促进生态文明建设，供人们游览、休息或进行科学、文化、教育活动
世界自然文化遗产	联合国教科文组织	1987年	《保护世界文化和自然遗产公约》等	保护对全世界人类都具有杰出普遍性价值的自然或文化处所
国家地质公园	自然资源部	2001年	《地质矿产部关于印发建立地质自然保护区规定（试行）的通知》《地质遗迹保护管理规定》等	保护地质遗迹，普及地学知识，开展旅游促进地方经济发展

续表

保护地类型	归属管辖部门	第一批设立时间	相关立法	设立目标
湿地公园	国家林草局	2005 年	《国家湿地公园管理办法》《湿地保护管理规定》等	具有湿地保护与利用、科普教育、湿地研究、生态观光、休闲娱乐等多种功能的社会公益性生态公园
国家公园	中央政府	2006 年（国家公园探索） 2016 年（国家公园体制试点） 2021 年（首批国家公园正式设定）	《建立国家公园体制试点方案》等	保护具有国家代表性的自然生态系统，实现自然资源科学保护与合理利用

注：2018 年党和国家机构改革后，风景名胜区管理职能由原住房城乡建设部转隶至国家林业和草原局。

国家公园是指以保护具有国家代表性的自然生态系统为主要目的，实现自然资源科学保护和合理利用的特定陆域或海域，是我国自然生态系统中最重要、自然景观最独特、自然遗产最丰富、生物多样性最富集的部分，其保护范围大、生态过程完整，不仅具有全球价值、国家象征，而且国民认同度高。自然保护区是指保护典型的自然生态系统、珍稀濒危野生动植物种的天然集中分布区、有特殊意义的自然遗迹的区域。自然保护区具有较大面积，需要确保主要保护对象安全，并能维持和恢复珍稀濒危野生动植物种群数量及其赖以生存的栖息环境。自然公园是指保护重要的自然生态系统、自然遗迹和自然景观，具有生态、观赏、文化和科学价值，可持续利用的区域。自然公园可以确保森林、海洋、湿地、水域、冰川、草原、生物等珍贵自然资源，以及所承载的景观、地质地貌和文化多样性得到有效保护，主要包括森林公园、地质公园、海洋公园、湿地公园等各类自然公园。

第二节　国家公园建设与管理研究常用的基础理论

国家公园是经济社会与人类文明不断发展的产物，是人类在追求与自然和谐共生的过程中形成的形式。国家公园的建设与发展在一定程度上修复了人类自工业时代以来为追求经济发展而损害的自然生态环境，在保护了当前自然环境的同时，也推动了人类文明的延续与发展。在国家公园的发展历程中，各国政府与专家、学者不断摸索创新，探索出了能够更好建设和管理国家公园的道路，并不断进行理论创新。通过对相关理论成果及重要经验的归纳总结，可以进一步探索出未来我国国家公园建设与管理的方向。

（一）社区共管理论

社区共管是自然资源保护领域中的一种管理方式，即将自然资源保护的权力、责任、收益由政府与资源使用方共担共享。作为保护自然资源的一种重要形式，在国家公园管理中，社区共管就是由国家政府机关、国家公园管理机构、当地社区等多个主体在保护自然资源的过程中共同发挥权力、承担责任、享有收益的管理方式。国家公园社区共管理论的主要目标是通过多个管理主体的共同参与，形成保护自然生态环境的整体合力，实现可持续发展。其主体除了中央及地方政府、法定的国家公园管理机构、当地社区与村民之外，也包括其他在国家公园保护、管理方面具有合法权利的主体，包括非政府组织、企业、民众等。

当前，在世界范围内，自然保护地的社区共管模式大致可分为指令式、咨询式、协议式、合作式、联合式和授权式 6 种类型。由于我国农村社区对集体土地的使用和收益能力有限、人口文化素质水平与经济水平不高，导致多数社区更倾向于追求经济效益，对于自发保护国家公园内自然资源的意愿不高、能力不足，因此我国国家公园在采取社区共管理论进行建设与管理时，应采取指令式与咨询式的社区共管模式，通过完善立法、明确管理机制、开拓生态产业市场、保障资金投入、引导社会舆论等方式，才能更好地发挥社区共管的作用。

（二）冲突管理理论

冲突是指多个个体或组织之间，在进行某种活动的过程中由于认知观念与利益目标的差异而产生的矛盾与对立，因此衍生出了冲突管理理论用以解决冲突事件。国家公园体制的诞生是为了解决人在利用自然资源的过程中所造成的损害，缓和经济增长与保护环境的冲突，因此需要运用合理的冲突管理理论进行指导，解决国家公园管理过程中产生的各种冲突与矛盾。

利益相关者分析是冲突管理不可或缺的内容。冲突管理理论认为：在人类社会中，冲突是无法避免的，但冲突中的各个利益相关者会根据自身利益与互相之间的关联采取不同的处理方法，因此在解决冲突时很难使所有利益相关者保持相同意见，但可以通过彼此达成协议解决冲突。利用公共决策咨询机构作为第三方来调节利益相关者之间的利益冲突是多方达成协议的重要方式。在冲突管理理论的背景下，国家公园的建设与管理过程必须考虑到各利益相关者之间的利益冲突，通过对中央及地方政府、相关企业、社会组织、当地居民等利益相关者的需求与利益目标进行分析，采取推动利益相关者协商谈判、建立专业的协调机构与监督机制、采取适度合理的管制措施、积极采纳公众意见等方式，全方位解决当前与潜在的冲突，确保国家公园体制的高效运行。

（三）人地关系理论

人地关系理论强调人类活动与自然资源（环境）之间的相互联系。自人类社会实现工业化以来，世界经济与人口规模不断扩大，工业化生产对于自然资源的需求飞速增长，人类与自然环境之间的制约关系日渐显现，人地关系从农业社会的依附关系逐渐转变为工业社会的对立关系。如今，随着可持续发展、人类命运共同体与碳达峰碳中和等目标的提出，人地关系正朝着和谐的方向发展。从人地关系理论的内容来看，进行人地关系分析必须兼顾经济、社会、生态三个因素，对人地关系演变的驱动因素、影响因素以及发展方向进行系统分析，实现在保护中求发展，以谋求人地关系的协调优化。

国家公园作为人地关系理论的实践形式之一，旨在通过处理好资源保护与利用之间的关系，在保护生态的前提下，重点发展生态旅游、林草科普、生态体验、自然教育等绿色产业，实现生态、经济与社会三大效益协同提高（高月等，2024）。但由于经济、社会、人文、环境等多种条件的影响，国家公园的建设与管理可能会偏离目标，出现疏于管理或过度谋求经济收益等情况，因此必须利用好人地关系理论的指导，对所在区域人地关系的各个关键要素进行全面把握，保证自然资源的再生产社会化，维护生态环境的平衡有序。

（四）传统使用权理论

对于传统使用权理论来说，自然资源的使用权具有以下特征：一是盲目追求经济增长，对自然资源采取掠夺式开发，忽视人与自然之间的相互制约关系；二是单纯注重自然资源的经济价值，忽视其生态价值，对其公共属性不够重视，缺乏可持续发展意识；三是在自然资源的配置与保护上仅依靠政府发挥作用，资源环境保护服务的市场化、社会化程度不高，公众参与意愿不强；四是自然资源使用权的分类方式过于简单，对于资源的管理配置作用不大。传统使用权理论对于现代国家公园建设与管理具有对照借鉴意义，对自然资源使用权的合理界定有利于建立健全国家公园自然资源确权登记制度，明确各类自然资源的种类、面积、权属性质、使用权主体及其所有权与使用权的边界，逐步发挥国家公园的功能，实现自然资源的合理配置。

（五）保护和利用统筹理论

保护和利用统筹理论的主要目的是将不同地区的自然资源统筹利用起来，在较长一段时间内实现自然资源的合理配置，同时制定长远的环境保护政策，以保证自然资源的可持续利用，保护人类所处的生态环境。当前人口的增长与社会经济的发展对自然资源的需求不断扩大，但自然资源的供给却是有限的。自然资源的供需失衡将使以牺牲生态环境为代价所带来的经济增长功亏一篑，也会导致自然资源与生态环境的进一步破坏和浪费。因此，对自然资源的统筹保护与利用成为当前社会发展的趋势。国家公园应当根据其所在区域的经济、社会及生态等总体条件，因地制宜地对自然资源与生态环境的保护和利用进行宏观布局，达到经济、生态、社会三效益的整体最优。在国家公园建设方面，不能只考虑对局部自然资源的充分利用，而忽视了整个区域的生态协调以及总体范围内对自然资源的广泛利用。

（六）新公共服务理论

新公共服务理论是在强调公民权利、政府责任与公共利益相统一的基础上所提出的创新理论，它强调政府部门的责任是服务公民，而不是传统行政管理理论中强调的掌管、控制。相对于严格的阶级制度与追求自由的市场制度，新公共服务理论更重视建立在完善的法律及正确的社会价值观基础上的多样化服务，从而使政府部门能够关注到公民权利与公共利益的实现情况，推进以人为本的民主化进程。国家公园的公共资源属性与新公共服务理论不谋而合。国家公园建设与管理旨在满足公民对休闲游乐、林草科普、生态体验、自然教育、科研活动、实现可持续发展等方面的需求，是政府维护全体公民公共利益、提供公共服务的具体体现。在新公共服务理论的背景下，国家公园的管理应该以保证全体公民的公共利益为重点，确保在建设与管理过程中决策的公平公正公开，建立完善的监管体系，注重来自普通民众与社会组织的监督，推动公民、企业、社会组织、相关协会等的共同参与，最大限度地保证国家公园管理目标以及公共利益的实现。

（七）游憩利用理论

游憩利用是国家公园建设与管理的主要目的之一，既可以让游客观赏景观与休闲娱乐，也可以为国家公园带来经济效益。但国家公园的游憩利用功能需要进行科学管理，才能在保护自然资源与原有生态系统的前提下发挥作用。游憩利用理论是在考虑了国家公园不同区域的不同自然条件与功能、环境容量以及游客体验几个方面后，对国家公园的游憩功能进行规划和管理，保证游客对国家公园的游憩利用活动与自然生态环境可以协调统一起来，同时利用现代地理信息技术予以辅助，以准确界定国家公园各区域的边界，从而有针对性地进行差异化管理，发挥不同自然条件区域的独特功能。从认识论的维度上说，游憩利用理论要求国家公园的管理需要统筹游客、公众、原住民、有关社会组织和特许经营者的需求及行为，并根据实际情况将国家公园划分出不同的功能区，以更好地发挥游憩的功能；从方法论的维度上说，国家公园的游憩开发与管理会涉及保护自然资源、获取经济效益、弘扬风俗文化等多个方面，需要认真研究其与经济、社会、生态之间的相互联系及影响。

（八）社会生态系统框架

社会生态系统框架由奥斯特罗姆提出，他将生态学、经济学、社会学、政治学等跨学科知识运用于社会系统与生态系统两者复杂关系的分析中，为描述和阐释社会系统与生态系统之间以及社会系统内部各子系统之间的复杂关系提供了全景式的描述框架和跨学科的共同语言，已在相关研究中得到了广泛应用。社会生态系统框架可分为内、外两个部分。框架内部包含了四个基本系统，即资源系统、资源单位、治理系统和使用者，这四个基本系统及其包含的描述变量对特定行动场景中的互动和结果直接产生影响。以上六个变量共同构成了人类管理各类资源系统的内部结构，并受到位于框架最外层的社会经济政治环境和相关生态系统（ECO）两类变量的共同影响。SESs 框架被认为是当前研究可持续发展最理想的研究方法之一，因为它只需要依据框架收集各种数据资料，进行实地调查和深入分析，就能确定影响系统可持续发展能力的因素。对于国家公园的研究来说，该框架是一个非常有用的工具，因为它将公园管理者、利益相关者和相关机构、当地社区看作一个互相关联的整体系统，因而适于对保护区的管理进行绩效评价。同时，由于国家公园的复杂性及其在生物多样性保护、经济和社会发展方面的作用以及目前面临的威胁，包括缩小规模、退化和非法砍伐、将保护区转变为农田等，采用 SESs 框架对其有效性进行评估，突出影响国家公园可持续发展的因素，并提供政策建议，可以更客观、科学地对国家公园的管理绩效进行评估。

第三节　国内外国家公园建设状况

自 1872 年黄石国家公园建立以来，人类社会开始愈发重视资源环境的保护与可持续发展。此后，国家公园体制在世界范围内广泛传播，200 多个国家及地区建设了国家公园等自然保护地，缓和了人类社会与自然环境之间的矛盾。国家公园的建设与管理需要形成完善且复杂的体系，建立机构健全的管理部门，出台相应的法律法规。当前，我国国家公园建设由于起步较晚，缺乏成熟的管理经验，而国外国家公园建设已积累了较多的成功案例与经验，因此有必要对国内外国家公园的建设与管理进行归纳对比，为我国国家公园未来的发展方向提供借鉴。

（一）国外国家公园的建设状况

1. 美国的中央集权型国家公园体制

美国是世界范围内最早建立国家公园的国家，积累了丰富的国家公园建设与管理经验。随着美国经济社会的不断发展，以及环保思想进步、战争、金融危机等形势的影响，美国国家公园的发展大致经历了萌芽（1831—1916 年）、成型（1916—1933 年）、停滞（1933—1963 年）和再发展（1963 年至今）四个阶段。萌芽阶段以黄石国家公园的建立为标志性事件，成型阶段以国家公园管理局成立为标志性事件，停滞阶段以缩减公园经费和人员为标志性事件，再发展阶段以注重保护公园生态系统的完整性和开发公园的教育功能为标志性事件，并最终形成了现在的规模。目前，美国将其疆域内的 58 个景观单元确立为国家公园，它们大多分布在景观壮丽但地势崎岖的西部，大多数国家公园的地域都十分广阔，总占地面积达 20 多万平方公里。

美国国家公园的管理体制采取典型的中央集权型体系，以联邦政府为核心，地方政府无权介入国家公园的相关管理工作，同时融合了企业、非政府组织、科研机构等多方力量的参与，并设立了专门的国家公园基金会（National Park Foundation）作为公私两方之间的桥梁，以更好地整合社会零散资源，形成比较完备的公私合作管理体系。一方面，该公私合营的管理体系为国家公园内的自然生态环境和人文景观保护提供了必要的资金、技术、人力支持等；另一方面，它也保证了公园产品公益性的本质，保证了公园门票价格实惠，同时相应的服务水平也有保障。其中，专门成立的非营利基金组织成为联系零散的社会资源与政府力量的关键渠道。

2. 德国的地方分散型国家公园体制

德国的第一个国家公园是巴伐利亚森林国家公园，它占地 243 平方公里，成立于 1970 年。1990 年，在德国国家公园计划的推动下，德国的国家公园得到了快速发展。到目前为止，德国共有 16 个国家公园。

德国的国家公园较为完备地实现了“一区一法”制度，并基本能得到有效实施。德国的国家公园体制是典型的地方自治型，即中央政府只负责制定法律、政策等总体工作，而主要的管理工作由地方政府实施并负责。这是因为在德国，国家公园以及大面积的自然保护区域的产权都属于地区或州政府，联邦政府不拥有土地，所以只能制定一些自然保护法规，而国家公园的建立以及管理权限均属于地方。因此，德国的国家公园实行地方自治型管理模式，并采取分区管理方式：中央政府只负责政策发布以及立法层面的工作，而国家公园管理等具体事务全部由地方政府负责，国家公园的土地占有权属地方政府，其经营和管理经费也由当地政府自理，并且提倡社区共建。国家公园与其他相关政府机构、周边生活区域、旅游公司、公交公司等建立了良好的发展关系和合作机制。例如，乘坐公交车去巴伐利亚森林国家公园的游客，若手中持有公园核发的免费卡，就可以免费乘坐公交车到达公园；乘坐该公交车的费用由该游客在国家公园居住的旅店按月核算，再由国家公园的相关机构转交给所在社区，而公交公司可以直接与该社区进行结算。当地原本以林业为生的居民，在国家公园建立后，可以依靠国家公园建立旅馆，从事旅游服务行业等工作，从而与国家公园的发展结合起来并形成了一种新的创业模式。这一经营机制推进了多方的共赢，实现了生态、人、社区的和谐发展。

3. 日本的综合管理型国家公园体制

日本是亚洲最早设立国家公园的国家，其国家公园制度在设立之初就受到土地所有权属复杂、住民生活习惯、相关历史与宗教信仰、游客观光行为等人类活动的干扰以及国土面积狭小、地少人密等客观事实的制约。日本在这种情况下形成的国家公园制度，与美国、加拿大、澳大利亚等国土面积广阔且人口密度不高或较低的国家有着显著区别。因此，从文化背景以及节约土地的视角来看，相较于新大陆国家，日本建设国家公园制度的经验对于中国建设符合国情的国家公园制度具有更高的参考价值。

日本是典型的综合管理型国家公园体制，既有中央集权的管理模式，又有地方自治的管理模式，地方政府的自主管理权是在政府部门的参与下完成的，并且还有与民间机构和私营企业的合作建设。日本由于历史的原因，当某一区域划为国家公园时，该区域内的部分土地有可能属于私人所有，无法全部划归政府；此外，日本国家公园内的土地上还存在多种经济活动，即旅游业、农业、林业以及娱乐产业，这就形成了国家公园内土地管理的分区制度。根据日本的《自然公园法》，国家公园分为三大类：一是国立公园，由国家直接管理；二是国定公园，又称准国家公园，由都道府县进行管理；三是都道府县立自然公园，又称道立公园，是指在都道府县具有代表性的风景，并由知事指定的自然公园。由于日本国家公园内土地权属的不同，日本的国家公园管理实行合作管理，主要是由环境省、都道府县政府、市政府以及国家公园内各类土地所有者共同管理。国家公园的管理就是与公园内土地的其他用途使用者进行协商合作，达到保护自然环境的目的。

（二）国内国家公园的建设状况

1. 我国国家公园的建设历程

长期以来，我国在建设国家公园领域一直缺乏权威的定义与政策。2006 年，我国云南迪庆藏族自治州通过地方立法成立香格里拉普达措国家公园；2008 年，我国环境保护部和国家旅游局正式批准建立第一个国家公园——黑龙江汤旺河国家公园。但这些国家公园由于缺乏科学的管理体制机制以及资金政策上的支撑保障等原因，并未真正实现国家公园最初设立时的目标与作用。直至 2013 年 11 月召开党的十八届三中全会，我国首次提出要划定生态保护红线和建立国家公园体制。此后，我国出台了《建立国家公园体制试点方案》《生态文明体制改革总体方案》《建立国家公园体制总体方案》《关于建立以国家公园为主体的自然保护地体系的指导意见》等一系列针对性的政策措施（见表 6－2），对我国建设国家公园的指导思想、主要目标、建设内容、管理机构、功能作用等方面进行了明确规定，同时也确定了国家公园在全国自然保护地体系中的主体地位，使我国国家公园体制真正进入了实施阶段。

表 6－2 中国国家公园相关政策文件

发布时间	政策文件	印发机构	主要内容
2013 年 11 月	《中共中央关于全面深化改革若干重大问题的决定》	中共中央	首次提出“建立国家公园体制”

续表

发布时间	政策文件	印发机构	主要内容
2015年1月	《建立国家公园体制试点方案》	国家发展改革委等13个部门	提出国家公园试点的5项主要内容为“突出生态保护、统一规范管理、明晰资源归属、创新经营管理、促进社区发展”，确定了9个国家公园试点省（市），提出了选择试点区的标准
2015年9月	《生态文明体制改革总体方案》	中共中央 国务院	改革各部门分头设置自然保护区、风景名胜区、文化自然遗产、地质公园、森林公园等的体制，对上述保护地进行功能重组，合理界定国家公园范围，国家公园实施更严格保护
2017年9月	《建立国家公园体制总体方案》	中共中央办公厅 国务院办公厅	明确“国家公园是我国自然保护地最重要类型之一”，“国家公园建立后，在相关区域内一律不再保留或设立其他自然保护地类型”，明确了国家公园体制试点的主要内容
2018年3月	《深化党和国家机构改革方案》	中共中央	组建国家林业和草原局，加挂国家公园管理局牌子
2018年7月	《国家林业和草原局职能配置、内设机构和人员编制规定》	中共中央办公厅 国务院办公厅	负责国家公园设立、规划、建设和特许经营等工作，负责中央政府直接行使所有权的国家公园等自然保护地的自然资源资产管理和国土空间用途管制
2019年6月	《关于建立以国家公园为主体的自然保护地体系的指导意见》	中共中央办公厅 国务院办公厅	确立国家公园在维护国家生态安全关键区域中的首要地位，确定国家公园保护价值和生态功能在全国自然保护地体系中的主体地位。到2020年，提出国家公园及各类自然保护地的总体布局和发展规划，完成国家公园体制试点，设立一批国家公园
2021年8月	《“十四五”林业草原保护发展规划纲要》	国家林草局 国家发展改革委	在“十四五”期间健全国家公园管理体制机制，出台国家公园法，实行中央政府直接管理、委托省级政府管理两种管理模式，整合组建统一规范高效的国家公园管理机构和执法队伍，研究制定国家公园自然资源资产管理权责清单
2022年12月	《国家公园空间布局方案》	国家林草局 财政部 自然资源部 生态环境部	到2025年，基本建立统一规范高效的管理体制。到2035年，基本完成国家公园空间布局建设任务，基本建成全世界最大的国家公园体系

2015年12月，中央全面深化改革领导小组第十九次会议审议通过《中国三江源国家公园体制试点方案》，提出在9个省份开展“国家公园体制试点”，开始启动首家国家公园试点工作。2016年，国家陆续出台多个国家公园试点实施方案，神农架、武夷山、钱江源、南山、长城、普达措、大熊猫和东北虎豹8个国家公园试点区正式设立。2017年6月，国家正式通过《祁连山国家公园体制试点方案》。2017年9月，《建立国家公园体制总体方案》印发。2018年，长城国家公园停止试点工作，转入国家文化公园建设序

列。2018 年 4 月，国家林业和草原局、国家公园管理局正式挂牌。2019 年 1 月，《海南热带雨林国家公园体制试点方案》正式出台，海南热带雨林国家公园成为我国第 10 个国家公园体制试点区（见表 6-3）。自此，我国国家公园体制试点区覆盖了全国 12 个省份，总覆盖面积达到 22.3 万平方公里，对我国热带雨林、亚热带常绿阔叶林、温带针阔混交林、荒漠草原等不同生态系统以及各类珍稀野生动植物形成了有效保护。2021 年 10 月的《生物多样性公约》第十五次缔约方大会上，习近平主席向全世界庄严宣布："中国正式设立三江源、大熊猫、东北虎豹、海南热带雨林、武夷山等第一批国家公园。"自此，我国步入国家公园体制时代。2021 年 11 月，党的十九届六中全会发布《中共中央关于党的百年奋斗重大成就和历史经验的决议》，将"建立以国家公园为主体的自然保护地体系"作为重大工作成就写入其中。2022 年 12 月，国家林草局、财政部、自然资源部、生态环境部联合印发《国家公园空间布局方案》，提出到 2025 年，基本建立统一规范高效的管理体制。到 2035 年，基本完成国家公园空间布局建设任务，基本建成全世界最大的国家公园体系。

表 6-3　首批国家公园体制试点体制机制创新做法

国家公园	创新机制	主要做法
东北虎豹国家公园	跨境保护	与俄罗斯豹地国家公园管理局签署保护合作谅解备忘录，建设"无国界"生态保护圈。借助全球虎保护高峰会议等国际平台，共享野生东北虎保护和国家公园建设的中国经验，推进生态文明领域的大国外交
祁连山国家公园	矿产退出	对矿权人自愿放弃申请注销的和对矿业权年限已满未办理延续的，采取注销式退出；对扣除与保护区重叠区域后剩余面积大于 1 平方公里，或剩余面积保有资源储量满足最低生产规模的矿业权，采取扣除式退出；其余采取补偿式退出
大熊猫国家公园	社区共建共管	建立社会公益型保护小区，具体管理由非政府组织等社会力量负责，所需资金和技术由社会组织提供，激发当地社区居民广泛参与，国家公园管理机构与属地政府建立日常、重点和专项三级监管体系
三江源国家公园	管理职能整合优化	整合国土资源、林业资源、水资源、环境保护等相关管理机构，设立生态环境和自然资源管理局；整合森林公安局、国土执法、环境执法、草原监理、渔政执法等执法机构，设立资源环境执法局；整合林业站、草原站、水土保持、湿地保护等事业单位，在园区管委会和乡镇设立生态保护管理站
海南热带雨林国家公园	生态搬迁	实行土地所有权置换，迁出地原农民集体所有的土地全部转为国家所有，迁入地原国有土地全部转为农民集体所有，有效解决了搬迁土地处置难题，保障了村民利益，实现了"搬得出、稳得住、能发展、可致富"的目标
武夷山国家公园	协同管理	省林业局与南平市政府主要负责人建立季度协调会议制度，南平市、涉及县分管负责人与国家公园管理局主要负责人组成每月抓落实会议制度。国家公园执法大队与所在乡镇建立联动工作机制，国家公园基层管理站站长由所在地乡镇长兼任，明确规定有关乡镇长在转任、提任时应征得国家公园同意

续表

国家公园	创新机制	主要做法
神农架国家公园	区域合作	构建大神农架区域保护联盟体系，实现各保护地间连通联保联防。将神农架国家公园毗邻自然保护地纳入大神农架 GEF 项目，让神农架国家公园毗邻保护机构也能在保护中受益，充分调动了周边保护地保护的积极性和主动性
普达措国家公园	特许经营	最早开始特许经营探索，将生态体验向导服务特许给当地社区，在试点区管理机构监管下统一组织开展。在地方财政较为困难、国家财政投入机制尚不完善的情况下，通过较小范围的资源非消耗性利用实现了大范围的有效保护
钱江源国家公园	集体林地保护地役权改革	在不改变森林、林木、林地权属的基础上，先由农户或村民小组自行委托村民委员会管理，再由村民代表大会集体表决形成决议，将管理权统一授予钱江源国家公园管理局，明确约定权利与义务，限制权属所有者的行为
南山国家公园	统筹资金使用管理	建立国家公园一级账户，充分发挥资金集中优势，形成“一个部门归集、一个口子拨付、一条渠道使用、一个标准考核”机制，省财政统一归集拨付，管理局统筹管理使用，省政府统一考核

2. 我国国家公园管理模式

在管理体制上，2018 年我国组建了国家林草局，同时加挂国家公园管理局牌子，负责我国各国家公园的统筹建设和管理工作，并形成了由中央垂直管理、中央与地方政府共管和中央委托地方政府管理三种模式。中央垂直管理模式下的国家公园采取了将其所有权、管理权和经营权分离的方式，保证其所有权为国家所有，国家公园管理局分设区域管理局进行授权管理，并进行特许经营。中央与地方政府共管模式下的国家公园具有“条块结合”的特点，既有纵向上中央直管的优势，又结合了横向上针对当地特色进行调整的灵活性。中央委托地方政府管理模式下的国家公园采取设立“管理局-管理分局”的两级管理体系，将国家公园管理机构与当地乡镇（街道）进行统筹整合，具有人员统筹使用、交叉任职的特点。

在法律体系上，我国在国家公园立法上采取自下而上的立法模式，首先通过“一园一法”的方式针对国家公园所在地的经济水平和生态环境进行因地制宜的立法，在取得一定经验后再向其他地区推广，从而逐渐形成符合我国各个国家公园实际情况的法律体系，再上升到中央立法。目前，我国在国家公园法律体系建设上学习借鉴了国外“一园一法”的成功经验，各国家公园根据地区的差异出台了具体有效的管理措施，为我国快速建立完备的国家公园法律体系打好了基础。在国家层面，为了建立中国特色国家公园体制，保持自然生态系统的原真性和完整性，构建国土空间保护新格局，完善生态文明制度体系，维护国家生态安全，为子孙后代留下珍贵的自然资产，《中华人民共和国国家公园法（草案）》已于 2024 年 9 月 10 日首次提请全国人民代表大会常务委员会会议审议，正在加速出台。

我国现有的国家公园试点区大多是在原有的自然保护区、森林公园等保护地的基础上建设的，其在资金模式上采取以中央财政投入为主的多元化资金保障机制。根据国家公园管理体制的划分，由中央垂直管理的国家公园由中央政府进行资金保障，由中央与地方政府共管以及中央委托地方政府管理的国家公园，其资金投入由中央和省级政府根据其共管或代管的事权划分分别保障，即通过政府的资金保障加快我国国家公园回归公益属性。此外，我国在确保国家公园资源环境和公益属性得以保护的前提下，仍继续探索多元化的投融资渠道，鼓励社会资金积极参与国家公园的资金保障。

在监督机制上，我国积极建立健全对国家公园管理主体及其行为的监督制度，要求各地的国家公园管理机构必须按照相关规定履职尽责，并接受当地政府的监督，同时要建立完善的考核评价体系，对国家公园管理主体的工作成果进行全方位的督查评价，提高监督效率。此外，我国国家公园试点区也在积极探索公众监督机制：一是设立公众监督岗位，对国家公园管理机构的工作人员进行监督，同时也可以协助进行自然保护工作；二是与当地社区进行合作，在当地社区居民中设立管护员，让原住民积极参与国家公园的管理，对当地生态环境进行监督维护，同时提高了当地的农村就业水平，增进了民生福祉。

第四节 相关研究进展

从国际上说，国家公园建设已拥有 150 多年历史，形成了各种不同的管理模式。我国国家公园建设虽然起步较晚，但凭借 60 多年自然保护地建设经验的积累，也获得了飞速的进步。本节将对当前国内外在国家公园管理方面的研究成果进行综述，为探索我国国家公园的未来发展方向提供参考。

（一）国家公园建设的政策目标

长期以来，人类活动对自然生态环境产生了重大影响，当前生态系统退化、生物多样性减弱逐渐成为全球性生态环境问题之一，对人类的可持续发展产生了严重的阻碍，因此保护自然环境与生物多样性是全人类面临的共同课题（欧阳志云等，2002）。为实现对本国自然文化资源的保护目标，世界各国一般根据不同的保护对象、保护方式、管理目标、土地权属、管理主体等，建立自然保护地体系。世界自然保护联盟将全球保护地分为 6 种类型，即严格自然保护区和原野保护区、国家公园、自然文化遗迹或地貌、栖息地/物种管理区、陆地景观/海洋景观保护区以及自然资源可持续利用保护区（Dudley，2008）。自然保护区与国家公园是自然保护地体系中的两种类型。从政策目标上看，建立自然保护区是生态保护的最重要途径，其主要目标是对生态系统与野生动植物进行较好的保护，同时能够发挥涵养水源、保持水土、调节气候、防风固沙、改善环境等重要作用（欧阳志云等，2002）。我国的自然保护区建设事业经历了半个多世纪的发展历程，目前已基本形成了布局较为合理、类型较为齐全、功能较为完备的自然保护区网络，成为中国生态保护和建设的主体，在保护生物多样性、维护生态平衡和推动生态建设等方面发挥了巨大的作用（王秋凤等，2015）。尽管自然保护区与国家公园都强调景观的自然、原始属性，但自然保护区严格的环境保护规定没有完全解决开发活动与资源保护之间的矛盾（Zhou et al.，2011）。相较于自然保护区，国家公园将科学研究列为主要管理目标之一（薛达元和蒋明康，1994）。国家公园是为保护自然生物多样性和底层生态结构、支持环境保护进程以及促进教育和娱乐而建立的地区（Dudley，2008）。国家公园的建设明确允许一定程度的资源开发与环境保护共存，除了保护自然生态环境外，还具有科研、教育、娱乐的功能（陈戈等，2001）。作为第一个建设国家公园的国家，美国的国家公园从最初就确定了其建设目标是为了人民的利益与享用，兼顾自然保育和户外游憩的重要功能（王连勇和斯蒂芬，2014）。从全球范围来看，国家公园不仅可以作为国家承诺进行自然保护和环境保护的工具，还可以为公众提供教育、娱乐和旅游机会（Wang et al.，2011）。我国国家公园管理与建设也强调具备重要自然生态系统的原真性和完整性，在进行保护的同时，兼具科研、教育、游憩等综合功能（黄宝荣等，2018），而且其游憩功能的发挥对周边乡村的发展与民俗文化的传播也具有重要的推动作用（薛芮等，2022）。因此，国家公园与自然保护区在政策目标上的差异为：国家公园并不局限于对自然环境的严格保护与管制，同时要以民众需求为依据，更好地实现对自然区域的管理（田佳妮和金娇，2021），然后在其基础上发挥教育、科研与科普功能，并为国民提供游憩机会（余青和韩淼，2019）。

（二）国家公园建设举措研究

科学的发展理念是国家公园取得建设成效并最终获得全民认同与情感依恋的最重要因素（兰伟等，2018）。国家公园应以对自然资源与生态环境的完整保护为第一目标，但又应区别于严格的自然保护区和荒野区（杨锐，2014），即国家公园应在保护的前提下为国民提供科普教育与休闲游憩机会（窦亚权和李娅，2018）。在国家公园的建设初期，往往会出现当地居民与公园管理者之间的冲突（Coggins，2000），其中最明显的影响之一是严格的管理对当地人的生产活动产生了限制，从而导致公众对国家公园的不满（Wang et al.，2011），因而在国家公园的建设过程中，需要解决好自然环境保护与公众生产活动之间的矛盾。日本通过颁布《自然公园法》《自然再生推进法》等法律法规，明确了包括当地公众在内的各类利益相关者的角色和责任，推动利益相关者参与国家公园管理，实现以真正可持续和全面的方式管理国家公园（Hiwasaki，2005）。韩国在国家公园建设过程中也不断探索经济发展与环境保护之间的共赢。韩国的国家公园管理机构积极沟通各利益相关方，与当地社区、社会资本等形成多种合作体系对国家公园进行管理建设，提高了当地经济收入与国家公园的知名度（闫颜和徐基良，2017）。在美国100多年的国家公园体系建设经验中，将资源保护和访客利用相结合是其始终坚持的公园哲学理念，美国鼓励普通民众参与国家公园的部分管理事务，包括保护公园的资源及其价值、改善公共服务、优化公共关系、为游客提供学习与体验机会（王连勇和斯蒂芬，2014）。芬兰通过在国家公园内植被类型更丰富的地区集中建设游客娱乐设施，减少了游客进入的区域，既增加了国家公园内的生物多样性，又满足了游客的期望（Juutinen et al.，2011）。挪威国家公园将管理权分散给当地民选政治家和新成立的地区国家公园委员会中当选的当地民族代表（保继刚和孙九霞，2009）。此外，当地利益相关方在专业咨询委员会中都有代表，可以通过增加地方产业专业人士在保护区治理中的作用，使国家公园管理的质量和合法性得以大幅提高（Risvoll，2014）。

从国内角度看，我国人口众多，受土地、森林等自然资源权属限制，在国家公园的范围内不可避免地会有社区和人口分布，因此必须解决好当地社区的生产生活和发展问题（闫颜和唐芳林，2019）。国家公园治理强调通过社会和政治手段来管理环境，从而使环境为公众服务（赵敏娟等，2015）。面对我国国家公园建设现状，社区共管已成为使国家公园的保护管理政策在基层真正实施并降低保护管理成本的有效措施，其具体措施包括社区参与国家公园政策制定，提供公益岗位、劳务服务和特许经营，将社区纳入资源保护机制，建立社区共管组织等（张引和杨锐，2021）。除了推行社区共管机制，我国在对国家公园进行分区规划时，还会考虑国家公园的全民公益性与社会影响力，根据保护、科研、教育、游憩与社区发展等功能进行划分管理（何思源等，2019）。此外，我国在国家公园试点区也建立了自然教育基地，吸引了大量游客与社会各界的志愿者，在平衡保护和发展的前提下体现了国家公园的全民公益性（臧振华等，2020）。通过推动基于社区的自然资源管理、社区共管等一系列协调机制的实施，我国不断提高社区参与国家公园管理的程度，大幅提升了国家公园中自然资源保护的管理效率以及社会公共福利（何思源，2021）

（三）国家公园建设的效益评价

Sutton et al.（2019）对美国国家公园的生态系统服务价值进行了一系列经济评估，发现国家公园的生态系统服务价值远高于以往对于国家公园年总价值的估计，他们认为：国家公园在进行投资决策时，应将自然资本产生的生态系统服务收入考虑在内。Cetin and Sevik（2016）认为：有必要对国家公园的娱乐潜力进行全面分析，以保护其文化和娱乐价值，实现环境保护与娱乐规划的平衡。他们采用了 Gülez（1990）提出的户外娱乐潜力评估方法，从景观价值、气候价值、可经营性、娱乐设施和负面因素等方面对国家公园的娱乐潜力进行了评价，并认为高娱乐潜力的国家公园在提供娱乐服务与设施的同时，也要确保其自然、文化资源和价值的连续性。Negru et al.（2020）使用基于记分卡问卷的管理有效性跟踪工具，对厄瓜多尔国家公园的环境、计划、投入、过程、产出和结果进行了研究分析，并指出：在国家公园管理中不能依靠降低执法强度来提高管理效率，而应将社区居民纳入决策、利益分享以及资源预算等过程中。

刘德谦（2017）认为：当大量游客涌入国家公园时，不仅会对自然资源造成威胁，也会降低游客自身的游憩体验质量。郭进辉等（2019）结合社会规范理论研究了游客对不同瞬时旅游承载量的拥挤感知，从而确定了游客达到最佳旅游体验的旅游承载力标准，并总结得出国家公园管理部门应根据公园的最佳体验承载量与不同的旅游承载状态进行旅游管理的结论。Wang et al.（2011）结合中国法定假期与国民收入的变化，对中国用于生态保护的国家森林公园的发展情况进行了统计分析，发现国家森林公园系统能够在创造大量就业岗位的同时，极大地推动当地的基础设施建设，使当地的农村和农民受益。张颖和张彩南（2019）采用条件价值法，调查了人们对国家公园内环境改善、科学文化保护等的支付意愿，并提出：针对当前我国国家公园美学服务价值的年均增速还不高的问题，应采取措施提高人们对国家公园美学价值的认知水平和保护意愿，加强对美学服务资源的资产化管理，提高国家公园自然风光等的美学价值。邱守明（2020）对云南省国家公园的旅游收入与农户收入情况、参与国家公园发展农户与未参与农户的收入情况进行了统计分析，他认为：国家公园的发展显著提高了参与农户的总收入，同时能够增强其收入结构的抗风险能力，提高未来的增收潜力。

第五节 趋势展望

2021 年 8 月，由国家林业和草原局、国家发展和改革委员会联合印发的《“十四五”林业草原保护发展规划纲要》提出：在“十四五”期间，我国将健全国家公园管理体制机制，出台国家公园法，实行中央政府直接管理、委托省级政府管理两种管理模式，整合组建统一规范高效的国家公园管理机构和执法队伍，研究制定国家公园自然资源资产管理权责清单。在当前大力推进生态文明建设的大背景下，我国国家公园建设与管理应该总结归纳现有不足，在加强国家公园基础理论研究的同时，提出并落实好有针对性的政策措施，进一步推进我国国家公园体制建设。

1. 加快国家层面的国家公园立法

当前，应当利用好我国各地区、各国家公园已形成的地方法律法规以及自然保护地管理规章制度，加快国家公园法在国家层面的研究建立，为各国家公园及其管理机构的统筹规划与科学管理提供总体性的法律依据；同时，要加强对地区的立法指导，对各地区国家公园相关法律法规进行细化、优化，对区域划分、林草科普、生态体验、自然教育、游客服务、特许经营、资源保护等方面进行规范管理，建立起中央统一指导与地方因地制宜相结合的国家公园法律体系；此外，借鉴国外国家公园的立法经验，研究制定引导公众参与、监督国家公园发展的制度和程序，以体现国家公园的公益性和决策的科学性。

2. 研究建立社区共管模式

习近平总书记在党的十九大报告中强调：“坚持人与自然和谐共生。建设生态文明是中华民族永续发展的千年大计。”处理好人与自然的关系，也是国家公园体制的重要目标。中国的国家公园中包含着众多由原住民及其居住环境共同形成的社区，未来中国应当利用好当前生态旅游社区发展经验，研究建立一套能够同时兼顾资源环境保护、国家公园旅游业发展、当地社区经济文化发展的可持续性社区共管体制，探索具有不同自然条件与人文特色区域的社区参与国家公园管理与监督的发展模式，尊重当地社区的文化与发展权利，实现社区和国家公园的良性互动发展。

3. 对国家公园管理机构进行整合优化

首先，要明确国家公园管理机构的职责划分，坚持国家公园的公益性质，坚持国家公园的建设与管理以中央事权为主，由国家层面的国家公园管理局负责承担国家公园的统筹规划、经营管理、立法执法、资金保障等工作。此外，将多余冗杂的管理机构进行分阶段整合，提高国家公园管理机构的统筹规划效率。其次，要明确国家公园是对一定地域范围内自然资源和生态系统进行保护的制度。由于自然资源具有经济和生态双重属性，因此国家公园的管理体制应当与自然资源和自然资产管理体制相结合，只有这样，国家公园管理部门才能对国家公园范围内全民所有的自然资源进行统一规划、统一保护、统一管理、统一监督。最后，要提高国家公园监管部门的整体素质，通过聘用专业人才、开展专业培训等手段，培养监管队伍保护生态环境与自然资源和污染防治的能力，如此才能对国家公园内自然资源与环境的监管过程中出现的各类环境损害问题进行及时处理与解决，切实发挥出监管的作用。

4. 建立多元化经营模式

总结当前特许经营制度取得的经验成就，归纳存在的不足之处，利用国家公园的游憩功能继续引导有资质的经营者在国家公园内开展特许经营，同时规划好特许经营的范围，确保相关经营活动不会损害国家公园内的自然资源与生态环境。例如，在指定区域提供餐饮、住宿与文化产品等经营活动，实现“绿水青山就是金山银山”；同时，由国家公园监管部门对特许经营行为进行监督管控，保证其按照有关规章制度开展经营活动，避免特许经营转变为市场化经营，背离可持续发展的初衷。

5. 完善国家公园空间布局

（1）针对当前祁连山国家公园、大熊猫国家公园等在空间规划上存在跨地区、跨省份等特殊情况的国家公园，应当对其管理工作进行国家层面的指导与整合，通过合理调整边界、加强省域合作、打破行政区划限制等方式，解决其“一园多制”的问题，保证园区的统一规划，避免由于管理混乱导致的公共资源浪费。

（2）按照我国当前生态文明建设的总体要求，建立国土空间开发保护制度，明确国家公园的发展目标和规划，根据国家公园的不同生态环境和社区分布科学划定生态空间、生产空间和生活空间，通过合理的空间布局使得资源利用效率最大化。

推荐读物

[1] 蔡晓梅，苏杨．从冲突到共生：生态文明建设中国家公园的制度逻辑 [J]．管理世界，2022，38（11）：131－154.

[2] 黄宝荣，王毅，苏利阳，等．我国国家公园体制试点的进展、问题与对策建议 [J]．中国科学院院刊，2018，33（1）：76－85.

[3] 欧阳志云，徐卫华．整合我国自然保护区体系，依法建设国家公园 [J]．生物多样性，2014，22（4）：425－427.

[4] 苏杨，王蕾．中国国家公园体制试点的相关概念、政策背景和技术难点 [J]．环境保护，2015，43（14）：17－23.

[5] 温亚利，侯一蕾，马奔．中国国家公园建设与社会经济协调发展研究 [M]．北京：中国环境科学出版社，2019.

[6] 杨锐．论中国国家公园体制建设中的九对关系 [J]．中国园林，2014，30（8）：5－8.

[7] 张玉均，等．中国国家公园建设发展报告（2022）[M]．北京：社会科学文献出版社，2022.

[8] 赵智聪，彭琳，杨锐．国家公园体制建设背景下中国自然保护地体系的重构 [J]．中国园林，2016，32（7）：11－18.

[9] 朱永杰．国家公园环球行（1－60）[N]．中国绿色时报，2020—2022.

[10] Dudley，N.，“Guidelines for Applying Protected Area Management Categories”[M]，IUCN Publication Services，2008.

[11] Venter，F. J.，Naiman，R. J.，Biggs，H. C.，et al.，“The Evolution of Con-

servation Management Philosophy: Science, Environmental Change and Social Adjustments in Kruger National Park" [J], *Ecosystems*, 2008 (11): 173-192.

[12] Watson, J. E. M., Dudley, N., Segan, D. B., et al., "The Performance and Potential of Protected Areas" [J], *Nature*, 2014, 515 (7525): 67-73.

思考与讨论

1. 自然保护地与国家公园、自然保护区的关系是什么?
2. 我国国家公园管理体系与美国相比，有何异同?
3. 我国的国家公园建设经历了哪些阶段? 有何特点?
4. 国家公园建设与管理如何处理好政府与市场的关系?
5. 如何处理好国家公园建设与社区民生的关系?
6. 请列举一项我国国家公园建设与管理研究的代表性成果，并加以评述。

第七章

乡村林业发展[①]

乡村是具有自然、社会、经济特征的地域综合体，兼具生产、生活、生态、文化等多重功能，与城镇互促互进、共生共存，共同构成人类活动的主要空间。当前，我国共有 41 636 个乡镇行政单位。全国乡镇级以下行政区划共包括 2 个区公所、19 531 个镇、14 677 个乡、181 个苏木、1 092 个民族乡、1 个民族苏木、6 152 个街道。为了便于管理，乡镇级以下设有行政村和自然形成的自然村，全国共有 691 510 个行政村、261.7 万个自然村。中国拥有 960 万平方公里的国土面积，而乡村的面积有 886 万平方公里，占国土面积的 92%。乡村兴则国家兴，乡村衰则国家衰。人民日益增长的美好生活需要和不平衡不充分的发展之间的矛盾在乡村最为突出，我国仍处于并将长期处于社会主义初级阶段，这个特征主要表现在乡村。全面建成小康社会和全面建成社会主义现代化强国，最艰巨最繁重的任务在农村，最广泛最深厚的基础在农村，最大的潜力和后劲也在农村。实施乡村振兴战略是解决新时代我国社会主要矛盾、实现"两个一百年"奋斗目标和中华民族伟大复兴中国梦的必然要求，具有重大的现实意义和深远的历史意义。

2017 年 2 月 5 日，中央一号文件《中共中央、国务院关于深入推进农业供给侧结构性改革加快培育农业农村发展新动能的若干意见》正式发布，这是进入 21 世纪以来，第 14 个指导"三农"工作的一号文件。该文件开篇便做出重大判断，指出："经过多年不懈努力，我国农业农村发展不断迈上新台阶，已进入新的历史阶段"，"农业的主要矛盾由总量不足转变为结构性矛盾，突出表现为阶段性供过于求和供给不足并存，矛盾的主要方面在供给侧"。该文件为确保农业稳产增产、农民稳步增收、农村稳定安宁指明了工作方向，为未来继续全面推进乡村振兴具有重要的指导意义。在实施乡村振兴战略的过程中，应不断践行"两山理论"，做好山水文章。振兴乡村最大的优势在生态，最大的潜力在林业，林业的主要工作领域在农村，主要从业人员是农民。走依靠生态优势实现乡村振兴的发展之路，既可以加快农业农村现代化步伐，也必将有力地推动林业现代化建设。

---

① 本章参加编著人员：李娅、柯水发、黄丹妮、万深玮。

首先，本章对乡村林业、社会林业、社区林业的概念进行界定。其次，本章梳理了相关的理论体系，并从林业与乡村振兴、林业与乡村减贫、林业与乡村农户生计发展、乡村森林文化保护和开发、乡村林业组织建设等几个方向对乡村林业发展的实践与研究进展进行了梳理。最后，本章对未来乡村林业发展趋势进行了展望。

第一节 相关概念界定

一、乡村林业的概念

根据《中国资源科学百科全书》，乡村林业是通过多种形式调动广大农民发展林业的积极性，把农村中的传统林业生产活动与乡村发展相联系，以促进乡村持续发展的一种林业活动。乡村林业是中国林业的重要组成部分，它体现了林业变革与发展的过程，打破了传统林业“就林论林”的狭隘性，强调通过广泛宣传、教育，把广大农民吸引到林业活动中；突出了农民在发展林业中的自主地位，把造林、爱林、护林变为农民自觉的行动；已作为一项重要内容被纳入乡村社会发展。综上所述，简言之，乡村林业是以乡、村为依托，以农业生产为基础，以一家一户或村民联合为单元，在主要发展农业和农村的条件下为支持林业的发展以及建立良好的生态环境而经营的、用以满足生产和生活需要的林业。

乡村林业打破了传统林业中“就林论林”的狭隘性，它重视人与森林的协调关系，强化人的调控作用，强调农户积极参与森林经营规划的制度和实施，是为实现经济效益的快速增长而采取的发展方式。当前的乡村林业发展要摒弃经济大发展时期只追求经济效益的观念，而是大力发扬科学化的发展方式，使经济发展与生态建设同时进行，实现林业经济的健康发展。

二、社会林业的概念

社会林业是把乡村群众作为参与主体、受益主体，通过采用农林复合经营等主要技术手段，让他们参与森林经营管理的各方面活动，使乡村群众直接受益，并改善农村生态环境，促进农村社会的综合、协调与可持续发展的森林经营管理组织形式（何丕坤和何俊，2004）。社会林业的焦点已从传统的生产性林业转移到乡村综合发展的林业活动上，而且经营模式具有多样化和多元化的特点。随着农村经济体制改革，现在是由一家一户的分散经营向着多种形式的合作经营与股份制经济发展。社会林业的发展是一次重大战略转移，林业从单纯生物的、技术的方面转向人文的、社会的方面。

三、社区林业的概念

社区林业是在农村社区发展中以林业为对象，以社区成员为主体，通过吸引社区成员广泛参与林业生产与森林经营管理活动，旨在获取生存与发展所必需的森林产品，改善农村生态环境，促进农村社会的综合、协调与可持续发展，它是一种森林资源的社会组织形式与管理方式（谭世明，2009）。社区林业可以培养林农的自主能力，追求生态、经济与社会效益的最佳结合。社区林业强调当地社区与森林资源的关系和当地社区在森林资源管理中的主导作用，政府则扮演服务和协助的角色。社区林业的实施使得森林资源得到了有效管理和合理使用，并推动了当地社区和区域经济的可持续发展。

四、乡村林业、社会林业和社区林业的联系与区别

1. 联系

乡村林业、社会林业和社区林业都是区别于传统林业的新模式，这三种林业经营模式的核心是参与性，体现为政府、技术人员和乡村农民共同的参与和合作，更多强调乡村农民的参与（张盟，2011）。参与式发展是一种微观发展理论，它强调尊重差异、平等协商，在“外来者”的协助下通过社区成员积极、主动的广泛参与，实现社区可持续的、有效益的发展，使社区成员能够共享发展的成果。参与式发展的主体是积极、主动的当地群众，他们了解该区域的乡土知识，熟悉该区域的实际情况，能够及时发现问题并找出解决问题的办法。

通过主体参与进行社会角色的正确定位，而后通过研究社会组织形式和制度化来规范产权制度和社区合作制度（徐国祯，2006），把现在一家一户分散经营承包的小片山林，通过互相合作组织起来，以利于森林经营。社区林业是通过社会合作来实现林业发展的目标。社区林业建立在农民自愿参加并与其切身利益相结合的基础上，其发展目标由最初的单一生产目标向生产目标、农村经济发展目标和生态发展目标的多目标方向发展，融合了林业的可持续经营和乡村的可持续发展双重目标。

2. 区别

从管理机制上看，社区林业更强调微观的范畴，而社会林业主要强调了一种宏观的范畴，从社会林业到社区林业，是宏观到微观的转变，并通过强调社区权反映了自上而下的管理机制向自下而上的管理机制的转变。相比乡村林业和社会林业，社区林业不仅强调了传统农业的作用，而且更重视乡土知识（杜婵，2016）。传统文化和习俗多被应用于林业保护中，而社区林业引入的乡村知识不仅能够用到林业保护中，还强调了技术资源在森林资源、林产品、生物多样性的利用和开发方面的作用。从技术管理上看，在乡村林业到社会林业再到社区林业的转变过程中，现代科学知识和传统习俗在生产管理中的运作使乡土知识及更多的知识文化融合到森林管理中。

乡村林业大多是村民自发进行的一种生产模式，缺少政府相应的管理和协调，生产方式松散，只关注经济效益而忽略了其对生态建设的意义（黄日正，2015）。社区林业已不再像社会林业和乡村林业那样强调群众参与林业活动，而是在社区有充分自主权的基础上，让政府和社会各界以协助者的角色参与以社区为单元的林业活动。

第二节　乡村林业发展的基础理论和研究方法

一、乡村林业的发展模式和进程

（一）乡村林业的发展模式

中国具有悠久的林业发展史，其中，乡村林业的类型共有三种：一是以木材和林产

品为基础的乡村林业，注重从森林中获取产品；二是以土地为基础的乡村林业；三是以环境为基础的乡村林业，突出森林的服务功能。中国乡村林业的类型以村社集体经营、农户个体经营、农户联合经营为主。同时，乡村林业在发展过程中形成了不同的发展模式。乡村林业产生后，共需经历初级、中级、高级三个阶段，相应的发展模式有村民自发型、政府主导型以及村民主导型三种。目前，以政府主导型为主。

村民自发型发展模式是指村民可利用闲置土地进行种植，取得一定的经济效益并带动其他村民进入乡村林业的行列中，但有无组织、盲目性、随意性等缺陷。

政府主导型发展模式是通过政府引导，向村民在产前、产中、产后均提供优质服务，其充分发挥了政府的作用，但有步骤烦琐、容易使村民形成懒惰思维以及财政压力较大等缺点。

村民主导型发展模式属于新型乡村林业发展模式，是指由农户、当地政府、林业部门、外来者等参与主体按照乡规民约组成农民林木协会，由单一、分散的农户活动上升到农民林木协会的活动，并分别建立利益驱动机制、宏观指导机制、配套服务机制和市场运作机制，共同推进乡村林业的发展壮大。该模式使市场和政府共同发挥作用，村民从“参与”转变为“主导”，将充分调动村民与投资者的积极性。

（二）乡村林业的发展进程

林业具有经济效应与生态效应的双重属性，从而决定了它不可替代的地位。乡村林业是林业发展史上的一次重要变革，起源于发展中国家，尤其是在东南亚国家间兴起，是社会林业的发源地和最主要的类型（张春霞，1995）。由于各国的国情和林业发展状况不同，所以它们对乡村林业的理解也有所差距，但乡村林业的核心均是以农村为对象，以农民为主体，带领广大农民参与到林业中，以便让农民直接受益、当地经济水平提高，最终实现人与自然的和谐发展。1998 年，由中南林学院徐国祯教授主编的《乡村林业》将其定义为：“乡村林业是以乡村群众为参与主体，通过采用农林复合经营等主要技术手段，并参与森林经营管理各方面活动，旨在使乡村群众直接受益，并改善农村生态环境，促进农村社会的综合、协调与可持续发展。”

世界各国在发展乡村林业的过程中积累了一定经验：美国作为世界上的林业大国，十分注重乡村规划，重点关注林业专业人才、林地管理和林权交易、资金扶持以及乡村产业多元化发展四个方面的内容（王笑涵等，2020）；印度在发展乡村林业方面起步较早、发展也较为迅速，更加注重近期效益，主要通过乡村片林、联合森林经营和生态开发三种类型发展，其组织体系完善，善于借助国际资金（张敏，2003）；泰国以营林村为主要形式发展乡村林业；韩国主要是通过社团活动来发展乡村林业（徐国祯，1992）。中国在乡村林业上所做的努力离不开上千年农林永续发展的传统，中国汲取了其他国家在林业发展上所采取的措施并结合中国的基本国情，提出了一系列促进乡村林业发展的建议。2021 年 2 月，中国取得了脱贫攻坚战的全面胜利，以林业产业为主的乡村林业在促进农民增收方面发挥了重大作用。随着 2017 年乡村振兴战略的实施，各省结合自身优势充分激发了乡村林业的活力，特别是云南、湖南、广西、黑龙江、广东等林业资源丰富的地区。例如，湖南省将林农复合经营作为主要技术，突出市场化、龙头化等重要特色。

二、相关基础理论

乡村林业（rural forestry）源于社区林业（community forestry），或称社会林业（social forestry），印度林学家 J. C. Westoby 于 1968 年在第九届英联邦林业大会上首次提出这一概念。1978 年，第八届世界林业大会明确了乡村林业的地位和作用。1985 年，第九届世界林业大会再次强调了乡村林业在国民经济增长中的重要作用。1991 年，第十届世界林业大会多次指出了乡村林业、社会林业的重要性。乡村林业是林业发展中的一项重大改革，它改变了"在林讲林""就林论林"的狭隘，使发展中国家的林业战略从传统的单一经营林业思想逐步过渡到乡村林业发展，是实现林业可持续发展的重要手段，也是实施森林生态系统管理的重要途径。与乡村林业相关的理论主要有：

1. 可持续发展理论

可持续发展理论是乡村林业发展的基本理论，可促进乡村林业的科学经营、合理利用，最终实现可持续发展。可持续发展理论要求"既满足当代人的需求，又不对后代人满足其自身需求构成威胁"，要求经济、生态、社会协调发展。在乡村林业的发展过程中，既要强调乡村经济的发展、森林资源数量增长与质量提高、人们生产与生活水平的改善，又要强调人与自然的和谐，使人类对森林的需求得到满足，个人得到充分发展。

2. 制度变迁理论

"制度"是制度经济学研究的主要对象，对经济发展产生了重要影响，并引起了国内外经济学家的日益重视，他们力求通过"制度"来解释一切经济现象。在乡村林业的规范发展中，需要发挥制度的作用，运用制度经济学的一些知识和理论来分析乡村林业的各项制度。

3. 参与式发展理论

参与式发展理论是一种微观发展理论，它强调尊重差异、平等协商，在"外来者"的协助下，通过社区成员积极、主动的广泛参与，实现社区可持续的、有效益的发展，使社区成员能够共享发展的成果。它是一种以社区成员为主的方法和理念，通过赋权社区成员，使他们具备分析自身状况的能力，能够制订有效的发展计划，并采取行动来实现社区的公平发展。

三、乡村林业发展的主要研究方法

开展乡村林业调查的研究多采用参与式乡村评估方法，这种方法强调农户参与项目区划、调查、规划布局、决策、实施、监测与评估等环节，可以充分体现农户的思想、需求，能够最大限度地满足农户的愿望，有利于开展乡村林业发展模式的研究。参与式乡村评估（participatory rural appraisal，PRA）方法是社会参与式项目的常用方法，包括半结构访谈、问卷调查、村民（农户）会议、排序与矩阵打分，以及制作参与式社区资源图、问题树分析、季节历、优势劣势-机遇风险（SWOT -矩阵分析法）等多种形式的方法。

在计算乡村林业对农户家庭收入的贡献程度、绩效评估、减贫效果的评估以及影响因素上，研究者大多采用熵权法、回归分析法以及层次分析法。其中，在指标体系的构建过程中，通常会结合德尔菲法和定量模型方法，最终分析评价结果。要揭示乡村林业对于农户生计可持续性的影响机制，可在实地调研和访谈的基础上，构建农户生计可持续评价体系，一般采用熵值法、Logistic 回归与逐步回归分析方法进行研究。

第三节　乡村林业发展状况

一、林业与乡村振兴

1. 林业与乡村振兴的关系

为实现我国农业农村现代化，党的十九大报告提出了乡村振兴战略，确立了实施乡村振兴战略的总要求等（闫书华，2021）。党的二十大报告首次提出要加快建设农业强国，扎实推动乡村产业、人才、文化、生态、组织振兴，也就是通过五大振兴促使我国从农业大国转向农业强国。林业作为我国重要的公益事业和基础产业，在经济发展和生态建设中具有重要作用，乡村振兴战略的总要求“产业兴旺、生态宜居、乡风文明、治理有效、生活富裕”（施桦等，2022）均与林业有着紧密的联系。林业发展有利于促进乡村经济发展、改善乡村生态环境、建设乡村文明风气、推动乡村法制建设（刘博达，2021）。

2. 林业在乡村振兴中的实践

（1）产业兴旺的实践。发展林业产业是实现乡村产业振兴、经济发展的重要途径。我国林业产业总产值已从 1949 年的 23.90 亿元增长到 2019 年的 8.08 万亿元，产业规模快速发展（宁攸凉等，2021）。经过 70 多年的高速发展，我国已成为世界上林产品生产第一大国。林业产业结构已由初期单一的营林和木材采伐转变为经济林产品的种植与采集、木材加工、人造板制造、林业旅游与休闲服务等三产融合发展的局面（宋维明和杨超，2020）。总体看来，我国林业产业取得了巨大成就，实现了跨越式发展，为我国乡村振兴作出了突出的贡献。

（2）生态宜居的实践。林业是恢复生态环境的关键，肩负着生态文明建设的重任。林业既能保护湿地生态系统，也是建设美丽乡村的重要保障（杨涵，2021）。2018 年发布的《中共中央、国务院关于实施乡村振兴战略的意见》将“实现百姓富、生态美的统一”作为乡村振兴的发展目标（方明，2018）。随着我国退耕还林工程、天然林保护工程、野生动植物保护及自然保护区建设等林业重点工程的实施，全国乡村生态面貌显著改善，生态保护修复效果明显。根据《中国林业和草原统计年鉴》，2018 年我国共造林 729.95 万公顷；截至 2019 年底，我国林地面积已有 32 591.12 万公顷，森林覆盖率达到 22.96％，村庄绿化覆盖率达到了 27.80％（张军，2021）。

（3）乡风文明的实践。党的十八大首次将生态文明建设列入中国特色社会主义布局中，强调全面推进生态文明建设——生态兴，则文明兴。近年来，我国不断加大古树名木、野生动植物等生态资源的保护力度，大力宣传生态文明理念，深入挖掘生态文化资源，提高村民保护生态的思想意识，建设繁荣的生态文明体系，带动乡村乡风文明建设。新冠疫情发生后，2020 年全国人民代表大会常务委员会通过了《关于全面禁止非法野生动物交易、革除滥食野生动物陋习、切实保障人民群众生命健康安全的决定》。此后，我国开始全面禁止非法野生动物交易，引导群众移风易俗、革除陋习，树立了乡村文明生活新风尚。

（4）治理有效的实践。随着林业法制建设的不断深化，我国乡村社会治理持续推进。一般来说，林区地广人稀、交通落后，容易成为社会治理的盲区。在乡村治理中，林区治理既是重点也是难点。2008 年，为进一步解放和发展林业生产力，中共中央、国务院发布了《关于全面推进集体林权制度改革的意见》。目前，集体林权制度改革已取得较好成效，"三权分置"改革稳步进行，林权流转交易平台加速推进，以《中华人民共和国森林法》为首的林业法制体系不断健全。同时，生态补偿机制也在逐步完善。此外，各级政府还在林区广泛开展普法教育，提高林区群众的法制素养。

（5）生活富裕的实践。林业资源分布于广大山区乡村，是农民重要的生产资料。农民从事林业生产活动的主要目的已经变成获得经营性收入或工资性收入，林业对农民增收的功能越来越凸显。目前，我国有 12 亿亩的人工林，包括 3 亿亩以上经济林、4.9 亿亩用材林，这些都是乡村农民增收的"绿色银行"（耿国彪，2021）。2017 年，全国林业主要产业带动就业人数超过 5 200 万人（李慧，2018）。以云南省为例，2018 年全省木本粮油基地面积 343 万公顷，木本粮油产业带动主产区农户人均增收超过 1 500 元（迟诚，2020）。2020 年，全国林业共带动 3 400 万人就业（耿国彪，2021）。

二、林业与乡村减贫

我国林业与乡村减贫的实践模式可归纳为政策倾斜式扶贫、产业发展式扶贫及机制创新式扶贫三个方面。其中，政策倾斜式扶贫包括林业重点工程建设和提供生态护林员就业岗位，通过以政府为引导、贫困户为主体，实现改善生态环境和减少贫困人口的目标。贵州省根据国家颁布的《关于开展建档立卡贫困人口生态护林员选聘工作的通知》，结合本省的特点与优势，走出了一条"一人护林、全家脱贫"的林业减贫新路径。截至 2020 年，贵州共有生态护林员 17.25 万名，带动 51.75 万贫困人口实现脱贫。山西岚县开展了购买森林管护服务工作，使有劳动能力的部分贫困户转为护林员，有效带动 776 名建档立卡贫困群众获得长期稳定管护收入。云南为攻克深度贫困堡垒，特向"三区三州"地区的怒江与迪庆倾斜支持，其生态护林员指标占全省指标总数的三分之一，实现有劳动能力的贫困户全覆盖，为脱贫创造了必要条件。

一般来说，产业振兴始终发挥着推动乡村振兴的基础性作用，而林业产业的高质量发展能增强乡村内生动力，使其长期脱贫而不返贫。如今，除林木培育和林产品加工等传统产业外，林业开始向现代化产业方向转变，即由政府和企业引导，以农户为目标群体，通过资源开发，大力发展特色产业（如特色经济林、森林旅游等）、建立特色产业基地，以促进产业融合发展，实现产业聚集，带动减贫脱贫。2020 年，云南省昆明市的林业总产值为 185 亿元，年均增长 16%，形成了观赏苗木、林下经济、木制品加工、特色经济林四大主导产业，并通过实施退耕还林工程、成立合作社、依靠龙头企业带动，发展以核桃、板栗为主的特色经济林面积 14.87 万公顷，年产量 13 万吨，农民人均可支配收入 2 170 元。贵州采取了财政扶贫资金量化入股、集体林地林权流转收益、提供就业增加劳务收入、共商共建共治共享保底分红等措施。截至 2019 年，贵州特色林业产业提供稳定就业岗位达 23.24 万个，带动贫困人口 23.57 万人实现增收。在依托森林资源带动生态旅游服务业实现减贫脱贫方面，云南依托贫困地区丰富的林业旅游资源，通过向建档立卡贫困户提供政策与资金方面的支持，扶持贫困户个体发展森林旅游产业，将生态资源优势转化为绿色发展优势。

此外，随着减贫模式的不断创新，我国林业助力乡村减贫机制逐渐由传统向创新转变，生态扶贫主体也从政府引导转向了市场配置，如购买式造林精准扶贫和基于市场机制的森林碳汇扶贫等。政府鼓励农户参与森林碳汇项目来拓宽增收渠道，然后通过林地入股、出租和流转等方式获得收入，达到减贫效果（曾维忠等，2017）。

三、林业与乡村农户生计发展

1. 林业发展现状

林业作为我国不可或缺的自然资源和社会重要资源，其发展地位日益凸显。从乡村农户生计发展方面来看，发展林业有利于建立健全生态产品价值实现机制以及推动形成具有中国特色的生态文明建设新模式。“十三五”期间，全国累计完成造林 5.45 亿亩，森林抚育 6.37 亿亩，建设国家储备林 4 805 万亩，森林覆盖率提高到 23.04%，森林蓄积量超过 175 亿立方米，连续 30 年保持“双增长”，成为森林资源增长最多的国家。目前，我国林业发展的重点领域包括聚焦粮油安全的经济林、新型环保木材加工和竹林资源培育、依托森林草原湿地和野生动植物的生态旅游、与生态保护修复融合的林下经济、森林康养、林草中药材、林业生物质能源发展等方面，加之集体林权制度改革在一定程度上解决了林地细碎化的问题，促进了农民规模化经营的积极性，在带动农民就业、创业、脱贫等方面发挥了巨大作用。我国林业发展在“十三五”期间取得了产业稳步增长、林农收入显著提升、脱贫攻坚效果突出，逐步实现了传统林业转型升级。国家林草局在 2020 年 4 月公布的《2018 年度中国林业和草原发展报告》显示：2018 年，林业产业的总产值达到 7.63 万亿元（按现价计算），比 2017 年增长 7.01%，同比增速减少 2.85 个百分点。林业一、二、三产业的产值与 2017 年相比，都有不同幅度的增长，而且林业第三产业的增长迅速，并使林业三次产业的结构比得到进一步优化。但在“十四五”期间，我国林业发展也面临着产业结构、产品供给、创新能力、政策保障等方面的突出问题，仍需考虑如何推动林草产业高质量发展，实现乡村振兴、碳达峰碳中和等战略和挑战，从而更好地解决满足人民日益增长的美好生活需要和不平衡不充分的发展之间的矛盾。

2. 林业促进乡村农户生计发展

农户是农业最基本的决策单位和最重要的经济活动主体，农户的生计资本包括人力资本、社会资本、自然资本、物质资本和金融资本，具体体现为劳动力、可直接利用资源、存款贷款、基础设施与生产工具、亲朋好友互助等方面，在农村居民人均可支配收入中占比较大的为工资性收入和经营净收入（见图 7-1），而乡村农户生计发展在林业方面表现出的行为主要是林地利用。一系列林业生态工程依托集体林权制度改革作为新时期林业发展的重要载体，改善了以往林农对林地经营的认知不足、生计方式单一化、不考虑长期效益等问题导致的林地过度开垦行为，使乡村农户的林业生计发展需求目标更加长远化，林农可持续发展意识增强。比如贵州省，2021年上半年全省林下经济利用林地面积2 459.5万亩、产值295.7亿元，累计建成千亩以上林下种养基地321个，各地因地制宜地确定了林下经济发展模式，科学选择了种养品种业态，使林上、林中、林下、林内、林外“五林经济”初具规模。有学者表示，生计资本对农户的林业收入具有直接影响，农户的资本越丰富，对提高林业收入的作用越明显（张旭锐，2020）。大量文献研究发现：退耕还林、退牧还草等政策法规的实施，限制了农户对林业资源的开发利用，使林农的自然资本存量减少。一些贫困山区的自然禀赋不高，而自然灾害及环境污染等因素使得乡村农户的林业生计不得不转向非农化。乡村农户生计发展本应对农业林业资源的依赖程度越来越大，现在却出现了对农户生计的正向影响越来越小的现象，我们不得不考虑两者之间多方面的交叉影响和相互作用，可持续的生计方式有利于加大我国林业对乡村农户生计发展影响的深度和广度（李争等，2021）。

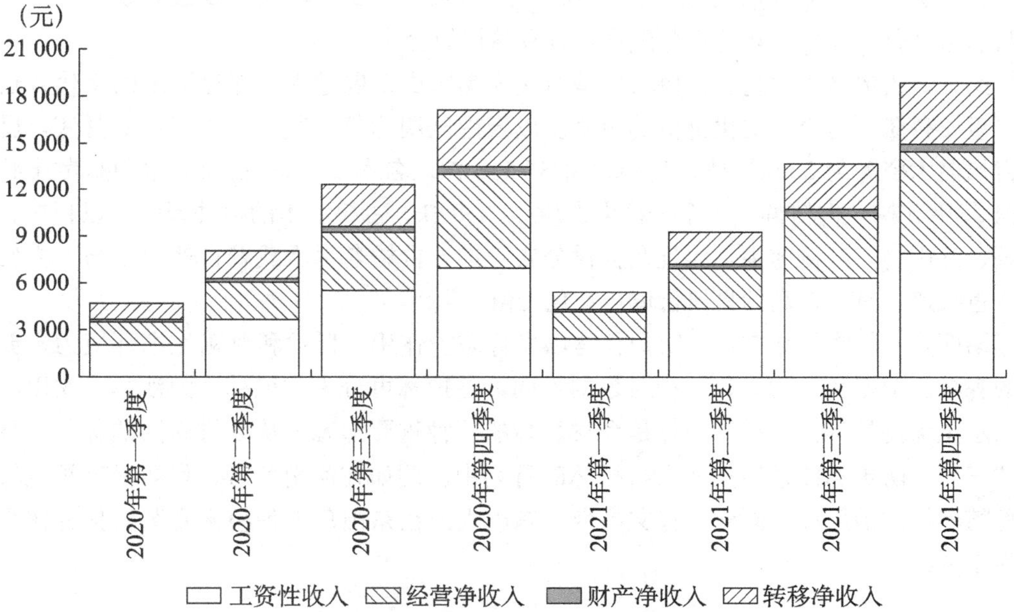

图7-1 中国农村居民人均可支配收入季度变化

资料来源：国家统计局。

四、乡村森林文化保护和开发

乡村森林文化是指以乡村森林为背景的文化现象。它是森林文化的一种重要形态，与城市森林文化组成了森林文化的“双翼”。乡村森林文化的主要构成是山区与林区的森林文化，同时还涉及平原、沿海乡村的森林文化。相对于城市森林文化，乡村森林文化具有原生性、民族性、乡土性、地域性、多样性等特征，而且乡村森林文化主要分为以下四种形态（裘晓雯，2013）：

第一，乡村人居林文化。乡村人居林是指在农村一定区域内，为保障乡村生活、生产安全，提高生活品质，丰富乡村文化内涵，发展农村经济，为此而进行的以林木为主体的新农村绿色家园建设（邱尔发等，2008）。通过对北京市域内样本村人居林覆盖率进行统计，随机选取的260个行政村居民点面积13 094.89公顷，农村居民点内林木树冠覆盖面积为2 398.79公顷，区域内乡村人居林树冠覆盖率为18.32%（李彤等，2021）。与传统的乡村林业或者乡村绿化相比，乡村人居林更加注重环境改善与人的身心健康，强调人与自然的高度协调。

第二，乡村风水林文化。风水林是指因古代人深受风水思想支配，他们认为对平安长寿、人丁兴旺、升官发财具有吉凶影响的人工培植或天然生长并严加保护的林木（张西林，2013）。广义上的乡村风水林不仅指成片的树木群落，也包含村庄内有风水内涵的孤直大木（林志浩等，2019）。根据学者对福建88个村落的调查研究，样本村中共有100处单株风水树和58处片状风水林，平均每村约有风水林2处，主要分布区域集中在村口、庙祠、房周、墓地、山腰、围村、水口和村内其他地方，其中以村口和庙祠的分布数量最多。风水林的总体保护状况较好，80.38%的风水林没有遭到破坏，仅19.62%的风水林遭受了破坏或开始退化，其中10.13%的风水林受到较大程度破坏或开发。风水林与当地文化、风俗、环境充分融合，具有独特的价值。

第三，古树名木文化。古树名木是指在人类历史发展过程中保存下来的年代久远或具有重要科研、历史、文化价值的树木。以云南昆明为例，截至2018年10月底，昆明市古树名木资源为58 563株，其中古树58 530株，名木33株；古树名木中呈散生状的古树22 175株，古树群171个，群内古树36 355株。古树名木的树种繁多，以板栗、南山茶、高山栲、红椿为主，而且在乡村分布较广。古树名木承载着自然历史与人文历史的双重痕迹，具有极高的科研价值与文化价值。

第四，乡村防护林文化。防护林是以发挥防护作用、保护和改善生态环境为主要功能的森林。依据防护功能和保护对象的不同，防护林可分为防风林、固沙林、农田防护林、水土保持林等，乡村防护林是乡村森林的一种重要形态。从乡村周围的林带、林网到“三北”防护林体系均被列入防护林的行列中。例如在河南兰考，焦裕禄带领兰考人民种植泡桐防治风沙。同样，谷文昌带领东山人民在东山岛上种植木麻黄防护林作为岛上的生命线。

五、乡村林业组织建设

1. 乡村林业组织的发展

乡村林业组织是指国家、社会或者经济主体设立在乡村的从事管理和服务或直接进行林业生产经营活动的各类组织（陈柯等，2013）。《中国林业和草原统计年鉴（2019）》表明：截至2018年底，我国林业系统单位共有38 846个，其中林业企业2 524个，事业单位31 245个，机关5 077个；国家林业局的数据显示：截至2014年底，全国已建立林业合作经济组织15万家，涉及农户1 600多万户。

迄今为止，我国还没有比较全面、权威的乡村林业组织的统计数据，但从调查来看，我国的乡村林业合作组织所占的比重还是比较大的。随着林地合作化、规模化经营的不断提升，林农的收入也不断增加（刚华本，2013）。乡村林业合作组织是我国农村合作组织建设的重要组成部分，在集体林权落实到户以后，正以燎原之势发展，在现代林业发展、森林资源保护、促进林农增收等方面发挥了不可替代的重要作用，为推进中国特色的合作社之路探索了新经验。

2. 乡村林业组织的类型

乡村林业组织主要有三类：一是乡镇林业工作站（简称“乡镇林业站”），这是国家设立在乡镇的具有行政职能和服务职能的公益性事业单位，在乡村林业组织中居核心地位，负责其他乡村林业组织的管理指导工作（我国乡镇林业工作站的情况见表 7－1）；二是各类乡村林场（我国乡村林场的情况见表 7－2）；三是社会和生产经营者建立的各行业协会以及各种乡村林业经济合作组织（陈柯等，2013）。其中，第三类中的乡村林业经济合作组织的主要形式又分为村社集体经营、农户个体经营、农户联合经营、建立经营管理协会和新型合作经营等（黄日正，2015）。

表 7－1　2010—2020 年我国乡镇林业工作站数量、管理人员以及投资统计表

年份	乡镇林业工作站数量	管理人员	本年完成投资（万元）	国家投资（万元）	地方投资（万元）
2020	25 067	80 580	26 951	11 971	14 980
2019	24 980	86 788	25 345	8 885	16 460
2018	23 704	86 106	37 941	9 876	28 065
2017	23 162	92 799	36 263	9 592	26 671
2016	23 638	99 836	46 034	10 032	36 002
2015	24 516	104 029	47 281	14 137	33 144
2014	25 337	109 429	73 167	14 620	58 547
2013	27 835	121 984	79 842	10 425	69 417
2012	27 772	123 682	462 467	107 151	355 317
2011	27 943	126 606	446 118	94 350	351 768
2010	28 112	133 006	406 104	83 865	322 239

资料来源：国家林业和草原局．中国林业和草原统计年鉴（2021）[M]．北京：中国林业出版社，2021.

表 7－2　2010—2020 年我国乡村林场个数、护林员人数及管护林总面积统计表

年份	乡村林场个数	护林员人数	管护林总面积（公顷）
2020	20 840	1 593 611	7 013 717
2019	20 900	1 243 722	6 261 536
2018	20 374	843 854	10 381 517
2017	39 933	647 592	7 427 366
2016	40 794	679 872	9 832 903
2015	45 163	658 783	10 146 614
2014	43 374	657 979	11 035 986
2013	46 656	716 821	8 049 041
2012	51 925	541 991	7 778 621

续表

年份	乡村林场个数	护林员人数	管护林总面积（公顷）
2011	64 949	737 188	8 900 448
2010	87 520	364 877	8 324 746

资料来源：国家林业和草原局．中国林业和草原统计年鉴（2021）[M]．北京：中国林业出版社，2021.

（1）村社集体经营。直到 20 世纪 80 年代，以村社集体为单元的森林资源经营管理形式被认为是乡村林业最主要的组织经营单位形式。该类型强调在集体拥有的林地上，发动村社全体人员参与植树造林、经营管理和保护已建立的村社林或小片林，其受益者为村社所有农户。

（2）农户个体经营。该类型将森林培育管理的责权利从村社集体转移到农户个体。这样一来，林木的所有权与支配权从集体拥有转到个体拥有，从而调动了农民的积极性。

（3）农户联合经营。该类型的范围可大可小、组织管理灵活多变、利益分配规则简单，而且在个体之间避免了等级、权利、价值观念等方面的差异，同时形成了一定的规模经营，避免了单一农户经营散、多、小等缺陷。

（4）经营管理协会。为了便于组织管理林业生产活动，并建立林业产供销“一条龙”服务体系，出现了以村社为基础的农户自愿参与的乡村合作社或林业协会。

（5）新型合作经营。该类型主要包括农户自发联合经营，如联合承包荒山造林、联户封山育林、联户承包现有林管护等（刘少华和苏杰南，2008）。

3. 乡村林业组织的建设

在新时期，乡镇林业站的职责出现了新的变化。经济体制改革使基层单位的权力增多，乡镇林业站承担的责任、提供的管理服务增加，不仅要进行林地规划、造林管理，还要协助当地政府调处林权、林地纠纷和扶贫等工作；集体林权制度改革拓展了林地经营主体，使乡镇林业站的管理服务对象增多，相应的管理服务任务、内容、手段等要素更加多元化；生态文明建设对造林绿化、生态保护提出了高要求，使乡镇林业站的林农服务职能更为重要（王卫文，2022）。然而，对乡镇林业站的工作现状进行剖析后发现，它们存在诸多问题：在硬件设备方面，基础设施配置落后、信息化程度不足；在人员配置方面，部分员工的职业水准较低，由于他们缺乏林业专业知识，出现过部分基层林业站的一部分技术工作和关键工作无法顺利展开等问题。同时，乡镇林业站在经费投入以及执法权方面也存在诸多问题（曲诚，2021）。

乡村林场的成立不仅能推动各地基地林建设、荒山绿化以及引导群众造林、育林和护林，而且能解决当时造林资金和投劳的不足。我国是个少林国家，随着人口增长和社会经济的快速发展，森林资源和社会需求之间的矛盾日益突出。乡村林场的巩固和发展关系着各地山区、农村经济的兴衰，它带动和推动着其他村办企业的创建及发展。乡村林场采用集约化经营，它能吸纳山区、农村的大量剩余劳动力从事林业生产经营活动，并让他们在参与林业生产经营活动的同时承担相应责任，通过个人努力取得相应报酬，从而推动山区、农村的经济。但是，乡村林场目前存在着管理体制混乱、经营机制落后、规章制度不健全、经营管理不善等问题（张明雯，2012）。

随着林业改革的不断深入，我国充分挖掘了林业发展的巨大经济潜力，推动了社会各界与广大农民造林育林的热情，农民在看林、管林方面的能力有了一定程度的提升。农民努力对林地进行精耕细作，林业生态环境呈现良好的发展形势，尤其是林业经济对国民经济与社会的贡献效果越来越明显。同时，农民与市场之间的矛盾也越来越尖锐，普遍存在的家庭生产模式很难适应当前市场发展的要求。因此，我国高度重视林业合作组织的建设，在短短几年间林业合作组织的数量有了大幅提升。目前，林业合作组织有法律的有效保障，还获得了国家相关政策的扶持，如信贷、财税等方面的优惠（廖秀莎，2013），较好地推进了林业合作组织的健康发展。然而，我们也应清醒地看到，林业合作组织在吸纳社会资本方面依然存在巨大的资金缺口，因而在政策扶持方面尚有较大的改善空间（肖菊红，2016）。

此外，在政策实施的过程中，由于一些地方政府对于林业合作组织的建设不够重视，未能充分认识到推进林业改革对促进市场经济的发展和社会进步的重要性及必要性（李树荣，2018），因此在林业合作组织建设过程中尚存在基础设施不完善、资金来源单一、政策落实不到位等问题，严重影响了当地林业合作组织建设工作的正常展开（李家杰，2017）。上述问题有待学术界进一步研究破解。

第四节　乡村林业发展的研究进展

一、林业与乡村振兴

对林业资源进行有效管理，并进一步发展生态林业，是新时代我国林业的发展方向，更是我国乡村振兴的重要推动力（史红涛，2021）。国内学者关于林业与乡村振兴的研究在国家层面、省级层面、地方层面均有覆盖，主要围绕林业如何推动乡村振兴、乡村振兴战略背景下林业如何发展两个维度来开展。

（1）林业如何推动乡村振兴。国内学者依据实地调研结果，普遍认为林业在推动乡村振兴方面发挥着重要作用，无论是生态林业还是经济林业，均有效推动着当地的乡村振兴。对于生态林业而言，一方面，应进一步深化体制改革、推动产业融合、强化持续发展；另一方面，从基础建设、生态体系、林业政策、生态环境等方面，进一步发挥其推动乡村振兴的作用（付成，2021；金成波，2021）。同时，对于林业系统结构而言，应进一步做强二产、做优一产、做大三产、促进三产融合（阮若卉和廖冰，2021），进而实现林业推动当地乡村振兴的发展目标。

国内学者基于筑牢生态建设基础、增强产业建设实力以及建设生态文明体系等多个角度论证了林业产业在乡村振兴战略中的作用，认为林业产业能促使乡村产业振兴、创建生态文化系统、深化林权与法制体系改革、拓宽群众致富道路（宋飞，2021）。同时，林业产业能够弥补乡村振兴短板，学者提出了强化产业基地建设、做大做强品牌、促进林业主体发展壮大、强化产业科技人才服务、完善林业体系建设等加快林业推动乡村振兴的措施（布伟平，2021）。

就具体的林业产业而言，有学者基于云南核桃产业动（静）态数据的分析，认为云南核桃产业发展存在经营制度不完善、结构性失衡、生产加工未标准化以及扶贫后续动力不足等问题，并提出了核桃产业融合乡村振兴战略的发展路径（王佳英和李娅，2021）。同时，基于对大姚县咖啡的探讨，有学者提出了将咖啡产业纳入优势产业、大力发展咖啡产业、建立以咖啡为核心的产业结构、完善产业链建设等建议，以期促进大姚县可持续发展（白世丽，2021）。针对不同的微观林业具体发展情况，应选择因地制宜的方式和措施，更好地推动林业产业的发展。就油茶产业而言，应不断加大政策扶持力度，加强科技支撑力度，从而推动油茶林提质增效及油茶产业三产融合发展，进一步发挥油茶产业推动乡村振兴的作用（陈清波和丁小飞，2021）。

（2）乡村振兴战略背景下林业如何发展。国内学者基于对乡村振兴战略中林业服务地位的分析，并结合实地案例调研结果，认为在乡村振兴战略背景下，林业发展应坚持政策导向，做好顶层设计与乡村林业规划；同时，始终坚持政府主导，不断推进生态绿化和产业发展相结合，并强化农民受益主体的地位，从而不断推进林业发展新模式，更好地吸引林业人才服务乡村（李安峰和周安政，2020）、推动林业发展。此外，在林业发展过程中，可以从创新林业经营、投融资模式和林业科技等方面，积极探索“绿色＋振兴”新路径，加快发展森林旅游与康养产业，挖掘培育乡村森林与生态文化产业，更好地促进乡村振兴战略背景下的林业高质量发展（程蓉蓉，2021）。

林业科技的发展对于促进乡村林业发展至关重要。科技的发展，特别是林业与科技相结合的发展，有力地促进了当地林业产业的发展水平，实现了乡村振兴的发展目标。当今世界，国与国之间的核心竞争力体现为科技发展水平。将科技充分融入林业，大力推广林业科技成果，既能实现对林业生态环境的保护，又能在一定程度上促进乡村的产业振兴（王惠频，2021）。然而，当前我国林业的机械设备尚处于落后的局面，林业科技发展水平尚有待提高，各级林业管理部门应树立可持续发展理念，制定切实可行的林业科技发展政策，围绕创新服务方式、服务组织及服务模式，引导高校、科研院所开展林业机械设备研发工作（胡平，2021；钟东洋和陈银霞，2021），提高林业科技应用水平。

林业经营主体在推动林业发展、助力乡村振兴等方面发挥着重要作用。近年来，特别是家庭林场、农民林业专业合作社、股份合作社、林业龙头企业等新型林业经营主体的迅速发展，不仅提升了林业的规模经营水平，也推动了林业供给侧结构性改革，带动了当地农民的就业增收，促进了当地的乡村振兴。“十四五”期间，各地将进一步创新林业经营主体运行模式，不断完善政策支持覆盖面，做好林业经营主体的培育和发展规划，压实政策支持措施，不断提升生产经营水平和示范带动作用（江丽娟等，2021；李永红，2022），从而有力推动了林业经营主体在服务林业发展及乡村振兴方面的作用。

二、林业与乡村减贫

“十三五”时期各个行业充分发挥自身优势，全面助力脱贫攻坚工作。时任国家林业和草原局局长张建龙在 2018 年两会期间指出：深度贫困地区 70%～80%都是山区、沙区，而林业的主要领域在农村，主要从业人员是农民，无论是产业发展还是购买服务，林业在打通生态建设和精准脱贫方面有天然的优势。因此，学界对林业如何推动乡村减贫展开了理论和实践层面的诸多研究与探讨，主要集中于扶贫模式、林业减贫效果以及问题与经验分析等方面。在精准扶贫提出前，学者就已开始对广西、云南等少数民族地区林业产业化建设与乡村脱贫两者的关系进行了研究，提出通过退耕还林、天然林资源保护工程、农村能源建设、林下资源开发等林业项目，让农民积极参与林业工程建设并从中受益。随着林业建设在乡村减贫过程中的重要性提高，学者对林业减贫模式进行了总结，主要包括政策倾斜式、产业发展式及机制创新式三种创新实践。林业减贫的典型实践模式有“政府＋龙头企业＋贫困户”“政府＋合作社＋贫困户”“政府＋村集体＋贫困户”三种（刘翔宇等，2019；张莉和夏梦丽，2018；张晓瑞等，2018）。这样的林业发展模式对改善贫困地区生态状况、促进农民脱贫致富、构筑国家生态安全屏障、整合扶贫资源、保障脱贫人口可持续发展等方面具有重要的现实意义。部分学者利用成本与效益模型、多元统计方法、倾向得分匹配等计量方法对林业减贫效果进行了评价，表明林业政策实施对农户的收入贫困和多维贫困均有显著的减贫效果。他们通过对家庭林业减贫的贡献测算，发现林下经济对家庭收益的贡献最高，其次是林业生态工程。此外，以森林为生计基础的家庭，不仅可以降低贫困水平，还增加了林产品的供给（Ali et al.，2018；白惠等，2021；黎骅逸等，2021）。还有学者从定性角度分析了减贫效果，如韩锋等（2017）以云南省怒江州为例，从重点生态工程的治理、生态护林员的管护效果及林业产业发展现状等方面进行分析，表明林业产业的发展是山区经济发展与促进贫困人口增收的重要举措。

综合来看，林业对乡村减贫效果显著。2020 年后，中国乡村的贫困进入一个以转型性次生贫困和相对贫困为特点的新阶段，而在巩固脱贫攻坚成果与乡村振兴有效衔接的背景下，乡村应持续发展绿色战略，构建林业生态扶贫的长效化保障机制，充分挖掘当地特色林业资源，支持发展林业新型经营主体，建设以林业为中心的生态产业集群区，打造地方性生态品牌标识，将已有的“输血机制”转化为“造血机制”。

三、林业与乡村农户生计发展

近年来，许多学者将农户生计发展问题作为研究切入点，探讨了各类生计资本在不同类型农户中的特征及空间分布特征，并与林业发展建立了相互联系，他们发现：农户生计发展问题对生态环境、林业资源利用等产生了一定影响（李争等，2021），即农户的生计资本与林地的利用方式之间具有协调关系，而农户对林地的利用方式又会对生计资本起到反馈作用。国内学者采用层次分析法和熵值法对农户生计资本指标进行了测量及赋值，并分析得出：影响纯林农的关键因素有物质资本、社会资本和金融资本，影响林业兼业农户的关键因素是自然资本（张旭锐，2020）。与此同时，在关于家庭禀赋对山区农户林业相关生计策略的影响研究中，学者对样本数据进行了回归分析，他们发现：家庭劳动力人数、劳动力平均受教育程度以及劳动力平均健康程度三个变量均对山区农户林业相关生计策略选择具有正向的显著影响（沈宁和徐秀英，2020）。从上述分析可知，合理利用林业资源有利于乡村农户生计的良好发展。自然资源的可持续生计理念不仅能带动农户增收，提高林业收入占家庭总收入的比重，还能促进传统林业经营方式向现代林业经营方式的顺利转型。黎洁和高岚（2019）在研究乡村旅游对农户林业生产等的影响时，得出旅游从业人数对家庭农林业劳动时间有正向影响，因而提倡“旅游＋林业”新生态建设模式，有助于旅游景区辐射带动附近农村社区和农户增收，拓宽乡村农户生计渠道。除了利用林业资源发展旅游业来带动农户生计发展，林下经济也成为实现生态经济耦合协调的最佳途径之一。发展新型林业经营主体，发挥合作组织在生态生产、绿色经营方面的指导和规范作用，对于农户采用林下生态行为促进生计发展具有激励作用（雷硕等，2020）。只有摸清生态资源家底，才能为绿水青山定价。

作为中国农业经济庞大肌体的细胞组织，广大小农户是“中国饭碗”的直接贡献者。随着中国经济迈向高质量发展阶段、农林产业体系渐趋完备、经济全球化时代到来，乡村农户面临着一个新的、更广阔但也更残酷的竞技场。因此，在“十四五”期间，国家政府各部门应加大对农户提升林业方面发展技能的政策支持，支持乡村农户参与乡村多元价值开发、发展农林文旅结合的乡村产业，统筹兼顾扶持小农户和培育新型经营主体，农业、林业的生产经营规模一定要坚持宜大则大、宜小则小，确保乡村农户持续增收的渠道更加多元，提升贫困落后山区农户参与现代农业建设的能力。

四、乡村森林文化保护和开发

从时间来看，与森林文化相关的学术论文数量先是逐渐增多，在 2014 年达到顶峰后又总体减少（见图 7－2）；从研究内容来看，对乡村森林文化和城市森林文化的研究内容与研究体系的探讨逐渐减少，而对森林文化建设的研究相对较多（张哲，2021）。

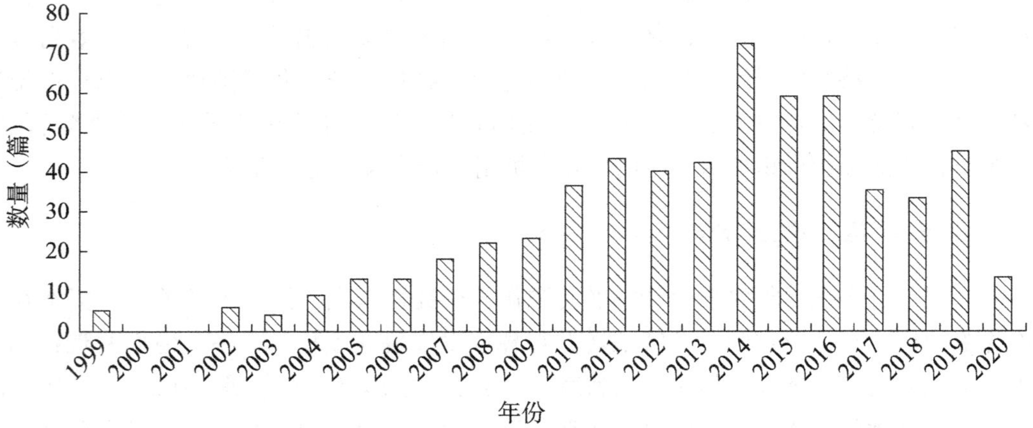

图 7－2　1999—2020 年公开发表的与森林文化相关的学术论文数量的年际变化

我国对乡村人居林的研究主要集中在乡村人居林建设内涵、结构特征与构建技术研究，植物、组成、质量评价方法、景观风貌研究与优化，空间格局动态变化研究等方面。对乡村人居林的量化统计分析大多还是以部门之间的相关指标为纽带进行，如绿地率、林木绿化率和四旁绿化等（李彤等，2021）。

对于乡村风水林的研究主要分为依据历史理论的综述与风水林植物群落的数据研究两种，大多集中在南方地区，尤其是广东、福建、广西等岭南地区，其他地区较少或是几乎没有。对于风水林资源的保护、开发、应用，当前研究只提出了一些大的概念规划，并未深化到具体的应用层面，缺乏实际可行的案例。随着时代发展，风水林不再是迷信的产物，人们也尝试着用更多科学手段去解读与研究，并发现风水林对乡村环境的美化、水土保持、防风固沙、改善气候等方面有着重要作用。风水林存在于乡野之中，成百上千的古树形成了独特的植物景观，因而在园林绿化中，我们可以结合当地自然环境、风俗习惯、文化传统，充分发挥风水林的价值，打造独特的乡村景观（林志浩等，2019）。

古树名木作为唯一以生命形态见证历史并具有不可复制性的活化石、活文化和自然环境的典型代表，在它们身上集中体现了一个地方生态文明、人与自然和谐相处的水平。目前，各省主要以林业部门已有的资料为基础，结合查阅相关文献，再通过实地调查，对古树名木做相关了解，然后出台一系列保护和管理的政策及措施。在加强古树名木保护的同时，也要深入挖掘古树名木文化在产品、景观、生态、旅游等方面的功能，开发出更多古树名木优质产品，助力乡村产业兴旺、乡风文明和生态宜居建设，把古树名木打造成一道特色风景线（王颖等，2022）。

乡村森林文化倡导顺应自然的循环型生活方式，固守敬畏森林和自然的生态伦理思想，有着深刻的自然保护意义。这是一种文化的生命原动力，它不因时代的改变而改变，但要随时代的进步而不断传承和发展。

五、乡村林业组织建设

2013年，国家林业局印发《关于加快林业专业合作组织发展的通知》，要求从三个方面加快林业专业合作组织发展，鼓励农民兴办林业专业合作社、股份合作林场、家庭林场、林业协会等多元化、多类型林业专业合作组织。乡村林业组织的发展是在林业改革发展过程中应运而生、不断壮大的，是由林业自身发展规律所决定的，不仅符合现代林业生产力的发展方向，而且符合中国特色社会主义市场经济的发展要求，是化解“明晰产权、承包到户”后许多现实问题的关键和根本（连国义，2022），是实现林业规模经营、有效促进农民就业增收的重要途径（荣庆娇，2012）。

合作社作为一种促进乡村经济发展的合作组织，其培育与成长对促进当地产业发展发挥着重要作用。林业专业合作社作为林业合作组织的重要组成部分，已成为覆盖产前、产中、产后等生产环节的现代林业经营组织。近年来，国内学者对乡村林业组织建设等方面开展了较多的研究，主要涉及其发挥的作用及评价等工作（陈柯等，2013；何旅娜和李娅，2021）。笔者的研究团队选取云南省漾濞县核桃专业合作社为案例，通过查阅文献资料以及实地调研，发现其发展模式主要包括企业带动型（C型）、政府主导型（G型）和农民自发组织型（F型），并对其综合发展能力进行了研究。这对进一步完善林业专业合作社的综合发展能力评价体系、促进林业产业健康快速发展具有重要的理论和实践指导意义（何旅娜和李娅，2021）。一般而言，乡村林业的产生离不开乡村林业组织建设，通过不断发展和创新乡村林业组织形式，以及认清乡村林业发展的实际，对于进一步丰富乡村林业的内涵以及不断完善乡村林业组织形式具有重要的意义（刘少华和苏杰南，2008）。同时，林业基层组织建设有助于更好地深化林业改革，破解制约乡镇林业站有效发挥职能的原因，同时要以服务乡村林业生产经营为中心，不断优化管理体制、考核机制、人才培养和环境建设等（陈柯，2012），从而不断促进乡村林业产业发展，助力乡村振兴。有学者对农村合作组织及其在法律、政策上的变迁进行了研究，梳理了林业合作组织的整体情况（兰天胜，2015；李树荣，2018；刘智明和黄涛，2013；吴翠艳，2018）及其存在的问题（付洲铭，2013；刚华本，2013），主要涉及管理体制不健全、考核机制缺乏、硬件设施落后等（何旅娜和李娅，2021）。针对上述问题，他们提出了政府要正确引导，同时大力帮助、扶持林业合作组织发展的建议（荣庆娇，2012）。此外，国内学者还就乡村林业组织展开了研究，他们通过对乡村林业发展的必要性进行分析，指出了当前林业发展的问题，然后结合这些问题对当前乡村林业的发展模式进行探究并给出了解决方案（陈柯等，2013；黄日正，2015；王智强，2017）。

综上所述，国内学者对乡村林业、乡镇林业站、乡村林业组织等各个方面都进行了丰富的研究，他们还对各省乡村林业组织的建设情况也进行了相关问题的探究，但对于乡村林业组织建设方面的理论研究相对不成熟，相关研究成果主要集中在 2013 年前后，近年的研究成果较少。乡村林业组织不仅与现今的农村生产力发展要求相符，而且实现了对乡村生产方式的改造，助推了城乡一体化的建设，同时也是联系农民与市场的纽带，并引导农民参与了市场竞争、增加了其收入，同时提高了林业经营水平及林产品质量，所以乡村林业组织建设尤为重要。

第五节 趋势展望

乡村林业必然是多种目标相结合、可持续的发展。在林业发展的过程中，问题逐渐明晰，诸如产权、生态效益补偿、农民的主体参与性、组织形式、乡村林业与妇女、不同地区乡村林业发展趋势等问题逐渐成为研究热点，同时研究方向逐步多元化，包括林业与乡村振兴、林业与乡村减贫、林业与乡村农户生计发展、乡村森林文化保护和开发、乡村林业组织建设等。对于中国来说，如何走出一条有中国特色的乡村林业发展道路尤为重要。

未来的乡村林业发展应充分依托当地的产业发展情况，因地制宜地制定乡村林业发展规划，通过产学研三者结合共同促进当地林业产业发展，进而更好地助推乡村振兴战略实现。全国乡村林业产业的布局和发展有效地指明了未来乡村振兴的方向，是在高质量发展中推进共同富裕。未来的乡村振兴以美丽乡村为基础，以共同富裕为引领，以满足人民日益增长的美好生活需要为根本目的，不断实现科技与林业融合、文旅融合、景村融合、城旅融合发展。同时，未来的乡村林业发展应充分依托科技力量，围绕“两山理论”，不断打造科技支撑乡村林业产业发展模式，不断助推乡村生态景观建设以及林木特色乡村建设，进一步打造森林康养、林下绿色经济等共同富裕示范区建设，进一步推进生态宜居特色乡村建设，进一步打造“双碳”目标下的“零碳乡村”建设。未来的学术研究应以乡村变迁的原因、乡村治理体系、产业振兴、福利制度等问题为导向，聚焦乡村林业技术、农村金融、产学研合作、农产品精深加工、文化产业、数字智慧生活、村庄经营管理以及林业碳汇等方面，梳理乡村林业发展与产业间的关系，全面解析生态效益、经济效益以及社会效益之间的转变机制。从近些年的中央一号文件可以看出，我国已经把粮食安全问题摆在了至关重要的位置。在这样的背景下，如何协调利用好土地资源，真正做到“宜林则林”，为保障粮食安全贡献出林业力量，提高乡村林业综合生产效率，是当前亟待解决的关键问题。

推荐读物

［1］高岚，林超，郑彬．林业促进乡村振兴的实践探索［M］．北京：中国农业出版社，2021.

［2］顾燕峰．以林为生：中国乡村林业的现实与发展研究［M］．上海：上海书店出版社，2021.

［3］何丕坤．社会林业研究、探索［M］．昆明：云南科技出版社，1995.

［4］吉林市林业工作站．乡村林业管理［M］．长春：吉林人民出版社，2001.

［5］孔凡斌，廖文梅．林业社会化服务供给与农户需求特征及其影响研究［M］．北京：中国农业出版社，2020.

［6］赖庆奎，刘惠民．社区林业案例研究［M］．昆明：云南科技出版社，2002.

［7］赖庆奎．社区林业［M］．昆明：云南科技出版社，2005.

［8］黎洁，李树茁，格蕾琴·C. 戴利．农户生计与环境可持续发展研究［M］．北京：社会科学文献出版社，2017.

［9］李世东．退耕还林还草与乡村振兴［M］．北京：中国林业出版社，2021.

［10］李维长，何丕坤．社会林业理论与实践［M］．昆明：云南民族出版社，1998.

［11］李娅．云南省林下产业扶贫绩效评价研究［M］．北京：中国林业出版社，2019.

［12］刘璨，等．社区林业发展论［M］．北京：中国林业出版社，1999.

［13］刘璨．社区林业制度绩效与消除贫困研究：效率分析与案例比较［M］．北京：经济科学出版社，2005.

［14］马洪军．社会林业［M］．北京：中国林业出版社，2003.

［15］王浩，李群．中国特色生态文明建设与林业发展报告（2020—2021）［M］．北京：社会科学文献出版社，2021.

［16］徐国祯．社区林业［M］．北京：中国林业出版社，2002.

［17］徐国祯．乡村林业［M］．北京：中国林业出版社，1998.

［18］曾维忠，杨帆．森林碳汇扶贫：理论、实证与政策［M］．北京：社会科学文献出版社，2019.

思考与讨论

1. 乡村林业与社会林业、社区林业有何联系和区别？
2. 林业在乡村发展中的地位和作用如何？
3. 乡村林业在精准扶贫和全面推进乡村振兴的过程中可以发挥哪些作用？
4. 乡村林业资源有哪些？如何保护和利用这些资源？
5. 乡村林业组织建设与乡村林业振兴有何联系？
6. 乡村林业研究者应该具备哪些知识、素质和能力？

第八章

森林资源价值核算[①]

森林资源价值核算是林业经济学的重点和难点。森林资源价值核算是以森林为核算对象，对森林经营和林业生产建设活动所创造的价值进行系统计量，为实现森林可持续经营和林业可持续发展提供科学依据，为构建绿色国民经济核算体系提供理论支持。当前，有关国内外森林资源价值核算的研究成果和实践探索丰富，表明森林资源价值核算研究具有重要意义。

本章内容由五部分组成：第一节对森林资源及其功能与效益、森林资源价值核算等关键概念进行了界定；第二节概述了劳动价值论、效用价值论、哲学价值论等基础理论；第三节梳理了森林资源价值核算的研究和实践进展；第四节综述了森林资源价值核算框架、体系和方法；第五节对未来的研究趋势进行了展望。

第一节　相关概念界定

（一）森林资源

森林资源是一种特殊的自然资源，既可作为经济资源，也可作为生态资源。《中华人民共和国森林法实施条例》第二条将森林资源定义为“森林、林木、林地以及依托森林、林木、林地生存的野生动物、植物和微生物”。其中，森林包括乔木林和竹林，林木包括树木和竹子，林地包括郁闭度0.2以上的乔木林地以及竹林地、灌木林地、疏林地、采伐迹地、火烧迹地、未成林造林地、苗圃地和县级以上人民政府规划的宜林地。

截至2020年底，我国森林覆盖率达到23.04%，森林面积达到2.2亿公顷，森林蓄积量超过175亿立方米，森林面积及森林蓄积量连续30年保持“双增长”，为缓解全球的森林资源减少发挥了重要作用。

（二）林地

根据《中华人民共和国森林法实施条例》第二条，林地定义为“郁闭度0.2以上的

① 本章参加编著人员：谢屹、梁晨、柯水发。

乔木林地以及竹林地、灌木林地、疏林地、采伐迹地、火烧迹地、未成林造林地、苗圃地和县级以上人民政府规划的宜林地”。林地又分为有林地、灌木林、疏林地、未成林造林地、迹地和苗圃 6 个二级地类。

（三）林木

根据《中华人民共和国森林法实施条例》，林木包括树木和竹子。具体来说，在中国森林资源管理和森林资源调查系统中，森林除了郁闭度 0.2 以上的乔木林、竹林、红树林之外，还包括国家特别规定的灌木林以及栽植面积达到 0.067 公顷的农田牧场林网林带、护路林带、护岸林带等。达不到森林标准的灌木林、疏林、采伐迹地、火烧迹地等林地，以及散生木、四旁木等林木，列为林木资源的管理及调查范围。因此，在林地、林木资源核算中，林地和林木资源的构成范围如图 8－1 所示。

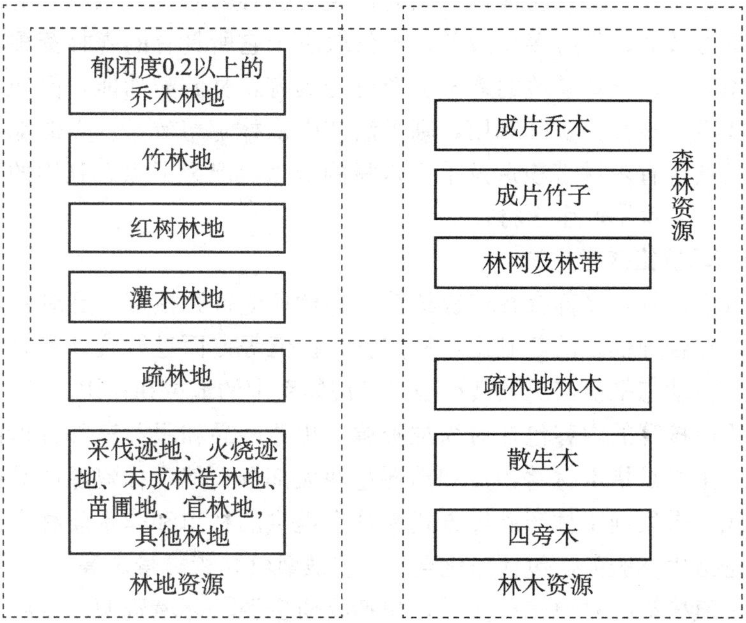

图 8－1　林地、林木资源构成

资料来源：张卫民，李辰颖．森林资源资产负债表核算系统研究［J］. 自然资源学报，2019，34（6）：1245－1258.

（四）森林资源的功能

森林资源的功能是指森林资源提供各种物质产品和环境服务的功能。森林资源提供各种物质产品的功能表现为森林木材蓄积量和各种林内动植物资源的数量。森林资源提供环境服务的功能是指森林所具有的保护和改善生态环境的功能，具体表现为森林资源提供环境服务功能的物理量，如降低的风速、涵养的水量、减少流失的土壤肥力、释放的氧气等。

森林资源的功能是森林资源的客观属性，是一种使用价值，不取决于人类社会是否对其实际利用。某地森林资源的木材蓄积量表示该林分具有提供木材的能力，也是一种客观存在的能力，不取决于人类社会是否对其进行木材利用。因此，森林资源所具有的环境功能只表示其具有的各种保护环境的能力，与人类社会是否对其进行生态利用无关。

（五）森林资源的效益

森林资源的效益是指森林资源的功能被人类社会实际利用后所产生的经济和社会效果，其价值计量属于效用价值论的范畴。效用不同于使用价值，属于主观的范畴。只有当森林资源的使用价值被人类社会实际利用，并使利用者获得一定的利益后，效用才得以实现。对于使用既定数量的资源，只有效用实现程度越高，资源使用者的支付意愿才会越高，从而体现更高的价值，反之亦然。

森林资源的效益包括物质产品效益和环境效益。物质产品效益的价值表现为各自按边际收益所决定的市场价格。环境效益的价值表现为森林资源的环境功能被社会实际利用所产生的经济收益及社会效果。例如，农田防护林降低的风速、调节的温度与湿度等防护功能的效益体现为农业部门增加的农作物产量；森林净化空气、释放氧气、形成森林景观等游憩功能所产生的效益体现为由此产生的森林公园的门票收入等。特定数量的森林资源是否具有效益，具有多少效益，不仅取决于它所具有的森林资源功能大小，还取决于社会利用方式。就算某地的森林资源可能具有森林游憩功能，但如果没有开展森林旅游，其功能没有被社会实际利用，则无法产生森林游憩效益。类似地，一片防护林或水源涵养林虽然具有木材蓄积量及生产木材的能力，但为了生态利用的目的，除了少量的抚育材以外，基本不产生木材效益。

（六）森林资源价值核算

森林资源价值核算，又称森林资源核算、森林环境资源核算，是对一定时间和空间内的森林资源，在合理框架的基础上，从实物、价值等方面进行统计和计量，测算总量及结构变化，反映动态平衡情况及其在国民经济体系中的地位和作用。

森林资源价值核算的内容包括对森林资源、相关产品和服务三部分价值的计量。就森林资源而言，主要是指木材蓄积量和消耗量两大部分；就森林资源产品而言，主要是指通过森林采伐、采集利用林产品等方式为社会提供的林木和非木质林产品；就森林服务而言，主要是指生态服务，包括净化空气、释放氧气、森林景观等。

森林资源价值核算的对象多种多样，包括物质资源、环境资源、旅游资源、生物资源、土地资源、已开发产品和待开发产品、可计量的产品和难以计量的产品、具有市场价值的服务与不具有市场价值的服务等。相比较而言，大多数森林生态服务都缺乏市场价格，需要采用非市场价值评价方法确定其价值。

若将森林资源价值核算作为一级指标，可以细分出森林资源功能价值核算、森林资源效用价值核算等二级指标。

第二节　森林资源价值核算的基础理论

（一）劳动价值论

劳动价值是物化在商品中的社会必要劳动量决定的商品价值。商品具有价值和使用价值。使用价值是商品的物质承担者，离开了使用价值，价值就不复存在。使用价值是商品的自然属性，价值是商品的社会属性。使用价值由具体劳动创造，而价值由抽象劳动创造。

关于森林资源是否存在价值，一度曾是林业经济学界受到关注的命题。一种观点认为：处于自然状态下的森林资源，没有凝聚人类劳动，因而没有价值。另一种观点认为：若森林资源只依靠自然界的自然再生产，无法满足经济社会发展日益增长的木材需求，所以需要加大劳动投入、加强森林营造，因此森林资源具有价值。此后，学者对这两种观点都进行了批判，他们认为第一种观点是导致森林资源遭受掠夺性开发的原因所在，而第二种观点导致人们对于森林资源恢复的重视程度不足。

随着时间的推移，特别是当下我国进入了“富起来”向“强起来”转化的特殊时期，用作生产林木及非木质林产品的森林资源多以人工林为主，而且随着劳动力成本的持续提升，在人工林价格结构中的劳动力成本比重不断提高，从而使得劳动价值论的适用性较之前得以提升。

（二）效用价值论

效用价值论是从物品满足人的欲望的能力或人对物品效用的主观心理核算角度来解释价值及其形成过程的经济理论。一种商品对消费者是否具有效用，取决于消费者是否有消费这种商品的欲望，以及这种商品是否具有满足消费者欲望的能力。

效用价值论从一般效用论发展到边际效用论，再发展到均衡效用论。均衡效用论认为：价值由“生产费用”和“边际效用”两个因素共同构成，两者缺一不可。商品的边际效用可以用买方意愿支付的价格来衡量。生产费用转化为供给价格，即商品的供给价格等于生产要素的价格。当供求均衡时，单位时间内所生产的商品量为均衡产量，售价为均衡价格。随着资源与环境的冲突加剧，森林资源供需之间的矛盾相应加剧，体现为森林资源对人类的效用得以提高，因而森林资源的价值也得以相应提高。

森林资源的效用实现是人类社会对于森林资源多重功能的需求体现，森林资源的效用实现需要以森林资源具备的多重功能为基础。此外，人类社会对于森林资源功能的认知以及获取的技术能力，也是确保森林资源效用得以实现的必备条件。随着人类社会的进步以及相应的技术能力的提升，森林资源带来的效用与日俱增。

（三）哲学价值论

哲学中的价值是指客体的属性和功能能够满足主体需要的一种功效或效用，也就是客体对主体生存和发展的意义。主体的需要推动主体作用于客体，客体的价值体现在能够满足主体需要。经济学或政治经济学中的价值可以看作“哲学价值”范畴的具体、特殊或个别部分，它们相互之间存在着一般与特殊的辩证关系。

森林资源的价值可以看作哲学价值论中主体与客体之间需要和满足需要的关系，即主体有某种需要，而客体能够满足这种需要。在人类与森林资源的关系中，人类是主体，森林资源是客体，森林资源能够满足人类生存、发展和享受所需的物质，并能提供舒适性服务，体现了森林资源对人类的价值。

哲学价值论可以把劳动价值论和效用价值论统一起来，不论是天然的还是通过市场可交换的森林资源，其价值首先取决于对人类的有用性，而价值的大小由供求关系体现的稀缺性和开发利用条件所决定。因此，不同时间、不同地区、不同质量的森林资源的价值大小是不一样的。

（四）其他价值理论

国内外众多学者在马克思的劳动价值论和西方的效用价值论基础上，将自然资源有价论向多层次、多角度扩展，提出了各种各样的观点。地租论认为："资本化的地租表现为土地价格或土地价值"①，资源相当于一个资本，自然资源本身的价格或价值就是资本化的资源地租。

此外，还有劳动价值泛化论、存在价值论、替代价值论、有限资源价值论、均衡价值论、二元价值论、三元价值论、主观价值论、服务价值论、稀缺价值论、价值无用论和边际效用论等众多价值理论。

第三节　森林资源价值核算实践进展

我国系统的资源环境核算科研实践大致可以分为三个阶段：一是 20 世纪 80—90 年代以李金昌、徐嵩龄、过孝民、郑易生等专家为代表，采用功效论、财富论和地租论等理论对自然资源估价，其中的代表作为李金昌先生牵头的《资源核算及其纳入国民经济核算体系初步研究》。二是 21 世纪初期，我国政府开展绿色 GDP 研究工作后，以高敏雪、雷鸣、王金南等为代表，对国内开展环境经济核算的方法和思路进行了不断完善，他们总结了资源核算的实物量指标，并确定了核算标准。三是党的十八届三中全会提出编制自然资源资产负债表，而后各级政府部门、研究机构开展了大量研究。国内学者总结归纳了国外自然资源估价方法，并根据我国的资源状况选择了不同的模型，然后提出了独创的理论模型。

与资源环境核算科研实践基本一致，我国森林资源价值核算的相关研究可以概括为三个阶段。

一、研究起步阶段（1980—2000 年）

该阶段起源于我国改革开放后对外国资源环境科学、经济学等有关理论的引进，包括日本、苏联、法国、德国等国与森林资源相关的研究成果，它们系统介绍了国外森林资源核算研究的相关概念、理论、方法和实践。20 世纪 80 年代初国务院环境保护领导小组办公室和国家统计局联合建立了环境保护统计制度，成为资源环境核算的制度基础和数据来源保障。1983 年，中国林学会开展了"森林综合效益评价研究"，推动了我国早期的森林资源综合效益评价研究。1987 年，李金昌等翻译了卢佩托的《关于自然资源核算与折旧问题》、《挪威的自然资源核算与分析》及洛伦兹的《自然资源核算与分析》等研究报告，引起国内相关人士对资源核算的关注，并形成了以政府为推动，以环境保护部、国家统计局和国家林业局等部门为主导，以高等院校学者为主要技术人员的实践模式。鉴于森林资源价值核算是资源环境价值核算的一个重要组成部分，所以我们从资源环境价值核算的实践历程也可以得出森林资源价值核算的实践历程。1988 年，国务院发展研究中心、国家环保局在有关机构的支持下，分别开展了"自然资源核算及其纳入

① 马克思．资本论：第 3 卷［M］．2 版．北京：人民出版社，2004：704．

国民经济核算体系”“自然资源核算纳入国民资产负债核算”等课题研究。1990 年，孔繁文等在《数量经济技术经济研究》期刊上发表了《中国森林资源价值的初步核算》，系统阐述了森林资源核算的意义与作用、对象、内容和方法，并提出要将森林资源核算纳入国民经济核算体系。1992 年联合国环境与发展大会后，联合国统计司应《21 世纪议程》的建议，发布了《环境经济核算体系（1993）》（SEEA-1993）。我国于 1994 年批准了《中国 21 世纪议程》，在优先项目中列入了自然资源核算项目，并在项目启动后，组织专家组赴意大利进行环境核算。侯元兆等于 1995 年第二次比较全面地对中国森林资源价值进行了评估，包括三种生态服务价值——涵养水源、防风固沙、净化空气的经济价值。李金昌于 1999 年出版《生态价值论》，对计量森林无形的、比较虚的生态价值的理论与方法做了总结，这标志着中国的森林资源核算逐渐由实物型的实物资产核算转向无形的生态价值核算，而且核算方法由单纯的估算向科学计量方法迈进。

二、试点试算阶段（2001—2012 年）

进入 21 世纪，在罗伯特·科斯坦萨（Robert Costanza）等人所著的《全球生态系统服务与自然资本的价值》（*The Value of the World's Ecosystem Services and Natural Capital*）等文献的推动下，森林资源环境价值成为森林资源核算领域的研究热点。2001 年，国家统计局以重庆为试点开展资源环境核算。2003 年，国家统计局试编了《全国自然资源实物量表》，涵盖土地、矿产、森林、水四种资源。2003 年，海南省开展了森林绿色核算的试点。

在此期间，国家统计局组织开展的主要研究有：（1）提出《中国国民经济核算体系》（2002 年文本），新设了附属账户——自然资源实物量核算表，制定了核算方案，试编了 2000 年全国土地、森林、矿产、水资源实物量表；（2）在黑龙江、重庆、海南分别进行了水、工业污染、森林、环境保护支出等的核算试点；（3）组织翻译出版了联合国的《环境经济综合核算手册（2003）》；（4）与国家林业局联合开展“绿色国民经济框架下的中国森林核算研究”。国家环境保护总局（简称“国家环保总局”）组织开展了一系列研究工作，比如 2003 年与国家信息中心合作，开展了建立国家中长期环境经济模拟系统研究以及环境经济投入产出核算表。从 2004 年开始，我国先后开展了三期中国森林资源价值核算研究工作，在森林资源价值核算等方面积累了一定经验。2004 年，国家统计局、国家环保总局联合开展中国环境与经济绿色 GDP 核算研究。2004 年，国家环保总局开展了国家“十五”科技攻关课题“绿色国民经济核算体系框架研究”；同年，国家环保总局与国家统计局在杭州联合召开了“建立中国绿色国民经济核算体系国际研讨会”。2005 年 3 月，国家环保总局和国家统计局启动 10 个省市绿色 GDP 核算试点。2006 年 9 月，国家环保总局和国家统计局联合发布《中国绿色国民经济核算研究报告 2004》。2007 年，戴广翠以吉林市丰满区和蛟河市为案例，对林地和林木资产的实物量和价值量、林产品及森林环境服务流量以及森林为国民经济其他部门和区域提供的产品服务价值进行了核算。

2010 年，《绿色国民经济框架下的中国森林核算研究》一书出版，这是“中国森林资源核算及纳入绿色 GDP 研究”的项目成果。该项目组建了一个由政府部门、科研机构和高等院校 60 多名国内知名专家及学者组成的科研团队，开展了五年的深入研究。该研究全面评价了森林资源对国家可持续发展的支撑能力，为国家制定森林资源和经济社会可持续发展政策提供了重要的科学依据及理论支持。

三、系统规范核算阶段（2013年至今）

2013年5月，国家林业局和国家统计局联合启动了“中国森林资源核算及绿色经济评价体系研究”，利用全国森林资源清查和全国生态定位站网络观测数据，对全国林地林木资源价值和森林生态服务功能价值进行了核算。该研究借鉴了《环境经济核算体系（2012）》（SEEA－2012）等国际最新研究成果，并结合第八次全国森林资源清查数据，科学地核算出全国林地林木资产经济价值，随后出版了《生态文明制度构建中的中国森林资源核算研究》。2014年10月，国家林业局和国家统计局联合发布了中国森林资源核算研究成果。该核算结果显示：截至2013年，全国共有林地资源实物量3.10亿公顷，林木资源实物量160.74亿立方米；林地林木资源总价值21.29万亿元，其中林地资源7.64万亿元，林木资源13.65万亿元。2014年，联合国发布了《环境经济核算体系（2012）》，由此迎来了森林资源价值核算研究的新阶段。2015年，国家环境保护部启动“绿色GDP核算2.0”研究。2015年以来，北京林业大学经济管理学院等机构的学者在森林资源价值核算、森林资源绿色核算、森林碳汇核算、林业生物资产核算及信息披露以及森林资源资产负债表编制等领域开展了研究，获得了系列成果。

2016年7月，国家林业局和国家统计局在竹藤大厦启动第三期中国森林资源核算项目研究，开展了中国森林生态资产核算。根据第三期中国森林资源核算项目的研究成果，在第九次全国森林资源清查期末（2018年），全国林地资源实物量3.24亿公顷，林木资源实物量185.05亿立方米；全国林地林木资源总价值25.05万亿元，其中林地资源9.53万亿元，林木资源15.52万亿元，较第八次清查期末（2013年）的总价值净增加3.76万亿元，增长17.66%。

2016年，国家林业局和国家统计局在北京联合启动新一轮“中国森林资源核算及绿色经济评价体系研究”，森林资源资产负债表编制总体方案也是由国家林业局和国家统计局联合设计。张颖和潘静（2016）在国民经济核算理论的基础上，根据联合国最新的《国民账户体系》（SNA 2008）、《环境经济核算体系（2012）》和我国第七、第八次全国森林资源清查数据进行了森林资源资产核算，编制了2008—2013年森林资源资产的实物量、价值量账户和资产负债表。近年来，森林资源资产负债表编制研究工作日益活跃。例如，张志涛等（2018）提出：森林资源资产负债表以森林资源管理实践为基础，以自然资源核算为理论支撑，构建包含“底表-辅表-主表”自下而上的三层负债表体系，实现存量与流量兼顾，分类与综合、实物量与价值量并重。

根据第九次全国森林资源清查结果，2018年全国林地林木资源总价值25.05万亿元，较2013年增长17.66%。天然林资源逐步恢复，人工林资源快速增长，“两山”转化的根基更加稳固。中东部地区林地林木资源价值快速增加，地方绿色发展的生态资本更加扎实。西部地区林地林木资源实物量、价值量比重最大，蕴含着巨大的生态发展潜力。全国森林生态服务年价值量从2013年的12.68万亿元增长到2018年的15.88万亿元，增长了25.24%。其中，涵养水源功能中调节水量增加了8.31%，保育土壤功能中固土量增加了 6.80%、保肥量增加了 7.50%，净化大气环境功能中提供负离子量增加了 8.37%、吸收污染气体量增加了 5.79%、滞尘量增加了 5.36%。

2021 年 3 月，国家林业和草原局公布了中国森林资源核算的最新研究成果：我国林地林木资源积累了丰富的森林资产，全国林地林木资源总价值 25.05 万亿元，森林生态系统提供的生态服务价值达 15.88 万亿元，提供的森林文化价值约 3.10 万亿元。

2022 年，国家林业和草原局与国家统计局联合下发通知，决定开展森林资源价值核算试点工作，海南、内蒙古、福建、河南、青海五省区被列入森林资源价值核算试点名单。该试点工作以第三次全国国土调查结果为统一底版，依据第九次全国森林资源清查数据以及相关林草生态综合监测数据，对试点省（区）全域及以地级市为区域单元开展森林资源价值量核算。

第四节　森林资源价值核算框架、体系与方法

（一）价值核算框架

1. 未考虑环境效益的森林资源价值核算框架

孔繁文等在 1990 年发表的《中国森林资源价值的初步核算》给出了早期的森林资源价值核算框架。该框架中的森林资源包括林地和林木资源、草本植物、动物、微生物等资源，但在进行实际核算时，主要关注了林木资源、木材及非木质林产品，尚未涉及森林的生态和环境效益。基于该框架的森林资源价值总量的变动情况见表 8-1。

表 8-1　森林资源价值总量的变动情况

项目	结构（%）	实物（万立方米）	价值量（亿元）
一、年初森林资源蓄积量（储量）		809 149.0	12 979.9
二、年内森林资源消耗量（流量）	100.0	38 034.0	610.1
1. 木材生产	45.0	17 115.2	274.6
2. 林区建设	0.0	38.3	0.6
3. 社会性消耗	11.0	4 183.6	67.1
4. 能源性消耗	19.6	7 454.6	119.6
5. 灾害性消耗	15.0	5 705.1	91.5
6. 自然估损	9.3	3 537.2	56.7
三、年内森林资源生长量（流量）		32 946.0	528.5
四、年末森林资源蓄积量（存量）		804 061.0	12 898.3
差额		−5 088.0	−81.6

资料来源：孔繁文，何乃蕙，高岚．中国森林资源价值的初步核算 [J]. 数量经济技术经济研究，1990（11）：56-64.

注：表内数据因四舍五入，略有出入。

2. 初步考虑环境效益的森林资源价值核算框架

侯元兆和王琦于 1995 年发表的《中国森林资源核算研究》着眼于为将森林资源核算纳入国民经济核算体系提供支持。该文也是由国家科委统一组织的“中国森林资源核算

研究”项目的阶段性成果。该框架仍未包括茶、桑、果等经济林产品价值，仅核算了部分森林环境效益。尽管如此，核算结果表明：森林的生态环境价值大于林木价值。基于该框架的森林资源存量价值计算结果见表 8 - 2。

表 8 - 2　部分森林资源存量价值计算结果

	方法 1（收益法）	方法 2（收益倍数法）	备注
林分价值	25 007.59 亿元	11 466.45 亿元	包括天然林、人工林、经济林、灌木林、乡村林网
林地价值	33 496.55 亿元	20 154.77 亿元	包括有林地、无林地
森林环境资源价值	78 980.00 亿元	78 980.00 亿元	涵养水源、保护土壤、固定二氧化碳和释放氧气三种价值
合计	137 484.14 亿元	110 601.22 亿元	

资料来源：侯元兆，王琦．中国森林资源核算研究［J］. 世界林业研究，1995（3）：51 - 56.

3. 中国森林核算体系总体框架

《绿色国民经济框架下的中国森林核算研究》提出了中国森林核算体系的总体框架，具体内容包括：第一，森林资源存量核算，主要是对林地和林木的总拥有量及其变化进行核算；第二，森林产出核算，主要针对当期从森林获得的林产品、生态服务进行核算；第三，森林资源经营管理与生态保护支出核算，主要针对经济体系为森林管理和生态保护所投入的经济资源进行核算；第四，林业投入产出核算，主要针对森林产品采集、森林培育和保护、林产品加工等生产过程中的投入与产出关系进行核算；第五，森林资源综合核算，主要是将上述四项核算结果与传统国民经济核算的相关总量指标关联起来，体现将森林资源纳入国民经济核算的总体结果，见图 8 - 2。

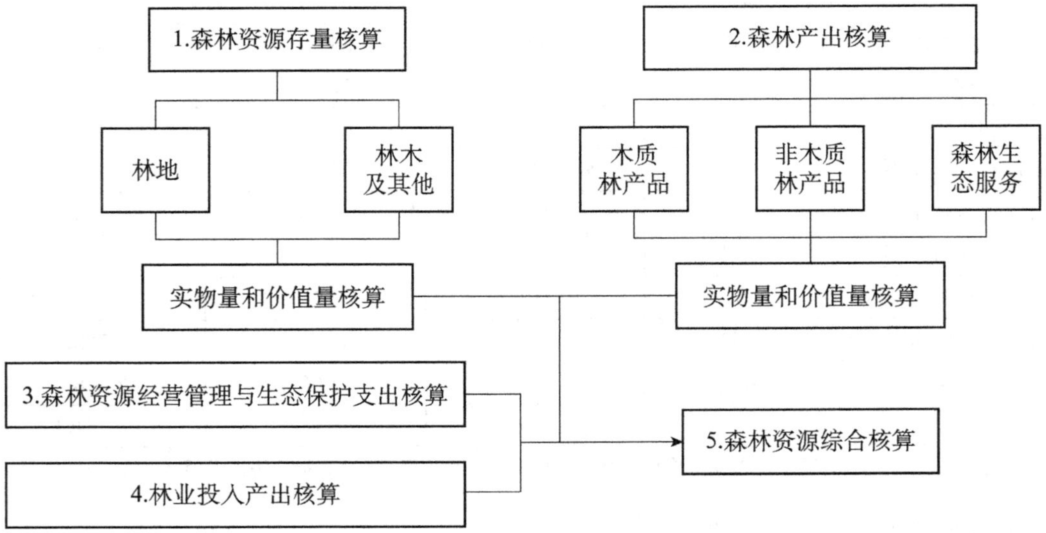

图 8 - 2　中国森林核算体系的总体框架

资料来源：《中国森林资源核算及纳入绿色 GDP 研究》项目组．绿色国民经济框架下的中国森林核算研究［M］. 北京：中国林业出版社，2010.

4. 森林资源资本核算框架

王宏伟等（2019）提出：在国民经济核算体系中，森林资源局限于经济资产范畴，包括林地资产、林木资产、经济林资产和森林景观资产；在环境经济核算体系中，森林资源既包括经济资产，还包括生态系统的概念。为此，在森林资源价值核算中应引入森林资本的概念，即把森林视为环境资产。森林资源是包含生物和非生物以及它们共同发挥作用的具有其他特征的森林资源空间区域，其价值是经济主体通过持有或使用森林资源而在未来能够持续获得的一系列森林生态服务（包括供给服务、调节服务和文化服务）的价值加总。该框架见图 8－3。

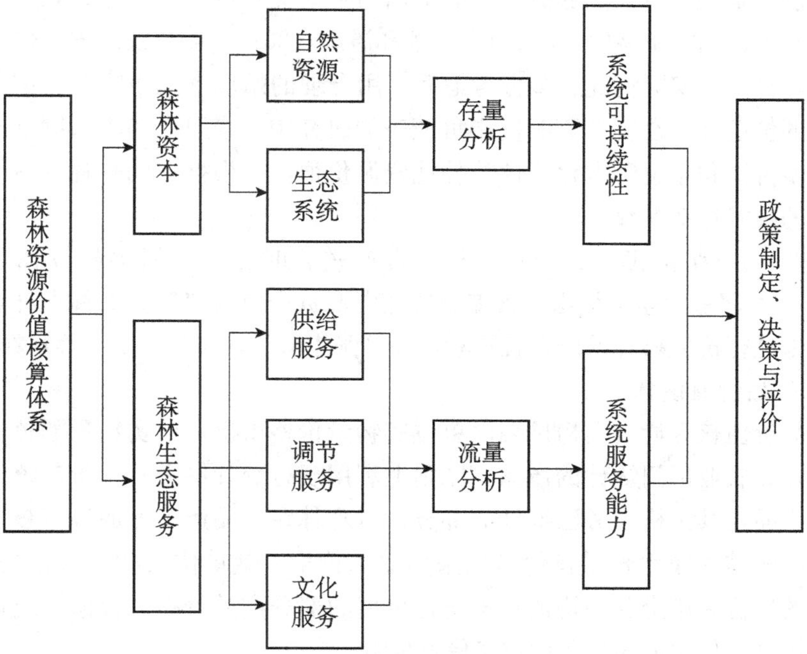

图 8－3　森林资源价值核算的框架

资料来源：王宏伟，刘建杰，景谦平，等．森林资源价值核算体系探讨［J］．林业经济，2019，41（8）：62－68.

（二）森林资源价值核算体系

1. 林地林木价值核算

关于林地，从理论上说，其价值是指裸林地的市场价值。如果没有相应的市场交易价格数据支持，可以按土地价值、土地税、土地租金或其他管理型估算数据为基础进行间接估价。《绿色国民经济框架下的中国森林核算研究》对林地价值核算采取的估价方法是年金资本化方法，即以土地年租金作为收益，再将其转化为土地价格。

林木价值估算是森林存量估算中最具独立性的部分，其估价的基本思路是净现值方法，即林木价值等于未来成熟林立木价格扣除林木长成期间的成本后的贴现值。国内林木价值量核算通常根据不同核算对象分别采用不同方法，其中包括重置成本法（中、幼龄林）、市场价格倒算法（近熟、成熟、过熟林）、收益现值法（经济林）和年金资本化法（竹林）。

对于林地估价，侯元兆和王琦（1995）使用收益法和收益倍数法对我国林地资产进行了初步核算。2004 年，张颖在《绿色 GDP 核算的理论与方法》一书中对林地估价方法进行了详细的总结和阐述，其估价方法有市场资料比较法、成本方式评价法、收益方式评价法、折中方式评价法、简易地价法、年金资本化法等，并归纳了它们的使用范围和优缺点。《绿色国民经济框架下的中国森林核算研究》对林地价值核算采取的估价方法是年金资本化方法，并据此核算出了 2003 年期末的林地价值。SEEA－2012 采用市场价格法和净现值法，以林地的市场交易价格为依据来确定林地价值。依据上述研究，中国已形成了对林地资源、林木资源的实物量与价值量进行统计核算的技术体系。

基于以上核算方法，国内有一些研究使用了市场价格法，但很多学者认为：市场价格法运用的前提是交易市场足够成熟，而中国的林地交易市场还不够成熟，市场价格代表性不足，并不适用。王骁骁（2016）、张颖和潘静（2016）以及袁继安（2019）采用年金资本化法，在结合实际情况、多方考虑后，用合理的贴现率把净收益资本化，用以核算林地资产的价值量。在森林资源资产负债表的研究中，张卫民和李辰颖（2019）建议采用林地期望价法和年金资本化法评估林地资源价值，并根据不同林种、树种和立地类型选择适宜的技术经济参数。

张颖（2016）、张卫民（2020）在林木资产核算时分不同树龄核算林木价值。自 2013 年党的十八届三中全会提出探索编制自然资源资产负债表后，对林地林木资源编制资产负债表来进行价值核算的研究就不断增加（张志涛等，2018；石薇等，2018）。

2. 森林产品价值核算

森林产品价值核算通过实物量乘以单位实物量价格得出。就实物量的核算而言，对于已纳入林业和农业部门统计的产品，原则上利用现行统计结果；对于未统计但能够估计出产量的产品，其价格参考已统计的部分；对森林在产品产出方面进行核算，实物量用两次清查期间林木净生长量，价值量采用立木价格。就单位实物量价格的计量来说，立木、立竹的单价采用全国平均值；未统计价值的部分产品价格，根据已统计的实物量和价值量推算平均价格或通过各种市场信息推算。

森林产品包括收获的各种木质林产品和非木质林产品，它们都有比较明确的数量特征，因而其估价主要以市场交易价格为基础；在无法直接获得产品市场交易价格的情况下，可以采用同类产品市场价格、近似产品市场价格以及生产成本作为估价基础。由此，形成了林产品价值估算方法，包括市场价格法、当地同类产品市场价格法、相近替代产品价格法、生产成本法。

木质林产品、非木质林产品属于森林产品，也是森林核算体系中的一部分。SEEA－2000 中提到了木质林产品并编制了木质品商品平衡表，而 SEEA－2003 对森林资源核算做了进一步的归纳和扩展，考虑并界定了非木质林产品核算范围，旨在对森林资源和森林产出进行完整的核算。但在这个版本中，森林资源核算的内容仍不完整，不包括木材加工产品，不包括森林维护和人工培育产出（高敏雪等，2012）。SEEA－2012 对 SEEA－2003 中有关森林资源核算存在争议的内容进行了重点修订，其中之一就是提供了森林产品数据实例，比如提供了木材和薪柴等森林产品的供应使用量、木材资源存量、开采森林产品所用的固定资产存量等可以编制的数据类型实例。除此之外，SEEA－2002 着眼于物质流及其平衡和森林产业等设计了多张核算表，从不同角度包括了不同的森林产品：

一是设计了育林采伐业经济账户，这是从林业产业出发的核算；二是木材及其加工产业的实物供应使用表，这是立足产品物质流量的核算；三是林地产出核算表，大体对应SEEA－2003的森林产品核算表。

木质林产品是指森林提供的以木材为主要形式的产品。非木质林产品是指森林生产的除了木材以外的其他一切产品，包括林木的种子、饮料产品、调料产品、果类产品、中药产品、观赏及化工产品等。SEEA－2003曾经列示了各种非木质林产品，如食物（猎物、浆果、果品、蘑菇、坚果、棕榈油、蜂蜜等）、药材、牲畜饲料用牧草/秸秆、工业原料（软木、橡胶、树脂、化学品）、作为农产品的森林动物（如野猪、驯鹿等）。《绿色国民经济框架下的中国森林核算研究》将森林核算的林产品内容做了归纳，见表8－3。

表8－3　中国森林核算：林产品内容

林产品类别		包括的产品内容
1. 木质林产品		林木生长量、原木、薪柴、竹林、藤类……
2. 非木质林产品	（1）植物产品或原料	①树木种子类。 ②苗木类。 ③原料类。 ④干果类。 ⑤水果类。 ⑥浆果类。 ⑦食用菌类。 ⑧竹笋类。 ⑨调料类。 ⑩花卉类。 ⑪中药材类。
	（2）动物产品或原料	麝香、鹿茸、鹿、山猪、林蛙、蜂蜜、蜂蜡……

资料来源：《中国森林资源核算及纳入绿色GDP研究》项目组．绿色国民经济框架下的中国森林核算研究［M］．北京：中国林业出版社，2010.

《绿色国民经济框架下的中国森林核算研究》中的森林产品核算对象为2004年全国范围内森林的全部实物产品产出。该项目的核算方法为：一是对已纳入林业和农业部门统计的产品，使用当时的统计结果；二是对未统计但能够估算产出量的产品，其价格参考已统计部分；三是对森林在产品的产出核算，实物量用两次清查期间的林木净生长量，其价值量计算采用立木价格。基于此，该书核算出了2004年全国主要木质林产品、非木质林产品的产出实物量和价值量。核算结果显示，全国森林产品的总价值为5 257.03亿元；其中，木质林产品的产出为1 322.90亿元，占总产出的25.16%；非木质林产品的产出为3 934.23亿元，占总产出的74.84%。

3. 森林生态服务价值核算

森林生态服务价值核算包括对供给服务、调节服务和文化服务三大类服务的核算。就调节服务的核算而言，主要关注六个方面：一是固土保肥，分别核算森林固土和保肥的价值；二是涵养水源，核算森林调节水量和净化水质的价值；三是固碳释氧，分别核算森林固定二氧化碳和释放氧气的价值；四是防风固沙，核算农田牧场防护林、防风固沙林和沿海防护林减灾增产的价值；五是净化空气，核算森林吸收、过滤、阻隔、分解大气中二氧化硫、氟化物、氮氧化物和粉尘以及提供负离子功能的价值；六是维持生物多样性，核算森林物种资源保护价值。七是在文化服务方面，核算森林景观游憩价值。鉴于森林生态服务市场机制不发达，针对上述七类生态服务价值，可采用机会成本法、专家调查法及替代法进行估算，见表 8-4。

表 8-4 森林生态服务价值核算的内容和方法

序号	核算项目	估价方法	核算内容
1	固土保肥	灾害损失与治理成本替代法 化肥价格替代法	固土价值 保肥价值
2	涵养水源	水库造价替代法 自来水价替代法	调节水量 净化水质
3	固碳释氧	碳交易价法 医用氧价格替代法	固碳 制氧
4	防风固沙	农业减灾增产价值替代法	农田、牧场防护林和防风固沙林防护效益 沿海防护林防护效益
5	净化空气	器械成本替代法 排污费替代法	提供负离子的效益 吸附污染物的效益 滞尘效益
6	维持生物多样性	机会成本法和专家调查法	森林物种资源保护价值
7	文化服务	综合旅游收入替代法	森林景观游憩价值

资料来源：《中国森林资源核算及纳入绿色 GDP 研究》项目组．绿色国民经济框架下的中国森林核算研究［M］．北京：中国林业出版社，2010.

（三）林地林木价值核算模型与方法

1．Faustmann 模型及改进

Faustmann 模型源于德国的林业经济学家福斯特曼（M. Faustmann）发表于 1849 年的论文，它在世界林业经济史上的地位举足轻重（杨馥宁等，2007）。Faustmann 模型基于无限次轮伐期的最大净现值计算最优轮伐期。该模型认为，在木材平均年增长量与净效益的现值最大时是最优砍伐时间，即森林价值最大化。该模型假设无限次采伐的收获、抚育、造林等费用每期保持不变，而且在轮伐期结束时全部采伐。林地经营者所获得的收益期望值就是无限期木材生产净收益现值与净成本现值的差值。

Faustmann 模型在国际上非常流行，其优点是将林地价值货币化并充分考虑了货币时间成本，缺点是忽视了除去木材效益之外的其他效益，未考虑政策、木材价格以及自然风险等不确定情况下管理层对林地的调整。因此，Faustmann 模型主要还是用来分析林地的经济价值、皆伐作业的林地评价以及合理确定森林地租等（苏立娟等，2015）。

针对上述 Faustmann 模型的局限性，有学者对传统的 Faustmann 模型进行了改进和拓展。例如，为扩大 Faustmann 模型在树龄管理领域的适用性，对因树龄差异引发的同龄、异龄林分管理进行讨论；在综合考虑了林地的经济效益与环境效益后，对林地收益期望值的计算不仅包含木材净收益，还将森林游憩、生物多样性、水源涵养和森林碳汇等森林生态服务价值纳入其中（Hartman，1976；Richards et al.，2004）；此外，结合风险及不确定性因素衡量采伐决策的实际效益。因此，Faustmann 模型及其相关研究充分考虑了经济、自然因素对林地期望值的影响，满足了林地市场与非市场价值评估需求，对林地投资决策和林业产业持续性管理产生了深远的影响。

Faustmann 模型的创新就是不从单一的轮伐期来求解，而是假定土地一直重复用来生产木材，并把所有未来的收益都贴现到现在。其总贴现的价值就相当于土地的价值，而不是一个轮伐期的价值。

用公式可表示如下：

$$\begin{aligned}\mathrm{LEV}=R&=\lim_{n\to+\infty}\max_{t,E}(p\times y(t,E)\,\mathrm{e}^{-rt}-wE)(1+\mathrm{e}^{-rt}+\cdots+\mathrm{e}^{nrt})\\&=\max_{t,E}(pQ(t,E)\,\mathrm{e}^{-rt}-wE)(1-\mathrm{e}^{-rt})^{-1}\\&=\max_{t,E}(pQ(t,E)-wE\,\mathrm{e}^{rt})(\mathrm{e}^{rt}-1)^{-1}\end{aligned}$$

式中，w 为第一年投入（比如工资）的单位成本；E 为投入量（如劳动力）。

要求最大值，对 t 和 E 求一阶导数，即

$$\partial R/\partial t=r\times(pQ_t(\mathrm{e}^{rt}-1)-r\,\mathrm{e}^{rt}(pQ-wE))(\mathrm{e}^{rt}-1)^{-2}=0$$

$$pQ_t(t)(1-\mathrm{e}^{-rt})=r(pQ(t)-wE)=0$$

式中，$pQ_t(t)(1-\mathrm{e}^{-rt})$ 为延长一年的边际收益；$r(pQ(t)-wE)$ 为延长一年的净森林资本成本［森林成本 $pQ(t)$ 减去人力投入 wE］。

要求最佳投入量，也就是对 E 求导：

$$\partial R/\partial E=r(pQ_E-w\,\mathrm{e}^{rt})(\mathrm{e}^{rt}-1)^{-1}=0$$

$$pQ_E(t)\,\mathrm{e}^{-rt}-w=0$$

上式可以解释为 $pQ_E(t)\,\mathrm{e}^{-rt}$ 边界投入的价值等于投入的价格(w)。

从上述公式可以求出木材价格、利率及劳动力成本变化对轮伐期的影响。我们得出的一般性结论是：

（1）当利率上升时，轮伐期缩短。这是因为森林资本（立木生长）的机会成本增加，需要更早地把它从森林资本变成其他资本。

（2）当劳动力成本上升时，轮伐期延长。这是因为劳动力成本上升将使造林的投资增加，在其他条件不变的情况下，应减少单位时间内的造林次数，也就是延长轮伐期。

（3）当立木的价格上升时，轮伐期缩短。这可以理解为劳动力成本相对木材下降，所以轮伐期缩短。

需要注意的是，森林收益不仅有木材的收益，还包括许多其他效益，但这些效益并没有改变追求土地期望价值最大化的本质。

$$\text{maximize LEV}(T)=\frac{PQ(T,E)\,\mathrm{e}^{-rT}-C+\int_0^T\mathrm{e}^{-rT}A(t)\,\mathrm{d}t}{1-\mathrm{e}^{-rT}}$$

该模型由哈特曼（Hartman）于 1976 年提出，又称 Hartman 模型。森林不仅有木材的产出，还对生态环境的维持和改善有巨大的作用。因此，可以在该模型中加入对森林产出的非木质林产品和服务价值的度量，比如水土保持、生物多样性、调节小气候和吸

收空气中的二氧化碳。$A(t)$ 是来自蓄积 $Q(t)$ 时的非木质林产品和服务的价值，可用一个平均的转化因子得到，即 $A(t)=RQ(t)$。

LEV（T）对 T 求一阶导数并令其为 0，可以得到最优轮伐期 T（曾程等，2012），即

$$\mathrm{LEV}_r' = \frac{\mathrm{e}^{-rT}(r(-rPQ(T)+C)+(PQ_r'(T)+A(T))(1-\mathrm{e}^{-rT})-r\int_0^T \mathrm{e}^{-rT}A(t)\mathrm{d}t)}{(1-\mathrm{e}^{-rT})^2} = 0$$

2. 林地林木价格评估方法

国内较早开展森林资源核算估价研究的学者是孔繁文和何乃蕙，他们于 1993 年出版了研究著作《森林资源核算与国民经济核算体系》。1995 年，侯元兆等结合我国森林资源核算的情况，对森林资源核算价格进行了较系统的研究。张颖（2004）在《绿色 GDP 核算的理论与方法》中对林地、林木的估价方法做了进一步梳理，见表 8－5 和表 8－6。

表 8－5　林地价格评估方法

方法	使用范围	主要优点	主要缺点	注意问题
市场资料比较法	任何形式、任何林种林地	1. 客观反映林地目前的市场情况 2. 评估结果易被接受	1. 需要公开及活跃的林地市场 2. 受地区、环境等严格限制	评估案例参数的选择
成本方式评价法	适用于林地的购入费用较为明确和特定用途的林地价格	1. 比较充分地考虑了林地的损耗 2. 有利于林地资产保值	工作量较大	要用重置成本
收益方式评价法	任何形式、任何林种林地	1. 较真实、准确地反映了林地本金化价格。 2. 评估价格易被买卖双方接受	预期收益测算难度大；受主观判断影响大	林地每年要有稳定的收益（地租）
折中方式评价法	较多用于经济林	较客观地反映了林地市场价格及本金化价格	要求有完善的资料和规范的标准	需要以具备成熟的市场交易为前提
简易低价法	适用于未到轮伐期有林地价格的评估	应用简便	适用范围小	我国仅将其作为林地价格评估的参考方法
年金资本化法	适用于经济林	简单易算	要求每年有稳定的收入	需要确定好年均地租和投资收益率
其他方法	适用于竹林、其他类林地价格评估			

资料来源：张颖．绿色 GDP 核算的理论与方法［M］．北京：中国林业出版社，2004.

表 8－6　林木价格评估方法

方法	使用范围	主要优点	主要缺点	注意问题
比较方法	适用于各种林龄林木资产评估	客观反映林木的市场情况	需要具备一个充分发育、活跃健全的林木交易市场	注意确定木材的平均价格

续表

方法	使用范围	主要优点	主要缺点	注意问题
成本法	适用于中、幼龄林，短期轮伐和定向培育林及竹林	较准确地反映了林木生产的成本，定价过程完整	资料应完整，实际操作烦琐	一般用重置成本
立木费用法	适用于接近轮伐期的林木评估	反映了立木培育需要投入的费用	需要有完善的资料	林业利率应注意通货膨胀因子
立木期望价法	适用于接近轮伐期的林木评估	测定因素少，计算简便	把收入、支出看作永恒不变，并且用同一种利率	注意收支的测定
收益还原法	适用于中龄林林木评估	测定因素少，计算简便	年收入必须十分稳定	注意年平均收益、纯收益测定的准确性
林地期望价拟合法	适用于近轮伐期的林木评估	容易形成一个完整的立木价格体系		
格拉泽氏法	适用于短期轮伐期定向培育林木	可以得到林木类似于固定资产的折旧率	无法体现造林成本利息、林木损失等因素	
造林利益率法	适用于短期轮伐期定向培育林木	计算简便	造林收益率的确定需要成熟的市场价格	需要良好的工作经验和判断
市场价倒算法	适用于成熟林林木评估	计算简便，结果接近市场实际	需要完善的木材市场体系	

资料来源：张颖．绿色 GDP 核算的理论与方法 [M]. 北京：中国林业出版社，2004.

3. 具体的林地林木价格评估公式

（1）林地价格。主要根据各地的林地年地租，同时参考征（占）用林地补偿标准以及林地流转价格资料，采用年金资本化法估算，计算公式为：

$$V=\sum_{i=1}^{n}\frac{A_i}{p}$$

式中，V 为林地地价；i 为林地类型；A_i 为第 i 种林地类型的年平均租金；p 为投资收益率。

投资收益率采用 2.5%，林地年平均租金采用林地的年平均纯收入代替。

（2）林木价格。中、幼龄林的林木价值采用重置成本法估算，计算公式为：

$$V_n=K\sum_{i=1}^{n}C_i\,(1+p)^{n-i+1}$$

式中，V_n 为第 n 年林龄的林木价值；C_i 为第 i 年的以现行工价及生产水平为标准的生产成本；K 为林分质量调整系数；p 为投资收益率。

近、成、过熟林的林木价值采用市场价格倒算法估价，计算公式为：

$$V=W-C-F$$

式中，V 为近、成、过熟林的评估价值；W 为木材销售总收入；C 为木材生产经营成本（包括采运成本、销售费用、管理费用、财务费用及相关税费）；F 为木材生产经营利润。

（3）经济林林木价值。经济林林木价值采用收益现值法评估（不包括木材残值），计算公式为：

$$E_n = \sum_{i=1}^{n} A_{ui} \times \frac{(1+p)^{u-n}-1}{p(1+p)^{u-n}}$$

式中，E_n 为第 n 年林龄的经济林林木价值；A_{ui} 为第 i 种经济林经营类型中第 u 种树种在盛产期内的年净收益；i 为经济林树种；u 为经济林寿命期；n 为经济林林木年龄；p 为投资收益率，采用 6.0%。

竹林价值采用年金资本化法评估（包括竹林和竹笋的收益），计算公式为：

$$V = \sum_{i=1}^{n} \frac{A_i}{p}$$

式中，V 为竹林价值的评估值；A_i 为第 i 种竹林的年均净收益（竹林和竹笋的收益）；p 为投资收益率，采用 6.0%。

第五节　趋势展望

森林资源价值核算是以统计学、经济学、林学、生态学、环境科学等多学科为基础的跨学科命题，也是一项具有特殊性和复杂性的研究。现有研究从“没有将森林环境价值纳入价值核算”到“关注森林生态服务价值核算”，在森林资源价值核算的理论、内容、对象和方法上都取得了很大进步，也更为全面、系统和客观地呈现了森林资源在国民经济及生态建设中的重要作用。

现有研究存在的最大问题在于核算的森林环境价值偏大，夸大了森林资源在国民经济和生态建设中的作用：一是常以功能计量替代效益计量，将计算得到的森林资源各种环境功能的实物量转化为价值量，再作为人类充分利用所能产生的经济效益，并没有体现未被人类社会实际利用的环境功能无法产生效益价值。二是部分森林资源的环境功能作用于森林资源本身，其环境效益价值已经转移到森林资源的物质产品价值。例如，森林涵养的水源、保育的林地土壤肥力被部分森林资源所消耗并转移到了森林产品中，不应列入环境价值核算。三是替代价格法使用的不合理性。例如，以化肥的市场价格替代森林保肥功能的价格，以工业制氧的价格替代森林释氧功能的价格，但森林的保肥、释氧功能与化肥、工业氧气的经济属性存在明显差异，没有排他性，价值无法做到等量齐观。

现有研究存在的第二个问题在于核算结果的科学性、可比性及客观性存疑。不同学者在开展森林资源价值核算研究时，大多从自身的学科背景出发，提出不同的评估方法，没有形成一个统一的评估标准和评估体系，导致了不同研究成果难以开展比较研究，也制约了研究成果的科学性及客观性。就森林资源的某一项价值，应用不同学科的方法进行估算，可能导致评估结果出现很大差异。森林资源价值通过分项价值简单求和而成，忽略了不同价值的计量理论基础及方法差异。

森林资源价值核算的目的在于纳入国民经济核算体系，但现行“大一统”的做法反而导致其难以纳入国民经济核算体系。在现有的森林资源价值核算中，将流量指标与存量指标混合使用，导致重复计算。若开展国民财富统计，应将林地林木资源以存量的形式计入森林资源价值，不应将作为森林资源功能的环境服务价值纳入国民财富。若开展国内生产总值统计，应将森林产品和环境服务以流量的形式计入森林资源价值，不应将作为中间品的林地资源价值计入。

当前，我国生态文明建设进入以降碳为重点战略方向、推动减污降碳协同增效、促进经济社会发展全面绿色转型、实现生态环境质量改善由量变到质变的关键时期，这使森林资源价值核算及相关研究工作面临更高的要求，也将迎来新的发展契机。

森林资源价值核算研究需要凸显跨学科研究特点，实现实物量和价值量的科学计量及加总，得出更为准确和客观的价值核算结果：一是应发挥林学、生态学科合力，统一实物量核算的理论及方法，对实物量计量中存在的中间产品予以合理剔除，比如剔除森林保肥计量中被林木生长消耗的肥力数量，避免实物量的重复计量；二是发挥好统计学、经济学科合力，基于效用价值理论，采用选择实验、陈述偏好、显性偏好等方法，统一价值量核算的理论及方法，对实物量向价值量转化过程中的单位实物量价格量化开展科学研究，避免替代法存在的不足；三是要关注不同区域森林资源的差异，开展不同区域的跨学科研究，以便更准确地开展实物量及价值量核算工作，得出更为科学准确的省域及全国价值核算结果；四是集合不同学科的合力，细化森林资源价值核算的目的，分别从国民财富、国内生产总值视角开展核算工作，促使价值核算结果更好地纳入国民经济核算体系。

森林资源价值核算还需要更好地融入国家生态建设与绿色发展大局，开展更具针对性的研究：一是对标“双碳”工作目标，对于森林作为“碳库”所具有的碳汇功能及价值开展专项研究，发挥好森林作为陆地最大碳汇生态系统的积极作用；二是对标“生态产品价值实现路径”工作要求，对森林产品附着的环境价值进行准确计量，为通过生态产品溢价机制实现森林生态产品价值奠定基础；三是对标“完善生态补偿机制”工作要求，对森林生态服务价值中的支持服务及文化服务价值进行准确计量，为完善森林生态效益补偿机制以及促进森林生态效益补偿机制升级为森林生态效益赔偿机制奠定基础。

为实现更加全面的、规范的林地林木和林产品价值核算，还有赖于基础条件的不断改善。具体说来，目前林业的统计和监测体系难以提供全面的数据支持，有些数据或缺失，或不完善，或分类不详细，或数据质量不甚可靠等。此外，该领域的核算技术大多数处于以 SEEA 为代表的主流框架下，虽然结合中国的森林管理实践进行了改进，但仍存在不足之处，这些不足之处也将成为未来的研究方向。

随着我国提出的“迈向生态文明，共建地球生命共同体”成为全球共识，还应促进国内外的森林资源价值核算研究工作互融互通，加强中国森林资源价值核算体系与《环境经济核算体系（2012）》的衔接，将国内森林资源价值核算成果作为国际社会共同履行“联合国森林文书”的技术支撑，实现讲好中国故事、分享中国经验的目的。

此外，还有必要加强中国森林资源价值核算体系与国际相关核算体系的衔接，在世界舞台上积极分享国内森林资源价值核算成果和实践经验，积极参与和影响国际森林资源价值核算进程。

推荐读物

[1] 董新春．森林资源资产评估实务 [M]．3 版．北京：中国林业出版社，2021.

[2] 高敏雪，张颖，等．综合环境经济核算与计量分析：从国际经验到中国实践 [M]．北京：经济科学出版社，2012.

[3] 田治威，王富炜，张卫民．森林资源资产评估理论与方法 [M]．北京：科学出版社，2011.

[4] 吴秉礼．森林资源价值核算指标体系 [M]．兰州：兰州大学出版社，2004.

[5] 张卫民．森林资源资产负债表及其核算系统研究 [M]．北京：中国林业出版社，2020.

[6] 张颖．绿色 GDP 核算的理论与方法 [M]．北京：中国林业出版社，2004.

[7]《中国森林资源核算及纳入绿色 GDP 研究》项目组．绿色国民经济框架下的中国森林核算研究 [M]．北京：中国林业出版社，2010.

[8] Martin Faustmann，杨馥宁，公培臣，等．土地收益的期望价值估算研究：无林地及未成熟林分的价值估算 [J]．林业经济，2007 (6)：72－77.

思考与讨论

1. 生态产品价值核算与森林资源价值核算有何联系和区别？
2. Faustmann 模型改进有哪些应用价值和现实意义？
3. 如何消除中国森林资源价值核算体系中存在的价值重复计量问题？
4. 如何促使中国森林资源价值核算与国民经济核算体系更好衔接？
5. 如何科学合理系统地建构一套适合中国国情、林情的森林资源价值核算体系？

第九章

森林生态产品价值实现[①]

森林生态产品价值实现是贯彻习近平生态文明思想的重要实践，是提升“两山理论”转化效率的重要路径，是实现森林生态经济和林业绿色转型发展的必要举措。2021 年 4 月，中共中央办公厅、国务院办公厅印发了《关于建立健全生态产品价值实现机制的意见》，并明确提出：到 2025 年，生态产品价值实现的制度框架初步形成，生态优势转化为经济优势的能力明显增强；到 2035 年，完善的生态产品价值实现机制全面建立，具有中国特色的生态文明建设新模式全面形成。因为森林生态产品是重要的生态产品之一，所以森林生态产品价值实现研究意义重大。

本章系统概述了森林生态产品价值实现的相关内容。第一节在界定森林生态产品、森林生态系统效益、森林生态效益、森林生态效益补偿等相关概念的基础上，将森林生态产品进行了分类，并简要探讨了不同类型森林生态产品价值实现的路径。第二节总结了包括“两山理论”、森林生态系统服务价值评估理论在内的森林生态产品价值实现的相关理论。第三节归纳了森林生态产品价值实现的八种模式与路径。第四节梳理了森林生态服务价值、森林生态补偿两个研究方向的研究进展。第五节通过对国内外文献的梳理和研究现状的分析，展望了未来森林生态产品价值实现的路径。

第一节　相关概念界定

（一）森林生态产品的概念、属性与分类

1. 生态产品与森林生态产品的概念界定

在 2010 年国务院印发的《全国主体功能区规划》中，首次提出了生态产品的概念，并对生态产品进行了准确的描述，即生态产品是维系生态安全、保障生态调节功能、提供良好人居环境的自然要素，包括清新的空气、清洁的水源和宜人的气候等。2021 年 4

---

① 本章参加编著人员：黄雷、柯水发、黄丹妮、张融存。

月，中共中央办公厅、国务院办公厅印发了《关于建立健全生态产品价值实现机制的意见》，标志着生态产品价值实现研究向机制实践方面转移。生态产品概念的提出及其发展历程见表 9-1。

表 9-1　生态产品概念的提出及其发展历程

年份	文件	主要内容
2010	《全国主体功能区规划》	首次提出并明确生态产品的概念，强调生态产品是生态系统提供生态调节的功能
2012	《坚定不移沿着中国特色社会主义道路前进 为全面建成小康社会而奋斗——在中国共产党第十八次全国代表大会上的报告》	增强生态产品生产能力
2015	《中华人民共和国国民经济和社会发展第十三个五年规划纲要》	为人民提供更多优质生态产品
2016	《全国生态保护“十三五”规划纲要》	扩大生态产品供给；丰富生态产品，优化生态服务空间配置，提升生态公共服务供给能力
	《国务院办公厅关于健全生态保护补偿机制的意见》	以生态产品产出能力为基础，完善测算方法；研究建立生态产品市场交易与生态保护补偿，协同推进生态环境保护的新机制；完善生态产品价格形成机制
2017	《决胜全面建成小康社会 夺取新时代中国特色社会主义伟大胜利——在中国共产党第十九次全国代表大会上的报告》	提供更多优质生态产品以满足人民日益增长的优美生态环境需要
2018	《习近平：在深入推动长江经济带发展座谈会上的讲话》	选择具备条件的地区开展生态产品价值实现机制试点，探索政府主导、企业和社会各界参与、市场化运作、可持续的生态产品价值实现路径
2020	《习近平主持召开深入推动长江经济带发展座谈会并发表重要讲话》	要加快建立生态产品价值实现机制，让保护修复生态环境获得合理回报，让破坏生态环境付出相应代价
	《中华人民共和国国民经济和社会发展第十四个五年规划和 2035 年远景目标纲要》	支持生态功能区把发展重点放到保护生态环境、提供生态产品上；建立生态产品价值实现机制，在长江流域和三江源国家公园等开展试点
2021	《关于建立健全生态产品价值实现机制的意见》	积极提供更多优质生态产品满足人民日益增长的优美生态环境需要，深化生态产品供给侧结构性改革，不断丰富生态产品价值实现路径；让提供生态产品的地区和提供农产品、工业产品、服务产品的地区同步基本实现现代化

森林生态产品是生态产品的一个分支，它是指由森林生态系统生产出来的，在通过交易平台交易后，森林的各项生态功能所转化成的生态产品，其生产过程是提供和释放生态效益的过程。森林生态产品是具有调节功能、文化服务功能、生命支持功能和固碳释氧功能，能够提供并满足消费者对森林生态需求的产品总和。调节功能包括空气质量

调节、气候调节、水土保持、水质净化、废弃物处理、人类疾病控制、生物控制、授粉、风暴控制。文化服务功能包括文化多样性、精神价值、知识系统、教育价值、美学价值、文化遗产价值、旅游价值。生命支持功能包括生物多样性保护、物质循环。

2. 森林生态产品的特殊属性

（1）森林生态产品的自然属性。森林生态产品依托于森林生态系统而产生，森林生态系统的自然属性让森林生态产品也具有了自然属性。森林生态产品的供给量会随着森林资源的变化而变化，森林资源的增加会使森林生态产品的供给增加；森林资源减少甚至消亡，也会令森林生态产品的供给随之减弱甚至消失。森林资源的可再生性也使森林生态产品在一定的环境、社会、经济条件下具有可再生性。森林生态产品从某种意义上说是客观存在的，并不完全以人的意志为转移，也是具有不可替代性的。同时，随着时间和地域的变化，森林生态系统所提供的森林生态产品也不尽相同，即处在不同时间和空间的森林生态系统会提供不同功能、不同类型的森林生态产品。

（2）森林生态产品的公共属性。从新古典经济学的角度进行分析，森林生态产品具有明显的公共物品属性，是典型的公共物品。森林生态产品具有公共物品的特性：①在一定的范围内，一个人消费了森林生态产品的同时并不影响其他人对该产品的享用。森林所提供的各种森林生态产品在其生态功能可容纳的能力和范围内不具备竞争性。以森林所提供的固碳释氧为例，不会因为多增加一个人就影响其他人享用这种产品。②没有理由排除和拒绝其他人消费这些森林生态产品，即非排他性。在森林提供的全部森林生态产品内，除森林景观产品具有一定的排他性以外，其他森林生态产品（如保持水土、涵养水源、净化环境等）的非排他性都非常明显，经营者无法将“搭便车”的受益主体排除在外。森林所提供的森林生态产品能使一定区域乃至全球受益，然而在经济上并未获得相应的补偿，这就产生了“搭便车”现象或“灯塔效应”（肖南云，2018）。从权属上看，森林生态产品应属于国家或集体所有，而从受益主体来看，森林生态产品的受益主体是整个区域、整个国家甚至是全球。同时，森林生态产品所产生的效益不仅能满足当代人的需要，还能维系代际公平。

（3）森林生态产品的市场属性。“绿水青山就是金山银山”科学论断的提出就是对森林生态产品具有市场属性的最好论证，说明森林生态产品可以通过市场交易来实现其经济价值。从供给与需求的角度来看，森林生态产品相对于日益丰富的物质文化产品具有稀缺性。从供给方面看，随着经济社会的不断发展，人类对森林资源的过度采伐造成森林资源的破坏，致使森林生态产品的供给能力呈下降趋势；从需求方面来看，随着社会的不断进步、经济的不断发展和人们生活水平的不断提高，人们对森林生态产品的需求不断增加，需求量不断加大。森林生态产品供给能力的下降和人们对森林生态产品需求的增加，产生了森林生态产品供不应求的状况，从而导致了森林生态产品稀缺性的产生（肖南云，2018）。在特定的条件下，森林生态产品是具有交易性的，比如森林碳汇、流域森林生态产品、森林生态旅游、生物多样性维护和农业防护服务等森林生态产品可以在一定条件下进入市场交换领域，从而实现自身价值。因此，森林生态产品也具有一定意义上的市场属性。

（4）森林生态产品的社会属性。森林提供的森林生态产品是一种公共的社会资本，因此森林生态产品具有社会属性。根据马斯洛需求理论，当人们满足了物质生活需求后，对精神和环境的需求增多，价值观念开始从经济中心向更高的福利中心进行转移。森林生态产品对社会经济的可持续发展起到重要的支撑作用，而且森林提供的森林生态产品的价值在整个社会资本中所占的份额越来越大。

3. 森林生态产品的分类

国内学者从不同的角度出发，基于不同的分类标准，对森林生态产品的类型进行了划分。通过借鉴他们的成果可以看出，目前学术界对森林生态产品的分类方法主要分为两种：第一种分类方法从环境经济学的角度出发，以公共物品的非竞争性和非排他性特征为依据，将森林生态产品分为以清洁空气、干净水源、气候调节为代表的公共性生态产品，以碳排放权为代表的准公共性生态产品，以林下经济产品、生态林产品、康养旅游等为代表的经营性生态产品三类；第二种分类方法以生态系统提供的供给服务、调节服务、文化服务以及支持服务为依据，将森林生态产品分为以绿色林产品为代表的森林生态物质产品，以涵养水源、调节气候、净化空气为代表的森林生态服务产品，以生态旅游、美学体验、康养文化为代表的森林生态文化产品三类。

（二）森林生态系统效益与森林生态效益

森林生态系统效益是指森林生态系统所承载的多种服务功能的总价值。由于森林生态系统具有的自然属性以及多种特殊功能，使得森林生态系统价值的表现形式众多，而且其价值内涵也多种多样。目前，对森林生态系统的效益（价值）构成主要有以下几种认识：

（1）二分型分类。该分类法认为森林生态系统的价值包括有物质形态的产品价值和无物质形态的服务价值。对该分类的认识，可以追溯到对自然环境价值的认识，美国经济学家约翰·克鲁梯拉（John Krutilla）是国际上最早提出自然环境价值概念的学者，他在 1967 年发表的论文及专著中，首次提出了“舒适型资源的经济价值理论”，而且在他与费舍尔合著的论文中指出：环境资源包括商品型环境资源和舒适型环境资源，并重点阐述了舒适型环境资源的价值与价值核算问题。

（2）三分型分类。该分类法是以可持续发展理论和生态学理论为基础，在考虑人与自然关系的基础上，将森林生态系统划分为存在价值、经济价值和环境价值。该分类方法也是源于对自然资源价值的分类研究。从资源持续能力上看，存在价值是指自然生态领域的价值，它以天然方式存在，不掺杂人工因素。这种价值主要体现在自然资源为生物提供了生活资料和生存空间，并为非生物的形成提供了条件。经济价值是指人类利用的生产要素所具有的价值，这里的利用主要是消耗性利用，并且该利用能够使得自然资源以物质商品的形式在满足人类活动和社会活动的市场上流通（张林波等，2019）。因此，在市场经济中，自然资源的价值包括其自身的稀缺性价值、附加的劳动价值以及消费者偏好价值等，并通过货币进行计量。从环境科学的角度看，环境价值通常称为环境容量，是指环境对人类排放的废弃物的接纳量。因此，自然资源环境价值的表达方式，应是实物型的环境容量。通常情况下，其价值大小除依赖于生态系统对废弃物的分解速率和耐受时间外，还受到人类在一定时空条件下为自己确定的环境质量标准的影响。环境容量的环境价值可以用货币进行衡量，但条件是当前的环境容量必须与某一经济活动产生的废弃物排放量相关。但是，在大多数情况下，经济活动的污染排放量往往超过环境容量，因而单纯使用货币来评估经济价值显得不够充分和全面，由此便产生了货币和实物两种并存的价值表达方式。

（3）四分型分类。该分类法以生态伦理学为基础，将森林生态系统的价值分为资源价值、科学研究价值、审美价值、生态价值四种（张林波等，2019）。该分类方法也是源于对自然价值的划分，即根据人类需要，将自然价值分解成以上四种价值。从人类生产活动的角度看，森林的资源价值是指森林为人类提供的各种资源的价值，比如林木资源、林地资源以及各类林产品及非林产品资源所具有的价值。森林的科学研究价值主要是指将森林生态系统看成人类需要认识的客体。人类从事科学研究：一是认识自然、改造自然，满足人类的物质生活需要；二是森林生态系统本身所具有的为经济学、环境学、生态学等学科提供的研究价值。森林的审美价值源于学者对人类遗传密码的科学研究成果，该成果表明人类具有接触自然的需要。因此，森林的自然景观或人文景观能够引起人们精神上的愉悦，陶冶人们的理想信念和情操，向人们提供景观和游憩价值。森林的生态价值就是森林为人类提供的各种服务价值。

（4）五分型分类。联合国环境规划署编写的《生物多样性国情研究指南》将生物多样性价值分为显著实物形式的直接价值、无显著实物形式的直接价值、间接价值、选择价值、消极价值。美国经济学家弗里曼（Freeman）指出：森林生态系统价值的划分与环境资源能否留传给自己的子孙后代、对自然资源的保护意识以及未来使用等方面的动机密切相关。绝大多数从事资源和环境研究的经济学者普遍认为：森林除了具有使用价值外，还具有非使用价值，倘若森林的非使用价值利用不当，必将导致自然资源的浪费，最终对环境资源管理决策产生致命影响。因此，森林生态系统的总价值应当包括直接使用价值、间接使用价值、遗产价值、存在价值和选择价值五个方面。用公式可以表示为：

$$\begin{array}{c}\text{森林生态系统的}\\\text{总价值}\end{array}=\begin{array}{c}\text{直接使用}\\\text{价值}\end{array}+\begin{array}{c}\text{间接使用}\\\text{价值}\end{array}+\begin{array}{c}\text{遗产}\\\text{价值}\end{array}+\begin{array}{c}\text{存在}\\\text{价值}\end{array}+\begin{array}{c}\text{选择}\\\text{价值}\end{array}$$

直接使用价值是指直接对森林资源进行生产和消费产生的直接收益，比如木材、林产品和非木质林产品、森林旅游等。间接使用价值是指人们间接从森林提供的生态服务中获得的收益，比如涵养水源、固碳释氧、净化空气、水土保持等。森林的间接使用价值不能直接反映出生产和消费的全过程，但它是可持续生产和消费的基础。遗产价值是指为了给子孙后代留下美丽的生态环境而愿意支付的价值。存在价值是在经济价值与生态价值之间的一种过渡性价值，是该资产无论对未来是否可用，其存在本身所体现出的价值。选择价值是指为了在将来某一时间能够享受这些直接或间接使用价值而支付的保证金。

从森林生态系统效益（价值）分类的四种方法可知，森林生态系统的价值分类是以受益对象为基础，综合了经济学、生态学以及社会学等方面的理论。因此，为了更清楚直观地反映森林生态系统的效益（价值），森林生态系统效益（价值）划分为森林生态系统经济效益（价值）（赵轩，2021）、森林生态系统生态效益（价值）以及森林生态系统社会效益（价值）。森林生态系统生态效益（价值）主要是指森林生态系统所发挥的多种生态服务价值，包括涵养水源、保育土壤、净化空气、固碳释氧、生物多样性等。

（三）森林生态效益补偿

从广义上说，森林生态效益补偿是指对森林生态环境本身的补偿，对区域或个人保护森林生态环境的行为进行补偿，对具有重要生态环境价值的区域或对象的保护性投入，主要包括公益林生态补偿、林业重点工程、森林病虫害防治、森林防火等内容（王静怡，2023）。

从狭义上说，森林生态效益补偿是目前推行的森林生态效益补偿基金制度所涵盖的内容。森林生态效益补偿基金制度是指国家为保护森林、充分发挥森林在环境保护中的生态效益，通过国家投资、向森林生态效益受益人收取生态效益补偿费用等途径设立的森林生态效益补偿基金，用于提供生态效益的森林营造、抚育、保护和管理的一种法律制度，主要包括天然林保护工程、退耕还林工程、重点生态公益林建设等内容（王静怡，2023）。森林生态效益补偿基金是国家对重点公益林管护者的营造、抚育、保护和管理行为给付一定补助的专项资金。森林生态效益补偿基金制度结束了我国长期无偿使用森林生态效益的历史，开始进入有偿使用的新阶段，其意义重大。

森林生态效益补偿是调整利用与保护森林生态效益的主体之间利益关系的一种综合手段，是保护森林生态的手段和激励方式，其核心内容是国家对森林保护者和经营者进行经济补偿。然而，森林生态效益补偿不仅包括金钱补偿，还应包括对补偿对象权利的确认、政策的优惠、从业指导和税收的减免等。

第二节　森林生态产品价值实现的基础理论

（一）森林生态产品价值实现的相关理论

1. 产权理论

产权理论是森林生态产品通过交易来实现其价值的前提和基础，同时，清晰的产权能够很好地解决外部性问题。产权理论通过明确资源所有者占有和使用的权力，实现了稀缺资源的最优化配置，为解决外部性问题提供了重要思路和依据。随着生态环境问题的持续发展，森林生态产品的稀缺性越发凸显，该属性在一定程度上决定了森林生态产品产权的形成和对森林生态产品需求竞争性的产生，同时为森林生态产品的市场化交易奠定了基础。

根据具体实现形态的不同，产权可以分为所有权、管理权和使用权。当前，国内生态产品较为明确的产权为所有权，自然资源所有权属于国家和集体，私有化生态物质产品所有权属于个人。然而，使用权是生态产品产权最混乱的领域，森林生态产品的种类多样性致使其产权难以清晰界定。与此同时，森林生态产品的外部性问题加大了使用权确权的难度。为解决上述问题，当前国家正在推进自然资源确权登记工作。2016 年 12 月 20 日，国土资源部、中央编办、财政部、环境保护部、水利部、农业部、国家林业局印发了《自然资源统一确权登记办法（试行）》。产权理论有助于明确森林生态产品的所有者，为明确森林生态产品价值最终归属、保障森林生态产品的价值实现提供理论依据和指导。

2. 公共物品理论

公共物品理论是新政治经济学中重要的基础理论之一，是一项有助于正确处理政府与市场关系、转变政府职能、市场化公共服务的重要理论。公共物品是指能够被全社会成员共同使用的产品集合，具有典型的非竞争性和非排他性。非竞争性是指一部分人对某类公共物品的使用和消费不会影响其他人对此类公共物品的使用，无论是数量层面还是质量层面；非排他性是指某类公共物品被一部分人使用的同时，不能阻止其他人对此类公共物品的使用。

森林生态产品明显具有公共物品的非竞争性和非排他性，因此在开展森林生态产品价值实现相关研究时必须充分考虑其公共物品属性。然而，当人们在享受森林生态产品带来的价值时，“搭便车”问题持续存在，而受益群体庞大造成的“公地悲剧”使得难以找到森林生态产品价值的付费者或购买者；同时，当一部分人在享受森林生态产品时，他们对生态环境的影响和破坏会影响其他人的使用，这种情况使得生态环境受到损害后直接导致森林生态产品的供给受到影响，因而需要进一步明确此类损害者的赔偿标准。因此，在讨论森林生态产品价值实现时，需要明确森林生态产品的受益范围与消费群体规模，以确定森林生态产品的付费者和购买者。对于具有典型公共物品属性的森林生态产品，可以采用政府购买、生态补偿等手段实现其价值；对于部分群众直接享受的森林生态产品，可以通过税收管理、规费手段进行支付；对于具有私人产品性质的森林生态产品，可以通过市场交易由明确的消费者付费。

3. 外部性理论

外部性理论是现代环境经济政策的理论支柱，也是环境经济学的重要理论基础。外部性是指某个体在从事经济活动时，会对其他个体产生积极或消极的影响，但他并不会因此获得报酬或承担责任。若对于生态环境的正外部性和负外部性无法明确其成本和价格，一方面会造成生态环境保护行为不能得到合理补偿而影响森林生态产品的供给，另一方面会造成因生态环境破坏所应承担的责任或赔偿小于实际造成的损失而加剧生态环境的破坏。正外部性与负外部性都会导致政府和市场出现失灵的情况，致使无法实现资源配置的帕累托最优，所以需要通过各种手段对外部性进行治理，进而实现外部性的内部化，即通过政府和市场两种途径，也就是庇古手段和科斯手段。庇古提出：解决负外部性（外部不经济）或市场失灵的手段是借助政府干预，对边际私人产值大于边际社会产值的经济主体进行惩罚，可用税收和其他行政手段实行；对于边际私人产值小于边际社会产值的经济主体进行奖励，可用补贴和补偿等手段进行。其中，惩罚和补偿的额度应分别等于私人、社会的成本与产值的差额，即边际外部成本和边际外部产值。科斯提出：外部效应并非单方面的由一方对另一方的损害，而是具有相互性，即一方对另一方产生损害的同时，损害方也同时受到损害。该问题的关键在于哪方拥有损害的权力，这里讨论的权力就是明晰的产权。如果产权被明确界定，而且交易费用为零，那么“庇古税”是没有必要存在的，因为双方依靠市场机制进行自主协商即可实现资源配置的帕累托最优状态或最优资源配置效率；如果双方在自主协商中存在交易费用，同时出现了市场失灵的现象，则需要权衡各项政策手段的成本和收益，并选择行之有效的政策来解决外部性的内部化问题。

4. 可持续发展理论

可持续发展理论是人类在面对各种生态环境问题、反思过去发展方式的基础上提出的科学发展概念，主张用合理、协调的发展方式处理“人-地”关系是可持续发展理论的核心思想，进而使生态环境、自然资源能够与人类的发展方式和速度相匹配。

可持续发展理论的关键问题是平衡好发展与保护之间的关系，而可持续发展是最终的选择，保证发展的可持续性是人类发展的基本手段和内容，最终要将发展与保护两者统一协调，实现人与自然和谐共生。根据可持续发展理论倡导的整体化、稳定化、系统化发展观，人类的发展要避免从眼前利益和局部利益出发而忽略、放弃全局利益，需要用长远和整体的发展眼光来统筹兼顾未来利益、局部利益和眼前利益，在注重人类生产和生活发展进步的同时，需要关注生态环境保护和平衡、自然资源的合理开发利用，同时保证区域间发展的协调性和稳定性。生态环境的脆弱性和自然资源的有限性在一定程度上促成了森林生态产品的形成，同时，实现森林生态产品的价值是践行可持续发展理论的有效探索和积极尝试。一方面，森林生态产品价值实现可以协调经济、社会、生态、资源、环境等各要素在时空范围内的发展，可以实现人类社会经济系统与自然资源和生态系统的协调及永续发展，森林生态产品价值实现从时间序列上延长了资源的利用时间，从空间序列上实现了区域间资源的综合利用；另一方面，森林生态产品价值实现是要求生态、环境、资源、经济和社会等要素的整体协调，既是为满足人类基本发展需求、提高发展水平而进行的尝试，也是保证生态系统得到合理开发与保护、自然资源得到有效利用的重要手段。

5. 森林生态经济学理论

森林作为一个多功能系统，除了为人类提供直接的供给服务，它还为全社会提供了其他的多样服务。同时，其发展演变不仅取决于自然生长发展规律，还受到人类活动、经济社会等诸多因素的影响和制约。在这个过程中，只有当森林生态系统与经济系统之间相互协调、处于动态平衡时，人们才能在森林生态经济系统的有序发展中取得更大的效益，才可以满足国民经济建设和人类生存的多样需要。森林生态经济学理论阐释了森林生态系统与社会经济系统的相互关系：生物因素与环境因素的统一；生态系统与经济系统的统一；自然与社会的统一。人类社会的不断良性发展要解决生态系统与经济系统之间的矛盾，以实现森林生态经济系统的良性循环。

（二）森林生态系统服务价值评估理论

由于森林生态系统功能和服务的多面性，使得森林生态系统服务具有多价值性。近年来，Pearce（1998）、McNeely（1994）、Turner（1998）的研究，奠定了森林生态系统服务价值评估理论的基础。

1. 能量价值理论

美国著名生态学家奥德姆（H. T. Odum）在 20 世纪 80 年代开创了能量价值理论和方法。最初，热力学两大定律被用来评估森林生态系统服务价值，即把能量作为具备稀缺性的生产因素来衡量一切商品的交换价值，但其存在严重的缺陷，因为总能量不便于估计。此后，能量价值理论受到重视，它可以在生产指定商品和服务时，以一种能量形式（如太阳能）计算所需的量。目前，该理论在合理性和换算方法等方面尚有争议，但它与其他森林生态系统服务价值评估理论可以互为补充。

2. 劳动价值论

劳动价值论认为价值是凝结在商品之中的人类一般劳动，价值量的大小是由社会必要劳动时间决定的，商品具有使用价值和价值，生产商品的过程就是生产使用价值和价值的过程，但价值和使用价值不能同时得到。不同学者对环境价值量具体决定形式的理解不同：一是认为森林生态系统服务价值量的大小取决于投入森林生态系统的人类劳动量。他们认为纯天然林本身没有价值，而且社会生产使得环境污染严重，但随着社会经济的发展，人们认识到环境的重要性，于是开始保护环境，进而净化空气、保护水资源具有了价值。二是认为森林生态系统服务价值量的大小取决于森林生态系统再生产所需的社会必要劳动量。马克思劳动价值论揭示了森林生态系统服务功能为何具有价值，而且可以通过投入森林中的劳动、消耗的物质价值进行评价。

3. 效用价值论

效用价值论认为：价值讲的是主体与客体之间需要和满足需要的关系，即主体有某种需要，而客体能够满足这种需要，那么对主体来说，这个客体就有价值。在人类与环境的关系中，人类是主体，环境是客体，环境能够提供满足人类生存、发展和享受所需要的物质性产品及舒适性服务，因此对人类来说，环境是有价值的。由于人类需求的不断提升，因而在不同的时间节点、地区等都会对环境产生影响。

(三)“两山理论”

面对经济发展过程中自然资源约束趋紧的现实状况，2005 年时任浙江省委书记习近平提出了“绿水青山就是金山银山”（简称“两山理论”）的论断。2006 年，习近平进一步完善了提出的“两山理论”，指明了“两山”的矛盾性，提出我们要追求“两山”的统一。

随着社会主义生态文明建设的发展，习近平对“两山理论”的理解更加深刻。“绿水青山就是金山银山”理念逐渐为全国人民乃至世界各国人民所熟悉。2015 年 5 月，在中共中央、国务院颁布的《关于加快推进生态文明建设的意见》中，我国正式将“坚持绿水青山就是金山银山”理念作为推进我国社会主义生态文明建设的重要指导思想。随着社会主义生态文明建设实践的不断推进，习近平总书记对“两山理论”进行了丰富和发展，从“绿水青山就是金山银山”理念延伸到“冰天雪地也是金山银山”。习近平总书记在 2016 年 5 月 23 日观看伊春市生态经济开发区规划展示厅时指出：“国有重点林区全面停止商业性采伐后，要按照绿水青山就是金山银山、冰天雪地也是金山银山的思路，摸索接续产业发展路子。”2018 年，全国生态环境保护大会正式提出和确立了习近平生态文明思想，为推进美丽中国建设提供了方向指引，指明了实现发展和保护协同共生的新路径。以习近平同志为核心的党中央从宏观上对生态文明建设进行了顶层设计，坚持“绿水青山就是金山银山”。在十九大报告中，习近平总书记提出要坚持人与自然和谐共生，坚持人与自然是生命共同体理念，坚持“绿水青山就是金山银山”理念。2022 年，《中国共产党章程（修正案）》正式将“绿水青山就是金山银山”理念写入其中。习近平总书记关于“两山理论”的一系列重要论述，提出了许多新观点和新论断，深化了中国共产党对生态文明体系的认识，使生态文明建设步入一个新高度、提高到一个新境界，这是党的科学发展、和谐发展执政理念的又一次升华。

“两山理论”内涵丰富，蕴含着创新、协调、绿色、开放、共享的新发展理念，以绿色化引领绿色发展，包括坚持低碳经济、循环经济的发展道路等，有利于加快我国产业结构的调整，实现生态环境的保护和自然资源的合理利用。“两山理论”的提出，摆脱了将生态保护与经济发展相对立的传统观念束缚，强调了生态保护和经济发展相互转化、相互统一的全新理念（宁攸凉等，2021）。“两山理论”为森林生态产品价值实现提供了重要的理论指引。

第三节 森林生态产品价值实现的实践模式和路径

（一）国内外森林生态产品价值实现的实践模式

森林生态产品价值实现是我国林业生态文明建设的重大变革，是贯穿习近平生态文明思想的核心主线，是实现“绿水青山就是金山银山”理念的物质载体和实践抓手。森林生态产品价值实现的实质就是森林生态产品的使用价值转化为交换价值的过程。虽然森林生态产品的基础理论尚未形成体系，但国内外已经在森林生态产品价值实现方面开展了丰富多彩的实践活动。从森林生态产品使用价值的交换主体、交换载体、交换机制等角度，可以将国内外森林生态产品价值实现经验归纳为生态保护补偿、生态权益交易、资源产权流转、资源配额交易、生态载体溢价、生态产业开发、区域协同发展和生态资本收益 8 种实践模式与路径。

1. 生态保护补偿

生态保护补偿是指政府或相关组织机构从社会公共利益出发，向生产供给公共性森林生态产品的区域或生态资源产权人支付的生态保护劳动价值或限制发展机会成本的行为，是公共性森林生态产品最基本的经济价值实现手段。在生态保护补偿中，森林生态产品价值交换的物质载体是受补偿区域或个人所拥有的生态资源产权，实现价值的森林生态产品并不是某种特定的生态产品，而是生态资源生产供给的不特定公共性森林生态产品的总和。区别于森林生态产品价值实现的其他模式，生态保护补偿大多采用普惠式的、单方向的森林生态产品价值实现机制。虽然生态保护补偿会对受补偿的一方附加一定的生态保护要求和条件，但生态保护补偿大多是由政府或公益组织作为购买代理人在统一的政策框架下向森林生态产品供给方实施的单方向给予或补贴，因而其价值实现的市场化、多元化程度相对较低。从森林生态产品价值实现的程度来看，生态保护补偿的数额远低于所补偿的森林生态产品的使用价值，也就是森林生态产品交换价值的实现程度相对较低，仅依靠生态保护补偿很难完全调动受补偿区域或个人开展生态保护的积极性，需要开展其他形式多样的实现形式才能较为充分地提高森林生态产品交换价值的实现程度。

生态保护补偿可以分为 4 种方式，包括以上级政府财政转移支付为主要方式的纵向生态补偿、流域上下游跨区域的横向生态补偿、中央财政资金支持的各类生态建设工程、对农牧民生态保护进行的个人补贴补助。我国实施的重点生态功能区财政转移支付就是典型的纵向生态补偿，京冀、津冀水源保护林工程就是流域上下游跨区域的横向生态补偿。我国实施的天然林保护工程可以看作政府以投资人身份实施的提高森林生态产品生产能力的生态建设工程。美国耕地休耕保护项目是美国版的“退耕还林”计划，它采用按环境效益指数排名反向竞标的方式提高了资金的生态保护效益（Claassen et al.，2008）。芬兰、瑞典的森林生态补偿是欧洲版的“天然林保护工程”，主要根据由 18 项指标构成的指标体系分级评估森林的生物多样性价值，确定生态补偿的金额（陈洁和李剑泉，2011；Mantymaa et al.，2009）。哥斯达黎加成功地建立起生态补偿的市场机制——

政府购买森林生态产品的补偿模式极大地调动了全国民众生态保护与建设的热情（Zbinden and Lee，2005）。这些国外的生态补偿所采取的反向竞标和绩效支付的市场化方法提高了资金的生态保护效益，极大地调动了民众参与生态保护与建设的热情和积极性，非常值得我们学习和借鉴。个人补助补贴是对农牧民个人生态保护进行的补偿，比如我国开展的草原奖补、公益林补助、生态保护公益岗位等补偿方式。

1998 年修改《中华人民共和国森林法》时，规定“国家设立森林生态效益补偿基金”。2004 年森林生态效益补偿基金制度正式建立，对提供生态效益的防护林和特种用途林进行补偿。近年来，中央财政不断加大森林生态效益补偿基金投入，逐步提高了补偿标准。从 2010 年起，中央财政依据国家级公益林权属实行不同的补偿标准：国有的国家级公益林补偿标准为每年每亩 5 元；集体和个人所有的国家级公益林补偿标准从原来的每年每亩 5 元提高到每年每亩 10 元。2013 年，中央财政进一步将集体和个人所有的国家级公益林补偿标准提高到每年每亩 15 元。随着国家财力的增长和相关制度的完善，中央财政进一步加大对森林生态效益补偿的投入力度，但建立基金、形成补偿资金来源多样化的目的未能实现。2019 年修订的《中华人民共和国森林法》没有保留森林生态效益补偿基金，而是进一步健全森林生态效益补偿制度，加大公益林保护支持力度，完善重点生态功能区转移支付政策，指导受益地区和森林生态保护地区人民政府通过协商等方式进行生态效益补偿。为支持重点林区转型发展，现行森林法还规定重点林区按照规定享受国家重点生态功能区转移支付等政策。

2. 生态权益交易

生态权益交易是指生产消费关系较为明确的生态系统服务权益、污染排放权益和资源开发权益的产权人和受益人之间直接通过一定程度的市场化机制实现森林生态产品价值的模式，是公共性森林生态产品在满足特定条件成为生态商品后直接通过市场化机制实现价值的唯一模式，相当于传统的环境权益交易和国外生态系统服务付费实践的合集（虞慧怡等，2020）。虽然污染排放与资源开发是破坏和占用森林生态产品的行为，但通过清洁生产、循环利用、降耗减排等途径所形成的污染排放权益和资源开发权益减少了对森林生态产品的占用及损耗，从反方向看是扩大了森林生态产品供给，可以看作一种减少环境负荷的公共性森林生态产品。污染排放权益和资源开发权益等环境权益以及部分生态系统服务都具有一些共同的特征，它们具有比较明确的产权或权属关系，也有明确的使用受益人群或企业机构。由于存在明确的生产与消费的利益关系，在政府管制产生稀缺性的条件下，交易主体之间就会形成市场交易需求，此时的生态权益就转变为准公共森林生态产品或生态商品，可以森林生态产品本身作为价值实现的物质载体，采用市场化机制在产权人和受益人之间开展直接交易。森林生态产品价值实现在生态权益交易方面最典型的案例是国内外的林业碳汇交易与碳汇项目，比如新西兰林业碳汇交易、安吉县生态权益交易等。

3. 资源产权流转

资源产权流转模式是指具有明确产权的生态资源通过所有权、使用权、经营权、收益权等产权流转完成森林生态产品价值实现的过程。实现价值的生态产品既可以是公共性森林生态产品，也可以是经营性森林生态产品。“山水林田湖草”等生态资源是森林生态产品的生产者或生产载体，生态资源具有明确清晰的产权，可以成为产权相对模糊的森林生态产品价值实现的载体。生态资源在明确产权的条件下就成为可以带来预期经济收入的生态资源资产，通过产权流转就可以作为生产要素投入经济生产活动并实现价值增值（张林波等，2021）。在资源产权流转模式中，森林生态产品价值通过生态资源资产化过程实现，生态资源的产权人是森林生态产品价值的获利人，森林生态产品价值通过资源产权买卖、入股、租赁、托管等产权流转方式实现价值增值，可以有较高的市场化程度，森林生态产品价值作为重要的生产力要素可以充分融入社会经济活动中，而价值实现的主体涉及经济活动的各个方面。

4. 资源配额交易

资源配额交易是指为了满足政府制定的生态资源数量的管控要求而产生的资源配额指标交易（虞慧怡等，2020）。这种模式实施的前提是政府通过管制使生态资源具有稀缺性，促使生态资源匮乏的经济发达地区或需要开发占用生态资源的企业（个人）为达到国家管制要求而付费购买，从而使有条件或基础好的地区、企业或个人通过保护、恢复生态资源获得经济收益。在该模式中实现的交换价值是生态资源的存在价值，交换价值的受益人是生态资源的产权人，购买人是资源匮乏地区的政府或需要开发占用生态资源的企业（个人）。该模式的实质是一种开发占用者付费的生态资源存在价值异地实现方式。从理论上说，所有的生态资源在政府管制的条件下都可以开展这种森林生态产品价值实现模式，是我国应该着重研究并探索的森林生态产品价值实现方式。总量配额交易是指政府对某种生态资源提出区域总量控制目标要求，不能满足资源总量要求的区域与资源丰富区域的政府之间通过协商机制让渡资源配额指标。重庆江北区和酉阳县之间开展的森林覆盖率交易和地票交易，虽然从表面上看起来类似，但实质上是一种在区域生态资源总量控制下政府之间开展的以森林覆盖率指标为交易对象的总量配额指标交易（郑皓月，2019）。类似于生态环境部门实施的污染物总量控制指标的市场化交易，这是一种不涉及土地资源所有权、使用权、收益权等产权变更的生态资源指标交易形式，有利于提升资源丰富地区、重点生态功能区政府的公共服务能力，是对财政转移支付的一种有益补充。

5. 生态载体溢价

生态载体溢价是指将无法直接进行交易的生态产品价值附加在工业、农业或服务业产品上，再通过市场溢价销售实现价值的模式，也是一种重要的森林生态产品价值市场化实现方式（张林波等，2021）。公共性森林生态产品大多是产权不明确的、“无形”的产品或服务，缺少在市场中交易的物质形态，其使用价值不能成为交换价值的物质载体，难以通过市场交易实现价值。通过将森林生态产品附加在可以交易的载体产品上，然后让载体产品以高于原先的价格在市场中实现交易，那么载体产品高出的价格就是森林生态产品的价格。在生态载体溢价模式中，实现价值的森林生态产品也不是某种特定的森林生态产品，而是某个区域的生态资源生产供给的不特定公共性森林生态产品。森林生态产品价值的获利人可能并不是森林生态产品的产权人或供给人，载体产品的购买人可能也不是森林生态产品的消费人，森林生态产品的产权人或供给人还需要经过生态保护补偿或其他形式的再分配而获得森林生态产品价值。在理论上，可以实现森林生态产品溢价的载体产品涵盖全部一、二、三产业。

6. 生态产业开发

生态产业开发是指经营性森林生态产品通过市场机制实现交换价值的模式，这是生态资源产业化的过程，也是市场化程度最高的森林生态产品价值实现方式（虞慧怡等，2020）。经营性森林生态产品是人类劳动参与度最高的森林生态产品，具有与传统农产品、旅游服务等经济产品完全相同的属性，可以充分利用市场机制来实现价值交换。该模式的实质是经营性森林生态产品由具有使用价值的产品转变为商品的过程，也就是价值规律在经营性森林生态产品的生产、流通与消费过程中发挥了作用。生态产业开发模式所实现的森林生态产品价值既包括经营性森林生态产品本身的使用价值，还包括因良好生态环境所赋予的其他公共性森林生态产品的价值，后者属于生态载体溢价模式，而且这两种森林生态产品价值难以分割。因此，生态产业开发模式可以看作经营性森林生态产品市场实现和经营性森林生态产品载体溢价的复合模式。

生态资源是最好的经济发展资源之一，各地方政府应充分依托当地的优势生态资源，在保护的前提下通过生态产业开发把生态资源转化为经济发展的动力，这是森林生态产品价值实现的重要途径（张林波等，2021）。经营性森林生态产品主要包括物质原料开发和精神文化服务，相当于生态系统服务中的供给服务和文化服务。生态产业开发模式可以根据经营性森林生态产品的类别相应分为两类。物质原料开发主要是指农林产品、生物质能等与第一产业紧密相关的产业发展。合理的森林抚育经营是森林可持续发展的关键。瑞典森林经理计划在保证采伐量低于生长量的前提下开展经营，使其成为欧洲最大的木材生产基地，其成功经验值得我国借鉴（Johansson，2016；Eriksson，2007）。精神文化服务主要包括旅游休憩、健康休养、文化产品等依托生态资源开展的精神文化服务等。湖南省湘西土家族苗族自治州花垣县十八洞村是我国精准扶贫的“首倡地”，该村充分利用当地的林农资源和景观资源开发精神文化服务，走出了一条可复制、可推广的精准扶贫道路（李志林，2017）。武汉“花博汇”通过种植花卉等高附加值农产品来打造优美生态环境，而后延伸发展了婚纱摄影、会议、文艺演出、网红产业以及教育休闲等精神文化服务，将原本破败的村湾改造成城市市民向往的旅游小镇。

7. 区域协同发展

区域协同发展是指公共性森林生态产品的受益区域与供给区域之间通过经济、社会或科技等方面合作，实现森林生态产品价值的模式（张林波等，2021）。区域协同发展模式的合作双方一般具有比较明确的森林生态产品生产供给与受益消费关系，森林生态产品价值实现的主体往往是森林生态产品供给区域和受益区域的政府，双方的合作内容、责任与义务和利益共享机制等通过政府间的协商加以解决。区域协同发展模式的实质是发展权共享，因为森林生态产品的供给区域为了保护生态环境，需要控制人口规模、限制城镇化以及对生态环境有影响的经济发展，致使这些区域丧失了发展的权利和机会。受益区域通过支持、帮助供给区域的经济社会发展，间接地使供给区域的森林生态产品价值得以实现。区别于跨区域的横向生态补偿模式的单方向经济给予方式，区域协同发展模式最大的特点就是采用双方合作共赢的价值实现机制，双方主体的合作包括发展经济、科技、人才合作等多种方式（张林波等，2021）。区域协同发展模式是一种已经实践证明了的、行之有效的、可以实现重点生态功能区主体功能定位的生态产品价值实现模式，特别适合发挥中国特色社会主义制度优势，破解公共性森林生态产品市场失灵的难题。我国可以在森林生态产品的主产区、重点生态功能区与森林生态产品的受益区——经济发达地区之间建立起“一对一”或多元区域互补合作机制，使重点生态功能区有效地减少人口规模和大规模工业化、城镇化发展。

8. 生态资本收益

生态资本收益模式是指将生态资源资产通过金融方式融入社会资本，借以盘活生态资源，实现存量资本经济收益的模式（虞慧怡等，2020）。在具有稀缺性和明确产权的条件下，森林生态产品就成为可以带来预期经济收入的生态资源资产，而将生态资源资产作为生产要素投入经济生产活动并实现价值增值，它就变成了生态资本。生态资本是可以给人们带来预期经济收益的存量财富。从理论上说，森林生态产品价值实现可以算作生态资本收益，即将生态资本收益限定于通过金融方式实现的生态资本经济收益。该模式所实现的交换价值是生态资源资产的存量价值，交换价值的受益人是生态资源资产的产权人，交换价值的实现机制是生态资本通过生产其他经济产品和服务的生产活动在市场中实现的价值增值。因此，生态资本收益的实现具有较高的市场化程度，而森林生态产品价值作为重要的生产力要素，已经充分融入社会经济活动中，其价值实现的主体涉及经济活动的各个方面，也可以看作一种以金融为载体的特殊溢价方式。

生态资本收益模式可以划分为绿色金融扶持、资源产权融资和补偿收益融资 3 类，其中的资源产权融资和补偿收益融资与我国农村“三变”改革密切相关（虞慧怡等，2020）。绿色金融扶持是实现生态资本收益的重要手段和路径，它是针对环保、节能、清洁能源、绿色交通、绿色建筑等领域的项目投融资、项目运营、风险管理等所提供的金融服务，包括绿色信贷、绿色债券、绿色股票指数和相关产品、绿色发展基金、绿色保险、碳金融等金融工具和政策。资源产权融资是指将集体林地、林木等生态资源的使用权通过一定的形式入股或抵押以获取资本收益的方式，也就是“资源变资产”中与生态资源资产有关的收益。补偿收益融资是将各政府部门投入的生态补偿财政资金在符合国家政策要求的前提下投入各类经营主体以获得股份收益，或通过抵押融资开展生产，农村“三变”改革中的“资金变股金”就是这类模式。生态建设与恢复的经济投资规模大、收益低，仅依靠国家资金难以实现持续快速生态恢复的目标。将“绿水青山”转变成可以进行投资收益的生态资本，这是调动社会资本参与森林生态产品生产的重要手段。

表 9-2 展示了国内外森林生态产品价值实现的实践模式案例。

表 9-2 国内外森林生态产品价值实现的实践模式案例

分类	案例
生态保护补偿	辽宁省重点生态功能区生态保护补偿
	京冀生态水源保护林工程跨区域生态补偿
	德国森林生态补偿
	公益林补助
	江西省创新生态补偿机制，助推“两山理论”转化

续表

分类	案例
生态权益交易	安吉县生态权益交易
	新西兰林业碳汇交易
资源产权流转	福建森林生态银行
资源配额交易	重庆市江北区向酉阳县“买”森林
生态载体溢价	云南省森林绿色食品开发
	吉林省发展森林食品产业
生态产业开发	湖南十八洞村农林资源开发
	国际森林康养产业开发模式
区域协同发展	京津冀区域林业协同发展
生态资本收益	广西国家储备林项目融资模式
	农户林权抵押贷款案例分析——“福林贷”产品

资料来源：编著者自行整理。

（二）森林生态产品价值实现的路径

对于森林生态产品来说，根据价值实现的路径，我们将森林生态产品分为公共性、准公共性和经营性森林生态产品三类，分别对应不同的价值实现路径和实践模式：公共性森林生态产品对应政府主导的价值实现路径，经营性森林生态产品对应市场机制，而新增加的准公共性森林生态产品则对应政府市场混合路径（张林波等，2021）。

公共性森林生态产品是最普惠的民生福祉，政府路径是其价值实现的主要方式。政府作为主导者或者购买人购买森林生态产品，自然资源权益人、代理人作为森林生态产品的供给者，大多是在政策框架下的单方向财政补贴，往往表现为一种人人有份的普惠制政策，如生态保护补偿。另外，区域协同发展、资源产权流转、生态载体溢价、生态资本收益也是公共性森林生态产品价值实现的重要模式，离不开政府的主导行为。

准公共性森林生态产品在满足特定条件后就成为生态商品，政府市场混合路径是其价值实现的主要方式。准公共性森林生态产品具有比较明确的产权或权属关系，也具有明确的使用受益人或企业机构，可以森林生态产品本身作为价值实现的物质载体，并采用市场化机制在产权人和受益人之间开展直接交易。生态权益交易、资源配额交易是准公共性森林生态产品直接通过市场交易实现价值的主要模式，也是相对成熟的准公共性森林生态产品直接市场交易机制。

经营性森林生态产品具有丰富多样的经营利用模式，可以通过市场路径实现价值交换。与公共性森林生态产品完全不同，经营性森林生态产品的使用价值与交换价值存在矛盾，也就是它的使用价值与交换价值不能兼得。生态产业开发是经营性森林生态产品通过市场机制实现交换价值的模式，也是生态资源产业化的过程，还是市场化程度最高的森林生态产品价值实现方式。生态产业开发的实质是经营性森林生态产品由具有使用价值的产品转变为商品的过程，而且它实现的森林生态产品价值基本已纳入国民经济统计体系的第一产业和第三产业之中。

第四节 森林生态产品价值实现的研究进展

（一）森林生态系统服务价值的研究进展

对森林生态系统服务价值的研究主要分为以下几个角度：森林生态系统服务价值内涵研究、森林生态系统服务价值评估研究、森林生态系统服务价值影响因素研究。

1. 森林生态系统服务价值内涵研究

森林生态系统服务价值属于生态系统服务价值中的一个重要组成部分，其研究始于西方国家，生态学家埃利希（Ehrlich）在研究土壤保持、基因库维持、生物多样性对生态系统的作用时，首次提出“生态系统服务”一词，该词很快在生态学的领域内得到广泛使用。1997 年，戴利（Daily）在《生态系统服务：人类社会对自然生态系统的依赖性》中阐述了自然生态系统给人类提供的各种服务及价值，将生态系统服务解释为自然生态系统提供的能够满足和维持人类生存发展需要的条件及效用。我国针对生态系统服务的相关研究与世界上发达国家相比要晚一些。在 20 世纪 80 年代中期，社会、经济以及自然等问题被看作一个十分复杂的问题，这个问题与经济学以及生态学都存在很大的分歧（马世骏，1986）。20 世纪 90 年代中期，学界把研究对象聚焦于森林资源，并对森林资源展开了价值计算（侯元兆和王琦，1995）。由于国外学术界对于生态系统服务的表述方法并不完全一致，以致我国学术界对于“生态系统服务”有着很多种不同的译法，诸如“生态系统服务”、“生态系统服务功能”以及“生态服务功能”。因此，森林生态系统服务也有多种译法，比如“森林生态系统服务功能”“森林生态服务功能”。事实上，它们具有相同的含义。随着全球生态环境的不断恶化，森林生态系统服务所具有的诸多价值逐渐凸显并被人们所认知，森林生态系统服务价值又开始成为学者关注的热点。

森林生态系统作为生态系统的重要组成部分，具有多种重要的生态服务功能，而且它提供的服务在不同时空表现得多种多样，主要包括生产、调节、文化和支持等，其价值表现为维持人类赖以生存的自然环境条件与效用。根据中国民众和决策者对生态系统服务的理解状况，我们结合专家经验构建了不同类型的生态系统和不同种类生态系统服务价值的基础当量，其中森林生态系统服务可分为针叶、针阔混交、阔叶、灌木四种二级生态系统类型（谢高地等，2006）。基勒（Keeler）等认为：森林生态系统服务分为最终服务和中间服务。最终服务是指森林生态系统直接提供给人类享用、消费、使用的森林生态系统服务，与人类生活密切相关。

目前，对于森林生态系统服务价值的研究角度众多，学者主要从三个角度进行研究：一是从生态学角度，这个角度的研究数量最多且成果最丰富，如关于森林生态系统服务的分类、森林生态系统服务的评价尺度与边界、森林生态系统服务的健康评价等；二是从社会学角度，如关于森林生态系统服务的管理方式和公众价值观等；三是从经济学角度，如关于森林生态系统服务的投资、经济激励和补偿，对森林生态系统服务价值的评价等（石小亮等，2018）。其中，针对森林生态系统服务价值的研究包含以下几个尺度：

大尺度的研究主要是利用不同的数据源对全国森林生态系统服务价值进行研究；中小尺度的研究是对某区域的森林生态系统服务价值进行评估研究。在单项功能的价值方面，有些学者重点针对森林蓄水调节径流、固碳释氧、净化大气环境等方面的评估与测算进行研究。

2. 森林生态系统服务价值评估研究

森林生态系统服务价值是相对无形的，没有实质性的市场价格，怎样对其价值进行定量计算还没有公认的完善方法。不同生态服务的功能不同，其评估方法也不同。国内外学者主要采取的评估方法可以归为三类：（1）直接市场法，包括费用支出法、市场价值法、机会成本法、恢复和防护费用法、影子工程法、人力资本法等；（2）替代市场法，主要包括旅行费用法、享乐价值法；（3）模拟市场法，主要包括条件价值法。

下面列举几种常见的评估方法并予以总结。

（1）费用支出法。费用支出法是以人们对森林生态系统服务的支出费用来表示其生态价值。这种方法通常利用在旅行中的娱乐支付计算。例如，对于森林自然景观的游憩价值，可用旅游者支出的费用总和来作为该生态系统的游憩价值，通常包括交通费与门票费。其计算方法简单，但只能反映收益，并不能真实反映生态服务的价值。陈应发（1996）详细介绍了费用支出法的经济学基础、费用种类、类型，并利用该方法对森林游憩价值进行了评估。彭佳玉等（2022）把张家界森林公园作为研究对象，应用费用支出法和间接价值评估法进行计算，并比较了两者结果之间的差别。研究结果表明：应用费用支出法计算的结果变化比较大，而应用间接价值评估法计算的结果比较稳定。

（2）机会成本法。机会成本法是指如果某种资源没有市场价格，那么该资源的价值可以用所牺牲的替代用途的收入来估算，即因其而放弃的潜在收益。机会成本法主要用于对森林生态补偿效益进行评估。吴丽莉和张颖（2010）利用林业总产值和森林生物多样性变化的关系进行了分析，并利用机会成本法计算出北京2008年森林生物多样性的价值为23.44亿元；李晓光等（2009）应用机会成本法确定了海南中部山区进行森林保护的机会成本。

（3）影子工程法。影子工程法又称替代工程法，是指当环境受到污染或破坏后，人工建造一个替代工程来代替原来的环境功能，用在现时条件下重新建造一个全新状态的生态所需的全部成本来估计环境污染或破坏所造成的经济损失。刘敏超等（2005）研究了三江源地区生态系统，并运用市场价值法、机会成本法和影子工程法等评估了其生态功能的价值，结果表明：三江源地区生态系统的生态功能价值巨大。李向阳（2018）构建了昌江县森林生态效益评价体系，并利用市场价值法、影子工程法等对其进行评估，结果表明：昌江县生态公益林的生态效益高达15.56万元/公顷。

（4）旅行费用法。旅行费用法主要用来评价没有市场价格的生态环境资源，是目前世界各地广泛用于森林游憩价值的间接评估方法。韩静和张茵（2015）运用旅行费用法对湖南省张谷英村的森林游憩价值进行了评估，相关研究结论有助于管理者正确认识资源价值并进行有效资源决策。董雪旺和张捷（2012）采用旅行费用法对九寨沟世界自然遗产地的森林游憩价值进行了评估，并对评估过程中可能存在的偏差进行了分析和讨论，结果表明：森林旅行费用与旅游需求之间存在显著的负相关。

（5）条件价值法。条件价值法又称意愿调价评估法，它先询问一组被调查人员对减少不同环境危害而愿意支付的价格，然后以人们的支付意愿来估算森林生态系统服务的经济价值。该方法的优点是花费成本少、对几乎所有价值对象都可进行评估，其缺点是属于一种主观性调查，容易受到研究者和调研员的素质影响，因此容易产生较大的偏差。游巍斌等（2014）运用条件价值法对武夷山风景名胜区受访者的支付意愿与非使用价值进行评估，结果表明：收入越高、学历越高、对旅游的热爱程度及遗产保护意识越强烈的受访游客有更高的支付意愿，而性别、年龄与支付意愿不相关；朱霖等（2015）采用条件价值法调研受访者对森林文化的认同程度，借以评估妙峰山森林文化价值，继而采用逐步回归法分析受访者支付意愿的影响因素。2008 年 3 月，国家林业局发布的林业行业标准《森林生态系统服务功能评估规范》（LY/T1721—2008），初步建立了森林生态系统服务评估指标体系，为我国的森林生态系统价值评估提供了标准，具有较大的参考和利用价值。该行业标准使用的方法一般是以上几类方法的变形或者组合。由于不同地区的数据可获得性有所差异，因而学者在进行价值计算时一般会因地制宜地使用其中的某种方法。

这些方法通过建立单一服务功能与森林生态系统环境变量之间的生产方程来模拟区域的生态系统服务功能，但该方法的输入参数较多、计算过程较为复杂，而且对每种服务价值的评价方法和参数标准也难以统一。对此，学者还提出了另一类评估方法，即当量因子法，1 标准单位生态系统生态服务价值当量因子是指 1 公顷全国平均产量的农田每年自然粮食产量的经济价值，然后以此当量为参照并结合专家知识就可以确定其他生态系统服务的当量因子，其作用在于表征和量化不同类型生态系统对生态服务功能的潜在贡献能力。当量因子法可以对不同类型的生态系统进行价值评估，其适用范围广泛、数据收集较为简单，而且相关结果可以揭示价值量的变化情况，有利于森林生态补偿的后续研究。为了构建客观和准确的当量因子表，谢高地等（2010）在 Costanza et al.（1997）对生态系统服务功能分类的基础上，构建了一种基于专家知识的生态系统服务价值评估方法，并在样点、区域和全国尺度的生态系统服务价值评估中得到了广泛的应用。

3. 森林生态系统服务价值影响因素研究

（1）自然因素。在自然因素中，气候因子通过改变降水量、气温等影响人类的生存环境，进而制约人类发展。例如，降水量多时容易产生暴雨灾害，同时会侵蚀土壤、转移细泥沙颗粒，导致悬浮物负荷，从而影响水质；降水量少时又容易造成干旱，影响森林生长。我们知道气温与温度呈正比，而温度与森林动植物的生存息息相关。然而，不同尺度的自然生态服务价值的影响有所不同，李颖（2013）提出：森林生态系统服务价值与地质、地貌、气候、水文、土壤等自然因素密切相关，但在较小的尺度内，地质、地貌和土壤等自然因素不可能发生很大改变，因此气候和水文是影响森林生态系统变化的活跃因素。

（2）社会因素。随着社会经济的发展，人们对于生态系统中自然资源的多元需求与日俱增。联合国发布的《千年生态系统评估报告》显示，全球已有 63％的生态系统服务急剧退化，其中人为因素是主要驱动力。在价值当量法提出之后，学者将土地利用类型和生态系统类型对应起来，开展了在土地利用出现变化的情况下，社会驱动因素对区域森林生态系统服务价值的影响研究。李婧昕等（2019）提出：在短期内，人类的社会经济活动是影响森林生态系统服务价值变化的主要驱动因素。

一些环境学家立足于城市化理论，重点剖析了国家向城市化方向不断发展是否会影响生态系统服务价值，这项研究让人们在最短的时间内探究清楚了以上两者存在的联系。胡和兵等（2012）重点分析了发展迅速的江苏省南京市的森林生态系统服务价值，与此同时，他们还关注了此地区的空间异质性。研究结果清晰地显示：各地区向着城市化发展的过程中，一定会显著降低生态系统服务价值。曾杰等（2014）通过相关分析以及计算发现：武汉市的生态系统服务价值与城市化发展程度之间存在着相当明显的空间相关性。杨锁华等（2018）通过双变量空间自相关研究发现：自然因素和社会经济因素与森林生态系统服务价值之间分别存在着空间正相关性和负相关性。

土地利用对森林生态系统服务价值的影响也是学者研究的热点，国外学者在研究土地整理对森林生态环境的影响时，多通过试验来观测其影响的过程，对其产生的原因及机理进行研究。孙雁等（2008）运用土地生态功能价值计算方法来评价土地整理生态效益。一些学者建立了相关指标体系，杨金泽等（2019）运用德尔菲法与层次分析法相结合的方式对土地整理的生态效益进行了评价。肖武等（2017）构建了森林生态环境状况指数，对土地整理造成的区域森林生态环境效应进行分析，并通过建立指标体系研究了土地整理项目的综合效益。

此外，人口、产业、地区经济情况都是影响森林生态系统服务价值的主要因素。杨超（2018）以市域尺度为研究单元，借助土地利用变更调查数据，对各城市森林生态系统服务价值进行评估，研究发现：人口密度的增加是导致森林生态系统服务价值下降的主要原因，农业产量总值对于森林生态系统服务价值的整体影响为正向的，城镇化水平在大部分城市呈现负面影响，西部与北部地区城市的负面影响程度最大。工业生产总值对森林生态系统服务价值的正面效应正在逐步减弱。李湘德（2019）测算了长江经济带森林生态系统服务价值并研究了其影响因素，发现经济增长、产业结构、城镇化率和人口密度这 4 个影响因素对森林生态系统服务价值有显著影响。

4. 森林生态系统服务价值的研究特征

（1）由大尺度范围研究向多种研究尺度扩展。在生态系统服务价值评估研究早期，大尺度范围的研究是以全球和国家范围的研究为主。国际研究的代表人物是科斯坦萨（Costanza et al.，1997），国内研究以欧阳志云、陈仲新、赵景柱等人为代表（欧阳志云，1999；陈仲新和张新时，2000；赵景柱等，2000）。单一生态系统服务价值研究大多以森林为主。随着生态系统服务评价研究的深入，现阶段的研究则向多种尺度发展，比如向河流流域、海洋及海岸系统、珊瑚礁、淡水系统、湿地、草地、山地、盆地等领域发展。森林生态系统服务价值评估也由大尺度范围研究向多种研究尺度扩展，比如由国家级森林生态系统服务价值评估向区域、局部甚至微区域的森林生态系统服务价值评估方向发展。大尺度的生态系统服务价值评估有利于人们认识生态系统服务的重要性，并有利于环境政策决策，但大尺度的研究往往忽略了某些局部特征，不一定适用于局部地区的生态系统管理。

（2）从静态价值评估向动态价值评估发展（生态系统服务价值评估的时间尺度）。静态价值评估是森林生态系统服务价值评估研究初期的主要形式，但静态价值评估的结果具有一定的即时效应，并且静态价值评估不能显示森林生态系统服务实物量变化对价值的影响，因而也无法对其价值变化做出预测。现阶段的研究正逐渐转向动态价值评估。土地利用、气候变化等因素对森林生态系统服务价值的影响逐渐得到重视。如何将森林生态系统之间以及森林生态系统内部与外部的复杂联系作为影响因素融入森林生态系统服务价值评估中，仍需进一步研究。

（3）揭示偏好和陈述偏好技术运用不足。通过梳理现有的研究可知：对于森林生态系统服务中的供应服务，大多是通过直接市场定价方法予以估价的；对于调节服务，除了使用直接市场定价方法之外，主要使用机会成本法等进行估价；对于提供栖息地的服务，通常使用市场价值法进行估价；对于文化服务，通常使用市场价值法和旅游成本法进行估价。对于森林生态系统服务价值的评估方法，学者较少使用揭示偏好技术和陈述偏好技术的方法。目前，我国有一部分学者已经将条件价值法运用到生态系统服务价值评估中。但是，相对于其他方法的运用，这类方法在森林生态系统服务价值评估中的使用明显不足。

（二）森林生态补偿的研究进展

森林生态补偿主要从以下角度开展研究：森林生态补偿的内涵、森林生态补偿标准、森林生态补偿模式、森林生态补偿效应、森林生态补偿意愿。

1. 森林生态补偿的内涵

森林生态补偿问题引起了社会各界的广泛关注，部分学者对其概念进行了界定，主要观点可概括为两类：（1）森林生态补偿是保护森林生态效益的激励手段。例如，吴红军和李剑泉（2008）认为：森林生态补偿既包括建设补助费等正向激励，也包括受益者付费等负向激励；梁丹（2008）认为：森林生态补偿是将森林生态效益的外部性内部化的重要手段；李芬等（2010）认为：森林生态补偿手段可分为广义、狭义以及中等范畴三个层面。（2）森林生态补偿是调节森林生态效益保护者和受益者之间利益关系的制度安排。除了上述森林生态（效益）补偿的概念外，关于林业领域的补偿问题，学术界还有其他一些类似的提法，如吕洁华等（2015）提出森林生态产品价值补偿、王娇等（2015）提出森林成本补偿、张爱美等（2014）提出公益林生态效益补偿。概括而言，成本补偿、效益补偿、价值补偿等概念主要是基于补偿内容（范围）角度，而公益林补偿则是基于森林分类经营角度，是由于公益林建设导致经营者利益受损而给予一定的补偿，是森林生态补偿的具体对象。

关于森林生态补偿的概念界定，现有文献在具体表述和概念名称方面略有差异，比如有些文献认为它是一种激励方式，而有些文献则将其看成一种制度安排。从本质上说，现有文献对森林生态补偿的概念界定并无不同，是指森林生态效益的受益方对森林生态效益的提供方进行一定的补偿。但总体来说，现有文献在界定森林生态补偿概念时，均忽视了一个问题，即对生态补偿付费的法律强制性缺乏表述。森林生态产品是典型的公共物品，消费上具有非排他性，如果采用自愿付费，必然会由于“搭便车”现象而导致付费不足，因此必须通过法律法规约束，强制要求森林生态效益的受益方进行付费。

2. 森林生态补偿标准

有效实施森林生态补偿的关键在于科学确定补偿标准。李芬等（2010）认为：补偿标准过高，将超出补偿主体承受范围，也易造成新的不公平；补偿标准过低，则难以调动补偿客体的积极性，补偿效果将大打折扣。补偿标准的估算方法是确定森林生态补偿标准的依据，国内外许多学者对此进行了研究，归纳起来主要有三类：成本补偿标准、价值补偿标准和效益补偿标准。

（1）成本补偿标准。这种观点认为：森林是典型的公共物品，其经营单位应该是公益性组织，经营者不应追求盈利。因此，森林生态补偿标准应为森林生产经营过程中的社会平均成本（包括直接投入成本和管护成本），不包括利润。例如，王娇等（2015）利用机会成本法对辽宁省森林生态补偿的具体标准进行了测算。

（2）价值补偿标准。这种观点主要基于马克思劳动价值理论和再生产理论，它认为：森林生态补偿标准应是价值补偿，为了保证森林面积持续增大，必须让经营者获得一定利润。因此，森林生态补偿标准应包括原始投资成本和社会无风险报酬以及机会成本，其中的机会成本体现为森林划为公益林后由于禁伐带来的经济损失。例如，Engel et al.（2018）认为：森林生态补偿标准至少应不低于森林建设者的机会成本；Kremen et al.（2000）认为：运用成本收益方法确定森林生态补偿标准比完全的生态效益补偿更具可操作性；Sierra and Russman（2006）认为：若非木质林产品的收益较低，政府应制定相关政策来弥补其与机会成本的差额部分；陈钦和刘伟平（2000）基于经济损失视角对不同林分、不同林种公益林的生态标准进行了测算；Horne（2006）运用实验方法对 3 000 名非国有林所有者的森林保护成本和木材收入损失进行研究后认为：平均补偿标准为每年 224 欧元/公顷。

（3）效益补偿标准。这种观点认为：森林生态补偿标准的确定应基于森林生态效益，森林的正外部性价值应该得到全部补偿，也就是理论上的最大补偿量。当然，在实践中，由于森林生态效益价值巨大，所以计算得出的最高补偿标准往往过高，因此李华等（2016）提出，可以利用生态补偿系数进行折算。李芬等（2010）将海南省森林生态系统服务划分为一级主导生态系统服务、二级主导生态系统服务和潜在生态系统服务三类，根据生态补偿系数的结果，计算出分三个阶段执行的生态补偿标准，分别为 947 元/公顷·年、1 946 元/公顷·年和 2 966 元/公顷·年。上述分类方式与 Pagiola et al.（2002）的观点比较类似。Pagiola et al.（2002）认为：生态系统经营者从保护森林中获得的收益较少，而从转变土地利用方式（如将森林转变为草地）可获得更多收益，但这种转变会引起环境负外部性，给他人造成损失。如果生态系统受益者支付一定费用给生态系统经营者，使生态系统经营者获得的总收益（保护森林收益加上受益者付费）超过其将森林转变为草地的收益，同时生态系统受益者付费小于森林转变为草地给他们造成的损失，就能实现双赢，促进生态系统经营者保护森林。因此，Pagiola et al.（2002）认为：从市场交易角度出发，最低补偿标准为森林转变为草地与保护森林之间的收益之差，最高补偿标准为损失的生态系统服务的价值总和，适宜补偿标准应介于这两者之间。

现有的研究分别基于成本基础、价值基础、生态效益基础等，对森林生态补偿标准进行了测算，为各地制定森林生态补偿标准提供了理论依据，具有较强的现实借鉴意义。

但很多研究发现，各地实际执行的森林生态补偿标准要低于基于成本基础得出的最低补偿标准，更别提基于价值基础的适宜补偿标准和基于生态效益基础的最高补偿标准，因此需要逐步提高。李芬等（2010）提出的分阶段补偿标准具有一定的借鉴意义。

3. 森林生态补偿模式

关于森林生态补偿模式，从国内外研究成果看，无外乎政府补偿、非政府补偿和混合补偿三大类。

（1）政府补偿。生态系统服务有偿使用机制（payments for ecosystem services，PES）实施的前提是明确产权，但由于森林生态效益的所有权界定非常困难，而且在消费上具有典型的非排他性且市场交易成本高昂，因此只能由政府进行补偿。在有些学者看来，由于产权确定和市场交易困难，PES 本质上是一种转移支付手段。当然，森林生态补偿需要大量资金，完全靠政府财政预算支出压力较大，必须要建立多元化的生态补偿融资渠道，如征收生态服务税和碳税、征收森林资源使用补偿费、发行生态彩票等，同时充分吸收来自非政府组织、环境资源保护协会等方面的资金以及社会自愿减排资金。例如，李文华等（2007）提出了森林生态补偿资金来源的“三步走”战略，即近期阶段建立森林生态效益补偿基金、中长期阶段为补偿基金与生态税双轨并行阶段、长期阶段为生态税独立运行阶段。

（2）非政府补偿。有学者提出，应该发挥森林系统的自我补偿功能，注重林下非木质林产品的市场培育，这样不仅能够提高林地利用率，而且可以增加林农的经济效益。同时，由于森林生态效益使全社会受益，根据“受益者付费”原则，应该由所有的受益者共同承担生态补偿费用。因此，要建立森林生态产品供求双方交易机制，拓宽补偿渠道。对于那些具有全球效应的森林生态系统而言，其生态补偿需要全球合作，由国际受益方向受损方付费。从世界范围看，森林生态效益市场化补偿是生态补偿机制发展的必然趋势。随着各国碳减排压力日益增大，森林碳汇发展十分迅速，是目前市场化补偿的重要途径。但也有学者认为，林业碳汇项目的收益具有一定的不确定性。此外，森林生态旅游、森林流域生态补偿也逐渐兴起，成为森林生态效益市场化补偿的有力补充。森林生态产品市场交易机制可有效解决财政机制下森林生态产品供需“不挂钩”的弊端，未来可进一步探索生物多样性银行、森林生态产品标签和生态购买、特许经营权等其他市场化补偿机制。随着森林生态产品市场交易的日益频繁，森林生态效益认证机构、市场化补偿风险管理机构等的建立也迫在眉睫。

（3）混合补偿。将政府补偿与市场化补偿相结合的混合补偿模式也引起了很多学者的关注。有学者发现：PES 在政府治理无效的领域具有吸引力，但其本身可能弊大于利，不能以市场完全替代政府管理。Pagiola et al.（2002）认为：使用者付费模式常被用于那些受益者明确的生态服务类型（如水服务等），而那些全社会受益或受益者不明确的环境服务类型则应由政府进行补偿。关于混合补偿模式，国内学者的观点非常一致，李洁等（2016）认为：现阶段要以政府补偿为主，市场化补偿为辅，以此来减轻国家财政的压力。虽然从长期来看，森林生态效益市场化补偿是必然趋势，但这并不意味着公共财政补偿完全退出，因为在一些外部性非常明显的领域，市场机制往往难以生效，而最低补偿标准等关系到社会公平的领域，也需要公共财政的介入。在实践中，森林生态补偿方式有多种，如资金补偿、实物补偿、技术补偿、政策补偿等。其中，资金补偿方便灵活，是森林补偿实践中最常见的一种形式，也最受受访者青睐，但有时实物补偿（如农具等）更有效。王雅敬等（2016）提出：除了经济补偿外，还需加大对农户的技术补偿，从根本上实现由“被动输血”向“主动造血”转变，以降低对财政补贴的依赖。此外，梁宝君等提出：要重视对经济林、竹木等产业扶持政策的实施，加大就业培训力度。

关于森林生态补偿模式，国内外学术界的主流观点有所不同，国外大多数学者认为市场化补偿是必然趋势，而国内大多数学者认为现阶段应以政府补偿为主，同时积极探索市场化补偿机制，拓宽森林生态补偿的融资范围和补偿渠道。这种观点比较符合中国国情。森林生态产品是典型的公共物品，现阶段的市场化供给制度尚不完善，政府理应承担主要责任。从目前的研究现状来看，尚存在一些不足之处。在研究方法上，现有文献多采用规范分析方法，但实证研究不够，因此相关研究结论多为定性判断而缺乏足够的实证依据。在研究内容上，缺乏对不同补偿模式的比较研究和边界分析，对不同补偿模式的交易成本测度关注不够，而这些对政府制定森林生态补偿政策均有重要影响。

4. 森林生态补偿效应

学术界主要从生态环境效应和经济效应两个角度来分析森林生态补偿效应。

（1）生态环境效应。生态补偿是人类对于自然价值损失的一种纠正。研究发现：森林生态补偿对于生物多样性的恢复有着十分重要的作用，受补偿区域已成为小型哺乳动物重要的避难所，对其栖息地环境的改善起着非常重要的作用。例如，Simon et al.（2007）经过测算发现：瑞士在实施生态补偿期间，当地的啄木鸟和红背伯劳等鸟类的数量在1998—2003年翻了一番。Rodrigo and Eric（2006）对森林资源保护计划及森林生态环境服务价值支付两种方法的效率进行了比较，认为森林生态环境服务价值支付对森林保护的影响较大，而森林资源保护计划的影响是间接的，其实施具有相当的滞后性。Meineri et al.（2015）发现：森林生态补偿的有效性只作用于有限的空间内。

（2）经济效应。森林PES项目的经济效应引起了国外学者的广泛关注，他们的研究内容主要集中于补偿效果、机制障碍、减贫效应等方面。Alix and Wolff（2014）认为：森林生态补偿具有帮助穷人应对甚至摆脱贫困的潜力，有利于经济社会环境的可持续发展。但也有学者持不同意见，Hegde and Bull（2011）认为：森林PES项目增加了参与家庭的额外收入，但它们在林产品和农产品方面的收入有所减少，加上中介机构的参与减少了项目收益，以及付款进度未覆盖森林PES合同的存续期等原因，导致这些参与家庭所获得的收益远低于机会成本。同时，Ghanouj et al.（2009）提出：由于森林PES项目的机会成本和生态系统服务价值的估计较困难，加上土地利用等方面存在冲突，导致生态补偿的直接效果往往不够明显。因此，有学者认为：高效的生态补偿应面向需补偿的人，而非需补偿的地区；同时，森林PES项目不仅要考虑经济效率与生态绩效，还要考虑社会、政治与制度环境等因素。

国内关于森林生态补偿效应及评价的研究主要包括三类：一是通过构建评价指标体系对森林生态补偿政策效果或生态补偿专项资金绩效进行综合评价。例如，陈建铃等（2015）基于绩效棱柱法与专家评分法构建了评价指标，并利用模糊综合评价法进行综合评价。二是分析森林生态补偿对农户生计的影响。例如，应宝根等（2011）认为，公益林补偿对农户收入影响甚微，并且补偿基金包含损失性补偿和建设成本，从而模糊了“补偿”的概念，应明确区分为建设基金和补偿基金。三是基于农户视角对森林生态补偿进行评价。例如，李洁等（2016）基于福建 6 个县市 217 户林农的实地调查数据，运用有序 Logistic 模型分析了林农对生态补偿政策的满意度及影响因素。

（3）森林生态补偿效应研究的简要评述。生态补偿是解决森林生态产品正外部性的重要手段，对区域生态环境和经济发展有显著影响。现有的研究多利用实证研究方法，对森林生态补偿政策的生态效应和经济效应进行分析，或者通过指标评价体系进行综合评价。其中，国内文献多集中于分析经济效应，对生态效应关注不够。值得注意的是，国内外学者关于森林生态补偿对农户收入影响的结果比较一致，都认为森林生态补偿对农户收入影响较小，难以弥补农户的机会成本，从而导致农户受损。在目前这种补偿标准下，农户保护森林的积极性并不高，必须通过政府行政力量强制推动。从长远来看，我国必须提高补偿标准，增强农户保护森林的内在动力，以提高森林生态补偿效率。此外，森林生态补偿政策除了生态效应和经济效应外，还会对区域社会、政治、文化等方面产生一定影响，如增强居民的生态环境意识等。对此，现有研究还需进一步展开。

5. 森林生态补偿意愿

森林生态建设和生态补偿牵涉的主体众多，包括森林生态建设者、受益者等，相关主体的参与意愿、支付意愿及受偿意愿对森林生态补偿标准的制定及森林生态系统的可持续发展非常重要。

（1）森林生态建设和生态补偿的参与意愿。农户广泛参与是推动森林生态建设和生态补偿的重要因素。部分学者对农户参与森林生态建设和生态补偿的意愿及影响因素进行了实证研究。例如，Zbindenm and Lee（2005）运用多元 Logistic 回归评价了哥斯达黎加农民和森林所有者参与 PSA 项目的意愿；Kosoy et al.（2008）研究了影响社区参与墨西哥 Lacandon 雨林保护计划的因素。他们研究发现：影响农户参与森林生态建设和生态补偿意愿的主要因素包括林农对补偿额度的评价、林农生计方式对林业资源的依赖程度、林地生态区位和户主年龄及文化特征等。目前，森林碳汇经营是市场化生态补偿的主要形式。白江迪等（2016）利用实验经济学和 logit 模型对农户参与碳汇项目的影响因素进行了研究，他们发现：风险厌恶者和时间偏好低的农户更愿意开展森林碳汇经营项目。此外，洪明慧等（2017）通过研究发现：户主年均接受营林培训次数、农户经营态度、农户对碳汇的认知程度、户主文化水平等因素对碳汇经营意愿也有显著影响。

（2）森林生态补偿的支付意愿。特定区域内的社会民众是森林生态效益的受益者，理应支付一定的费用。国内部分学者利用多种方法，如李国志（2019）运用 Heckman 两阶段模型、白斯琴和陈钦（2015）构建了 Logistic 模型、石玲等（2014）运用支付卡式问卷调查、李晓等（2015）利用探索性因素分析等，分析了居民对森林生态补偿支付意愿的影响因素，他们发现：户主的受教育程度、户外锻炼时间、环境保护认知、参与态度、家庭特征和对补偿政策的认知等因素对居民支付意愿有显著影响。还有学者对居民生态补偿支付意愿进行了测算。例如，杨帆等（2015）发现，成都市民对森林碳汇的最高支付意愿为 310.08 元/年；关海玲和梁哲（2016）发现，游客对五台山国家森林公园愿意支付的平均补偿费用为 62.95 元/年；张颖和倪婧婕（2014）发现，居民对森林生物多样性保护的平均支付意愿为7.20～31.40元/年，其中对森林生物多样性了解程度较高的居民总体上的支付意愿更强。

（3）森林生态补偿的受偿意愿。作为补偿客体，农户的受偿意愿是制定森林生态补偿标准的重要依据。Ratnakar and Buongiorno（2006）研究发现：林农参与环保项目的动机并非利润最大化，不会要求全额的收入损失补偿，因此利用林农的受偿意愿来核算补偿额度是有成本效率的。基于此，部分学者利用条件价值法对农户的受偿意愿进行了研究。例如，Bateman et al.(1996）和Buckley et al.(2009）分别分析了英格兰和爱尔兰的林农对于将自家林地建成休闲林地或向公众开放的受偿意愿；Amigues et al.(2002）和Kline et al.(2000）分别对法国和美国的林农保护林地栖息地建设的接受意愿进行了研究；Wunscher et al.(2010）基于经济学视角，构建了哥斯达黎加Nicoya半岛居民的受偿意愿模型；Kramer and Mercer（1997）发现，美国居民关于热带雨林保护的受偿意愿为21～31美元/户。杨小军等（2016）基于农户最低受偿意愿数据，模拟出生态公益林供给曲线，并构建了政府赎买公益林的生态补偿机制。

（4）森林生态补偿意愿研究的简要评述。农户（居民）的参与意愿、支付意愿及受偿意愿对制定森林生态补偿机制具有重要的参考意义，现有研究基于实证分析方法对此进行了大量研究，得出了许多相似的结论。例如，很多研究均认为：农户的受教育程度（文化水平）、农户对生态补偿等环境政策的认知等因素对农户意愿有显著作用。这些结论为制定森林生态补偿政策提供了借鉴。但总体而言，现有研究在研究对象的选择上尚存在一些问题，它们大多局限于将农户（居民）作为研究对象，对森林生态补偿的其他利益主体鲜有关注，也就是在研究对象选择上存在缺失。例如，关于生态补偿支付意愿，除本区域居民外，区域内的相关企事业单位、森林所在流域的下游政府和居民等其他主体的支付意愿也是值得研究的。关于森林生态补偿的受偿意愿，除了农户个人外，还可以对一些国有林场、集体林场等进行分析。

第五节 趋势展望

通过梳理国内外研究的现状可以发现：近年来，森林生态产品价值实现的路径不断得到丰富，但由于受到各种限制，国内很多森林生态产品价值实现路径停留在试点和探索层面，可借鉴、可推广、可复制的模式不多，导致森林生态产品价值实现总量不足。为加快推动森林生态产品价值实现，2021年中共中央办公厅、国务院办公厅印发了《关于建立健全生态产品价值实现机制的意见》。然而，针对我国森林生态产品价值实现路径，仍需从以下几个方面开展进一步研究。

（一）森林生态补偿机制的创新研究

森林生态补偿是国内外运用最普遍的森林生态产品价值实现路径。就目前的情况来看，我国的森林生态补偿存在范围偏小、标准偏低、资金来源单一且严重缺乏市场化机制等问题，中央财政的公益林补贴标准完全无法匹配公益林所发挥的生态效益。虽然对流域上下游等的生态保护建设补偿已有先例，但名为“补偿”实为“补助”，部分还存在相关机制难以持续的隐忧。因此，迫切需要推动纵向补偿与横向补偿相结合，探索“建立政府主导、企业和社会参与、市场化运作、可持续的生态保护补偿机制”：一是对中央财政直补的生态补偿方面的研究，包括财政转移支付力度研究、扩大生态补偿范围研究；二是对省级财政向地方的专项补偿或转移支付方面的研究，重点研究如何强化对发挥生态效益较好的地方开展重点生态补偿；三是对跨区域、流域的横向生态补偿机制的研究，按照“保护者获益、受益者补偿”的原则，重点开展横向生态补偿利益相关主体的研究以及生态补偿分摊问题的研究；四是对生态补偿资金来源单一的问题，重点研究如何将企业或第三方机构等市场化元素引入生态补偿（窦亚权等，2022）；五是对多元化生态补偿模式的研究，重点研究如何通过政府赎买、置换、收储等方式调整农户在自然保护地、重点生态区位中的林地，实现社会得绿、农户得利。

（二）森林生态产品权属交易机制的研究

森林生态产品权属交易机制的研究主要包括森林碳汇研究和林业资源流转两方面。森林碳汇研究方面，在“双碳”战略背景下，林业碳汇是森林生态产品价值实现的潜力所在。我国在碳汇交易方面进行了一些探索，碳汇市场大框架现在已经初步形成，但还需要推动林业碳汇在更大程度上纳入国家碳排放权交易体系。研究的焦点是完善林业碳汇交易机制（王金南和刘桂环，2021），包括如何建设碳汇交易、排放权交易等生态资产市场，精准评估林业碳汇增长潜力及相应政策。森林生态产品权属交易机制的另一个主要研究方向是林业资源流转，其研究焦点为：如何实现和推动林权有序流转；如何构建林地流转风险防控机制；在林业资源流转的过程中，如何使林业新型经营主体实现高质量发展；探索包括“林票”“森林银行”在内的适合当地实际的林业资源流转模式；探索地役权改革以及相应的配套制度等。

（三）森林生态产品生态溢价实现机制的研究

在森林生态产品供给过程中，发达国家更重视森林生态产品的价值提升。为此。它们采用多种手段和机制有效提高了森林生态产品的经济价值，进而实现了森林生态产品溢价（窦亚权等，2022）。与发达国家相比，我国的森林生态产品溢价还处于较低水平且模式相对有限，因此相关研究应集中在森林生态产品溢价的多元化实现机制上：一是对森林认证与森林生态产品价值实现的研究，包括如何通过推进森林认证方式实现森林生态产品溢价研究、森林生态产品认证评价标准和认证体系的构建研究，进而实现森林生态产品进入高端市场，实现其价值。二是对品牌建设与运营的研究，其研究焦点是如何将规模小、分布广的森林生态产品进行聚合，打造区域公共品牌并加强品牌运营，探索和研究包括“丽水山耕”在内的适合当地实际的品牌运营模式，提高森林生态产品的市场影响力和品牌价值（张林波等，2021）。

（四）森林生态产业扶持机制的研究

虽然我国森林生态产业实现了快速增长，但对标高质量发展要求，我国森林生态产业的发展水平仍总体滞后，存在发展模式粗放、产业链不完整、产品整体附加值低、缺乏区域特色、科技支持薄弱等问题，需要对森林生态产业发展开展进一步研究并健全相关扶持机制：首先，对林下经济产业模式的优化研究，包括如何通过政策激励与市场导向等方式推动林下经济规模化、集约化、专业化经营；对林下经济标准体系的探索研究；对林下经济质量和品牌建设的研究。其次，对林产品及其加工的绿色转型研究，包括森林食品饮料产业化研究、木竹加工产业品质提升研究、林业生物质能源产业的原料供给研究等。最后，对生态旅游和森林康养资源的整合与产业化研究，包括森林康养产业化研究，生态旅游与森林康养、生态文化、自然教育等资源的整合升级研究，以及生态旅游和森林康养的精品打造与运营研究（赵晓迪等，2022）。

（五）森林生态产品价值实现推动保障机制的研究

推动森林生态产品价值实现，除了要优化各种价值实现路径的相关机制，还要强化森林生态产品价值实现的推动保障机制：一是对建立森林生态产品价值核算评估机制的研究，其目的是为建立生态效益补偿、生态环境损害赔偿、森林生态产品权属交易等制度提供科学依据。二是对构建森林生态产品价值实现财政专项投入机制的研究，其目的是加大推动森林生态产品价值实现的资金投入力度，通过竞争性分配方式确定扶持范围并进行相应考核。三是对森林生态产品价值实现调控机制的研究，其目的是推动以资产保值增值为前提的森林生态产品价值实现路径发展，综合调控不同森林生态产品价值实现路径的规模、速度和具体方式。四是对森林生态产品价值实现法制保障机制的研究，其目的是加强与森林生态产品价值实现相关的法制保障，明确森林资源资产的权属关系和森林生态产品市场主体的责任与义务，权衡各方的利益关系，强化森林生态产品的市场监督和执法，降低森林生态产品的交易成本。五是对森林生态产品价值实现利益共享机制的研究，其目的是建立多元主体分工协作机制，组建林业产业化联合体，完善产业链价值，增强林业龙头企业的带动能力，提升林业专业合作组织的服务能力，增强家庭林场、专业大户和普通林农的森林生态产品供给能力，强化各类林业经营主体间的互助和利益共享（赵晓迪等，2022）。六是对森林生态产品价值实现示范推广机制的研究，其目的是启动森林生态产品价值实现示范县、乡、村建设，构建森林生态产品价值实现交流服务平台，提高森林生态产品价值实现推广效果。

推荐读物

［1］孔凡斌，徐彩瑶，等．森林生态产品价值实现促进共同富裕：理论逻辑与浙江实证［M］. 北京：中国农业出版社，2023.

［2］李周．生态价值核算与实现机制研究［J］. 山西师范大学学报（社会科学版），2022，49（1）：43－52.

［3］廖茂林，潘家华，孙博文．生态产品的内涵辨析及价值实现路径［J］. 经济体制改革，2021（1）：12－18.

［4］刘浩，余琦殷．我国森林生态产品价值实现：路径思考［J］. 世界林业研究，2022，35（3）：130－135.

［5］吕洁华，张洪瑞，张滨．森林生态产品价值补偿经济学分析与标准研究［J］. 世界林业研究，2015，28（4）：6－11.

［6］秦颖．生态产品的市场化供给机制与价值实现模式研究［M］. 北京：中国经济出版社，2022.

［7］丘水林，靳乐山．生态产品价值实现：理论基础、基本逻辑与主要模式［J］. 农业经济，2021（4）：106－108.

［8］沈满洪．生态文明制度建设：理论阐释、演进趋势与路径选择［J］．中国农村经济，2024（10）：2－19.

［9］“生态产品价值实现的路径、机制与模式研究”课题组．生态产品价值实现：路径、机制与模式［M］．北京：中国发展出版社，2019.

［10］王金南，王志凯，刘桂环，等．生态产品第四产业理论与发展框架研究［J］．中国环境管理，2021，13（4）：5－13.

［11］曾贤刚，虞慧怡，谢芳．生态产品的概念、分类及其市场化供给机制［J］．中国人口·资源与环境，2014，24（7）：12－17.

［12］张林波，虞慧怡．生态产品价值实现：理论、实践与任务［M］．济南：山东人民出版社，2021.

［13］周爱飞．生态产品价值实现机制探索与实践：以浙江丽水为例［M］．北京：中国林业出版社，2022.

［14］Costanza，R.，D′Arge，R.，De Groot，R.，et al.，“The Value of the World’s EcoSystem Services and Natural Capital”［J］，*Nature*，1997b，387（6330）：253－260.

思考与讨论

1．“森林生态产品”与“森林生态系统服务”有何联系与区别？

2．森林生态产品价值实现有哪些具体路径与典型模式？

3．政府在森林生态产品价值实现中的角色是什么？

4．当前，我国森林生态产品价值实现面临哪些机遇与挑战？

5．请结合你家乡的实际情况，分析或设计当地森林生态产品价值实现的可行方式。

第十章

森林碳汇经济[①]

森林是陆地生态系统的主体，因其具有吸收二氧化碳、放出氧气的特殊功能，而被称为“地球之肺”。2022 年 3 月 30 日，习近平总书记在首都参加义务植树时指出：森林是水库、钱库、粮库，现在应该再加上一个“碳库”。森林以其巨大的生物量储存着大量的碳，是陆地上最大的储碳库。虽然全球森林面积仅占地球陆地面积约 26%，但其碳储量占整个陆地植被碳储量的 80%以上，而且森林每年的碳固定量约占整个陆地生物碳固定量的 2/3，因此森林在维护全球碳平衡中具有重大的作用。

森林碳汇作为我国优化经济结构、推动绿色转型和实现“双碳”战略目标的重要路径，不仅能够带来经济效益、拉动绿色投资、促进绿色消费，还能够成为我国应对气候变化、维护生态平衡、促进人与自然和谐发展的重要手段。森林碳汇产品成为一种具有经济属性的重要生态产品。森林碳汇经济成为林业经济体系的新构成和新业态。

本章第一节梳理了森林碳汇的相关概念。第二节介绍了森林碳汇属性及商品化过程的相关理论知识。第三节建构了森林碳汇经济理论体系。第四节综述了森林碳储量测算与评估进展。第五节介绍了森林碳汇交易市场发展状况。第六节对森林碳汇经济的未来发展趋势进行了展望。

第一节　相关概念界定

一、全球气候变暖

全球气候变暖已严重影响到世界各国的经济发展和社会进步，甚至威胁到人类的生存。温室气体排放是造成全球气候变暖的主要原因，国际社会对此高度关注，并积极探索控制及减排之道。工业革命以来，人类过度使用煤炭、天然气、石油等化石燃料，排

---

① 本章参加编著人员：田晓晖、柯水发、马明娟、乔丹。

放出大量的温室气体，从而导致全球气候变化，这已被科学研究所证实。政府间气候变化专门委员会（Intergovernmental Panel on Climate Change，IPCC）第五次气候变化评估报告指出：在过去的近 130 年里，全球气温升高 0.85℃，而温室气体的排放贡献了 1951—2010 年地表温度上升中的 0.5℃～1.3℃。2011 年，大气中的二氧化碳浓度已达到 391ppm，超过工业化前 1750 年的 40%。2021 年，全球能源领域二氧化碳排放量达到 363 亿吨。全球气候变暖的加剧极有可能导致严重的、普遍的和不可逆转的影响：淡水资源短缺；陆地和淡水物种灭绝；海岸地区和低洼地被淹没、暴发洪灾和被侵蚀；渔业生产和生态系统服务不可持续；粮食短缺；贫困和疾病；暴力冲突和战争风险（IPCC，2014）。21 世纪的今天，全球气候变化危机与经济增长、能源危机、粮食安全、消除贫困、和平稳定等问题交织在一起，成为人类社会面临的严峻挑战。中国国家主席习近平提出：中国的“二氧化碳排放力争于 2030 年前达到峰值，努力争取 2060 年前实现碳中和”[①]。2021 年 12 月，中央经济工作会议将“做好碳达峰、碳中和工作”列入年度重点任务，彰显了我国实现碳达峰碳中和的决心和信心。

二、二氧化碳排放空间

二氧化碳排放空间是一种新型资源，是指可以存留二氧化碳的空间资源和环境资源。这种资源是在人类排放二氧化碳急剧增加的背景下，逐渐被人类所认识和了解的资源。这种资源的大小与大气碳库和陆地生物资源碳库的碳交换速度与数量都有直接关系。二氧化碳排放空间具有公共性、外部性等特点，并且越来越体现出其稀缺性和变动性。二氧化碳排放空间是一种新型资源，它是可以更新的，但在不用的情况下仍会保持其资源性和价值性，并不会因为不用而泄漏或者消失（区别于太阳能）。

二氧化碳排放空间是可更新的公共物品资源。在自然力的作用下，在人力的有限干预下，这种资源是可以再生和更新的。工业革命以前，人类排放的二氧化碳等温室气体较少，在完全自然力的作用下，通过正常的碳循环，大气中的二氧化碳可以保持相对合适的浓度。工业革命以后，人类活动向大气排放的二氧化碳等温室气体急剧增加，已经远超自然力可以修复和吸收的能力及速度。为了避免温室效应及其引起的自然灾害，需要人类进一步采取措施节约和创造二氧化碳排放空间。这包含两条途径：一是减少二氧化碳排放；二是增加二氧化碳吸收。通过这两种活动获得的二氧化碳排放空间均凝结着人类的劳动。增加二氧化碳吸收主要是通过人为的造林再造林实现的，那么由此产生的二氧化碳排放空间可以通过森林碳汇有形化、商品化。所以，凝结人类劳动的二氧化碳排放空间以生物量（包括植被）为载体，不仅实现了无形化向有形化的转变，而且实现了从公共物品资源向商品性资源的转变。这种转变为森林碳汇商品化奠定了基础。

三、森林与二氧化碳排放

减少碳源、增加碳汇是实现碳达峰碳中和的主要手段。减少碳源主要通过节能减排、能源替代来实现；增加碳汇主要通过生物措施（如造林再造林等）来增加对温室气体的

① 照亮前行方向的希望之光．人民日报，2020-10-03.

吸收、固定。森林是减少大气中二氧化碳的重要载体。1997 年签署的《京都议定书》认为：通过造林再造林、减少毁林、缓解森林退化和森林可持续管理等多方协同作用实现的森林固碳，是到 2030 年乃至未来更长一段时期，对缓解全球气候变化具有极其巨大的潜力。政府间气候变化专门委员会（IPCC）第四次气候变化评估报告指出：林业碳汇具有多种效益，兼具成本较低、经济可行等优点，是未来 30～50 年增加碳汇、减少排放的重要措施。森林是陆地生态系统的主体，它对维护区域和全球气候稳定发挥着重要的作用。森林的碳储量和土壤碳储量分别约占全球植被总碳贮量的 77％和全球土壤总碳贮量的 39％。2000—2007 年全球森林碳库平均每年净吸收 4.1×10^9 吨碳，相当于 2010 年化石燃料碳排放的 30％，因此森林是减少二氧化碳排放、缓解全球气候变暖的重要手段之一。

四、碳源与碳汇

通常我们将直接向大气排放物质（如二氧化碳和氧气）的原始物质或地点称为排放“源”（source）；这些物质在空间中可能经过各种复杂的物理及化学变化，然后形成新的产物，这些产物会不断迁移、汇集到一个新的场所（或载体），这个场所或载体被称为“汇”（sink）。

因此，碳源（carbon source）是指自然界中向大气释放二氧化碳的母体。动植物的呼吸作用、动植物本身的分解、化石燃料的燃烧、大规模森林破坏、土地利用形式的改变，均会形成大量的碳排放。“碳汇”（carbon sink）来源于《联合国气候变化框架公约》的缔约成员签订的《京都议定书》，该议定书于 2005 年 2 月 16 日正式生效。碳汇主要是指以森林、海洋、土壤、岩石与生物体作为碳的载体，吸收并封存二氧化碳的过程。通过对陆地生态系统的有效管理来提高固碳潜力，由此取得的成效可以抵消相关国家的碳减排份额。总之，碳汇是指任何清除大气中的温室气体、气溶胶或者其前体的过程、活动或机制。

五、森林碳汇与林业碳汇

森林碳汇与林业碳汇虽然都泛指森林生态系统对大气中二氧化碳的吸收，但森林碳汇是指植被通过光合作用将二氧化碳固定在植物体内的过程，强调森林吸收并固定二氧化碳的过程，侧重自然属性，而林业碳汇既具有自然属性又有经济学属性，是指通过造林再造林或者林地管理以及减少毁林等方式获得碳排放额度并进行交易的活动、过程和机制，强调人的参与（李怒云等，2007）。从广义上说，有四类林业经营过程、活动或机制能够促进森林碳汇供给：第一，通过造林再造林增加森林碳储量；第二，通过保护现有的森林，减少毁林和森林退化的碳排放；第三，通过强化森林经营，提高森林固碳能力；第四，发展农林复合系统。

从森林碳汇和林业碳汇的内涵界定可知，林业碳汇与森林碳汇具有很大的差异性，也有相同点，它们的相同点就是都通过植物的光合作用来吸收碳排放。具体而言，森林碳汇属于自然学科概念，主要强调森林生态系统的服务功能；林业碳汇是通过开展一系列林业活动以增加森林碳汇服务供给的过程，主要强调林业碳汇的自然属性和社会属性的双重属性。这种双重属性表现为：一是森林碳汇源于森林的碳汇功能，碳汇功能是森林资源固有的自然本质属性，不因外界环境和社会制度的变迁而转移；而林业碳汇则受到制度和环境的重要引导。二是林业碳汇技术具有自然属性和社会属性的双重属性，需要通过技术改造或按照方法学标准增加森林碳储量，而这些技术是在森林生长客观规律基础上的创新。三是林业碳汇强调通过市场机制以及造林再造林、森林管理和减少毁林等人为活动来增加森林碳汇供给量、减少碳排放输出，涵盖森林碳汇量、森林经营方法学、资金和市场运行管理活动的全过程。四是林业碳汇是森林碳汇资本化的重要体现，林业碳汇可以实现森林碳汇现实交易，推动森林碳汇价值转化，是保证森林碳汇功能最大化基础上的经济效益产出过程；通过林业碳汇创造森林碳汇市场，使得森林碳汇得以在市场中进行交易并长期发展；同时，林业碳汇将森林碳汇转变为稀缺性商品，实现了森林碳汇的有效循环。

六、森林碳汇市场交易

“碳市场”是指为规制包括二氧化碳在内的温室气体排放，而人为产生的排放权交易市场，按照性质的不同可分为规则市场（京都市场）和志愿市场（非京都市场）。森林碳汇市场交易（或称森林碳抵消项目市场交易）是指以林业碳汇活动取得的碳信用（carbon credit）为标的物的交易机制。具体的过程包括：某碳市场允许森林碳汇项目进入市场交易，并公布相关的标准、程序等，森林碳汇的供给者按照该标准发展林业碳汇项目，并通过核证取得碳信用，然后通过交易机制获得碳补偿，而交易买方可通过购买碳信用抵消碳排放或者实现碳中和。

第二节　森林碳汇属性及商品化过程

一、森林碳汇生物学特性

1. 森林碳汇具有碳汇和碳源的二重性

森林由于其生物特性，在不同的时空条件下扮演着碳汇与碳源的角色。首先，森林是陆地生态系统中吸收二氧化碳的主要载体，扮演着碳汇的角色。二氧化碳是植物生长的重要营养物质，森林中的植被通过光合作用将水和二氧化碳转变为葡萄糖和氧气，最终将二氧化碳转化为有机物的形式储存起来。然而，森林植被在死亡时又会被分解，特别是森林遭遇大火或大规模采伐的时候，森林植被存储的碳又会成为碳源。

森林的碳汇与碳源二重性导致对森林能否在长期内有效固碳存在广泛争议。当前，我国提出了“二氧化碳排放力争于2030年前达到峰值，努力争取2060年前实现碳中和”的远景目标。森林碳汇作为实现“双碳”目标的重要手段，对“双碳”目标的实现具有重要作用。我国森林碳汇能否助力“双碳”目标的实现？中国林业碳汇潜力有多大？如何实现中国林业碳汇潜力？这些都需要科研人员和广大林业工作者去解答，我们也希望本书的读者能为中国林业碳汇的发展贡献自己的力量。虽然人们对林业碳汇的长期有效性存在广泛争议，但森林的碳汇与碳源二重性至少说明，应该进一步加强对森林资源的有效管理，特别是要减少大规模采伐森林及森林火灾。

2. 森林碳汇具有依附性

森林碳汇作用主要是通过树木固碳、林下植物固碳、林地固碳实现的，而树木固碳、林下植物固碳和林地固碳都与森林环境直接相关。可以说，良好的森林环境可以促进树木生长和树木固碳量增加，与此同时，林下植物（含凋落物）和林地的固碳作用也会增加。森林碳汇与以树木为主体的植物生物量（以森林蓄积表示）之间具有近似的直线线性关系，因而森林碳汇对于森林蓄积的依附性很强。

3. 森林碳汇具有不稳定性

森林碳汇在遭到人为破坏、森林火灾，甚至在正常生产采伐过程中，其碳汇性质都会发生改变，此时森林就成为排放二氧化碳的碳源。此外，退化的森林也不一定能够起到碳汇的作用，很有可能成为净的碳源。鉴于此，林业生产应该着眼于森林资源的合理经营管理，使它充分发挥碳汇作用，尽量避免和降低碳源的形成。

二、森林碳汇经济学特性

1. 森林碳汇的外部性

森林碳汇对经济社会具有正外部性。森林经营过程中产生的无形的二氧化碳排放空间，为经济社会发展和人类活动带来了利益，因而具有正外部性的特点。但这一正外部性未被补偿，导致产品被他人占用，并产生无节制的挥霍消费。

2. 森林碳汇的公共物品属性

经济学家尼古拉斯·杰奥尔杰斯库-罗根（Nicholas Georgescu-Roegen）使用术语“存量”（stock）和“基金”（fund）来区分不同类型的资源，并根据使用功能将资源划分为“存量-流量”资源和“基金-服务”资源。这两种资源的特征见表 10－1。

表 10－1　“存量”和“基金”资源特征

存量-流量资源	基金-服务资源
● 物质上可以转化为它们生产的东西（物质因） ● 可以按照任何需要的速率使用（受制于它们转化所需要的基金——服务资源的有效性），而且它们的生产率通过转化产品的物理单位数来衡量 ● 可以存储 ● 可以用完，而不是损耗	● 不是物质性地转化为它们生产的东西（动力因） ● 只能按照给定的速率使用 ● 不能储藏 ● 可以损耗，而不是用完

资料来源：赫尔曼·E. 戴利，乔舒亚·法利．生态经济学：原理与应用［M］. 2 版．北京：中国人民大学出版社，2014.

森林既是“存量-流量”资源，也是“基金-服务”资源，这种二重性产生于森林的多重使用功能。当森林以提供木材产品为主要功能时，森林便是“存量-流量”资源，此时树木可以即采即用，也可以存储。资源获取的速度取决于人类采伐的速度。如果研究对象是森林的生态服务功能，那么此时认为森林是一种“基金-服务”资源。因为我们重点关注森林的碳汇功能，故认为森林是一种“基金-服务”资源。

如前所述，森林碳汇对森林蓄积有依附性。基于此，有学者认为：森林碳汇因其依附于森林蓄积，因而其排他性取决于森林蓄积的产权是否清晰。在产权明晰的条件下，森林碳汇具有排他性。但我们认为，森林碳汇需求是二氧化碳排放空间稀缺派生的需求，因此其排他性更多依赖于二氧化碳排放空间是否具有排他性。目前，尽管全球采取各种措施（包括税收补贴及配额交易），但其市场规模涵盖范围很小，相关机制仍不健全。换言之，二氧化碳排放空间的产权不清晰，其仍是非排他性资源。因此，我们认为森林碳汇仍是非排他性资源。此外，二氧化碳排放空间还具有非竞争性的特点。

森林碳汇作为森林生态系统提供的生态产品服务，长期以来不被社会所认知，并被当作一种公共物品来消费。林业生产单位得不到应有的经济补偿，既影响了林业企业的经济效益和生产积极性，也影响了森林碳汇产品的可持续发展。

3. 森林碳汇具有稀缺性

资源的稀缺性是指资源再生的速度赶不上被开发利用的速度，资源开发利用速度的相对增加造成了资源稀缺程度的加深。在工业革命以前，人口数量较少，二氧化碳排放空间对于人类而言是一种自由取用资源，因此森林生态系统产生的碳汇不具备稀缺性。然而，在工业革命以后，人口数量激增，化石燃料的使用导致大气中二氧化碳累积猛增，温室效应造成的巨大不确定性使得人们认识到大气资源的使用也不能免费，必须要付出代价。林业碳汇服务作为缓解大气中二氧化碳浓度的有效手段，人们愿意为获得该服务而付出某种代价，稀缺性由此产生。稀缺性特征要求对森林碳汇必须进行合理、有效、可持续的配置和利用。事实上，正是因为稀缺性的存在，使得人们能够运用经济学的方法来分析和研究森林碳汇服务的有效配置及合理利用。

4. 森林碳汇的商品性

森林碳汇凝结了无差别的人类劳动，因此森林碳汇产品具有价值。另外，由于人类活动排放的二氧化碳超过了自然界的承载能力，打破了生态平衡，因而人类社会需要更多的二氧化碳排放空间，所以二氧化碳排放空间具有很大的使用价值。因此，森林碳汇是价值和使用价值的统一，具有商品性。

三、森林碳汇的商品化过程

对森林碳汇的需求本质是经济社会对二氧化碳排放空间需求的引致（或派生）需求。在工业革命以前，人类活动所产生和排放的二氧化碳还未超过纯自然界的承载能力，并未对生态系统产生巨大的影响。在工业革命以后，人类经济和社会经历了快速发展，二氧化碳排放量陡然增加。IPCC 的报告指出：全球气候变暖主要来自人类活动所排放的二氧化碳等温室气体。这超过了自然生态系统的承受力，引发了全球气候变暖。在应对全球气候变暖的背景下，二氧化碳排放空间具有了稀缺性。

森林是固定二氧化碳的重要载体，森林碳汇是陆地生态系统固碳的主要途径之一。马克思认为：商品具有价值和使用价值的二重性。然而，森林碳汇并不是一开始便具有商品特性，它是随着经济社会的发展而逐步具有价值和使用价值，从而逐渐演化为商品。森林碳汇是森林提供的一项生态系统功能或服务。一方面，森林碳汇是通过造林再造林或者林地管理以及减少毁林等方式获得碳排放额度并进行交易的活动、过程和机制。因此，森林碳汇的生产因凝结着无差别的人类劳动而具有价值。另一方面，森林碳汇也具有使用价值。这种使用价值并不是从一开始就有的，而是随着人类社会认知和需求的发展而产生的。二氧化碳排放空间的稀缺性使得人们迫切需要通过人为手段去生产这一资源。因此，对二氧化碳排放空间的需求派生出了对林业碳汇产品的需求。也就是说，只有当二氧化碳排放空间这一资源对于人类变得稀缺时，森林碳汇才对人类具有了使用价值。总之，因为二氧化碳排放空间的逐渐稀缺，森林碳汇才逐步具有价值和使用价值，进而演化成商品。

四、森林碳汇如何参与碳汇交易

（1）国际森林碳汇交易市场。第一，清洁发展机制（clean development mechanism，CDM)，是根据《京都议定书》建立的发达国家与发展中国家合作减排温室气体的灵活机制，森林碳汇项目是清洁发展机制的项目之一。第二，国际核证碳减排标准（verified carbon standard，VCS)，是一种较为完善的国际自愿碳市场补偿标准，由国际气候组织、国际排放交易协会和世界经济论坛发起组织实施。可依据 VCS 开发的林业碳汇项目主要有造林、改进森林管理、减少毁林和森林退化等类型。第三，黄金标准（gold standard，GS)，也是国际自愿碳市场常用的标准之一，由世界自然基金会和其他国际非政府组织于 2003 年发起实施，包括废物管理、可再生能源、土地利用活动和基于自然的（气候）解决方案等，碳汇项目属于土地利用活动和基于自然的解决方案。

（2）中国核证自愿减排量（China certified emission reduction，CCER)。企业可通过自愿建设减排项目，减少特定温室气体的排放，这些减排量在获得备案后就成为 CCER。林业碳汇依照一定方法论并经国家备案核证机构核准后，成为 CCER 的提供方。

（3）地方核证自愿减排量（BCER、FFCER、CQCER 等)。除了国家层面的 CCER，在地方层面，碳排放权交易试点地区也依托本地碳排放权市场，积极对林业碳汇交易进行探索。例如，北京的 BCER、福建的 FFCER、重庆的 CQCER 等项目都仅限于在各自省内碳市场进行交易，有不同的核证和交易规则，本地化明显。随着 CCER 全国交易市场的建设，地方核证自愿减排量的发展具有不确定性。

（4）参与碳汇交易的其他途径。除了核证自愿减排量项目，为了充分发挥林业在实现“双碳”目标中的重要作用，各地进行了不同类型的碳汇开发项目，比如生态补偿碳汇、中国绿色碳汇基金会（China Green Carbon Foundation，CGCF）等自愿碳汇交易市场。各地还创新性地开发了一系列森林碳汇产品。例如，林业单株碳汇。贵州省利用当地丰富的林业资源，开展了单株碳汇精准扶贫试点工作，助力贵州省的扶贫工作和生态建设。再如，林业碳票。福建省三明市、贵州省毕节市、陕西省咸阳市等地探索开发了“林业碳票”，并制定了林业碳票的管理办法，主要用于自愿参与减排活动的机关、企事业单位、个人等进行碳排放抵消，无法用于控排企业的排放抵消。

第三节 森林碳汇经济理论体系

一、林业碳汇供给和需求理论

在西方经济学视角下，存在供求关系是市场产生的先决条件，当产品或服务供给量大于需求量时，市场的规模和成长速度主要取决于需求增量。就碳汇交易而言，森林碳汇的需求本质是经济社会对二氧化碳排放空间需求的引致（或派生）需求，这一需求通过政策驱动而产生。关于林业碳汇的需求，国内外学者做了大量的研究，常用的方法包括条件价值法、支付意愿法等。其原理都是在新古典经济学框架下，通过直接调查和询问人们对某一环境效益改善或资源保护措施的支付意愿（willingness to pay）来估计环境效益的经济价值。但这种方法的缺陷在于，即使是生态学的专家，也不能完全了解生态系统所能带来的收益和成本。

在供给方面，因为森林碳汇的公共物品属性及正外部性，所以它不能通过市场手段达到最优配置和生产，也就是其供给水平不能达到最优。从微观角度来看，大量学者对微观主体（即林农）的碳汇供给意愿进行了研究。从现有的文献来看，林农碳汇供给意愿的影响因素主要集中在年龄、受教育程度、收入、林地特征等个体社会经济属性和林业碳汇项目特征方面，较少考虑心理特征的影响。此外，现有研究的调查对象大多为未实施碳汇造林地区的普通林农，这些林农对森林碳汇的认知水平较低，因此这些研究结果很难体现他们真实的碳汇供给意愿。

二、森林碳汇的最优生产与配置

森林碳汇具有其生物学特性和经济学特性。从经济学特性来看，森林碳汇是一种具有正外部性的公共物品。人们往往认为，市场是实现资源配置的有效机制，而且也是决定目标的最好方式，因此商品的最优配置应该交由市场机制来完成，政府存在的意义应该是创造条件让市场来发挥作用。但事实并非如此，市场只能实现商品（即具有排他性和竞争性）的有效配置，但大部分生态系统提供的产品和服务不同时具有排他性和竞争性，因此单纯依靠市场是不能实现这些商品的最优配置和生产的。此外，市场亦不能解决经济规模和分配的问题，这些都需要政府来解决。从生物学特性来看，森林碳汇具有周期性长、不稳定性、依附性等特点，这些特点造成了发展林业碳汇项目具有一定的风险，且备案、计量流程相对复杂，这成为林业碳汇价值实现的阻碍之一。因此，有关林业碳汇项目运行机制、碳汇项目方法学的教育与科普将对林业碳汇价值实现具有重要意义。

生态经济学有三个目标，即可持续规模、公平分配和有效配置。这三个目标的优先级需要实施排序，我们认为可持续规模应该排在所有目标的第一位，而有效配置应该放在最后。实现资源有效配置的工具应该是市场，但对于公共物品而言，市场发挥不了作用，至少在分配问题和可持续规模问题没有解决之前，市场无法对生态系统提供的产品和服务进行有效配置。实现公平分配目标需要社会或集体把不公平限制在一定范围之内。因此，市场有效配置目标的优先级应该在可持续规模和公平分配之后，而可持续规模的优先级应该在公平分配之前。这是因为，如果对规模不加限制，那么生态系统提供的产品和服务就不再稀缺，而缺乏稀缺性的产品和服务的分配问题也就无从谈起。换句话说，只有先设置一定的规模，使产品和服务因具有稀缺性而成为有价值的资产，我们才能确定谁应该拥有这些资产，即如何分配。总之，通过限制资源的利用规模以及对资源的所有权做出分配，便可以将大部分非市场商品转化为市场商品，进而借助市场机制实现资源的有效配置。图 10-1 显示了林业碳汇价值实现的三大政策目标以及实现目标的主体。我们认为，可持续规模和公平分配问题与市场无关，取决于政策目标和文化属性，因此这两大目标的实现主体应该是政府。资源有效配置目标的实现主体应该是市场，而科技水平的发展为政府和市场提供了重要支撑。

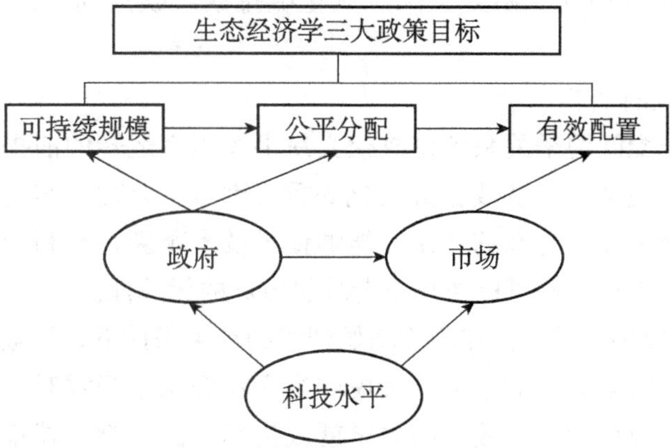

图 10-1　生态经济学三大政策目标与实现主体

1. 可持续规模：政府确定

我们认为，在生态经济学视角下，市场不能实现可持续规模。因为市场无法把任何经济活动的成本和效益都纳入进来。我们无法准确了解生态系统提供服务和功能的成本及收益，甚至了解这些服务和功能本身就存在不确定性。因此，可持续规模目标的实现需要借助政府的力量来实施。目前，存在 4 种主要的限制规模的政府政策：直接管制、庇古税、庇古补贴和可交易许可证制度。

（1）直接管制。直接管制是指政府直接限制某种污染物的生产量，也就是政府对生产这种污染物的企业和个人设定排放水平。林业碳汇的需求派生于二氧化碳排放空间的需求，林业碳汇的稀缺性来自二氧化碳排放空间的稀缺性。因此，政府需要对二氧化碳的排放指标施加限制才能使林业碳汇产品具有稀缺性。但是，政府直接管制也存在缺点，即不能满足有效配置的目标，政府无法知道每个经济主体的边际成本，因为收集这些信息的成本往往很高。此外，直接管制的方法无法为低于二氧化碳排放限额的企业和个人提供有效激励。

（2）庇古税。庇古税是根据污染所造成的危害程度对排污者征税，也就是用税收来弥补排污者生产的私人成本和社会成本之间的差距，使两者相等。这种税由英国经济学家庇古（Pigou，Arthur Cecil）最先提出，被称为“庇古税”。庇古税的核心思想为：因为外部边际成本没有被纳入经济主体的决策函数中，因此边际成本等于边际收益的市场均衡将不会出现。庇古认为，税率应该等于边际外部成本，从而达到最优的市场均衡。但这种方法的缺点仍是边际外部成本难以确定，并不断发生变化。但与直接管制相比，庇古税会为努力减排的企业提供激励。

（3）庇古补贴。庇古补贴与庇古税的作用正好相反，是对每个企业每降低一个单位的环境成本给予一定的报酬。从本质上说，庇古补贴假定排污主体拥有排污的初始产权，因而让企业减少排污行为必须付费。

（4）可交易许可证制度。可交易许可证制度是能够有效实现特定目标的另一种机制。可交易许可证制度要求社会设定一种配额（即允许的污染或资源消耗的最大数量），而不是通过税收的方式来提高价格、减少需求。该方法被称为总量管制与交易制度。目前，美国政府利用这一制度控制二氧化硫排放，欧洲利用这一机制监督二氧化碳排放。

2. 公平分配：政府实施

初始排放权的分配问题是关系到排放权交易市场正常运转的前提，是关系到总量控制的关键，是确保实现全球经济效益最大化的重要因素。合理、实用的初始排放权分配有利于实现资源的合理配置与节约使用，能够促进技术革新，有利于形成污染排放水平低而经济效益高的生产格局，可以防止或者减弱市场的无效性。

科斯（Coase，1960）提出：在明确初始产权的约束条件下，污染者和受损者能够通过自愿的交易解决由污染引起的争端。考虑到当交易费用不为零时，不同的产权结构可能会有不同的效率，因而初始排放权的界定就成为问题的关键。碳排放权初始分配方式主要有两种：一种是免费分配，包括依据排放企业的历史排放量，按一定比例确定其可获得的排放权数量的祖父制（grandfathering）分配和基于当前产量及单位产量获得排放权的分配。另一种是公开拍卖。由于温室气体具有均质混合扩散的特点，所以碳排放权拍卖属于同质多物品拍卖。拍卖方式包括同时拍卖和序贯拍卖等多种类型。

3. 有效配置：市场行为

新古典经济学认为，市场机制能够实现资源的有效配置。因此，建立和发展碳交易市场能够有效应对林业碳汇的外部性和供给不足。碳交易又称碳贸易，是碳排放权交易的简称，它源于《京都议定书》。《京都议定书》将包括二氧化碳在内的 6 种气体称为温室气体，因二氧化碳在其中所占的比重最大，从而温室气体排放权交易被简称为碳交易，其交易市场被称为碳交易市场。市场交易的碳价格或价值是基于碳信用，一个碳信用就是指 1 吨碳或等量的二氧化碳气体。从分子量上可以看出，1 吨碳等于 3.67 吨二氧化碳。碳交易是为激励世界各国的温室气体减排，利用市场机制将二氧化碳等温室气体的排放权视为商品而进行交易的碳减排方式。

由于碳交易在激励机制、市场化、灵活性和潜在的财政收入等方面的优势，成为诸多国家青睐的碳减排方式。当前，利用碳交易方式进行减排的主要有澳大利亚、新西兰、欧盟、美国、加拿大和中国等国家或地区。自 2013 年开始，我国在北京、天津、上海、重庆、湖北、广东、深圳开展了碳排放权交易地方试点，随后于 2021 年启动了全国碳排放权交易市场交易。

第四节　森林碳储量测算与评估进展

一、森林碳储量测算与评估方法

森林作为陆地生态系统中最大的碳库，依靠其固碳释氧能力在减少全球碳排放中发挥了重要作用。2015 年，世界森林面积约为 40 亿公顷，碳储量为 2 960 亿吨。森林作为碳库，对其碳储量和碳汇作用进行量化，对林业碳汇潜力进行评估，是陆地碳循环研究和应对气候变化的关键部分。随着碳达峰碳中和实践的不断深化，森林碳汇测算及其固碳能力提升逐渐成为社会各界关注的重点，但学界对森林碳汇测算的发展方向和固碳能力的提升路径仍存在争议。各种方法间的内在逻辑、基础数据的积累、实践需求的变化和周边技术的革新是测算方法及固碳能力提升路径研究的重要推动力。下面先介绍目前通用的森林碳储量测算方法，并指出各种方法的适用性和不足之处，然后介绍关于森林碳储量及碳汇潜力的研究进展。

在森林碳汇测算方法方面，从基于样地砍伐测算生物量的碳汇估算方法提出以来，围绕是否直接通过空气监测，是否进行破坏性采样，是否考虑树种、树龄差异，是否考虑地理空间环境差异，能否进行大规模、大范围、异种地貌环境应用，形成了分别以生物量储碳测算为基础和以碳通量监测为基础的两类森林碳汇测算方法——生物量法和碳通量法。本部分主要介绍样地清查法、微气象学法、箱式法、模型模拟法、遥感估算法等森林碳储量的主要估算方法。下面先简要介绍各种方法的基本原理，然后指出各种方法的适用性和不足之处。

1. 样地清查法

样地清查法是经典的森林生态系统碳蓄积研究方法。该方法是通过设立典型样地，运用皆伐实测法、平均木法、分级平均换算法和随机抽样法等测树学方法对森林生态系统各组成部分的生物量进行测定，以估算森林碳储量的方法。根据计算基础的不同，可将样地清查法分为生物量法、蓄积量法和生物量清单法。

（1）生物量法。森林生态系统生物量的测定是实现碳储量测算的基础，因为森林生物量最终可通过植物干重中有机物的碳含量（即碳转化系数）转化为碳储量。生物量法是最早使用的森林碳汇测算方法，它以生物量数据为基础估算碳汇。生物量是指植物个体或群落在一定时间内积累的有机质总量，可以通过单位时间积累的干物质量或能量来表示。根据所考察变量和计算方法的不同，可归纳为如下三类：

1）平均生物量法。平均生物量法通过实地探查获取相应的生物量数据。该方法的基本思想是通过大规模的野外实地调查，利用样地数据得到植被单位面积的平均生物量，再用平均生物量乘以该类型森林的面积来估算森林生态系统的碳储量。但该方法的局限是样地的选择往往不具有代表性，而且忽略了植被地下的生物量，导致计算结果存在不确定性。

2）生物量扩展因子法。随着生物量数据和生物量相对生长模型的完善以及大尺度森林碳汇测算需求的逐渐增加，以基础生物量数据为核心的传统生物量转换因子法、生物量清单法和蓄积量扩展法逐渐出现并得到广泛应用。该方法将林分生物量与木材材积比值的平均值作为换算因子，以森林资源清查所得的森林蓄积量为基础数据计算森林碳储量。首先，根据林木的胸径（DBH）和（或）树高（H），查材积表或运用材积公式转化成林木树干材积，然后利用基本木材密度（D）和生物量扩展因子（BEF）将林木树干材积转化为林木地上生物量，再利用地下生物量/地上生物量的比值（R）将地上生物量转化为林木生物量：

$$B = V \times D \times \text{BEF} \times (1+R) \times N \times A \tag{10-1}$$

式中，B 为某森林的生物量（td. m.）；V 为根据胸径和（或）树高数据查材积表或将数据代入材积方程计算出的材积（立方米/株）；D 为基本木材密度（td. m. /立方米）；BEF 为该森林的生物量扩展因子；R 为地下生物量/地上生物量之比；N 为该树种的株数（株/公顷）；A 为森林面积（公顷）。

有学者将其研究的森林总蓄积量的值与 BEF 相乘得到总生物量（其实质就是通过生物量扩展因子实现对森林固碳量的估测），再乘以含碳系数得到森林碳储量（李海奎等，2012）。假设 C_F、C_B、C_V 和 C_S 分别为森林碳储量、林木植被碳储量、林下植被碳储量和森林土壤碳储量，得到森林蓄积量的计算公式如下：

$$C_F = C_B + C_V + C_S \tag{10-2}$$

$$C_F = \sum (S_{ij} \times C_{ij}) + \alpha \sum (S_{ij} \times C_{ij}) + \beta \sum (S_{ij} \times C_{ij}) \tag{10-3}$$

$$C_{ij} = V_{ij} \times \delta_j \times \rho_j \times \gamma_j \tag{10-4}$$

式中，S_{ij}、C_{ij}、V_{ij} 分别为第 i 地区第 j 类森林的面积、生物量碳密度和单位面积蓄积量；α 为林下植物碳转换系数，其作用是基于森林生物量计算林下植物（含凋落物）的含碳量，国际通用 IPCC 默认值是 0.195；β 为林地碳转换系数，其作用是基于森林生物量计算林地碳储量，国际通用 IPCC 默认值是 1.244；δ 为生物量扩大系数，其作用是将树木蓄积量换算成以树木为主体的生物蓄积量（考虑到中国针叶树和阔叶树的树木平均生物量占整棵树总生物量的 6.75%，树枝占 15.75%，树根占 25.0%，树干占 52.5%，确定树木生物蓄积量扩大系数为 1.9）；ρ 为容积系数，是将森林全部生物量蓄积转换成干重的换算系数，国际通用 IPCC 默认值是 0.5；γ 为含碳率，是将生物量干重转换成固碳量的换算系数（由于中国阔叶林的含碳率一般低于 0.5，针叶林的含碳率一般高于或等于 0.5，大多数学者采用 0.5 作为平均含碳率）。

3）生物量扩展因子连续函数法。该方法是对生物量扩展因子法的完善。从植物生长机理的角度分析，生物量扩展因子（BEF）不是恒定不变的，它取决于森林的生物特性、林龄及立地条件等。2001 年，方精云等提出了扩展因子连续函数法，在全国范围内收集了林分生物量和蓄积量的数据，并根据中国森林植被的生长特性，将其划分为 21 种森林类型，计算了每种森林类型的生物量与蓄积量之比，并推出林分材积的经验关系方程，由此使碳储量的计量实现了从样地推广至不同尺度和更大范围的精准估算，是我国在森林碳储量研究领域的重要范例。但也有学者指出，其线性关系和样本数目的不足也会引起一定偏差。关于生物量和蓄积量的关系，学术界至今未形成完全统一的看法。

（2）蓄积量法。蓄积量法的主要原理是将森林优势树种抽样实测得到的单位蓄积生物量乘以总蓄积量得到总生物量，然后乘以含碳系数就得到碳储量。该方法是推算区域、国家甚至是全球尺度的森林碳储量的简便方法，而且这种方法比较直接、明确，操作技术也简单。但是，它也有自身的局限性。由于林业部门提供的森林资源清查数据仅包括郁闭度大于 0.2 的乔木层（1994 年以后）蓄积量、面积等相关数据，对于小于特定胸径的林木、苗木、枯立木以及林下枯枝落叶等并未统计，而在此基础上计算所得的森林碳储量往往小于真实值，同时这种方法忽略了森林生态系统内诸多其他要素的影响，因此其估算结果可能会出现较大的偏差。

（3）生物量清单法。生物量清单法是以生物量与蓄积量的关系为基础的碳储量估算方法。该方法的基本思路是将单位面积森林蓄积量乘以树干密度得到树干生物量，然后用其除以占乔木层生物量的比例，再乘以含碳系数即可得到单位面积碳储量。该方法能够用于长期大面积的森林碳储量监测，因其直接、明确、技术简单的优点得到了广泛应用。但其不足之处在于，森林蓄积量等数据是通过森林资源清查所得，而一类调查（森林资源连续清查）通常每 5 年进行一次，这就无法实现对碳储量的实时监测；同时，样地设置、估计方法的差异等使各个研究结果之间的可比性较差。生物量清单法具有技术简单、计量精确、适用范围广的优点，适于长期大面积的森林碳储量监测，但存在劳动力需求大、只能间接记录碳储量、不能反映季节和时间变化等动态效应、忽视土壤固碳能力等不足。

2. 微气象学法

微气象学法一直是研究植被与大气物质传输和能量交换通量的有效方法之一，该方法利用观测对象上方空气中二氧化碳的流动情况测算固碳量。其中，碳交换通量的微气象学测定方法的逐渐成熟极大地推进了全球碳收支的研究进程，为准确估算森林植被碳储量提供了科学依据。应用微气象学法测定森林植被 CO_2 通量的方法主要有涡旋相关法、涡度协方差法等。

（1）涡旋相关法。涡度法是最早提出的森林碳汇测算方法之一，但由于技术和资金限制，直到 20 世纪 80 年代才被应用于森林生态系统碳通量研究。涡旋相关法（eddy correlation method）是采用三维超声风速仪测定林冠层与大气之间湍流交换量的微气象学方法。该方法的基本思想是通过测定林冠上方的 CO_2 涡流传递速率，计算得出森林生态系统的碳储量。该方法估计精度较高，但对监测条件、监测设备和大气环境的要求较高，不宜对大范围的森林碳储量进行估计。

（2）涡度协方差法。涡度协方差法（eddy covariance method）是以微气象学为基础，对森林生态系统碳通量最直接的可连续测定方法。该方法的基本思想是以 10Hz 的采集频率测量大气中的 CO_2/H_2O 浓度，计算其与垂直风速的原始数据的协方差，由此可得森林 CO_2 通量。但是，该方法仍然面临着设备价高、操作复杂等不利因素。

3. 箱式法

箱式法是目前区域碳平衡研究中最常用的方法之一，其基本思想是将森林植被的一部分套装在密闭的空间内，测定其 CO_2 浓度随时间的变化（即 CO_2 通量）。相对而言，该方法具有原理简单、设备成本低、操作方便等特点，而且对森林生态系统碳储量的测量比较全面。但该方法人为改变了环境条件，造成了估计结果的偏差。根据特定环境的差异，森林生态系统可分为封闭系统和开放系统两类。

4. 模型模拟法

传统的生物量法（如平均生物量法和生物量扩展因子法）主要考虑了林上、林下、林地和树种、树龄等因素对森林碳汇的影响。事实上，森林碳储量通常会受到温度、降雨等动态因素的影响。因此，在测算森林碳汇时应综合考虑静态和动态因素。模型模拟法的基本原理是建立植被生产力与其他环境因素之间的相关关系，然后应用统计学方法建立经验模型。模型模拟法主要包括气候-植被相关模型、生物地理模型、生物地球化学模型等。

5. 遥感估算法

随着遥感（remote sensing，RS）、地理信息系统（geographic information system，GIS）和全球定位系统（global positioning system，GPS）等现代技术在森林资源连续清查中的运用，有关森林资源的遥感数据日益丰富，遥感估算法逐渐成为森林生物量及碳储量估算的主要方法。遥感估算法基于遥感技术获得各种植被状态参数，结合地面调查，通过分析植被的空间分类和时间序列，测算森林生态系统的生物量分布，进而获得碳的时空分布，实现大面积森林生态系统碳储量的估算。遥感估算法的核心在于遥感数据源和估算方法选择。遥感估算法在森林生物量估测中具有比传统方法更大的优越性，它具有综合、动态、快速的特点，可以准确、无破坏地对生态系统进行宏观监测。遥感的多时相特点为研究人员定位分析某样区一段时间后的非干扰变化，从而实现动态分析提供了技术基础，这是传统的森林碳储量测算方法所不能解决的。遥感和地理信息系统技术的集成推动了生物量遥感估算的进程（于贵瑞和王秋凤，2003），GIS 技术将高时相分辨率的卫星遥感数据（如 NOAA /AVHRR 数据）和各种观察数据集成在一起，基本上实现了对森林生态系统碳储量的动态监测从样地到区域、全国，甚至是全球尺度的转换。

这种方法快速、便捷，但由于理论和技术上的不足，其估算精度还有待提高。同时，采用遥感估算法所建立的森林碳储量估算模型不具备普适性，在具体应用过程中还要考虑到样地间伐、造林抚育等森林经营管理活动的影响，因而要综合运用多种方法，使估算结果更加贴近实际。

二、森林碳储量研究进展

森林碳汇是实现碳中和的有效手段之一，如何加强森林的固碳能力、提升森林碳汇的潜力，成为政府、业界和学界所关心的问题。自 20 世纪 80 年代以来，就有学者提出森林能够显著影响大气中的二氧化碳浓度，世界范围内的森林增长能够对过量的碳排放形成抵消作用（Sedjo and Solomon，1989）。此后，也有大量的学者对于不同区域的森林碳汇进行了评估。他们的研究主要集中在以下两个方面：

1. 对全球或区域层面的森林碳储量进行评估

例如，Goodale et al.（2002）依据森林资源清查数据，通过数据集补充以及森林生态学模型，汇总计算了加拿大、美国、欧洲、俄罗斯和中国的森林活生物量、土壤有机物以及枯死物所提供的总碳汇值，并认为：20 世纪 90 年代初期，北半球的森林每年能够提供0.6Pg～0.7Pg（1Pg = 1 015g）的碳汇总量。Saatchi et al.（2011）基于森林结构的卫星检测和测距样本数据，采用光波成像技术对森林整体储量进行估计，并在此基础上估计出美洲、亚洲和非洲超过 25 亿公顷森林的活生物量（地上和地下）的总碳储量为 247 Gt，大部分集中在地上生物量上。我们可以看到，部分学者对于森林碳储量测算的研究偏向于森林生态学和遥感领域，他们大量应用卫星数据以及 GIS

技术，通过精确计算森林生物量的方式来优化森林碳储量的估计，但对其他因素的考量较少。

在森林碳储量测算的过程中，由于模型模拟法能够在更大尺度上提供更精准的评估结果，从而成为大量学者的研究重点。在国际范围内，IPCC提出了各国通用的生物量与碳汇之间的估算模型与评估指南，并受到了广泛的认可。也有大量学者直接基于IPCC森林碳汇估算指南与标准（简称“IPCC指南”）对全球、中国等区域进行了森林碳储量评估（Lin et al.，2016），并认为：由于发展中国家的数据可获得性较差，采用IPCC指南这种统一标准更有利于森林碳储量的评估（Petrescu et al.，2012）。

针对中国森林碳储量，大量学者采用与上述相似的方式进行了评估，并逐步完善。刘国华等（2000）基于森林生物量与碳储量的回归方程和森林资源清查数据，对中国1980—2000年的森林碳储量进行了评估，认为1990年左右中国森林碳储量为4.2PgC，虽然这一期间的总碳储量有所上涨，但平均碳密度却逐步下降，需要重视森林抚育管理。Fang et al.(2001）基于改进的森林生物量评估方法以及森林资源清查数据，评估了1949—1998年全国范围内的森林碳储量，认为由于人工林的增长，中国森林碳储量在1998年增长至4.75PgC。Pan et al.(2011）基于平均换算因子法对1973—1993年中国森林碳储量进行了估算，他们认为：由于森林龄组结构的改善，1990年左右，中国森林碳储量增长至4.34PgC。方精云等（2007）在原有研究的基础上对新一期的中国森林碳储量进行了估计，他们认为：2000年初，中国森林碳储量达到了5.9PgC，这一期间的森林年均固碳量为同期工业碳排放的14.6%～16.1%，而且森林的单位面积年均固碳量远高于灌草丛和农作物。在此基础上，郭兆迪等（2013）采用连续转换因子法对1977—2008年中国森林碳储量进行了估计，他们认为：在这一期间，森林碳储量累计增加了1 896TgC，年均固碳量达到同期化石燃料碳排放的7.8%，其中乔木林提供的碳储量占到90%以上，且人工林增长较快，占到乔木林总碳储量的47.8%。同时，也有大量学者对于中国部分区域的森林碳储量进行了估算，其采用的方法与得出的结论也与全国性研究具有一致性。例如，郑拴丽等（2016）基于2011年新疆森林资源清查数据，估算出阿尔泰山的碳储量为131.35TgC。肖卓勇等（2017）采用蓄积量法对重庆市森林碳储量进行了评估，认为其总固碳量达到5 931万吨。张春华等（2018）采用换算因子连续法对1973—2013年黑龙江省森林碳储量进行了评估，他们认为：天然林的减少使得黑龙江省2009—2013年的森林碳储量下降为840TgC。可以看出，学者们对1990年和2000年左右的中国森林碳储量估计值达成了一定的共识，但对于2000年之后的全国性总碳储量的研究较少，只有部分学者基于特定省份以及实地调研数据进行了精确估算。此外，IPCC指南在中国森林碳储量估算中的应用同样广泛。例如，侯振宏（2012）基于IPCC指南对中国造林再造林项目的碳汇效益进行了评估，认为其具有显著的正向刺激作用。李奇等（2018）基于IPCC指南，采用平均换算因子法，估算出2010年左右中国乔木林碳储量达到6 135.68TgC。

2. 对全球或区域层面的森林碳汇与碳源的时空特征进行探讨

从全球或区域尺度看，Dixon et al.(1994）运用纬度划分的方法，估计出全球森林植被和土壤的碳储量为1 146PgC；其中，37%储存在低纬度森林，14%储存在中纬度森林，49%储存在高纬度森林。在 20 世纪 90 年代，低纬度地区的毁林导致了每年 1.6±0.4PgC 的碳排放，而同时中高纬度地区森林资源的增加实现了每年 0.7±0.2PgC 的碳汇，因此总体上全球森林年净碳排放为 0.9±0.4PgC。减少毁林、增加植树造林以及通过有效的经营管理可以改善森林生态系统的生产能力，并能显著提高森林碳汇能力。Pan et al.(2011) 运用森林资源清查数据和长期生态系统碳研究，估算出 1997—2007 年全球森林年固碳量为 2.4±0.4PgC；而热带地区土地利用变化导致的碳排放为 1.3±0.7PgC (其中包括了 2.9±0.5PgC 毁林导致的碳排放，以及 1.6±0.5PgC 森林再生产生的碳汇)，因此总体上全球森林表现为碳源，年净排放为 1.1±0.8PgC。Dixon et al. (1994) 和 Pan et al.(2011) 的研究保持了较好的一致性，反映出中高纬度的国家通过较低的森林资源获取率（如欧洲）和大规模植树造林（如中国），使得这一地区的森林产生了碳汇的作用，而热带地区的毁林给全球碳循环带来了极大的不确定性，是全球森林成为碳源的主要原因。森林碳源、碳汇的作用在地球纬度层面的差异，不仅是生物物理属性上的差异，还受到资源利用方式或经济制度的影响。因此，《哥本哈根协议》提出："减少滥伐森林和森林退化引起的碳排放是至关重要的"，"有必要通过立即建立包括 REDD+在内的机制，为这类举措提供正面激励"。

关于中国森林碳汇与碳源的时空演变，相关学者也做了研究。研究结果表明：从 1949 年到 21 世纪，中国森林生态系统在碳循环中的作用由一开始的碳排放源，逐渐转变为碳汇。20 世纪 70 年代是这一转变过程的分水岭，随后中国森林碳储量不断增加，并且发展潜力巨大。这种变化的直接驱动因素是 70 年代末开始的各类生态修复工程，我国通过大规模造林，使得森林面积大幅增加，因而森林碳储量持续提升，同时人工林面积位居世界首位（徐晋涛和易媛媛，2022)。因此，森林碳汇量和固碳能力不仅有其生物物理属性，还受到各类社会经济活动的影响。

三、森林碳汇潜力评估

对于森林碳汇潜力的研究可以追溯到 1990 年左右，Sedjo and Lyon (1990) 在评估了全球森林的未来增长趋势以及固碳量后，认为森林碳汇是全球碳减排的有效措施。此后，大量研究不断完善对于森林碳汇潜力的预测，并加入了经济、政策以及项目可能性等因素的综合影响。同时，越来越多的学者开发与完善了大型碳动态和碳循环模型来综合考虑各项因素，使得预测结果更加精准。例如，Sohngen and Mendelsohn (2003) 通过构建林业最优控制模型，将碳价与未来固碳量预测联系起来，认为随着时间的推移，碳价会逐步升高，但土地所有者可以通过增加林地和延长轮伐期来增加森林碳汇，未来全球森林碳汇会占到总减排量的三分之一。

与国际趋势相同，部分学者也关注了中国森林碳汇的潜力问题，他们应用国际上较为通用的碳汇模型进行了预测和评估。Xu et al.(2001) 采用综合缓解评估过程 (comprehensive mitigation assessment process，COMAP) 模型对中国南方和华东区域不同森林政策下的森林碳汇潜力进行了评估，徐冰等 (2010) 基于森林资源清查数据以及不同树种的龄组与生物量密度函数，对中国森林潜力进行了评估，他们认为：在现有生长趋势下，中国森林碳汇具有较大潜力。以上述文献为代表的早期森林碳汇模型考虑了森林生态系统的生长规律，着重分析了龄组、树种与森林生物量以及森林碳汇之间的关系，但森林碳汇具有生态和经济的双重属性，它还会受到经济活动的显著影响（Canadell et al.，2007）。然而，这些研究仅评估了生态因素的影响效果，未将经济因素考虑在内。此后，部分学者通过模型的完善和优化加入了经济因素对中国森林碳汇的影响，更为精准地评估了中国森林碳汇的潜力。姜霞和黄祖辉（2016）考虑了经济发展对中国森林碳汇潜力的影响，使用全球林产品模型模拟了中国经济新常态下2015—2030年的森林资源存量和相应的碳汇量。该研究表明：2030年，在基准情景和高增长情景下中国森林碳储量将达到88.69亿吨碳和86.43亿吨碳，对2030年中国自主减排目标的贡献率约为4.87%和4.48%。在基准情景和高增长情景下，中国自主减排承诺中的林业发展目标都能如期完成，但森林蓄积水平偏低且改善困难是中国林业碳汇潜力的主要约束条件。王博（2018）构建了全球林产品市场模型，充分考虑了国际林产品市场的动态反应、市场均衡以及中国森林土地权属的特殊性，并预测了基准情景、天然林禁伐情景和退耕还林情景下中国林业碳汇潜力。该研究表明：在基准情景下，中国森林系统年均增长0.031GtC，相当于2015年全年碳排放的1.24%。退耕还林政策对森林碳汇的促进作用最大，但国有林禁伐在短期内并不能明显增加碳汇。学者们对不同情景下的中国森林碳汇潜力进行了丰富的研究，但总的来说缺乏跨学科的、动态的、全面的中国碳汇潜力评估，特别是缺乏在林业市场纳入碳汇交易市场的背景下，对中国森林碳汇潜力及时空动态变化的研究。

第五节　森林碳汇交易市场发展状况

一、国际碳汇交易市场发展现状

气候谈判催生了国际碳市场。国际碳市场由规范性交易市场（或称“京都市场”）和自愿性交易市场（或称“非京都市场”）组成。其中，规则性交易市场主要有：京都市场、欧盟排放交易体系（European Union Emission Trading Scheme，EU-ETS）、美国区域温室气体行动计划（The Regional Greenhouse Gas Initiative，RGGI）、新南威尔士州温室气体减排体系（NSW Greenhouse Gas Abatement Scheme，GGAS）等。自愿性交易市场包括：英国排放交易体系（United Kingdom Emissions Trading Scheme，UK ETS）、芝加哥气候交易所（Chicago Climate Exchange，CCX）、加州气候行动登记处（The California Climate Action Registry，CCAR）、加拿大温室气体抵消系统（Canada's Offset System for GHG）、西部气候倡议（The Western Climate Initiative，WCI）等。当前，国际森林碳汇市场交易形成了以自愿性市场交易为主、规则市场交易为辅的格局。

1. 规范性交易市场

《京都议定书》规定了3种履约机制，分别是排放贸易（emission trade，ET）机制、联合履行（joint implementation，JI）机制和清洁发展机制（clean development mechanism，CDM）。其中，排放贸易机制允许部分国家及经济组织之间相互转让排放配额单位；联合履行机制允许部分国家及经济组织从其他国家的投资项目产生的减排量中获取减排信用；清洁发展机制允许相关国家及经济组织的投资者从其在发展中国家实施的、有利于发展中国家可持续发展的减排项目中获得“经认证的减排量”。其中，清洁发展机制是唯一与发展中国家相关的机制，而且清洁发展机制允许和鼓励发达国家与发展中国家通过土地利用、土地利用变化和林业活动来增加陆地生态系统的碳汇，但《京都议定书》第一承诺期合格的森林碳汇项目仅限于造林再造林项目，并不包括森林的自然修复，也不包含降低由于毁林和森林退化而导致的排放（reducing emissions from deforestation and forest degradation，REDD+）。

从 2015 年以来，主要依靠区域/国家/次国家信贷机制和独立机制的合规森林信贷交易有所增加。国家政策要求的森林碳汇额度是规范性碳汇交易定价的一部分。表 10-2 列举了国外主要森林碳汇交易项目，包括《京都议定书》、清洁发展机制、联合履行机制等。欧盟通过限制 11 000 家能源密集型公司的碳排放量（约占欧盟总排放量的 45%），要求其温室气体的排放量不能高于规定标准并给予一定补助。截至 2022 年 3 月 4 日，碳汇平均交易价格为 85.85 美元/吨，然而森林碳汇的平均交易价格仅为 12 美元/吨。因此，尽管碳汇交易市场发展迅速，但森林碳汇在其中的地位甚微。

表 10-2 森林碳汇交易项目汇总

	名称	年份
规范性森林碳汇交易	《京都议定书》(Kyoto Protocol)	2005
	清洁发展机制（clean development mechanism，CDM）	2005
	欧盟排放交易体系（European Union Emission Trading Scheme）	2005
	联合履行（joint implementation，JI）机制	2007
自愿性森林碳汇交易	加利福尼亚气候变化行动项目（California Climate Action Registry）	2001
	芝加哥气候交换项目（Chicago Climate Exchange，CCX）	2003

2. 自愿性交易市场

强制性减排及贸易计划并非覆盖所有国家，但有一些公司、组织、政府及个人希望自愿抵消自身产生的碳排放，以实现减排责任，从而产生了自愿性交易市场。自愿性交易市场对于森林碳汇部门有重要作用，尤其是自愿碳标准提出建立一种将自愿碳抵消进行标准化的计划，包括一系列针对森林管理活动的信用标准框架，并被广泛使用。世界银行的统计表明：目前全球已形成超过 2 000 个自愿性碳汇交易项目，包括芝加哥气候交换项目、加利福尼亚气候变化行动项目等。2015—2019 年自愿性森林碳汇交易量大幅增加。2010—2019 年森林碳汇占全球自愿性交易市场份额的 25%～50%。以 IFM 和 REDD+碳汇项目为例，美国购买者约占 43%，英国占 26%，德国占 13%。大多数森林碳汇由于受到统一的碳价格信号和滞后的需求导向限制，导致参与者较少。为弥补这一问题，美国加利福尼亚州采用资源禀赋、造林状况和协议合规性对其放宽了限制。尽管碳汇交易在国际上并不少见，但森林碳汇却是一个新兴领域。然而，值得注意的是，美国森林碳汇交易量近年来增加较快，而且以自愿性碳汇交易为主（见表 10-3）。尽管自愿性交易市场价格要低于规范性交易市场价格，但其交易量远超规范性交易市场的交易量。根据美国碳汇交易中心发布的报告，其交易量自 2005 年的 2.1$MtCO_2e$ 增加到 2021 年的 298.4 $MtCO_2e$。

表 10－3　全球自愿性森林碳汇市场交易量

年份	交易总量（$MtCO_2e$）						
	非洲	亚洲	欧洲	南美洲	北美洲	大洋洲	总计
2010	2	4	0.2	17	5	1	29.2
2011	5	2	1	8	7	2	25
2012	3	5	0.2	6	7	6	27.2
2013	6	3	0.5	18	3	2	32.5
2014	4	6	3	11	5	5	34
2015	3	5	0.3	5	1	0.3	14.6
2016	3	2	0.3	5	1	0.4	11.7
总计	26	27	5.5	70	29	16.7	174.2

资料来源：OCED Environment Working Paper, 2021.

由表 10－4 可知，2019—2021 年美国自愿性碳汇交易量在不断增加。目前，在美国已有超过 5 500 名拥有林地面积的土地所有者自愿参与了森林碳汇项目（NCX）的确权。NCX 通过每年使用遥感技术、人工智能等对每英亩的林地进行测量，用以为 NCX 森林碳汇交易市场提供科学的数据基础。该项目与原森林碳汇项目的区别在于：一是简便性。卖方无须缴纳任何注册或参与费用，并且没有森林面积的门槛限制。二是精准性。在以英亩为单位进行精准性测量的同时，结合 NASA、USDA、USGS 等的数据库进行比对，以确保其科学性。三是周全性。该项目考虑了森林碳汇的泄漏问题，并通过登记林地面积对泄漏进行了补偿。

表 10－4　2019—2021 年美国自愿性碳汇交易市场价格概况

年份	总量（$MtCO_2e$）	平均价格（美元/吨）	总价值（美元）
2019	104.3	3.07	320
2020	188.2	2.51	473
2021	239.3	3.13	748

资料来源：Kaarakka，L.，Rothey，J.，and Dee，L. E.，"Trends in Forest Carbon Offset Market in United States" [A]，Cold Spring Harbor Laboratory，2022.

从全球范围来看，各地森林碳汇市场交易价格差异较大，最高可达 49 美元，最低仅为 3 美元（见图 10－2）。此外，与 2015 年相比，除日本京都和中国北京及深圳的森林碳汇成交市场价格出现了下降态势，欧美发达国家（包括欧盟、瑞典、新西兰和美国加州）的交易价格都大幅上涨。

二、中国碳汇交易市场发展现状

1992 年，我国政府正式签署了《联合国气候变化框架公约》。1998 年 5 月，中国

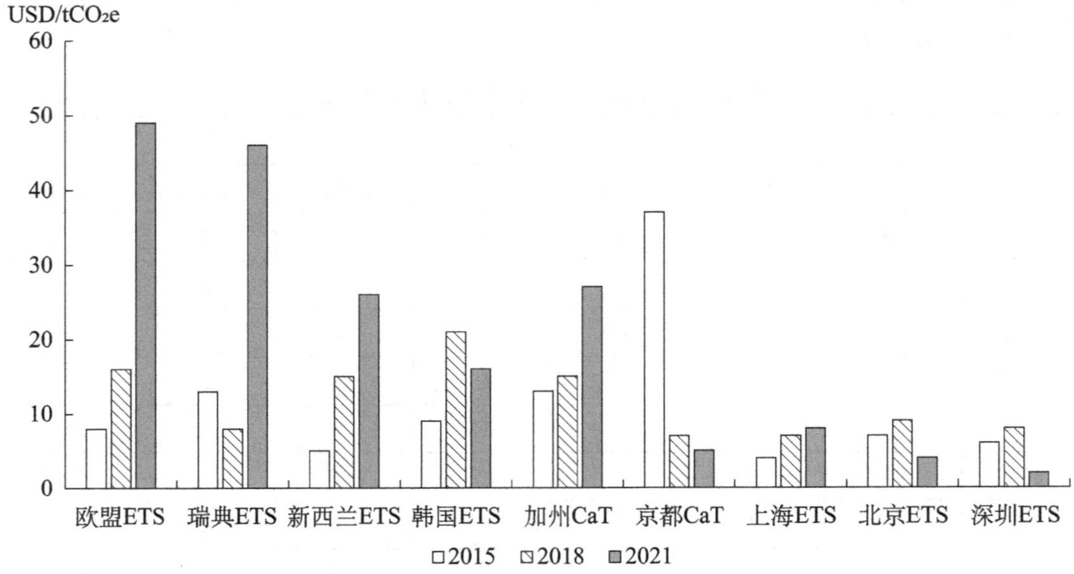

图 10-2　森林碳汇市场交易价格

资料来源：World Bank's carbon pricing dashboard，2021.

注：ETS 代表碳交易体系（emission trading system），CaT 代表碳汇配额（cap-and-trade）。

政府签署了《京都议定书》，并于 2002 年 8 月正式核准了该议定书，标志着我国全面启动 CDM 机制的工作。2003 年底，国家林业局成立了碳汇管理办公室。2007 年调整为国家林业局应对气候变化和节能减排工作领导小组。2009 年，我国相继成立国家林业碳汇计量监测中心和区域中心，启动全国碳汇计量监测体系建设。

1. 清洁发展机制项目建设

2006 年，国家林业局和世界银行合作在广西成功实施全球首个清洁发展机制（CDM）再造林项目。该项目方法学也是全球首例 CDM 退化土地再造林方法学，在国际上产生了重大影响，是全球第一例在联合国 CDM 理事会成功注册的碳汇造林项目，开创了国内外 CDM 林业碳汇造林项目成功交易的先河。截至目前，国家发展改革委批准的造林再造林项目共有 5 个，不到 CDM 总批准数量的千分之一，分别为：中国广西珠江流域再造林项目，中国四川西北部退化土地的造林再造林项目，中国广西西北部地区退化土地再造林项目，内蒙古和林格尔盛乐国际生态示范区碳汇造林项目，诺华川西南林业碳汇、社区和生物多样性项目（见表 10-5）。

表 10-5　中国国家发展改革委批准的造林再造林项目

项目名称	项目类型	备案日期	计入期	造林面积（公顷）	预计到 2023 年累计减排量（$KtCO_2e$）
中国广西珠江流域再造林项目	再造林	2006 年 4 月 1 日	30	4 000	638.87
中国四川西北部退化土地的造林再造林项目	再造林	2007 年 1 月 4 日	20	2 251.8	552.85

续表

项目名称	项目类型	备案日期	计入期	造林面积（公顷）	预计到 2023 年累计减排量（$KtCO_2e$）
中国广西西北部地区退化土地再造林项目	再造林	2008 年 1 月 1 日	20	8 671.3	2 009.28
内蒙古和林格尔盛乐国际生态示范区碳汇造林项目	造林	2011 年 7 月 20 日	30	2 191.21	130.89
诺华川西南林业碳汇、社区和生物多样性项目	造林	2011 年 8 月 1 日	30	4 196.8	781.36

2. 国家核证自愿减排量（Chinese certified emission reduction，CCER）项目建设

2013 年，七省市——北京市、天津市、上海市、重庆市、广东省、湖北省、深圳市正式启动了碳交易试点，试点交易产品主要是碳排放配额和国家核证自愿减排量。林业碳汇项目属于自愿减排交易。但 2017 年初，为规范温室气体自愿减排交易，同时为正式启动全国碳排放交易市场建设做准备，国家暂缓了 CCER 项目备案申请，林业碳汇项目备案申请也随之暂缓。2021 年 1 月 5 日，生态环境部发布《全国碳排放权交易管理办法（试行）》，于 2021 年 2 月 1 日起施行，标志着全国碳排放权交易体系正式投入运行。其中，规定重点排放单位每年可使用包括林业碳汇项目在内的国家核证自愿减排量（CCER）抵消不超过应清缴碳排放配额的 5%。2021 年 7 月 16 日，全国碳排放权交易市场启动上线交易，发电行业成为首个纳入全国碳市场的行业。

第六节　趋势展望

目前，我国森林碳汇及其市场化的研究与国外相比仍然存在一定的差距，现有研究也不能为实践发展提供充分的理论支撑。因此，从森林碳汇潜力评价、计量到森林碳汇市场化，再到森林碳汇经济稳步发展还有很长的路要走。目前，仍有以下问题有待进一步研究：

在森林碳汇潜力方面，现有研究大多以静态的、单一的视角来评估，使用交叉学科方法的研究仍然很少。这些研究以自然学科为主，在评估碳汇潜力时主要考虑优势树种、树木龄组等自然因素，较少考虑经济、社会、环境等变量或约束条件对林业活动及碳汇潜力的影响，以及这些变量之间的互动和反馈关系。总的来说，目前缺乏对森林碳汇潜力动态的、精准的、跨学科的研究。因此，进一步加强对森林碳汇潜力等有关问题的研究，可以为我国社会经济的可持续发展提供科学依据和技术支撑。

在森林碳汇的成本收益方面，目前学者对我国森林碳汇成本效益的研究较少。成本有效性是减缓气候变化策略选择首先要考虑的问题。目前，国内的研究集中在讨论某地区的不同树种或者造林项目上，普遍只考虑了树木的初期投资和后续管理成本，或者在此基础上添加了木材价格以及贴现率的影响，对于森林碳汇成本的经济属性以及长期动态变化的讨论较少。

在森林碳汇市场化发展方面，目前缺乏对森林碳汇项目及碳交易等方面的研究。在

“双碳”目标背景下，森林碳汇有望进一步纳入全国碳排放交易体系。森林碳汇市场化发展为中国林业实现绿色转型发展，破解“森林资源诅咒”，贯彻“两山”生态文明战略指明了发展方向，奠定了经济基础，提供了良好机遇。但我国森林碳汇市场化发展仍然存在体制机制障碍，学界也缺乏对林业碳汇交易政策的深入研究，无法从政策上保证森林碳汇交易和市场化的顺利发展。因此，在“双碳”目标背景下，我们要重视碳汇政策，尤其要重视森林碳汇产权化、碳汇交易市场化等方面的政策研究，使森林碳汇市场有形化，为森林碳汇交易、市场化和碳汇经济发展提供政策保障。

在森林碳汇与宏观经济方面，目前缺乏把森林碳汇纳入国家战略视角的宏观研究。森林在应对气候变化中具有特殊地位，森林碳汇在助力实现“双碳”目标中发挥着不可替代的作用。同时，森林碳汇的价值实现也有助于其他生态、社会和经济目标的实现。然而，森林碳汇发展对我国“双碳”目标所能发挥的作用和影响仍存在广泛争议，但这些争议都仅停留在定性讨论阶段，缺乏相关的量化测度和深入阐释。此外，森林碳汇的进一步发展，对我国探索生态价值补偿多元化机制有何益处？对化解“森林资源诅咒”和促进乡村振兴战略的实现又有何影响？这些问题都有待进一步梳理和深入研究。

推荐读物

[1] 白彦锋，姜春前，张守攻．中国木质林产品碳储量及其动态变化 [M]. 北京：中国农业出版社，2013.

[2] 方精云，等．中国及全球碳排放——兼论碳排放与社会发展的关系 [M]. 北京：科学出版社，2018.

[3] 方精云，朱剑霄，等．中国森林生态系统碳收支研究 [M]. 北京：科学出版社，2021.

[4] 胡水金，刘玲莉．陆地生态系统碳过程室内研究方法与技术 [M]. 北京：科学出版社，2022.

[5] 徐晋涛，易媛媛．“双碳”目标与基于自然的解决方案：森林碳汇的潜力和政策需求 [J]. 农业经济问题，2022 (9)：11-23.

[6] 张颖．森林碳汇核算及其市场化 [M]. 北京：中国环境出版社，2013.

[7] 张颖，杨桂红．森林碳汇与气候变化 [M]. 北京：中国林业出版社，2015.

[8] 周伟，高岚．森林碳汇交易市场研究 [M]. 北京：中国林业出版社，2021.

[9] Li, R., Sohngen, B., and Tian, X., “Efficiency of Forest Carbon Policies at Intensive and Extensive Margins” [J], *American Journal of Agricultural Economics*, 2022, 104 (4): 1243-1267.

[10] Tian, X., Sohngen, B., Baker, J., et al., “Will U.S. Forests Continue to Be a Carbon Sink?” [J], *Land Economics*, 2018, 94 (1): 97—113.

思考与讨论

1. 森林碳汇有哪些自然属性和经济属性？
2. 森林碳汇产品与传统市场商品有什么区别？

3. 森林碳汇市场价格机制如何形成？如何进行合理定价？
4. 森林碳汇市场交易体系有哪些？
5. 森林碳汇价值实现的制约因素和实现路径有哪些？
6. 在碳达峰碳中和背景下，我国森林碳汇发展面临怎样的机遇和挑战？

第十一章

林业生物质能源经济[①]

生物质资源综合利用是推进绿色发展的重要切入点，对落实乡村振兴战略、建设生态文明具有重要意义。生物质资源是清洁的可再生资源，其应用优势十分明显。近年来，由于面临能源短缺和化石燃料价格波动的不稳定情况，以及日益凸显的气候变化与环境恶化等严峻问题，我国经济的可持续发展正在受到越来越严重的制约，因此合理开发利用可再生生物质资源越来越受到重视。2021 年 9 月发布的《3060 零碳生物质能发展潜力蓝皮书》指出：当前，我国主要生物质资源年产生量约为 34.94 亿吨，生物质资源作为能源利用的开发潜力为 4.6 亿吨标准煤。截至 2020 年，我国可利用的林业剩余物总量为 3.5 亿吨，能源化利用量为 960.4 万吨。生物质能源技术的推广应用，对于农林生物质能源化高效利用、减少农林废弃物资源对环境的影响，具有显著的经济、社会和生态效益。

本章主要介绍了林业生物质能源经济的研究进展，第一节对林业生物质能源的相关概念进行了界定。第二节梳理了与林业生物质能源相关的基础理论，包括生物质能源供需理论、循环经济理论、科斯定理与交易成本理论、能源定价理论等。第三节和第四节主要针对国际和国内生物质能源经济发展现状进行了综述。第五节对林业生物质能源经济相关研究进展进行了综述。第六节对林业生物质能源经济发展前景和相关研究空间进行了展望。

第一节　相关概念界定

一、生物质与生物质能

根据国际能源署（International Energy Agency，IEA）的定义，生物质是指通过光

---

① 本章参加编著人员：柯水发、米锋、吕晓萱、石守信、万深玮。

合作用而形成的各种有机体，包括所有的动植物和微生物。从广义上说，生物质包括所有的植物、微生物以及以植物、微生物为食物的动物及其生产的废弃物。有代表性的生物质包括农作物、农作物废弃物、木材、木材废弃物和动物粪便。从狭义上说，生物质主要是指农林业生产过程中除粮食和果实以外的秸秆、树木等木质纤维素（简称“木质素”），农产品加工业的下脚料，农林废弃物及畜牧业生产过程中的禽畜粪便和废弃物等物质。

生物质能（bioenergy）是可再生能源的重要组成部分，生物质能的高效开发利用对解决能源、生态环境问题将起到十分积极的作用。进入 20 世纪 70 年代以后，世界各国尤其是经济发达国家都对此高度重视，积极开展生物质能应用技术的研究，并取得了许多研究成果，达到了工业化应用规模。生物质能是指直接或间接地通过绿色植物的光合作用，把太阳能转化为化学能后固定和贮藏在生物体内的能量。从广义上说，生物质能是太阳能的一种表现形式，是唯一可再生的碳源，它可转化为常规的固态、液态和气态燃料及电、热能，取之不尽、用之不竭，是一种可再生能源。据生物学家估算，地球上每年产出的生物质能总量约 1 400 亿～1 800 亿吨（干重），相当于全世界总能耗的 10 倍。因此，生物质能被称为世界上仅次于煤炭、石油、天然气的第四大能源（徐庆福，2007）。

依据来源的不同，可以将适于能源利用的生物质分为林业资源、农业资源、生活污水和工业有机废水、城市固体废物和畜禽粪便五大类。其中，林业资源是指在森林生长和林业生产过程中提供生物质能的资源，主要包括：薪炭林、在森林抚育和间伐作业中的零散木材、残留的树枝、树叶和木屑等；木材采运和加工过程中的枝丫、锯末、木屑、梢头、板皮和截头等；林业副产品的废弃物，比如果壳和果核等（姜洋，2010）。对于林业生物质的能源化利用称为林业生物质能源，是指贮藏在林业生物质中的生物量转化形成的能源，这种能量也是太阳能的一种表现形式，是一种可再生的能源。林业生物质能源包括林木生物质能源和非林木生物质能源。从利用方式来看，林业生物质能源包括以直燃方式为主的传统林木质燃料（薪柴）和通过现代生物质能转化技术生产的现代林木生物质能源。在现代生物质能转化技术下，林木生物质能源可以转化为以下新型能源产品：林木生物质固体燃料、林木生物质气体燃料、林木生物质发电、木质液体燃料（生物乙醇和木质纤维素）及木本生物柴油（张兰和张彩虹，2012）。

二、生物质经济

生物质经济的定义为：以农林剩余物、畜禽粪便、城市固体废物等可再生或可循环的生物质资源为原料，发展生产生物质能和生物基产品，实现绿色、低碳和可持续发展的经济形态。生物质产业是指以农林废弃物、畜禽粪便、城市和工业有机废弃物、能源植物等可再生或循环的有机质为原料，以高密度转化为基础，以生态技术创新为支撑，以工业化生产为主要方式，制造生物质能和生物基产品的现代绿色产业（杨辰宇，2022）。

20 世纪 70 年代爆发的第一次世界石油危机促使美国、巴西和北欧国家在寻求替代能源中试行开发了燃料乙醇和直燃发电，但规模不大。1992 年，联合国环境与发展会议提出“可持续发展”概念；同年，联合国大会通过了《联合国气候变化框架公约》，使温室气体减排和化石能源替代成为全球使命及行动，为生物质能的发展提供了新动力。随着生物质经济的快速发展，生物质经济涉及的范围逐渐扩展，根据生物质经济的定义可知，生物质能源是生物质经济的一部分，生物质能源主要分为生物质固体成型燃料、液体生物燃料、气体生物燃料、生物质直燃发电。因此，生物质经济不仅包括生物质能源，还包括生物基化工产品及相关产业的发展，故没有详细的产业产值报告。

三、林业生物质能源经济

林业生物质是指森林中的各类植物通过光合作用生成的有机物质，具体是指可作为能源使用的森林和其他木质资源，主要来源有薪炭林和经济林，在林业生产和森林更新过程中产生的剩余物包括采伐剩余物（枝丫、树梢、树皮、树叶）、木材剩余物（造材截头）、加工剩余物（板皮、板条、木竹截头、锯末、碎单板、木芯、刨花、木块、边角余料）等（王偲，2014）。

林业生物质资源的种类较多，按照其可利用的物质主要可分为两大类：木质纤维生物质资源和油料生物质资源。木质纤维生物质资源包括：薪炭林，经济林，用材林，灌木林，森林抚育、间伐和采伐过程中的枝丫、树叶等；木材加工过程中的锯末、木屑、梢头、板皮和截头等；废弃木材建筑材料、木质家具和人造板；林木副产品的废弃物，比如果壳和果核等。油料生物质资源包括油桐、麻风树、乌桕、光皮树、文冠果、黄连木、棕榈等油料树种（韩丽晶和曹玉昆，2010）。

同时，林业生物质能源的利用途径主要有林业生物质固体燃料、林业生物质液体燃料、林业生物质气体燃料。林业生物质能源开发利用的终端产品主要分为六类：一是利用含油脂转化为生物柴油；二是利用木质纤维素或林木果实淀粉转化为燃料乙醇；三是利用木质加工成固体燃料；四是利用木质转化为燃料气体；五是利用木质燃料发电；六是生物基产品聚乳酸和可降解塑料（姜洋，2010）。根据第九次全国森林资源清查结果，全国森林面积为 2.2×10^8公顷，其中可利用的林业抚育和木材采伐剩余物生物质资源年产量约为 1.95×10^8吨，折合约为 9.75×10^7 tce（折标系数为 0.5kgce/kg）。

林业生物质能源的转化技术很多，主要包括：第一，热化学转换法。该方法主要产出木炭、焦油和可燃气体等高品位的能源产品。该方法按其热加工方法的不同，可分为高温干馏、热解、生物质液化等方法。第二，生物化学转换法。主要林业废弃物在微生物的发酵作用下，生成沼气、酒精等能源产品。第三，利用油料植物（白皮树、麻风树、文冠果和黄连木等）所产生的生物柴油。第四，利用林业废弃物发电、发热（于世勇和周产国，2011）。

第二节　林业生物质能源经济理论体系

一、生物质能源供需理论

1. 需求理论

需求是指在某一特定时期内，针对某种商品的各种既定价格，人们愿意且有能力购买的商品数量。也就是说，需求不仅是指购买欲望或者购买能力，而且是指这两者的统一。

有很多因素都可以影响商品的需求，比如商品自身的价格、消费者的货币收入、消费者的偏好以及消费者对未来的预期等。此外，商品的需求还与相关商品的价格有着密不可分的关系，这里的相关商品包括替代品和互补品两种。替代品是指几种商品之间具有相互替代的性质，且能给消费者带来近似满足度的商品，其中一种商品价格的上升可以引起另一种商品需求的增加。互补品是具有相互补充性质的、可共同满足消费者同一欲望的两种商品，它们之间的价格与需求呈反方向变动。消费者剩余理论通常被作为衡量消费者福利的分析工具，人们从这一概念中获得了衡量产业社会福利的启发，即产业社会福利为消费者总效用与生产成本之差，或者为消费者剩余与生产者剩余之和（尚晓援，2001）。

随着全球能源需求的不断增加，传统化石能源的供应压力日益增大，林业生物质能源作为一种可再生能源，其需求量也在逐年上升。随着技术的进步和政策的支持，林业生物质能源的需求量将持续增长，应用范围也将不断扩展。

2. 供给理论

供给是指在某一特定时期内，针对某种商品的各种既定价格，生产者愿意且有能力为消费者提供的某种商品的数量。与需求一样，供给也是供给欲望与供给能力的统一。供给表是用来描述某种商品的价格与其供给量之间关系的表格，并由此产生了表示某种商品价格与其供给量之间关系的曲线，也就是供给线，它向右上方倾斜。

很多经济和社会因素都会对企业的供给欲望以及供给能力产生作用，进而影响到商品的供给。这些因素主要包括商品自身的价格、生产要素的数量与价格、企业的生产技术与管理水平、相关商品的价格以及生产企业对未来的预期等。

生物质能源的供给和发展能力受生态、社会、经济及资源等多种因素的共同影响，因而生物质能源的资源潜力有很大的不确定性。虽然学者对生物质能源资源潜力的估算结果存在差异，而且未来的资源潜力存在不确定性，但生物质能源将在未来的能源体系中占有重要地位。生物质能源资源潜力的不确定性主要受未来发展不确定的影响，Hoogwijk et al.（2003）指出，导致这种不确定的因素为：一是未来粮食需求量不确定；二是未来 50 年全球粮食生产系统不确定；三是未来农林生物质能源资源产量不确定；四是未来生物材料使用情况不确定；五是荒地可利用情况不确定；六是土地利用选择不确定（作为农用地还是林地）。这些因素的不确定都将影响生物质能源的资源潜力（刘晓萍，2011）。

二、循环经济理论

循环经济是指在经济发展中，实现废物减量化、资源化和无害化，使经济系统和自然生态系统的物质和谐循环，维护自然生态平衡，是以资源的高效利用和循环利用为核心，以“减量化、再利用、资源化”为原则，符合可持续发展理念的经济增长模式，是对“大量生产、大量消费、大量废弃”的传统增长模式的根本变革。循环经济是按照自然生态系统物质循环和能量流动规律重构经济系统，并将经济系统和谐地融入自然生态系统的物质循环过程中，建立一种新形态的经济。

循环经济在林区发展林业生物质能源的具体体现为，森林具有可再生的属性，因此林业是最原始、最天然的循环经济。循环经济是科学地安排不同生物质在系统内部的循环、利用或再利用，最大限度地利用森林资源，以尽可能少的投入得到更多更好的生物质能源。这种循环经济发展模式充分利用了林区的现有资源，其生态效益和经济效益远超传统林业（姜洋，2010）。

三、科斯定理与交易成本理论

交易成本是人类社会生活中一个不可分割的重要组成部分，对交易成本理论外延的界定伴随着经济学家的不断研究而逐渐充实。科斯在 1937 年发表的《论企业的性质》一文中指明："价格机制的利用是有成本的，交易成本理论利用价格机制来组织生产的最显著的成本就是所有搜寻相对价格的工作——市场里所发生的每一笔交易的谈判签约的费用也必须考虑在交易成本之内"，交易成本理论使用"交易成本"这一工具阐述了企业的性质和规模问题。科斯又在 1960 年发表的《社会成本问题》一文中，对交易成本的具体内容进一步做了界定，也就是"为了进行市场交易，有必要发现谁希望进行交易，有必要告诉人们交易的愿望和方式，以及通过讨价还价的谈判缔结契约，督促契约条款的严格履行等，这些工作常常是花费成本的，而任何一定比率的成本都足以使许多在不需要成本的定价制度中可以进行的交易化为泡影"（田开友和郭晓燕，2003）。此后，又有一些著名的经济学家，如达尔曼、施蒂格勒及威廉姆森都对交易成本进行了详细的阐述，并强调了这一概念的重要性。纵观交易成本的演变过程，诸如搜索市场信息的成本（搜索成本）、谈判成本、缔约成本、监督成本和强制履行的成本（控制成本）等组成了交易成本的内容。

科斯定理认为：只要财产权是明确的，并且交易成本为零或者很小，那么无论在开始时将财产权赋予谁，市场均衡的最终结果都是有效率的，可以实现资源配置的帕累托最优。但在现实世界中，科斯定理所要求的前提往往是不存在的：财产权的明确是很困难的；交易成本也不可能为零，有时甚至是比较大的。当交易成本存在甚至很大的时候，由于交易双方都是有限的理性人，存在投机心理，而交易环境也复杂多变，导致交易双方信息不对称，必然会使交易过程中的交易费用较高，因此会产生交易低效、市场失灵的现象（岳文，2017）。

由于传统能源产品仍是主流，同时生物质能源产品的交易成本很大，而且其价格高于传统能源产品，这使得生物质能源产品在消费市场上处于竞争劣势。从科斯定理可知，在其余条件不变的情况下，降低交易成本，可达到资源配置的帕累托改进。也就是说，在交易成本较低的条件下，市场可通过自身调节，在一定程度上改善外部性问题。例如，增加相关的制度供给，完善技术产权制度。

四、能源定价理论

能源事业是一种公用事业，对于能源定价，有一套专门的公用事业定价理论。概括说来，能源定价方法主要有两种：成本定价法和价值定价法。首先，成本定价法。罗杰·康克林（Roger L. Conkling）认为：成本-价格关系仅在某一时刻（一天、一月、一年或者一段时期）是不相关的，但在长期，价格必须能够覆盖成本。其次，价值定价法。其主要关注影响公用事业产品或服务需求的因素。价值定价法可以被定义为通过定价政策，调查和实现需求影响因素对公用事业产品市场的影响，体现价格对需求的适应。当服务价值被反映在价格上时，有时会被解读为垄断或垄断定价的运用，虽然在实际上，公用事业的确享有部分垄断，但由于公用事业受政府机关监管，它们并不能像垄断者那样自由设定价格。

例如，成品油的定价需要考虑很多因素，其中主要有原油价格、企业成本、竞争程度、资源稀缺、供求关系、承受能力。就可再生能源而言，可再生能源对于耗竭性能源具有意义重大的替代作用，同时可再生能源的生态环境价值也需要用可持续发展的理念进行重新界定。特别是中国的可再生能源产业处于起步阶段，更需要制定科学合理的价格补偿与激励机制，以支持它的生存和发展。近年来，中国虽然在能源资源的市场化方面取得了很大的进展，但能源资源的开发和利用存在大量的环境外部性和代际外部性，致使市场机制并不能完全解决能源资源的可持续利用问题，而可再生能源由于初始投资成本较高，在市场环境下无力与常规化石能源竞争。在可再生能源定价机制方面，政府制定并实施了一些价格补贴政策，但仍不能使可再生能源企业实现盈亏平衡，原因是政府主管部门无法科学界定对可再生能源的补贴水平（刘岩等，2011）。

对于可再生能源的定价理论，目前学界支持较多的是基于可持续发展观的自然资源边际机会成本定价理论，它将自然资源与环境结合起来，是对传统资源经济学的一个新突破。刘岩等（2011）认为，可再生能源资源的价值应等于其边际机会成本（MOC），MOC 由三个部分构成：边际生产成本（MPC）、边际使用者成本（MUC）和边际外部成本（MEC）。用公式可表示为：

$$P=\mathrm{MOC}=\mathrm{MPC}+\mathrm{MUC}+\mathrm{MEC}$$

式中，MPC 为边际生产成本，是指在生产过程中单位新增资源所需支付的直接生产成本，如对可再生能源所需投入的资源勘探成本、机器设备、人力、财力等；MUC 为边际使用者成本，是指以某种方式利用一单位某种资源时所放弃的以其他方式利用同一资源可能获取的最大纯收益，这里可理解为可再生资源由于今天的非持续利用而对未来造成的收益损失；MEC 为边际外部成本，由于可再生能源清洁无污染，具有环境正外部性，所以其边际外部成本是负值，即 $\mathrm{MEC}<0$。

五、DPSIR 理论模型

DPSIR（驱动力-压力-状态-影响-响应，简称 DPSIR）理论模型的发展经历了一定的过程，是从 PSR（pressure-state-response）模型和 DSR（driving force-state-response）模型演变而来的。PSR（压力-状态-响应）模型是由加拿大学者戴维·拉波特（David Rapport）和托尼·弗兰德（Tony Friend）提出，用于分析加拿大政府经济预算与环境问题，随后由经济合作与发展组织和联合国环境规划署进一步完善，形成了“压力-状态-响应”（PSR）这一逻辑思维方式，用于研究人类活动与生态环境的动态关系（冯雪，2020）。“压力”是经济社会活动产生的影响，“状态”是在压力作用下环境状态的变化及经济社会发展的状况，“响应”是管理部门为改善当前状况所采取的措施。人类活动导致压力传递，对资源环境造成影响，进而形成政策影响的反馈（见图 11－1）。在 PSR 模型中，压力、状态和响应三者之间具有明确的因果关系，能够反映多种因素对系统的作用机制，反映了系统的变化过程及综合性动态传导机制，解释了为什么、是什么和怎么办这三个问题。PSR 模型比较适合空间尺度较小的微观领域，能够较好地反映环境类指标的因果关系。但 PSR 模型仍存在一些不足：一是忽视了资源环境系统的复杂性，对于社会与经济类指标作用不大，很难反映环境与经济之间以及环境与人类发展之间的相互关系；二是过于关注指标的静态表现，忽略了指标间的动态作用；三是由于缺少行为因素，必须强调人为因素引起的压力和响应（冯雪，2020）。

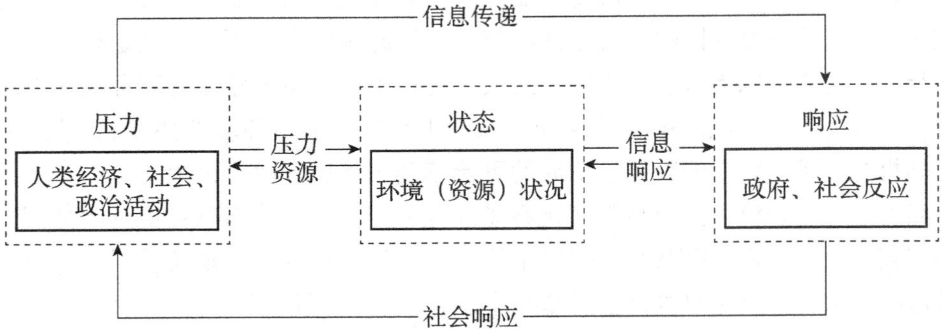

图 11-1　PSR 模型框架

资料来源：冯雪．黑龙江省重点国有林区生物质能源产业发展机理与测度研究［D］．哈尔滨：东北林业大学，2020.

DSR（驱动力-状态-响应）模型是在 PSR 模型的基础上，由联合国可持续发展委员会开发，用于研究可持续发展问题的概念模型。DSR 模型能够反映驱动力、状态和响应之间的反馈机制，从多角度系统地分析人与环境系统的相互作用关系，用于解决环境和可持续发展问题。与 PSR 模型相比，DSR 模型将“压力”转变成“驱动力”。在这种反馈机制中，“驱动力”是“状态”发生变化的根本原因，“状态”是“驱动力”的约束条件及“响应”机制制定的基本依据，“响应”是促使“状态”发生变化的重要途径，三者之间形成了因果逻辑关系（见图 11-2）。DSR 模型弥补了 PSR 模型缺乏反映社会经济指标的不足，但对于社会经济指标，仍很难描述其因果关系，不能广泛用于社会经济等可持续发展的研究中（冯雪，2020）。

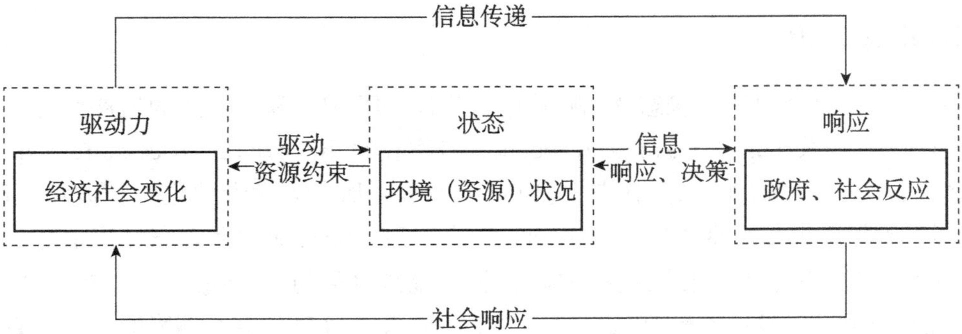

图 11-2　DSR 模型框架

资料来源：冯雪．黑龙江省重点国有林区生物质能源产业发展机理与测度研究［D］．哈尔滨：东北林业大学，2020.

欧洲环境署在 PSR 模型和 DSR 模型的基础框架上，首次提出并使用了 DPSIR 理论模型。DPSIR 理论模型涵盖了社会、经济、环境和政策等因素，建立了系统反映驱动力

(driving force)-压力 (pressure)-状态(state)-影响(impact)-响应(response) 的因果关系链。人口及经济社会的发展作为“驱动力”，对环境（资源）系统产生“压力”，引起环境（资源）系统“状态”的改变，进而“影响”环境、经济和社会等方面。这些影响促使人类对这些变化做出“响应”，而“响应”又反作用于“驱动力”、“压力”、“状态”和“影响”等因素，形成了具有因果关系的运行机制（见图 11－3）。DPSIR 理论模型最初用于研究资源可持续利用及环境评价等方面的问题，作为资源管理、环境监测和政策制定的分析工具，在生态安全、低碳发展、土地利用、可持续发展等方面发挥了重要作用。DPSIR 理论模型强调系统内部的运作机制及内部因素影响之间的相互作用关系，具有系统性、综合和灵活性等特点，能够反映系统发展的因果关系（冯雪，2020）。

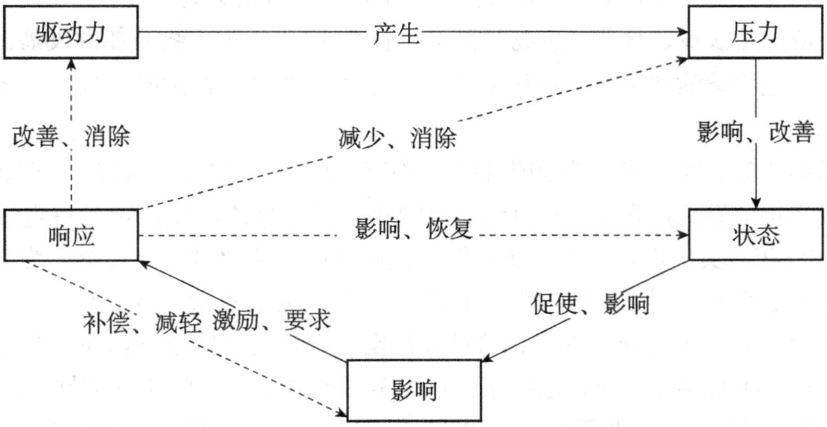

图 11－3　DPSIR 理论模型逻辑关系

资料来源：冯雪．黑龙江省重点国有林区生物质能源产业发展机理与测度研究 [D]. 哈尔滨：东北林业大学，2020.

DPSIR 理论模型能够较好地反映人类经济社会活动与生物质能源产业发展之间的相互作用关系，描述生物质能源产业发展系统的运行机理。一方面，DPSIR 理论模型能够客观地反映生物质能源产业发展的现状，探索导致其状态发生改变的原因；另一方面，能够衡量推进生物质能源产业发展措施的有效性。DPSIR 理论模型蕴含了较强的管理思想，强调政府等管理部门的重要性，体现了政府部门对生物质能源产业发展的调控能力。另外，DPSIR 理论模型也为生物质能源产业发展研究提供了新思路。生物质能源产业发展系统是由若干因素构成的，具有开放性、复杂性和动态平衡性等特征，DPSIR 理论模型能够综合考虑生物质能源产业发展系统的各种影响因素，以一种新视角梳理各影响因素之间的作用关系，从原因到结果形成完整的因果链，全面反映生物质能源产业发展系统的整体状况及演化规律（冯雪，2020）。

第三节　国际生物质能源经济发展状况

一、美国的生物质经济发展状况及发展趋势

本部分主要基于孟贵等（2022）的研究成果加以总结。

生物质能被认为是美国最有前途因而也是宣传力度最大、补贴最多的可再生能源之一，美国政府出台了大量政策文件，以促进林业生物质能源的开发与利用，涉及税收优惠、补贴和赠款、融资和承包、政府采购、规章制度等多个方面。在影响林业生物质能源发展的联邦及各州政策中，绝大多数（83%）适用于所有可再生能源，只有少数（9%）专门针对林业生物质能源。

1. 美国林业生物质能源资源及产业发展现状

美国是森林面积排名第四的国家，木屑、板皮、树桩、低质木材等可利用的林业生物质资源十分丰富。2019年，燃料乙醇、生物柴油和其他可再生燃料约占美国可再生能源消费量的20%；木材和废物能源，包括木材、木屑颗粒和垃圾填埋场产生的生物质废物，约占可再生能源使用量的24%。到2040年，美国有潜力每年生产10亿干吨的非食品生物质资源（由农业、林业、废物和藻类材料组成）。作为生物质能源发展的重点，美国燃料乙醇、生物柴油和林业生物质颗粒等产业的发展水平在国际上处于领先地位（孟贵等，2022）。

（1）燃料乙醇。2020年，美国燃料乙醇年产量139亿加仑，虽然较2019年有所下降，但仍占当年世界总产量的53.44%，而同年中国燃料乙醇年产量只占世界总产量的3.38%。2020年，美国燃料乙醇行业提供的直接就业岗位超过6.2万个，为国民生产总值贡献了347亿美元；同年，美国出口了价值23亿美元、总量13亿加仑的燃料乙醇。

（2）生物柴油。2004年，在《创造就业法案》确定对生物柴油给予每加仑1美元的税收抵免之后，生物柴油产业快速扩张。根据美国能源信息署的统计数据，2020年美国生物柴油日均生产量为11.8万桶，较2005年增长了18.91倍；消费量为每天12.2万桶，较2005年增长了19.52倍；进口量和出口量分别为每天1.3万桶和0.92万桶，较2019年分别增加了15%和24%。

（3）林业生物质颗粒。林业生物质颗粒是升级的可再生固体燃料，也是低碳的化石燃料替代品。美国在2012年成为世界林业生物质颗粒第一大出口国，2014年出口了380万吨，其中97%销往欧盟。2018年，美国向30多个国家出口了超过600万吨、经济价值达8.12亿美元的林业生物质颗粒，较2017年的出口量增长了约17%。2020年，美国出口林业生物质颗粒超过720万吨，大约是2012年出口量的3倍。

2. 美国林业生物质能源政策演进过程

20世纪70年代的两次石油危机对美国经济产生了严重影响。此后，联邦政府将实现国家能源独立作为能源政策的核心任务与根本目标。为促进林业生物质能源发展，历届美国政府都实施了多项法律法规及税收优惠抵免等扶持政策。从尼克松政府到小布什政府，均主张通过能源节约和供应渠道的多元化来保障能源安全；奥巴马政府主要倡导能源产业创新和实现低碳能源发展，全面减少美国对外石油依存度。特朗普政府强调最大化利用国内资源，降低能源成本以实现国家能源独立。拜登上任伊始就宣布美国重新加入《巴黎气候协定》，斥巨资支持林业生物质能源产业发展。美国选择实施可再生能源配额（renewable portfolio standard，RPS）政策的各州实施细节有很大不同，比如在推进政策执行方式上，大部分州（包括爱达荷州、明尼苏达州等）选择以立法的方式推进RPS政策实施，也有部分州（如亚利桑那州、纽约州）选择以监管执行的方式推进政策实施，还有部分州（如科罗拉多州和华盛顿州）采用选民批准倡议的方式推进 RPS 政策实施。在配额设定方面，各州也有很大不同，部分州选择不对非水电配额进一步细分，而部分州（如康涅狄格州）选择将可再生能源分为第一类可再生能源，如太阳能、风能、生物质等；第二类可再生能源，如水电与城市废弃物。尽管在政策执行方式、设计细节方面存在诸多不同，但从总体来看，美国大多数实行 RPS 政策的州政策实施效果良好。据预测，到 2025 年，RPS 政策的大规模推广可能使美国可再生能源电力消费达到惊人的 76 750 兆瓦的水平（谢旭轩等，2012）。

得克萨斯州是美国风力发电发展得最好的州之一，目前已成为全美领先的风力发电市场，该成就的取得在很大程度上可以归功于 RPS 政策的较早推出与有力实施。1999 年，时任得州州长乔治·布什领导的得州政府建立了 RPS 制度，还通过了《电力结构调整法》，以促进 RPS 政策的推行。得克萨斯州对 RPS 的推行取得了丰硕成果：在 2001 年，得克萨斯州实现了 915 兆瓦的风电装机容量，远超初始设定的配额目标；与此同时，由于 RPS 政策鼓励可再生能源厂商之间的竞争，因而得克萨斯州对 RPS 政策的推行使其风电成本大幅降低（Langniss and Wiser，2003）。截至目前，美国能源独立目标基本实现，这是历任政府不断落实能源政策的结果。

3. 美国林业生物质能源政策实施特点

（1）始终以实现国家能源独立为核心目标。美国前期发展燃料乙醇的目的是减少对外石油依赖程度以保证美国能源安全，后期则主要是保护生态环境。无论是布什政府重点发展可再生能源，奥巴马政府强调能源供给多元化及能源消费绿色化，还是特朗普政府大力发展化石能源，虽然各阶段美国联邦政府对林业生物质能源的支持力度与政策强度有所差异，但都以实现国家能源独立为核心目标，都将能源作为对外交往与地缘政治战略的重要武器。

（2）法律法规、财税支持、政府采购是主要手段。完善的法律法规是基础，财政补贴和税收优惠措施是保障，科技创新则是美国林业生物质能源产业发展的关键。从 1970 年至今，美国政府出台了大量推进林业生物质能源生产与利用的法律法规，并辅以财政拨款、税收优惠、融资承包等支持措施，规定了生物质能源阶段发展目标，奠定了美国生物质能源发展的重要基础。20 世纪以来的经济危机使得美国经济空前萧条，但在生物质能源的开发和利用方面，美国政府不仅没有削弱财政支持力度，每年反而投入大量资金支持该行业的发展。此外，美国规定政府机构必须购买本土生产的“绿色”产品和高效能产品，政府采购的清洁能源汽车中必须有适当比例是以生物质燃料为动力的汽车。为保障生物质能源的稳定发展，美国政府采取了提供廉价原料、给予低息贷款和贷款担保等支持措施。

（3）政策阶段目标与政策支持措施适时调整。美国林业生物质能源行业的发展离不开明确的目标约束，但美国政府也会根据能源政策和发展情况适当调整后续政策发展目标。一方面，有关每年生物柴油掺兑量的具体标准由环保署决定，如 2016 年将 2018 年和 2019 年的生物柴油掺兑量设定为 21 亿加仑，2019 年将 2020 年和 2021 年的生物柴油掺兑量设定为 24.3 亿加仑。另一方面，可再生燃料标准根据《美国能源政策法案》而设立，因《能源独立和安全法案》而不断修改完善，成为美国最成功的燃料政策。其中，

《能源独立和安全法案》确定了2008年可再生能源总量达到90亿加仑的目标，规定到2020年可再生燃料消耗总量至少为300亿加仑，纤维素生物燃料消耗至少为105亿加仑。

二、俄罗斯的生物质经济发展状况及发展趋势

俄罗斯林产工业信息杂志网站在2020年3月6日发布消息：近年来，由于俄罗斯林产工业的复苏，大量生产和加工剩余物需要处理，因此生物质颗粒燃料的产量也在逐年攀升。在实际产能利用率仅为30%的情况下，2019年俄罗斯生物质颗粒燃料总产能达到250万吨。

1. 俄罗斯生物质能源资源及产业发展现状

由于森林面积大，俄罗斯在生物质能源资源方面具有明显的优势。目前，俄罗斯已成为世界第五大生物质颗粒生产国。俄罗斯最大的生物质颗粒生产商是Vyborg's Kaya Forest公司，其年生产能力为1Mt。该公司的产量决定了俄罗斯生物质颗粒的整体生产和出口量，其中95%的产量用于出口。2015年，该公司的产能利用率达到50%。Vyborg's Kaya Forest在过去10年中，已经建成了200多个生产工厂，年产能为1 000吨～10万吨。

根据联合国粮食及农业组织的一项研究，到2030年，俄罗斯木炭生产预计将达到12万吨，而煤块和生物质颗粒生产将达到850万吨，使用木材生产的液体生物燃料可达到40.5万吨。在俄罗斯，农场在生产沼气方面具有巨大潜力。俄罗斯大约有10座沼气工厂，2012年3月第一座沼气工厂的总装机容量为24兆瓦。自2015年以来，该沼气工厂的装机容量已经增长到36兆瓦。

2. 俄罗斯生物质能源政策

2018年2月，俄罗斯政府出台《2018—2020年发展生物技术和基因工程发展措施计划》，确立了扩大国内需求、推动生物技术产品开发和出口、加快工业技术基础现代化的发展目标，制定了发展生物医学和生物制药、农业生物技术、工业生物技术、生物能源等9大领域的具体措施（郑斯齐等，2020）。

俄罗斯发布2050年前低碳发展战略，细化了经济脱碳目标计划。2021年5月，俄罗斯首部气候法草案在国家杜马一读通过，为该国气候行动的推进建立了政策框架。该草案引入了碳交易、碳抵消、排放情况披露、污染者问责机制等。11月，俄罗斯政府批准《俄罗斯到2050年前实现温室气体低排放的社会经济发展战略》，该战略是针对俄罗斯低碳发展和减排前景提出的，以提高森林等生态系统固碳能力、实现能源转型为基础的"目标计划"。俄罗斯将按照"目标计划"中的发展路径实现碳减排和碳中和，确保其在全球能源转型背景下的竞争力和经济增长，同时实现经济脱碳发展。具体来看，俄罗斯一方面将减少化石燃料生产和运输，在石油开采领域引入现代系统，另一方面将继续开发多元的能源资源储备，促使天然气、氢气、氨气等在低碳能源结构中发挥更大作用。

三、欧盟的生物质经济发展状况及发展趋势

1. 欧盟生物质能源资源及产业发展现状

欧洲生物质工业协会（European Biomass Industry Association）的数据显示，在芬

兰，出产丰富且管理良好的林业提供的树叶和木材等生物质占到总能源供应的 20%。瑞典 16%的能源来自生物质。在上奥地利州，近一半的可再生能源来自生物质；该州的目标是到 2030 年，采用的可再生能源能满足所有的供暖和能源需求。在英国和欧洲其他地方，一些煤电站正在被改造成生物质发电厂，以符合欧盟新的环保规定。

2. 欧盟生物质能源政策

欧盟国家的经济社会发达，能源利用技术先进，能源消费水平比较高。2002 年，原欧盟 15 国的能源消费量为 21 亿吨标准煤，其中石油占 40%、天然气占 23.4%、核电占 15.6%、煤炭占 14.8%、可再生能源占 6.2%。2002 年，原欧盟 15 国能源的对外依存度为 50%，其中石油的 80%依靠进口，天然气的 50%依靠进口。为了减少欧盟能源的对外依赖，保证能源安全供应，占领全球能源技术的前沿，同时也是为了履行《京都议定书》规定的到 2012 年（与 1990 年相比）减少温室气体排放 8%的义务，欧盟对可再生能源的发展高度重视。1997 年，欧盟发布了《欧盟战略和行动白皮书》，提出到 2010 年，欧盟可再生能源的消费量要由 1997 年的约 6%提高到 12%，并对各种可再生能源提出了明确目标，如风电要达到 4 000 万千瓦，太阳能发电要达到 300 万千瓦，生物质能的利用量要达到 2 亿吨标煤（徐庆福，2017）。

2001 年，欧盟发布了《促进可再生能源电力生产指导政策》，要求到 2010 年，欧盟电力总消费的 22%来自可再生能源，并规定了各成员国要达到的目标，如德国为 12.5%、丹麦为 29%、瑞典为 60%、意大利为 25%。2003 年，欧盟又发布了《欧盟交通部门替代汽车燃料使用指导政策》，要求生物液体燃料（包括生物柴油和燃料乙醇）在汽车燃料消费中的比例要达到：2005 年为 2%，2010 年为 5.57%，2015 年为 8%（徐庆福，2017）。

3. 欧盟生物质能源政策实施特点

（1）配额制度。近年来，欧盟许多成员国都开始推行可再生清洁能源的配额制度，规定所有电力供应商和电力生产商所供应或生产的电力当中必须有一定比例的电量由可再生能源生产，整个制度是通过“绿色电力证书交易制度”和“绿色电力证书”来完成的。如果电力供应商或电力生产商达到了规定的可再生能源生产比例，政府就会向其颁发“绿色电力证书”；如果没有达到规定比例，则必须向达标的电力供应商或电力生产商购买“绿色电力证书”。这种规定一方面是对达标企业进行鼓励，另一方面也从政策角度激励了未达标企业改进生产（蒋敛春等，2006）。

（2）生物质能源支持机制。欧盟委员会在 2005 年指出：有效的生物质能源支持机制在一些成员国还不能得到利用，生物质能和风能的利用落后于欧盟的预期。因此，一些欧盟国家已经设计了一些可再生能源项目和具体的政策措施，以支持生物质能源和可再生能源的发展。

四、政策启示与经验借鉴

林业生物质能源政策包含发展目标制定、技术创新等内容，同时要给予法规保障、税收优惠、融资贷款、政府投资、政府采购等多方面的支持，这就为中国林业生物质能源发展提供了有益的经验借鉴。

（1）在林业生物质能源产业发展初期，政策是最重要的影响因素，甚至会决定其他因素对林业生物质能源产业影响的走向。比如美国历任政府对能源政策的支持力度和方向不尽相同，但在其任期内均制定了较为系统全面的可再生能源发展政策。因此，当前出台并完善有关林业生物质能源的法律法规，明确阶段性的发展目标，并随着产业发展加以优化调整，将对我国林业生物质能源发展具有前瞻性的导向作用。

（2）在美国新能源项目发展的技术研发和转化应用两个关键阶段，政府资助起到了关键作用。中国正处在林业生物质能源发展初期，由于化石能源具有价格优势、效率优势，同样亟须政府对林业生物质能源产业提供一定的资金支持、税收优惠，并给予原料生产者及相关企业优惠的融资贷款与担保，创新风险共担机制等，为林业生物质能源产业发展提供保障。

（3）强化科技创新力度，解决原料供应不足以及利用效率低下等问题。林业生物质能源的开发和应用离不开相关生产技术的创新，美国在 2000 年专门成立了生物质研发技术顾问委员会。尽管与政府税收支出相比，研发投入相对较小，但技术研发为美国能源技术进步和降低生产成本奠定了重要基础。在原料供应方面，中国的刺槐、沙柳、柠条和能源柳等对边际性土地具有良好的适应性和生物量产出，同时还有多种速生高产的能源植物有待开发。因此，亟须强化科技创新力度，解决当前中国林业生物质能源发展中的原料供应与利用的瓶颈问题。

（4）需要加大对科技的研发投入，向高价值产品迈进。继续加强政府对产业发展的投入，在相关领域，加强政府和社会资本合作的扶持政策，开展一批试点项目，为生态建设和林业碳汇产业发展增添动力。

第四节　国内生物质能源经济发展状况

从 2005 年开始，林业生物质能源受到国内研究者的广泛关注，尤其是林业生物质能源的发展（王玉芳和郭辰星，2019）。

1. 国内林业生物质能源资源发展现状

根据中投产业研究院发布的《2020—2024 年中国生物质能利用产业深度分析及发展规划咨询建议报告》显示，每年可作为能源利用的生物质资源总量约等于 4.6 亿吨标准煤。其中，农业废弃物资源量约 4 亿吨，折算成标准煤量约 2 亿吨；林业废弃物资源量约 3.5 亿吨，折算成标准煤量约 2 亿吨；其余相关有机废弃物约为 6 000 万吨标准煤。近年来，我国森林面积与蓄积量持续增长，林业生物质能源发展潜力巨大。我国可利用的林业生物质能源资源主要有三类：一是木质纤维原料，包括薪炭林、灌木林和林业“三剩物”等，总量约有 3.5 亿吨。二是木本油料资源。我国林木种子含油率超过 40%的乡土植物有 150 多种，其中油桐、光皮树、黄连木等主要能源林树种的自然分布面积超过 100 万公顷，不仅具有良好的生态作用，还可年产 100 万吨以上果实，全部加工利用可获得 40 余万吨的生物柴油。三是木本淀粉植物。例如，栎类果实、菜板栗、蕨根、芭蕉芋等；其中，栎类树种的分布面积达 1 610 万公顷，以每亩产果 100 公斤计算，每年可产果实 2 415 万吨，全部加工利用可生产燃料乙醇约 600 万吨。这些丰富的林业生物质资源不仅可以为林业生物质能源的可持续发展提供良好的物质基础，而且可利用空间很大，可为缓解国家能源危机、调整和优化能源结构、实现能源可持续供给提供有力的资源保障（胡琴，2012）。

2. 国内林业生物质能源发展态势及产业发展现状

大力发展林业生物质能源是我国应对全球气候变化、承担节能减排国际义务的一项重要措施。我国现有森林面积 2.08 亿公顷，生物质总量超过 180 亿吨，林业生物质能源发展潜力巨大。

2011 年，国家林业局组织召开了全国林业生物质成型燃料现场会，全面部署林业生物质能源建设工作；2013 年，根据《中华人民共和国可再生能源法》、《能源中长期发展规划纲要（2004—2020 年）》、《可再生能源发展“十二五”规划》和《生物质能发展“十二五”规划》等要求，国家林业局组织编制了《全国林业生物质能发展规划（2011—2020 年）》；2009—2015 年命名了内蒙古金骄集团、湖南未名创林生物能源有限公司、内蒙古毛乌素生物质热电有限公司、吉林辉南宏日新能源股份有限公司、福建源华林业生物科技有限公司 5 个示范基地；2011—2015 年制定下发了能源林和灌木原料林 2 个类型，以及麻风树、无患子、文冠果、山桐子等 8 个能源树种的培育指南；累计制（修）订林业生物质能源相关标准近 40 项，涉及能源生产、能耗要求、能耗测量、节能监测、合理用能、检测检验等林业生物质能源的各个环节；针对生物质能转化效率等关键技术环节，大力推进林业生物质能源基础技术研发，推动构建“生物质气化发电联产炭、热、肥”的多种产品联合生产模式、“农林废弃物收集＋无害化循环利用＋炭基肥＋农林有机种植”的资源化循环利用方式，积极探索林业生物质能源产业健康、持续发展道路；不断加强国际能源合作，积极与美国、德国、法国、加拿大、芬兰、瑞典等国家建立双边林业合作交流机制，利用林业工作组会议等定期沟通交流平台，积极开展国际林业生物质能源合作，引导龙头企业引进、消化、吸收先进生产工艺技术（全国绿色委员会办公室，2017）。

在各级林业主管部门和地方政府的共同引导与大力扶持下，林业生物质能源产业快速发展。目前，林业生物质发电、成型燃料生产均已基本实现了产业化，生物柴油和燃料乙醇转化利用技术已进入产业示范阶段。据不完全统计，截至 2015 年底，全国共完成能源林以及良种繁育和培育示范基地建设近 500 万公顷。生物质发电装机容量 550 万千瓦以上，成功投产运营生物质直燃发电项目超过 160 个，林业剩余物成为生物质发电的主要原料。林木生物质成型燃料产量达 48.51 万吨，同比增长 30.97%（全国绿色委员会办公室，2017）。

在政策支持方面，我国自 2017 年起发布多项政策规划，推动林业生物质能源的发展：2017 年，国家林业局印发了《林业生物质能源主要树种目录（第一批）》；2021 年，国家发展改革委连续发布了《“十四五”可再生能源发展规划》（简称《可再生能源规划》）和《“十四五”生物经济发展规划》（简称《生物经济规划》）；2021 年，国家林业和草原局高度重视林业生物质能源的标准化工作，印发了《国家林业和草原局科技司、生态司关于印发林业能源领域标准体系和相关工作安排的通知》，基本构建了林业生物质能源标准体系，为林业生物质能源产业的健康发展提供了重要技术支撑和质量保障。以上政策规划为我国林业生物质能源提供了巨大的发展机遇。

《生物经济规划》是我国首部生物经济五年规划，首次提出了“生物经济”的概念。《生物经济规划》还明确了林业生物能源领域产业发展可采取的工程路径，包括：定向选育、推广和应用高产、高抗、速生的油料和能源林新品种，因地制宜开展生物能源基地建设，加强热化学技术创新，推动高效低成本生物能源应用；在城乡有机废弃物集中地区开展纤维素乙醇、生物柴油、生物天然气产业示范，打通生物质原料收集、有机肥生产使用等重要环节，提高生物燃料生产规模；建设以生物质热电联产、生物质成型燃料及其他可再生能源为主要能源的产业园区；支持有条件的县域开展生物质能清洁供暖替代燃煤，稳步发展城镇生活垃圾热电联产，推进沼气、生物质成型燃料等其他生物质能清洁取暖；在有条件的地区开展生物柴油推广试点，推进生物航空燃料示范应用。《可再生能源规划》明确提出了将稳步推进生物质能多元化开发，包括生物质发电、生物质能清洁供暖、生物天然气和非粮生物质液体燃料四种类型，与《生物经济规划》中提到的生物能源领域产业发展类型一脉相承。

2021 年，国家林业和草原局高度重视林业生物质能源的标准化工作，印发了《国家林业和草原局科技司、生态司关于印发林业能源领域标准体系和相关工作安排的通知》，基本构建了林业生物质能源标准体系，为林业生物质能源产业的健康发展提供了重要技术支撑和质量保障。

2023 年 3 月 15 日，《国家能源局、生态环境部、农业农村部、国家乡村振兴局关于组织开展农村能源革命试点县建设的通知》指出：因地制宜推动地热能、太阳能、生物质能清洁供暖，国家大气污染防治重点区域的试点县平原地区生物质能清洁供暖应采用热电联产、大型生物质锅炉等集中供暖模式，有序推进可再生能源安全可靠替代散煤，促进农村清洁取暖、清洁用能。探索建设乡村能源站。依托生物质供暖服务站，建设生物质“收储运”及成型燃料加工、生物质锅炉和地热供热、农村能源节约与技术推广服务等能力的乡村能源站，结合以县城为重要载体的城镇化建设。

2024 年，国家发展改革委、住房城乡建设部发布了《加快推动建筑领域节能降碳工作方案》，明确提出因地制宜推进热电联产集中供暖，支持建筑领域地热能、生物质能、太阳能供热应用，开展火电、工业、核电等余热利用。

根据《“十四五”生物质能源发展规划》，我国高度重视生物质能开发利用，将生物质能产业列为新能源产业发展的重点，并从电价、项目布局等方面出台相关政策给予大力支持，预计到 2025 年全国生物质发电总装机容量将达到 1 500 万千瓦。生物质资源种类多，资源较为丰富，每年生物质能可开发利用总量约 2 660 万吨标准煤，因而发展生物质能具有广阔的空间。为充分利用生物质资源优势，实现合理有序开发，特制定该规划，对生物质发电利用、生物质供气利用、生物质制备固体燃料和液体燃料等方面进行全面统筹。

国家发展改革委和国家能源局印发的《“十四五”现代能源体系规划》明确指出：推进生物质能多元化利用，稳步发展城镇生活垃圾焚烧发电，有序发展农林生物质发电和沼气发电，因地制宜发展生物质能清洁供暖，在粮食主产区和畜禽养殖集中区统筹规划建设生物天然气工程，促进先进生物液体燃料产业化发展。与此同时，巩固非化石能源领域技术装备优势，持续提升风能、太阳能、生物质能、地热能、海洋能等开发利用的技术水平和经济性。

第五节　林业生物质能源经济相关研究进展

我国生物质能源的发展还处于起步阶段，包括林木生物质能源在内的原料开发成本过高，阻碍了其产业的发展进度。其中，大多数学者的研究方向是如何解决原料高成本的问题，寻找加快发展林木生物质能源产业化的方式与方法。他们的研究主要为林业生物质能源生产效益（成本收益）分析以及相关生物质能源政策研究。

一、生产效益分析

1. 生态效益

根据王偲（2014）的研究，林木生物质能源开发过程中的原料选择问题一直备受争议。刘延春等（2009）认为：原料的选择已成为制约林木生物质能源发展的因素，原料种类及其经济性是原料选择的重要依据。但是，对于采用何种原料来开发利用林木生物质能源，学者们持有不同意见。

何蒲明（2008）认为：以粮食作为生物质能源的基础原料有危及粮食安全的风险，会导致我国农产品价格上涨。他建议应利用森林资源，积极发展林木生物质能源等。张彩虹（2006）指出：我国开发利用林木生物质能源的条件已经基本具备，林木生物质能源发展已成为林业投资的新趋势，同时也是我国能源结构调整的新方向，是保障我国能源安全和实现经济可持续发展的必然之路。在此基础上，张彩虹分析了林木生物质能源林培育、林木生物质发电和林木生物质液体燃料项目的投资状况及资金预算，为各地制定林业融资决策提供了参考。费世民（2008）通过对我国林木生物质能源发展策略的思考，分析了世界生物质能源的发展趋势以及在当前能源和粮食危机背景下的生物质能源发展道路，指出发展林木生物质能源有利于缓解能源、粮食、环境危机，既符合中国国情，又顺应国际发展大潮流。吕指臣（2016）设计了 3 种情景测算中国农作物秸秆能源资源潜力，结果表明：从总体上说，我国农作物秸秆能源资源蕴藏丰富，有较大的开发潜力，但各省份间资源分布差异较大，其中河南、黑龙江、四川、山东等省份的农作物秸秆能源资源丰富。徐鹏等（2017）采用物质流分析方法，预测了京津冀地区生物质废弃物能源化利用的潜力及减排能力，研究表明：在同等发电量下，相比传统的火力发电，2014 年该地区利用生物质废弃物发电，可减少二氧化硫排放量 25.04 万吨、氮化物排放量 39.93 万吨、PM10 排放量 4.97 万吨。

此外，通过造林技术经营措施，将有力地调整林分结构，提高林地的综合效益，在应对全球气候变化、维护生态平衡中，具有举足轻重和难以量化的作用。

2. 社会效益

根据刘诗琦和贾黎明（2020）的描述，当前林业生物柴油的社会可持续性较低，而社会福祉和工作条件是人们普遍关注的两项社会影响因子。其中，社会福祉主要通过家庭增收，能源、教育和医疗保障，区域环境改善，文化遗产保护等体现；工作条件主要包括工人工资、福利、健康和安全保障、住房、卫生设施等。

Manik et al.（2013）以印度尼西亚占碑省（Jambi）的棕榈生物柴油产业为案例，选取了包括人权、工作条件、文化遗产、社会经济反响、管理5个类别的24项指标，共调查了120份样本；利用7点李克特量表计算出社会影响的总体得分为－1.50，社会效益低于预期值，其中工作条件和文化遗产两个类别的得分离期望值较远，分别为－1.60和－4.25。该研究表明：提高员工福利和收益、提高健康和安全保障标准、加强政策保障、用小农种植代替大规模产业化种植、提高消费者的参与度等是提高产业社会效益的主要途径。Lim and Biswas（2015）采用整体性能指标、关键绩效指标和绩效表现3个层次对马来西亚棕榈油的社会可持续性进行评价，其中的整体性能指标包括社会福利和社会平等两部分，共有9个指标，包括地方就业机会、工人用水可及性、住房设施、卫生设施、小农户权益等，利用5点李克特量表对各项指标进行评估，最终得分2.93，离阈值尚有一些差距，未达到可持续状态。Rivero et al.（2016）采用半结构化访谈等方式对墨西哥尤卡坦3个自治市的60户家庭及其他关键资料提供者进行了调研，结果表明：当地人民肯定了麻风树种植产业在提供就业机会及提高家庭收入等方面的积极作用。

3. 经济效益

经济效益仅针对能源林提供的能源产品进行分析，相关产品价格基于目前市场价格进行初步估测。将来，随着能源林产品利用方向、利用价值等的发展，依据市场的需求，其产品价格也将发生改变。

Hopper and Li（1996）认为：要将林木生物质能源的产品价格、技术能力匹配现有的能源结构，以便于人类的广泛应用和提供更多的能量。在林木生物质能源发展过程中，我们将会面临产品价格倒挂、产品风险因素不确定等阻碍，而现阶段缺乏应对市场阻碍的能力，使该产业的发展受到诸多影响因素所带来的风险。因此，他们从投资者角度提出了发展该产业的对策：需要对复杂的能源市场关系做出合理的解释，通过战略实施等措施对风险因素提供担保，以此来降低林木生物质能源产业的投资风险，从而使林木生物质能源的技术、产品在商业上可行。Szymanska et al.（2015）通过对波兰生物质沼气发电产业的研究也证实了以上观点，他们认为：虽然市场能源需求总量较大，但生物质沼气发电由于受到资源供给因素的制约而发展缓慢，生物质沼气发电装机总量仅为总装机容量的0.5%左右。因此，对某一区域而言，由于受到诸多条件的限制，生物质能源只能作为传统能源的补充。

二、生物质能源政策研究

1. 国外的生物质能源政策研究

（1）政府扶持政策。《2024全球生物质能统计报告》显示：生物质占全球可再生热能的96%，其中欧洲占近80%，这凸显了生物质能源在工业、商业和住宅脱碳热需求方面的关键作用，这些行业占总能源消耗的一半。Walter et al.（2006）、Hillring（1998）指出：在林木生物质能源发展的过程中，政府可以在创新能源产品、限制能源使用量、调整能源结构和产业结构等方面起到一定影响作用。他们认为：政府扶持的途径以研发支持、管理支持、对相关内容的宣传等方式实施最为简单可行。Blanchard et al.（2015）

建立了一个涵盖生物种类分布、地表植被、土地容量和生物多样性保护等的多因素结构框架，系统地分析了南非东开普地区生物质能源生产对生物多样性保护的影响及潜在风险，研究发现：若实现生物多样性目标，则可利用的土地资源将减少 15%左右，因此对农林生物质能源的原料供给将会产生一定的影响。Coelho and Bolognini（1999）、Madlener and Vogtli（2008）分别对政府决策的作用和有关林木生物质能源的公众意识等方面进行了研究。Madlener（2005）和 Vogtli（2008）分别以瑞士和挪威的林木生物质能源产业作为研究对象，分析了市政公共事业中的木材燃料发电项目和地方木材供暖系统等。他们的研究结论如下：首先，要解决那些年代久远且没有营利性的森林问题，必须有相应的政府政策扶持，包括支持绿色能源产业的发展，对当地政府扶持更多的绿色能源企业给予一定的激励；其次，挪威政府要提高公众在林木生物质能源技术方面的意识，并给予重大的经济奖励，以实现对生物质能源使用量的增加。Toklu（2017）的研究表明：土耳其生物质燃料占全国能源生产的比例高达 14%，相当于 3 300 万吨石油，因而生物质能源在减缓气候变化和能源可持续性方面具有重要的作用。Herbert and Krishnan（2016）认为：生物质能源可以为社会经济发展做出贡献，产生的电能和热能可减少对化石燃料的依赖，它已被印度确定为未来能源需求的替代能源，今后会增加生物质能源在家庭的使用。

（2）外部性补偿和碳税征缴政策。Coelho and Bolognini（1999）认为：促进发展林木生物质能源的根本政策是确定产品价格，并将外部性补偿加到价格的制定过程当中。此后，Gielen et al.（2003）将这一理论进行了扩展，研究了不同情境下碳税政策给林木生物质能源发展带来的影响。

2. 国内的生物质能源政策研究

中国高度重视生物质能源产业的发展，先后出台了一系列政策法规，如生物质能源的中长期发展规划、生物质能源产业的相关财税扶持政策。特别是在 2010 年，中国发展改革委发布《关于完善农林生物质发电价格政策的通知》，出台了全国统一的农林生物质发电标杆上网电价标准。Shen et al.（2010）指出：中国的生物质能源产业发展处于初始阶段，上网电价政策也许是最能促进中国生物质能源发展的政策。此外，学者们还对未来林木生物质能源发展的政策条件进行了分析。

（1）林木生物质能源发展要在巨额补贴下才可生存。阮永华和陈森发（2005）等通过建立决策模型，指出林木生物质能产业只有在税收保护与巨额补贴下才可能生存。梁靓（2008）指出：林木生物质资源开发利用的成本比较高，在发展林木生物质能源产业的初期，需要政府介入，通过价格补贴、税收调节、法律保障等手段来弥补市场力量的不足，使得林木生物质能源的环保效益体现出来，增强其市场竞争力。唐红英（2008）指出：从目前世界各国的发展经验来看，政府重视并依靠配额制、强制购买、绿色证书、特许经营、税收优惠等激励政策是推动林木生物质能源发展的重点。因此，为了实现我国林油一体化、林电一体化格局，还需要统筹协调各个相关部门，确保适合我国国情的林木生物质能源配套政策的顺利实施。在财税政策的实施过程中，要正确处理好中央与地方政府的关系。此外，还要鼓励企业积极投入该类项目的开发和消费者使用林木生物质能源产品。

（2）从外部成本补偿和创造公平竞争环境角度出发的政策支持。梁靓（2008）指出：林木生物质能源具有突出的外部效应，一旦产生这种现象，单纯的市场调节就不能实现资源的合理配置，反而会抑制其发展，所以政府应当发挥经济调节的职能，运用财政手段进行资源分配。针对林木生物质能源产品生产的高成本，可以建立成本分摊机制，由全体消费者承担，将发展生物质能源的外部收益内部化。在林木生物质能源发展初期，需要政府采用宏观调控政策引导，以弥补该产业的外部效应带来的不利影响。

第六节 趋势展望

随着全球性能源、土地等资源与环境危机的加剧，以及经济社会低碳环保意识的增强，传统的污染性强的化石能源及化石基产品正在逐渐被绿色可持续的生物质能源及生物基产品所替代，生物质经济的发展符合时代前进方向，同时也赋予了农业和林业可持续发展新的含义。生物质是生物质经济的基础，而农业和林业又是生物质的基础，故在生物质经济的发展过程中，与林业存在联结，它对林业经济管理学科的内容、领域、方向等进行了拓展，对林业的发展产生了不可估量的影响。随着人们生活水平的提高，人们对林业的关注重点也在不断变迁，从林业生产到自然资源利用，再到林业可持续发展等侧重点的不断变化可知，现代林业追寻林业的可持续发展，而生物质经济的内涵、研究内容及方法等对农林类学科的发展产生了催化作用，使其突破了传统的学科范畴，拓展了传统林业的领域与功能。

同时，政策的发挥要基于自身优势。中国林业生物质资源丰富，主要有森林资源、林下植物及非木质森林资源，林地资源和大量的木材采伐、加工剩余物，为林业生物质能源开发利用提供了巨大的发展空间。当前，世界林业生物质能源产业发展处于成长期，尚未形成由少数跨国公司控制产业发展的垄断格局。在这样的背景下，对我国快速发展林业生物质能源产业是一个非常有利的时机，我国可发挥林业生物质资源和市场优势，广泛参与生命科学研究、生物技术创新和生物产业发展的国际交流与合作，加速我国林业生物质能源产业发展（李剑泉等，2010）。

推荐读物

[1] 黄雷．中国开发林木生物质能源与其产业发展研究 [M]. 北京：中国农业出版社，2015.

[2] 米锋，程宝栋．林木生物质能源产业链优化路径研究 [M]. 北京：经济管理出版社，2018.

[3] 牛秋红．低碳经济视域下林木生物质能源发展与创新研究 [M]. 北京：中国农业出版社，2020.

[4] 张彩虹，张兰．低碳经济与林木生物质能源发展 [M]. 北京：中国林业出版社，2015.

[5] 赵程乐，孟贵，吴水荣，等．我国林业生物质能源产业发展与政策演进分析 [J]. 林业资源管理，2022 (1)：1-7.

[6] Hans Langeveld，Johan Sanders. 生物质经济：后石油时代的生物质燃料、材料和化学品 [M]. 北京：中国石化出版社，2015.

思考与讨论

1. 我国林业生物质能源有哪些特点？
2. 我国林业生物质能源产业发展的主要制约因素是什么？
3. 我国林业生物质能源经济发展经历了哪些阶段？
4. 我国林业生物质能源经济政策有哪些特点？
5. 我国林业生物质能源经济发展对“双碳”目标实现有哪些影响？
6. 国际林业生物质能源经济发展态势如何？

第十二章

木材非法采伐及应对[①]

木材非法采伐问题的提出始于 20 世纪 90 年代中后期。1998 年 5 月，八国集团会议首次将木材非法采伐作为重要的国际问题提出，并正式通过了打击木材非法采伐的《森林行动计划》。进入 21 世纪，打击木材非法采伐被各国政府列为重点议程，已成为各国政府、环保组织及社会公众共同关注的热点话题。木材非法采伐和相关贸易问题在全球范围内存在，国际社会正在积极采取措施打击木材非法采伐及相关贸易。

本章主要介绍了木材非法采伐及应对的现状以及相关研究进展，第一节介绍了木材非法采伐的背景。第二节介绍了国际人造板贸易状况。第三节阐述了木材非法采伐的影响及贸易状况。第四节概述了木材非法采伐及贸易的相关理论，包括国际贸易理论和环境规制理论。第五节主要阐述了木材非法采伐法案的相关研究进展。第六节分析了木材合法性管控政策及效果。第七节对中国未来应对木材非法采伐的举措进行了展望。

第一节　木材非法采伐的背景

森林作为地球上最丰富的生物系统，几乎占陆地生物种类的 90%。森林还可以防止土壤侵蚀和调节供水。因此，森林砍伐率高可能对农业生产和当地供水产生长期的负面影响。此外，森林还在世界碳循环中发挥着重要作用，它通过储存和释放二氧化碳到大气中来调节气候。然而，森林砍伐是全球人为温室气体（GHG）排放的第二大原因，占每年大气碳排放总量的 17%左右。非法采伐及其相关贸易被认为是造成全球毁林的重要原因之一。

非法采伐活动还造成了严重的社会和经济问题。在森林资源对社会经济发展和社区生计贡献大的国家，毁林、森林退化对其经济发展的威胁比较大。森林是数百万农村贫困人口的重要自然资源，为他们提供了必不可少的采集林产品、狩猎野生动物和获取薪

---

① 本章参加编著人员：孙星、柯水发、陈津志。

柴产品的机会。因此，非法采伐活动造成的森林持续耗竭和退化对农村生计产生了极大的负面影响，并助长了腐败。此外，非法采伐问题造成的税收损失减少了世界上一些最贫穷国家的政府收入。据估计，发展中国家每年因非法采伐及其相关贸易而造成的资产、工业和社区收入损失超过100亿美元，每年损失的税收高达50亿美元。此外，非法采伐及其相关贸易的存在影响了全球合法木材贸易，降低了全球木材价格。

20世纪90年代非法采伐的问题在国际政策讨论中开始受到广泛关注，多方利益主体均有打击非法采伐的强烈意愿。1998年，八国集团会议通过的《森林行动计划》包括了打击非法采伐的内容。在接下来的五年中，世界银行组织了一系列关于“森林执法与施政”（Forest Law Enforcement and Governance，FLEG）的地区会议，以促进全球在打击非法采伐问题上达成共识。在这种不断加深的共识之下，欧盟森林执法、施政与贸易（Forest Law Enforcement，Governance and Trade，FLEGT）行动计划应运而生，为欧盟自2003年起治理非法采伐工作提供了框架。在此框架下，欧盟通过了《欧盟木材法规》（European Union Timber Regulation，EUTR），用以禁止非法木材流入欧洲市场。该法案在2013年生效，同时欧盟也与其他木材生产国签订了自愿伙伴关系协议（Voluntary Partnership Agreements，VPA）。除了欧盟以外，美国也通过立法禁止非法木材进口。2008年，美国对《雷斯法案》中的相关内容做了修订。2012年，澳大利亚也通过了类似的立法，出台了《禁止非法采伐法案》。2016年，日本出台了《促进使用和分销合法采伐木材和木制品的法案》（又称《清洁木材法案》）。2017年，韩国正式颁布了《木材可持续利用法修正案》。

强调木材合法性的绿色贸易已成为世界贸易的新趋势。目前，美国、欧盟、澳大利亚、日本和韩国在应对非法采伐及相关贸易的立法方面走在世界前列。它们立法的目标都是通过使木材生产者、进口者、加工者和消费者履行尽职调查义务，共同打击非法采伐及相关贸易，拒绝非法木材进入本国市场，同时不乏保护国内木材产业发展、设置非关税壁垒的色彩。这些法规的出台对世界林产品贸易将产生重大的影响。从短期来看，木材合法性作为一种非关税的“绿色贸易壁垒”，将提高生产国、加工国相关企业的成本，阻碍林产品的贸易。从长期来看，木材合法性的实施进程将促进林产品贸易朝着更健康的方向发展。

但是，目前非法采伐及其相关贸易仍然存在，而且发生了新的、深刻的变化，这为全球打击非法采伐及其相关贸易带来了新的挑战。Chathan House（2015）研究发现：从生产角度来看，大规模的非法采伐虽然得到了有效遏制，但热带国家的小规模非法采伐和林地的非法转换成为非法木材数量居高不下的原因。因此，全球治理非法采伐应该聚焦在减少高风险国的小规模非法采伐和减少林地的非法转换。从贸易角度来看，印度、越南以及中国等新兴经济体的兴起，对世界木材贸易格局产生了巨大的影响。这些木材加工国的强势崛起，部分抵消了主要消费国的努力。这是因为加工国的崛起减少了木材生产国与主要消费国的直接木材贸易，从而使消费国打击非法木材的效果大打折扣。

中国已成为世界上最大的林产品加工和消费国，在全球林产品市场中扮演着极其重要的角色。中国木质林产品贸易的增长速度快、贸易顺差大、贸易规模大，占世界的比重高，是木质林产品贸易世界第一大国（张少博等，2017）。中国木质林产品贸易明显呈现出进口木材原料、出口制成品的加工贸易特征，而且产品进口结构和出口结构均高度集中。与此同时，中国被认为从一些非法采伐比较严重的非洲和南美洲国家进口了大量的木材原料。为了推动全球林产品的绿色贸易，中国国家林业和草原局正在试图加强进口木材的合法性管理。鉴于中国在全球林产品市场中的重要地位，评估其对全球林产品的生产和贸易、可能的产品替代以及对全球福利变化的影响是有意义的。

第二节　国际人造板贸易状况

人造板产品在生产生活中的应用广泛，可用于包装、家具制作、房屋装修和交通运输等行业，大力发展人造板产业可以提高木材利用率、节约大量优质木材，同时能够扩大优质木材的使用范围。美国和欧盟作为人造板贸易大国，其贸易情况及相关的贸易政策对于全球人造板产业和贸易有着重要的影响。

一、中国人造板贸易状况

中国是美国和欧盟进口人造板的重要来源国。基于 UN COMTRADE 数据库的数据统计，2018 年美国进口的刨花板、胶合板、纤维板贸易额中分别有 0.4%、31.5%、21.2%来自中国，占中国出口的比例分别为 6.5%、19.4%、20.9%。欧盟进口中国的刨花板、胶合板、纤维板贸易额分别占其相应产品总进口额的 0.67%、25.8%、7.2%，占中国出口的比例分别为 2.6%、9.9%、3.1%。可见，美国、欧盟与中国间的人造板贸易对于林产品的贸易发展有着重大意义。人造板主要包括胶合板、刨花板、纤维板等产品，其主要原料为木材或其他可再生非木材植物。我国木材加工业正在快速发展，但由于森林资源相对匮乏以及 1998 年开始试点实施的“天然林保护”工程，限制了对国内天然林资源的砍伐，导致中国原木市场的供需矛盾十分突出（程宝栋等，2008）。为了缓解原木供需矛盾，1998 年中国出台了鼓励原木进口的相关政策，对进口原木和锯材实行零关税，因此中国原木进口迅速增长。2018 年，中国进口原木 5 968.6 万立方米，较 2017 年增长 7.7%。

由表 12－1 可知，在中国的主要原木进口国中，非法采伐可能性较高国家的占比较大，由于俄罗斯、巴布亚新几内亚和泰国等国森林保护的相关法律体系不够健全且难以提供有效的木材合法证明，通常被认为是非法木材的主要来源地（Brack，2005；侯方淼和庄季乔，2015）。据统计，马来西亚 5%～10%的木材、巴西 20%～47%的木材、加纳 50%～60%的木材属于非法材（Lawson，2010），印度尼西亚 80%～90%的森林采伐被认为是非法的（奥杰博瑞，2016）。2000—2009 年中国从这些国家的木材原料进口额占比均高于 50%，自 2010 年起有所下降，到 2018 年降至 28%，仍占较大比重。与此同时，中国从新西兰、美国、澳大利亚等森林法律体系比较完善国家的木材原料进口额有所扩大，从 2000 年的 3%上升到 2018 年的 41%。因此，2008 年美国颁布的《雷斯法案修正案》和 2013 年欧盟颁布的《欧盟木材法规》很可能会对从中国进口的人造板造成一定程度的影响。

表 12-1　中国与其他国家的原木贸易情况

年份	非法采伐可能性较高国家合计贸易额（亿美元）	非法采伐可能性较高国家合计比例（%）	新西兰（亿美元）	美国（亿美元）	澳大利亚（亿美元）	新美澳合计贸易额（亿美元）	新美澳合计比例（%）	非法+新美澳总比例（%）
2000	9.38	57	0.28	0.17	0.01	0.46	3	59
2001	11.17	66	0.52	0.24	0.03	0.79	5	71
2002	14.96	70	1.00	0.36	0.08	1.45	7	77
2003	17.15	70	1.28	0.46	0.23	1.97	8	78
2004	20.88	74	0.79	0.75	0.29	1.83	7	81
2005	23.81	73	0.64	1.01	0.23	1.88	6	79
2006	27.93	71	0.95	1.23	0.35	2.54	6	78
2007	37.93	71	1.54	1.50	0.54	3.58	7	78
2008	34.91	67	2.46	1.47	0.50	4.43	9	76
2009	23.26	57	4.28	1.68	0.65	6.61	16	73
2010	28.47	47	7.95	5.80	1.25	15.00	25	72
2011	35.81	43	11.73	10.28	2.12	24.13	29	72
2012	28.97	40	11.20	7.41	1.45	20.06	28	68
2013	31.92	34	16.85	12.43	2.21	31.50	34	68
2014	42.67	36	16.87	13.62	3.08	33.57	28	65
2015	29.15	36	12.17	8.26	2.87	23.30	29	65
2016	27.92	35	14.37	10.18	3.76	28.30	35	70
2017	29.76	30	19.18	13.27	5.95	38.40	39	69
2018	30.46	28	24.51	13.92	6.20	44.63	41	68

资料来源：UN COMTRADE 数据库。

注：非法采伐可能性较高国家包括俄罗斯、马来西亚、缅甸、越南、巴布亚新几内亚、印度尼西亚、巴西、泰国、爱沙尼亚、拉脱维亚、尼日利亚、哥伦比亚、厄瓜多尔、多哥、秘鲁、刚果民主共和国、赤道几内亚、加纳等（Bridegam，2014）。

目前，我国已成为林业产品发展最快的国家和林业生产、贸易、消费的第一大国。近二十年来，我国林产品进出口额保持上升趋势，而林产品贸易对促进林业产业发展具有重要意义。在我国出口的木质林产品中，木制家具、人造板、纸及纸板占据了大部分份额，而且出口额整体呈上升趋势，但近年来人造板的出口额略有下降。国际非法采伐治理的紧迫性和国际非法采伐法案影响的全球性都会对我国人造板进出口贸易及木质林产品产业发展产生深远的影响。

二、美国人造板进口现状

美国是人造板贸易大国，2018 年美国刨花板、胶合板、纤维板进口额均位列世界第一，占世界进口额的比例分别为9%、12%、6%。[①] 从1995年起，随着经济发展和新房建设对于人造板的需求不断扩大，美国人造板的进口份额在世界上保持较高水平。2008年，由于国际金融危机及《雷斯法案修正案》的颁布，美国人造板的进口份额达到一个低点，2011年可能由于世界打击非法采伐力度的逐渐增强，其进口份额一度降到5%以下，见图12-1。此后，随着经济发展的复苏，美国的新房建设需求趋于平稳，人造板进口保持了比较稳定的趋势。

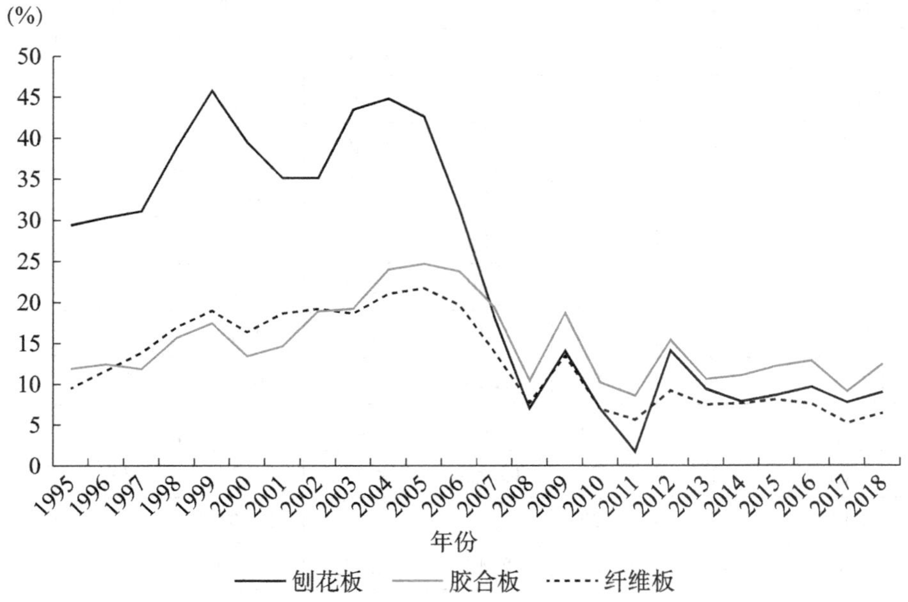

图12-1 美国人造板（刨花板、胶合板、纤维板）进口世界占比

资料来源：UN COMTRADE数据库。

1997—2018年美国刨花板进口主要来自加拿大、意大利、巴西、中国、墨西哥、西班牙、奥地利、德国、瑞典、法国和摩纳哥等国；胶合板进口主要来自中国、印度尼西亚、加拿大、巴西、俄罗斯、智利、越南、马来西亚、泰国、意大利等国；纤维板进口主要来自加拿大、中国、智利、德国、巴西、奥地利、新西兰、比利时、西班牙、马来西亚等国。美国人造板进口来源集中，主要来自加拿大、中国、巴西等国。

1. 美国刨花板进口来源分布

2000—2018年美国刨花板进口主要来自加拿大，进口份额每年均达到90%以上，见表12-2。从2000年起，美国自中国进口的刨花板比例逐渐增大，但总体占比仍较少，主要因为刨花板的生产需要大量资金和技术的投入，以及进出口市场严格的准入和监督机制，而这些都需要长期积累完善，经济发达国家相对于发展中国家更有产业发展的优势（严谨等，2009）；同时，目前中国刨花板企业的生产规模较小。2008年，由于《雷斯法案修正案》的颁布，美国自中国进口的刨花板比例开始降低，近年才有所回升。刨花板的原料主要为小径级原木、采伐加工剩余物和废旧木材等，其对于木质原料的要求

① 作者基于UN COMTRADE数据库的数据统计得出。

相对较低，而资源利用率相对较高（严谨等，2010）。2017 年，中国建成投产 40 条刨花板生产线（生产能力 642.5 万立方米/年），创近 10 年来新增产能之最。近年来，美国自中国进口刨花板的比例有所回升。随着中国刨花板行业的装备水平不断提高、平均生产能力不断增加，今后将有更大的竞争优势。

表 12-2 美国刨花板进口来源分布（%）

年份	加拿大	意大利	巴西	中国	墨西哥	西班牙	奥地利	德国	瑞典	法国和摩纳哥	合计
2000	95.3	0.1	0.1	0.0	1.4	0.2	0.0	0.7	0.8	0.3	98.9
2001	96.6	0.1	0.0	0.0	0.8	0.2	0.0	0.4	0.2	0.5	98.8
2002	95.3	0.1	0.0	0.0	0.8	0.2	0.1	0.8	0.0	0.8	98.2
2003	95.2	0.1	0.4	0.0	0.6	0.1	0.1	0.9	0.0	0.5	97.9
2004	94.8	0.1	1.0	0.2	0.7	0.1	0.1	1.1	0.0	0.7	98.6
2005	92.2	0.0	1.1	0.3	0.8	0.1	0.0	1.9	0.0	1.3	97.9
2006	94.0	0.1	0.9	0.5	1.4	0.1	0.0	1.1	0.0	0.3	98.5
2007	96.0	0.2	0.1	1.0	1.4	0.2	0.0	0.7	0.1	0.0	99.8
2008	95.0	0.3	0.1	1.1	1.9	0.2	0.0	1.0	0.0	0.0	99.7
2009	95.5	0.1	0.1	0.6	1.7	0.3	0.0	0.8	0.0	0.0	99.2
2010	97.3	0.1	0.0	0.7	0.8	0.2	0.0	0.1	0.0	0.0	99.4
2011	96.9	0.2	0.0	1.2	0.9	0.3	0.0	0.0	0.0	0.0	99.7
2012	97.7	0.1	0.0	0.9	0.8	0.2	0.0	0.0	0.0	0.0	99.8
2013	97.6	0.3	0.1	0.6	0.7	0.1	0.0	0.1	0.0	0.0	99.4
2014	97.1	0.5	0.0	0.8	0.6	0.2	0.1	0.1	0.1	0.0	99.3
2015	97.3	0.5	0.1	0.6	0.7	0.2	0.1	0.1	0.0	0.0	99.5
2016	96.7	0.7	0.7	0.3	0.5	0.1	0.1	0.1	0.1	0.0	99.4
2017	95.5	0.7	0.8	0.4	0.4	0.2	0.2	0.1	0.1	0.0	98.4
2018	96.0	0.8	0.5	0.4	0.4	0.2	0.2	0.2	0.0	0.0	98.7

资料来源：UN COMTRADE 数据库。

注：表中数据因四舍五入，略有出入。

2. 美国胶合板进口来源分布

2018 年，在美国胶合板进口中，中国的占比为 31.5%，印度尼西亚的占比为 12.6%，加拿大的占比为 9.6%，巴西的占比为 9.5%，见表 12-3。2000—2018 年美国自印度尼西亚进口的胶合板有所减少，据联合国粮食及农业组织统计，2010—2015 年印度尼西亚森林面积大量损失，净损失超过 60 万公顷，是世界第二大森林面积净损失的国家（田明华等，2017）。受到森林资源大量减少的影响，印度尼西亚的人造板出口大幅下降。随着中国林业产业的发展，中国现已成为美国胶合板进口的最大来源国。2008 年，《雷斯法案修正案》颁布后，美国自中国进口的胶合板占比增速下降，在 2012 年达到峰值，随后有所下降。

表 12-3 美国胶合板进口来源分布（%）

年份	中国	印度尼西亚	加拿大	巴西	俄罗斯	智利	越南	马来西亚	泰国	意大利	合计
2000	3.2	24.3	29.3	10.1	8.9	1.2	0.0	11.4	0.2	0.5	89.1
2001	4.8	19.8	32.2	10.1	10.3	2.3	0.0	9.7	0.4	0.6	90.3
2002	8.7	18.3	26.3	12.1	10.2	2.8	0.0	11.0	0.6	0.4	90.4
2003	12.3	14.2	24.4	18.3	8.4	3.4	0.0	8.9	1.0	0.5	91.3
2004	20.8	10.2	18.5	20.7	7.8	2.9	0.0	10.2	0.7	0.3	92.1
2005	27.5	8.7	19.2	18.7	7.2	3.3	0.0	8.0	0.6	0.3	93.6
2006	38.9	8.0	16.2	11.3	5.2	3.6	0.1	8.6	0.7	0.3	93.0
2007	42.9	8.5	14.3	7.0	5.3	3.9	0.1	8.6	0.7	0.5	91.7
2008	45.4	8.1	13.6	5.5	6.3	5.5	0.2	5.5	0.6	0.9	91.6
2009	48.1	7.5	12.9	3.9	5.4	8.1	0.4	4.3	0.7	0.6	91.9
2010	51.9	9.5	9.5	2.5	6.3	5.9	0.4	6.0	0.4	0.5	92.8
2011	55.9	8.0	7.2	1.3	6.5	8.0	0.4	4.5	0.5	0.6	93.0
2012	58.4	8.6	7.8	1.5	6.5	4.7	0.6	4.4	0.5	0.6	93.6
2013	50.9	9.9	9.2	3.1	7.3	4.3	1.0	5.1	0.8	0.5	92.1
2014	55.4	8.4	9.3	2.8	7.2	4.5	1.0	2.3	0.5	0.7	92.0
2015	52.2	9.7	9.0	4.3	6.5	5.3	1.0	2.4	0.5	0.6	91.4
2016	49.6	8.0	10.1	6.2	5.3	5.6	1.4	2.1	0.6	0.8	89.7
2017	41.7	8.5	10.7	8.1	6.8	5.1	2.6	2.4	0.7	0.8	87.3
2018	31.5	12.6	9.6	9.5	6.7	6.2	6.1	3.7	1.0	0.6	87.5

资料来源：UN COMTRADE 数据库。
注：表中数据因四舍五入，略有出入。

3. 美国纤维板进口来源分布

2000—2018 年美国纤维板进口结构有所变化，从约 50%进口自加拿大逐渐转变为以加拿大、中国、智利、德国为主要进口国。2009 年，可能受《雷斯法案修正案》影响，美国自中国进口的纤维板占比增速有所下降，但仍保持增长。美国自中国进口的纤维板占比于 2012 年达到峰值，随后呈减少趋势，2018 年美国自中国进口纤维板的占比为 21.2%，见表 12-4。

表 12-4 美国纤维板进口来源分布（%）

年份	加拿大	中国	智利	德国	巴西	奥地利	新西兰	比利时	西班牙	马来西亚	合计
2000	48.4	0.0	8.9	14.1	6.3	4.3	1.2	0.7	1.6	0.6	86.2
2001	44.3	0.3	8.2	19.8	5.5	2.5	2.1	6.8	1.1	1.0	91.6
2002	40.2	0.1	8.2	16.2	5.4	3.0	2.9	10.6	5.4	1.3	93.3
2003	39.1	0.2	10.0	9.3	4.6	4.1	2.3	15.5	4.9	1.2	91.3

续表

年份	加拿大	中国	智利	德国	巴西	奥地利	新西兰	比利时	西班牙	马来西亚	合计
2004	34.3	0.8	10.8	12.9	4.4	4.2	2.0	13.5	8.0	0.8	91.6
2005	30.4	3.9	10.5	11.1	5.9	3.2	1.8	12.3	8.3	0.0	87.4
2006	28.5	8.0	12.1	9.4	5.4	2.3	2.1	8.4	11.4	1.3	88.9
2007	30.4	13.2	12.5	9.4	6.0	1.5	2.4	6.7	8.4	0.9	91.6
2008	34.4	21.2	13.2	5.6	5.2	2.1	3.1	5.0	5.6	0.8	96.1
2009	31.3	27.4	12.8	8.6	3.1	2.9	2.0	1.8	4.0	1.0	94.9
2010	26.6	33.1	14.1	8.1	3.3	3.4	2.0	1.5	1.3	0.5	93.9
2011	27.7	38.5	14.9	2.8	3.4	4.1	2.2	1.1	1.4	0.2	96.3
2012	25.7	43.3	14.2	5.3	3.1	2.3	1.4	1.0	0.6	0.2	97.1
2013	23.0	38.7	18.4	5.3	3.9	4.0	1.3	1.1	0.6	0.4	96.8
2014	23.0	39.3	16.9	6.6	3.3	3.8	1.3	1.0	0.6	0.4	96.2
2015	24.5	33.0	18.0	7.9	4.1	4.7	1.7	0.9	0.8	0.3	95.9
2016	24.1	25.7	18.4	9.4	5.0	4.5	2.4	1.9	0.9	0.4	92.7
2017	23.3	23.3	17.9	13.6	5.2	2.4	1.9	2.2	1.1	0.4	91.3
2018	25.7	21.2	18.7	14.1	5.7	2.6	1.8	1.7	1.2	0.3	92.9

资料来源：UN COMTRADE 数据库。

注：表中数据因四舍五入，略有出入。

三、欧盟人造板进口现状

欧盟也是人造板贸易大国，2018 年欧盟刨花板、胶合板、纤维板进口额占世界进口额的比例分别为 2%、7%、2%。2000 年以来，随着经济发展和新房建设的增加，欧盟对于人造板的需求不断扩大，人造板的进口份额在世界上保持较高水平。2008 年，由于受到国际金融危机的影响，欧盟人造板的进口份额达到低点。2013 年，随着《欧盟木材法规》的实施，欧盟的进口份额降到 2%以下。随着经济发展和新房建设需求趋于平稳，欧盟的刨花板、纤维板进口额保持了比较，见图 12－2。

2000—2018 年欧盟刨花板的主要进口国为白俄罗斯、瑞士、乌克兰、俄罗斯、挪威、土耳其、南非、中国、美国、加拿大等国；胶合板的主要进口国为俄罗斯、中国、巴西、印度尼西亚、智利、白俄罗斯、乌克兰、马来西亚、加蓬、加拿大等国；纤维板的主要进口国为瑞士、俄罗斯、白俄罗斯、挪威、土耳其、中国、乌克兰、巴西、加拿大、美国等国。欧盟人造板的主要进口国为白俄罗斯、乌克兰、俄罗斯等国。

1. 欧盟刨花板进口来源分布

2000—2018 年欧盟刨花板的进口来源构成有所变化。自白俄罗斯、乌克兰、俄罗斯进口的刨花板波动增加，到 2018 年分别占欧盟刨花板进口额的 32.2%、16.7%、13.1%，见表 12－5。自瑞士、挪威进口的刨花板有所下降，到 2018 年分别占欧盟刨花

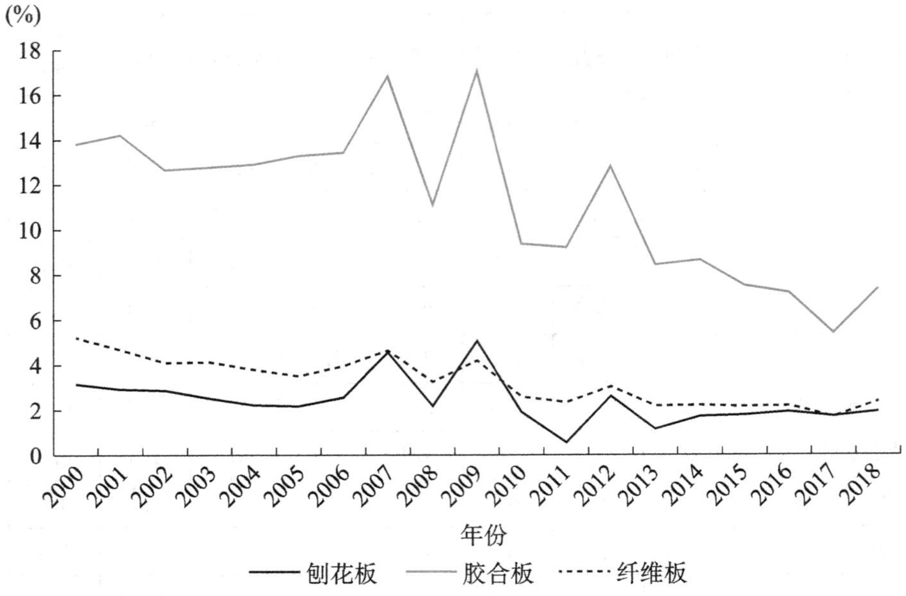

图 12-2　欧盟人造板（刨花板、胶合板、纤维板）进口额的世界占比

资料来源：UN COMTRADE 数据库。

板进口额的 17.8%、10.6%。一直以来，中国占欧盟刨花板进口额的比例不高，主要原因可能是刨花板在我国人造板产品中的占比较低且中低端产品较多。2000—2008 年欧盟自中国进口的刨花板占比有所上升，2009 年受国际金融危机影响逐渐下降，2010 年后有所反弹，但受《欧盟木材法规》的影响，自 2013 年起该比例继续下降，2018 年仅为 0.7%。

表 12-5　欧盟刨花板进口来源分布（%）

年份	白俄罗斯	瑞士	乌克兰	俄罗斯	挪威	土耳其	南非	中国	美国	加拿大	合计
2000	1.0	59.6	0.1	0.2	32.0	0.9	0.0	0.2	2.9	0.3	97.2
2001	0.2	61.5	0.0	0.0	32.3	1.2	0.0	0.1	1.8	0.3	97.5
2002	0.5	62.1	1.2	0.1	29.9	1.6	0.0	0.2	1.2	1.6	98.4
2003	0.2	62.4	0.8	0.2	29.8	2.4	0.0	0.5	1.6	0.3	98.2
2004	0.9	58.6	1.8	0.5	29.9	3.2	0.2	1.1	1.0	0.2	97.4
2005	0.8	59.0	0.5	0.1	29.7	3.3	0.0	2.4	1.0	0.1	96.9
2006	1.5	59.0	1.5	0.3	27.9	4.5	0.0	2.1	1.3	0.2	98.4
2007	0.7	45.6	6.1	1.1	17.7	7.1	0.0	3.8	3.3	11.2	96.4
2008	0.3	51.1	3.1	0.2	24.3	6.2	0.0	4.2	4.4	4.3	98.0
2009	0.0	54.7	12.8	0.2	20.2	3.5	0.0	2.5	1.3	2.8	98.1
2010	0.0	38.7	12.8	2.1	24.5	2.7	0.0	2.5	3.4	5.3	92.3
2011	0.0	37.5	12.4	0.1	28.4	2.5	0.0	2.9	4.3	4.5	92.6

续表

年份	白俄罗斯	瑞士	乌克兰	俄罗斯	挪威	土耳其	南非	中国	美国	加拿大	合计
2012	0.0	44.6	8.0	0.3	26.8	2.9	0.0	2.9	3.0	2.6	91.2
2013	3.9	44.0	5.0	0.1	26.6	3.1	0.0	2.2	2.0	4.8	91.8
2014	10.4	30.7	21.5	2.8	18.4	5.3	0.0	1.7	1.3	1.0	93.0
2015	12.3	27.0	27.0	5.4	16.1	4.3	0.0	1.2	1.5	1.0	95.7
2016	24.5	22.3	24.2	8.9	10.9	4.0	0.0	0.9	0.9	0.3	96.9
2017	34.5	18.3	18.9	10.5	9.5	3.4	0.0	0.9	0.5	0.1	96.6
2018	32.2	17.8	16.7	13.1	10.6	5.4	0.8	0.7	0.6	0.3	98.1

资料来源：UN COMTRADE 数据库。

注：表中数据因四舍五入，略有出入。

2. 欧盟胶合板进口来源分布

2000—2018 年欧盟胶合板的主要进口国为俄罗斯、中国、巴西、印度尼西亚。欧盟自中国进口的胶合板金额从 0.09 亿美元增长到 5.49 亿美元，占欧盟胶合板进口总额的比例从 0.9%增长到 25.8%，见表 12-6。2008 年受国际金融危机影响，欧盟自中国进口的胶合板占比开始下降，而后有所回升。由于欧盟自中国进口的胶合板制作原料中有相当比例来自木材合法性被国际社会质疑的地区，如东南亚、巴西亚马孙地区和非洲刚果盆地等，因而在《欧盟木材法规》实施后，欧盟自中国进口的胶合板也受到影响（陈晓倩等，2013）。2018 年，在欧盟自中国进口的三种人造板产品进口额中，胶合板的占比最高。

表 12-6　欧盟胶合板进口来源分布（%）

年份	俄罗斯	中国	巴西	印度尼西亚	智利	白俄罗斯	乌克兰	马来西亚	加蓬	加拿大	合计
2000	15.4	0.9	26.3	30.8	1.0	1.2	1.1	5.4	1.1	3.3	86.5
2001	15.5	1.5	27.9	30.2	1.3	1.5	1.5	5.6	1.2	2.1	88.3
2002	17.3	3.7	29.4	25.6	1.7	2.1	1.8	5.1	1.4	1.2	89.4
2003	18.0	6.1	31.0	22.0	2.2	1.8	2.1	4.8	1.6	1.2	90.8
2004	18.6	10.0	31.3	16.0	2.3	1.8	2.3	6.9	1.3	1.0	91.5
2005	20.5	19.5	24.7	13.0	3.6	1.7	2.9	4.9	1.4	1.0	93.2
2006	21.2	24.6	21.7	8.3	3.5	1.6	2.6	7.1	1.5	0.7	92.7
2007	23.1	30.4	19.8	4.7	3.8	1.6	2.5	6.2	1.7	0.7	94.4
2008	21.0	27.0	20.6	5.3	5.9	1.1	2.2	7.7	2.4	0.8	94.2
2009	21.3	22.4	21.8	6.2	7.3	1.7	2.1	8.4	3.3	0.5	95.0
2010	23.6	25.7	18.9	6.0	6.5	1.7	2.2	6.8	2.6	0.2	94.3
2011	27.3	27.5	15.7	5.0	7.6	1.7	2.7	4.6	2.2	0.3	94.6

续表

年份	俄罗斯	中国	巴西	印度尼西亚	智利	白俄罗斯	乌克兰	马来西亚	加蓬	加拿大	合计
2012	26.3	29.4	16.6	4.6	5.1	1.5	2.9	5.0	2.2	0.3	94.0
2013	28.1	29.1	16.8	4.4	4.0	1.7	2.8	5.0	2.3	0.5	94.7
2014	28.6	28.8	16.7	4.9	4.4	2.2	3.3	3.7	2.0	0.6	95.3
2015	27.0	30.5	17.0	4.9	5.2	2.0	2.7	3.5	1.9	0.6	95.3
2016	30.0	28.0	14.6	5.8	5.3	2.0	2.7	3.6	2.0	0.5	94.5
2017	31.3	26.3	14.9	6.3	4.4	2.9	2.7	3.0	1.6	0.5	94.0
2018	31.2	25.8	15.7	5.9	5.3	3.4	3.1	2.3	1.0	0.5	94.3

资料来源：UN COMTRADE 数据库。

注：表中数据因四舍五入，略有出入。

3. 欧盟纤维板进口来源分布

2000—2018 年欧盟纤维板的主要进口国有所变化，从主要来自瑞士、挪威、美国等国，转向瑞士、俄罗斯、白俄罗斯、挪威、土耳其、中国等国，见表 12－7。随着中国木材产业的发展，欧盟自中国进口的纤维板占比不断上升，于 2012 年达到阶段性峰值，但可能受到 2013 年实施的《欧盟木材法规》的影响，该比例随后下降，2018 年欧盟自中国进口的纤维板占比为总进口额的 7.2%。

表 12－7 欧盟纤维板进口来源分布（%）

年份	瑞士	俄罗斯	白俄罗斯	挪威	土耳其	中国	乌克兰	巴西	加拿大	美国	合计
2000	44.3	1.8	3.7	10.6	0.8	0.0	0.6	5.5	3.2	16.3	86.9
2001	46.3	1.0	4.6	9.8	1.0	0.0	0.5	5.9	2.7	11.1	83.0
2002	46.1	1.0	3.9	9.7	2.7	0.1	0.4	5.9	2.8	12.5	85.1
2003	47.1	1.1	3.9	8.6	2.9	0.2	0.5	6.4	3.6	8.2	82.4
2004	49.9	1.2	3.3	8.6	3.5	0.7	0.3	7.2	2.8	6.9	84.3
2005	43.5	10.7	2.8	9.3	3.6	2.2	0.4	5.6	2.6	7.2	88.0
2006	45.4	7.3	2.7	8.9	4.5	7.4	0.1	5.4	3.2	5.3	90.2
2007	38.9	10.7	3.9	8.6	6.1	12.9	0.2	5.1	3.4	3.0	92.6
2008	42.1	4.0	1.7	9.8	5.5	18.5	0.2	5.7	3.2	2.6	93.3
2009	41.6	5.6	1.5	11.7	3.9	12.9	1.8	6.1	3.6	4.9	93.6
2010	48.8	2.4	2.0	10.4	2.8	12.6	2.1	3.7	4.9	4.4	94.2
2011	48.8	1.8	1.0	10.6	2.7	17.1	2.0	2.2	4.0	3.8	94.0
2012	49.7	1.2	1.0	10.3	2.9	17.2	1.9	2.1	3.5	2.9	92.7
2013	55.5	1.8	1.1	9.4	3.1	14.2	2.2	1.8	0.8	2.6	92.6
2014	50.6	2.9	3.3	8.5	4.2	13.4	2.0	1.8	3.6	2.0	92.4

续表

年份	瑞士	俄罗斯	白俄罗斯	挪威	土耳其	中国	乌克兰	巴西	加拿大	美国	合计
2015	47.0	3.5	6.8	7.9	4.8	14.2	2.5	1.5	2.3	2.5	93.1
2016	41.8	8.4	11.1	7.2	5.2	11.2	2.5	1.5	2.5	2.1	93.5
2017	33.3	13.2	15.3	11.8	5.5	7.7	3.2	1.1	2.4	2.1	95.5
2018	26.4	18.8	15.1	10.6	8.3	7.2	4.0	2.6	2.1	1.1	96.1

资料来源：UN COMTRADE 数据库。

注：表中数据因四舍五入，略有出入。

第三节 木材非法采伐的影响及贸易状况

一、非法采伐的影响与应对措施

非法采伐已成为全球关注的重要问题，在一般情况下，如果木材的采伐、加工、运输和销售中的任一环节违反了一个国家或国际法律，都可以认定该木材为非法采伐（程宝栋和宋维明，2008）。木材非法采伐与贸易行为对森林资源造成了严重的破坏，而且在很长时间内难以修复，并会对全球经济、社会、环境等都造成一定影响（Gordon，2016）。据统计，世界林业中非法采伐活动的相关价值每年为 10 万亿～15 万亿美元（Sotirova et al.，2017），相关贸易导致约 65%的全球森林资源被破坏以及大量的经济损失（韩丽晶等，2015），而由此造成的水土流失、生物多样性减少和环境污染等问题也不可忽视。同时，非法采伐所得木材的价格往往比合法木材的价格低廉，非法采伐使得全球木材价格下跌7%～16%，对世界林产品贸易的正常有序进行造成了严重影响（思芳，2011）。此外，非法采伐还可能导致侵犯人权、腐败等问题（Reboredo，2013）。

为应对非法采伐及其相关贸易问题，各国采取了相应措施。2008 年，美国颁布了《雷斯法案修正案》，规定木材的采伐、获取、运输、售卖及出口过程中的任一环节都不能产生违反当地国家法律的现象（吴柏海等，2009；Brack，2010；王连茂等，2011）。该法案规定：实行“进口申报制度”，对相关林产品（如纸浆、纸制品、木材及家具等），进口商需要向美国海关提供所用木材的植物学名、木材采伐国家、数量和价值等信息，前文介绍的人造板（刨花板、纤维板、胶合板）也包含在其中。2013 年 3 月，欧盟颁布了《欧盟木材法规》，该法规禁止非法采伐的木材进入欧洲市场，并建立了“尽职调查体系”。该法规有三个基本要点：获取木材信息（包括对木材的基本描述、合法性证明、供应商资料等）、利用相关指标进行风险评估、保留相关信息至少五年以控制风险。惩罚措施主要包括没收产品、吊销贸易牌照及罚款（Cashore et al.，2012；李明丽和宋维明，2013）。该法规对于大部分木材制品均有效，包括原木、刨花板、纤维板、胶合板、木质家具、纸和纸浆等产品。此外，2012 年 11 月，澳大利亚农业部通过了《禁止非法采伐法》。2016 年 5 月，日本通过了《促进合法采伐木材流通与利用法实施法案》，该法案仅鼓励而非强制要求使用合法木材。2017 年，韩国正式颁布了《木材可持续利用法修正案》，要求进口商在进口木材或木材产品时提交证明其产品合法的进口声明。这些法案都是为了打击非法采伐、加强木材监管，但在条款的解释、非法采伐的判定和惩罚措施等方面又有所不同（Nathan et al.，2018）。

二、国际非法采伐生产及贸易状况

此前，全球在应对非法采伐及其相关贸易问题上做出了一系列努力。一方面，消费国的贸易法规带动了应对非法采伐的行动，这些法规要求进口商证明木材来源是合法的。消费国的重要立法包括美国的《雷斯法案修正案》（2008 年）、《欧盟木材法规》（2013 年）、日本的《清洁木材法案》（2016 年）以及 2017 年韩国的《木材可持续利用法修正案》。另一方面，许多地处热带的木材生产国也在进行相应努力，以加强对消费国合法性法规的遵守。例如，印度尼西亚已经实施了国家木材合法性保证体系（Sistem Verificasi Legalitas Kayu，SVLK），并于 2016 年首次颁发了符合欧盟 FLEGT 要求的木材出口许可证。其他木材生产国也在积极同欧盟开展 VPA 谈判，以确保出口至欧盟的木材满足合法性要求。在木材生产国和消费国的共同努力下，全球打击非法采伐及其相关贸易取得了一定的成果。Chatham House（2015）的研究表明：2002—2010 年全球非法木材产量下降了近 1/4。其中，在主要生产国中，大规模的违法行为逐步减少，自愿认证和森林认证的数量有所增加，这得益于欧美发达国家的立法行为。例如，以刚果共和国为例，刚果北部经认证的森林主要出口欧盟。

然而，全球仍存在着相当数量的非法木材生产及贸易。国际刑警组织和联合国环境规划署的研究报告指出：全球木材年产量的 30%和热带国家高达 50%～90%的采伐木材均系非法，由此形成了一个 300 亿～1 000 亿美元的非法木材全球贸易市场。Chatham House（2015）对全球 9 个主要木材生产国的评估表明：参与评估的 9 个木材生产国的非法木材产量仍然超过 8 000 万立方米。虽然大规模的违法行为正在逐步减少，但这 9 个木材生产国非正式的小规模生产抵消了它们治理非法采伐的进步。其他国家生产木材的总量虽然较小，但其非法采伐的比例很高。此外，林地的非法转换也是非法采伐仍然存在的重要原因之一。

主要林产品消费国的立法行为减少了其非法林产品的进口，并在一定程度上促进了全球林产品的合法贸易。目前，针对消费国立法行为影响评估的研究有不少（Seneca Creek Associates，2004；Prestemon，2015；Bosello et al.，2013；Moiseyev，2010；Brusselaers and Buysse，2021）。这些研究的共识是：各消费国通过立法限制非法木材进口在一定程度上对打击非法采伐和相关贸易有积极的作用，但由于一些原因，这些效果可能不明显。其中，澳大利亚是因为其占全球林产品贸易的份额很小，所以其立法行为对全球林产品市场的影响很小，并且相关成本主要由澳大利亚承担。欧盟是因为其政策的大部分影响被转移或者抵消了（Bosello et al.，2013）。此外，由于木材贸易转经加工国，难以追踪木材来源，导致法律执行愈加困难（Chatham House，2015）。

新兴木材加工国家的兴起（如中国、越南和印度），使得消费国贸易法规所能产生的影响越来越小。研究表明，木材生产国对敏感市场（即欧盟和美国）的出口均有所减少，而对世界其他国家和中国的出口增长迅速（Chatham House，2015）。由于替代市场的存在，主要消费国和木材生产国之间的直接贸易正在逐渐减少，这打击了各国建设和落实全国木材合法性保证体系的积极性。因此，以中国为代表的木材加工国进一步加强对进口木材的合法性管理，对于全球应对非法采伐及其相关贸易具有十分重要的意义。

第四节　木材非法采伐及贸易的相关理论

一、国际贸易理论

1. 比较优势理论

在自由贸易理论中，李嘉图的比较优势理论认为：一个国家的各个产品的劳动生产率有所差异，因此与其他国家相比，一些产品具有成本优势，另一些产品不具有成本优势。如果一个国家在某个产品上拥有较高的劳动生产率或是生产成本较低，则该产品便具有比较优势，因此应当大力鼓励该产品的生产及出口，从而在与其他国家的贸易中获得利益。而对于不具有比较优势的产品，则可以从其他国家进口。比较优势理论阐述了一个国家如何通过参与贸易取得福利，从而丰富了国际贸易理论的内容。

2. 要素禀赋理论

随着国际贸易理论的进一步发展，赫克歇尔和俄林的要素禀赋理论在两个国家、两种产品、两种要素的假设前提下，论述了决定比较优势的因素。在此基础上，多种产品、多种要素的扩展模型也被提出。要素禀赋理论指出：不同的国家拥有不同的要素禀赋，在某些方面拥有丰富资源的国家可能在另一些方面资源相对匮乏，因此每个国家会因拥有的要素禀赋不同而生产和出口不同的产品，由此形成产品在国际流动。国家生产禀赋比较富足的产品将会拥有较低的成本或较高的劳动生产率，因此可以通过多生产和出口这一产品来获得贸易福利，而对于禀赋比较稀缺的产品，则可以通过进口来满足部分需求。

中国虽然在原木等原料产品上不具有比较优势，但具有一定的资本优势和劳动力优势，可以充分利用这些优势，通过进口原木来加工制作木材，从而更好地发展木质林产品产业和相关贸易（孙于岚等，2019）。位于产业链中下游的人造板制造业是劳动密集型产业（严谨等，2010），由于非法采伐法案的实施，人造板来源国将减少从非法采伐可疑国进口廉价的原料，而在木材原料减少的情况下，以劳动力为比较优势的人造板来源国无法发挥自身优势，进而法案实施国可能会减少相应的进口。

3. 新贸易保护理论

20 世纪 80 年代初，新贸易保护理论开始盛行。格罗斯曼和斯潘塞等人提出了战略性贸易政策理论，该理论主张：国际市场中有许多贸易壁垒，各国政府为了本国的利益可以适当地采取关税、补贴等措施，以保护本国相关产业，增加其在国际市场上的竞争力。

虽不能简单地将《雷斯法案修正案》等国外非法采伐法案归类为不合理的贸易壁垒，但在某种程度上可能存在法案实施国限制从发展中国家进口人造板的情况，而其他国家考虑到与法案实施国的贸易关系或是今后可能的发展趋势，也将减少从发展中国家进口人造板。此外，由于各法案对非法木材贸易的认定、禁止非法木材贸易的力度及处罚措施等存在差异，而且相关的判定结果暂没有国际统一的规则，因此会有很强的可操作性，甚至能使法案实施国的进口选择有所改变。

二、环境规制理论

1. 环境规制理论的内涵

严格的环境规制有利于缓解环境问题带来的各种生态和社会影响，但也会对企业造成一定压力，使得企业为应对环境规制而增加成本、降低利润，同时有可能发生挤出效应，即将原本用于其他投资（如创新）的资金转投环境规制所需的措施。因此，企业可能进一步出现利润降低、生产率下降、国内外竞争力减弱（Jaffe et al.，1995）。然而，“波特假说”认为：严格的环境规制在短期内可能会增加企业的成本，但环境规制在一定程度上也可能形成更适合的市场竞争，推动各个企业采取管理升级、技术创新等措施，从而提升企业的管理水平和生产效率，最终提高其产品质量和市场竞争力。

2. 环境规制理论在非法采伐法案方面的应用

由于非法采伐法案的实施，一方面，人造板来源国加强森林认证、放弃非法采伐可疑国廉价的木材原料将使企业的成本增加，进而失去了成本优势，致使产品竞争力降低，因而美国、欧盟等法案实施国从该国的进口量将会减少。另一方面，人造板来源国虽然因采取一些应对措施增加了成本，但企业在此激励下不断创新，不仅补偿了相应的成本，还开发出了更高效的工艺，使成本逐渐降低、人造板产品竞争力增强，因而美国、欧盟等法案实施国从该国的进口量将会增加。

第五节 木材非法采伐法案的相关研究进展

2008 年美国《雷斯法案修正案》进一步拓展了应用范围，针对木材及木制品进入美国贸易市场设置了严格的申报审查制度，并有相关惩罚措施。该法案对于中国向美国出口相关林产品产生了较大的影响（吴柏海等，2009）。宋维明和印中华（2010）认为：在没有找到应对措施之前，《雷斯法案修正案》的实施将对出口美国市场的林产品造成严重的冲击。《雷斯法案修正案》对中国木制品企业出口的具体影响，包括对成本的影响、对企业风险管理的影响、对出口市场份额的影响和对非正当竞争的影响（陈晓倩等，2013）。

一、非法采伐法案的负面影响

印中华等（2012）探讨了《欧盟木材法规》给林产品国际贸易尤其是对中国林产品出口造成的影响：从短期来看，《欧盟木材法规》的实施会形成一定的市场准入障碍，对国际林产品出口贸易造成影响。王连茂等（2011）认为：由于贸易保护主义、企业成本提高等原因，我国木质家具出口难度将增大，出口将有所下滑。李晓燕等（2014）考虑到中国林产品企业的现状，即林产品企业的产品通过森林认证的比例不高，而森林认证是《欧盟木材法规》认定木材合法性的重要凭证之一，因此该法案的实施将使中国很多的林产品难以进入欧盟市场。一些学者分析总结了自《欧盟木材法规》实施以来对中国木质林产品的负向影响：一是相关产品的原料受法规制约，导致进口来源有所改变或是难以找到合适的进口资源，因而木材原料采购压力增大且不稳定性增加；二是中国林产品企业的管理水平和规范性操作有待加强，为应对非法采伐法案，所需的出口成本有所增加；三是我国向欧盟出口的木制林产品金额有所下降（李晓燕等，2014；韩灵梅，2015）。其中，关于非法采伐法案对于企业成本的影响，还包括出口的认证成本、制度成本等（侯方淼和庄季乔，2015）。同时，在企业成本增加后，相关林产品的国际竞争力被削弱（侯新宇等，2013）。有学者研究发现：不同国家的不同类型产品受《雷斯法案修正案》和《欧盟木材法规》等非法采伐法案的影响有所不同。对于供应链较长和较复杂的林产品，运营商采购或收集信息都会更为困难，同时由于法案对木材合法性证明文件的具体规定较为模糊，致使运营商进行材料收集和提交等操作的难度大（李明丽和宋维明，2013）。

Prestemon（2015）基于干预分析模型，分析了《雷斯法案修正案》对于不同国家向美国出口木材的影响，发现非法采伐率较高的国家受到了显著的负面影响。而在欧盟市场上，曾伟等（2017）认为：中国木材产品受《欧盟木材法规》的不利影响可能大于其他主要的竞争对手。与东南亚等木材及木制品加工国相比，中国的森林资源并不丰富，很大一部分木材原料都源于进口，而东南亚木材加工国一般具有比较丰富的森林资源，它们的木材供给大多源于国内。《欧盟木材法规》的颁布使得中国的木材原料来源受到比这些国家更大的限制，因此应对合法性要求或是合法性证明文件的难度相对较大。另外，与发达国家的林产品企业相比，中国木材加工企业的管理水平相对较低，因此满足合法性要求或是合法性证明文件的成本相对较高。

二、非法采伐法案的正面影响

除了上述非法采伐法案带来的负面影响外，部分学者认为：从长期来看，相关法案能够提高合法木材的国际竞争力，从而改善全球木材贸易条件，形成更为合法有序的贸易环境。同时，相关法案带来的非法采伐减少情况将能更好地保护森林，促进森林可持续发展，使得全球生态环境得到改善（印中华等，2012；李晓燕等，2014）。对于企业来说，非法采伐法案将会促进企业进行森林认证，并使得企业更加注重自己的社会责任等（侯方淼等，2015）。此外，董加云等（2013）认为：非法采伐法案还可能有利于中国木材加工企业提升管理水平、增强创新能力和实现技术升级，从而增强在国际市场上的竞争力和塑造优质形象。

三、非法采伐法案的影响不显著

也有部分学者认为：非法采伐法案对林产品出口的影响不大。高建卫等（2013）研究了《雷斯法案修正案》实施前后我国林产品进出口数据的变化，并以此为基础分析了该法案实施对国内木制品出口的影响。研究发现：木制品整体没有受到《雷斯法案修正案》的影响，我国对于美国的木制品出口市场受到的影响也很小，市场基本保持稳定。

但同时发现：我国木材原料的成本有所增加，并且增加的幅度超过了出口木制品。此外，由于我国木材进口的主要来源逐渐由非法采伐可能性较高的国家转向美国、加拿大等木材产品采伐规范性较高的国家，因此《雷斯法案修正案》等非法采伐法案带来的风险或许能有效规避。苏佑佳等（2013）认为：目前，我国木质家具出口并未受到《雷斯法案修正案》的显著影响，但随着法案的逐步实施，可能会产生更深远的影响。林珍等（2015）对部分木制品企业 2001—2013 年的季度数据进行了实证分析，研究表明：虽然《雷斯法案修正案》对大部分木制品企业有消极影响，但对于部分企业来说有积极影响；总体来看，该法案对中国木制品出口美国产生了偏负面但不显著的影响。Bridegam et al.（2014）基于合成控制法分析发现：《雷斯法案修正案》对于美国从非法采伐可疑国进口木材量无显著影响。

四、非法采伐法案对微观企业的影响

部分学者还通过实地调查和问卷分析，从微观层面研究了非法采伐法案对企业产生的影响。曾寅初等（2012）对江苏、山东和浙江的 73 家木业企业进行了问卷和访谈调查，并运用所得资料分析了《雷斯法案修正案》和《欧盟木材法规》等非法采伐法案对我国木业企业的影响，研究发现：我国木业企业对于相关采伐法案的了解不够，同时这些企业采取的措施比较简单，应对不够高效，因此需要对我国木业企业进行一定的宣传和培训，增强其对于非法采伐法案的认知，提高其应对法案要求的能力，从而尽可能地减少相关法案对我国木业企业的影响，增强它们的国际竞争力。董加云等（2013）对 65 家木材加工出口企业进行了调研，并运用调研所得数据实证分析了这些企业对《欧盟木材法规》的了解情况。他们发现：虽然这些企业大多认为该法案的实施将会对其产生不利影响，但普遍低估了该法案对它们的影响程度，并未重视自身应对法案的能力，而是主要依赖上游供应商，未能积极主动地进行森林认证或是提高企业的相关管理水平。董加云等（2014）对广东部分家具企业和家具协会进行了调研，经过实证分析，发现同样存在认知程度和重视程度低的问题。同时，他们发现：《欧盟木材法规》的实施将显著提高企业的出口成本，使得企业在欧盟市场上的竞争力有所削弱。Lu（2015）收集处理了参加 2013 年中国上海两个贸易展览会的 226 家中国木材制造商的样本数据，并以此为基础进行了建模分析。研究结果显示：中国公司对《雷斯法案修正案》的认知程度是影响其对美出口产品的重要因素。因此，Lu（2015）得出以下结论：不太熟悉《雷斯法案修正案》的公司倾向于退出美国市场并专注于国内市场；与较大规模的同行企业相比，小规模的中国木质林产品制造商更倾向于在该法案实施后退出美国市场。

第六节　木材合法性管控政策及效果分析

为了应对全球非法采伐及其相关贸易，中国政府和私人部门采取了一系列措施与行动。中国政府通过制定相应法律及完善进口管理法规、成立行政机构加强执法、开展专项打非行动来管理和打击木材非法采伐和贸易。同时，中国政府不仅完善了木材监管体系、实施了绿色采购政策、推动了国内森林认证、进行了木材合法性验证，还

开展了国际和区域间交流与合作、与国际社会和区域组织共同进行了打击木材非法采伐和相关贸易的联合行动。在私人部门方面，产业协会积极探索中国木材合法性团体标准的构建，并开展针对会员企业的木材合法性指导与培训，国内木材企业积极开展COC（Chain of Custody）认证，并规范了境外投资与经营。

一、政府行动

中国政府一贯坚持打击国际木材非法采伐及其相关贸易，强调要加强各国森林执法和行政管理，从源头上保护森林资源，遏制非法采伐和相关贸易（张艳红和付健全，2009）。中国应对非法采伐及其相关贸易方面的政策和行动分为两个层面：一是在国内层面建立健全森林资源管理制度，严格行政执法，加强资源管理，加强进出口管理，严格监管程序；二是在国际层面积极参加多（双）边交流合作，积极帮助发展中国家保护和合理开发森林资源，严格遵守资源国的法律法规，加强合作，打击非法采伐。此外，我国政府林业相关部门十分重视与国际组织、NGOs和企业的合作，国家林草局已与大自然保护协会（The Nature Conservancy，TNC）、FAO、国际热带木材组织（International Tropical Timber Organization，ITTO）、IUCN、世界自然基金会（World Wide Fund for Nature，WWF）、森林趋势组织等进行了有效合作（张艳红和付健全，2009）。

1. 木材合法性法律体系

中国打击非法木材贸易的法律法规主要有《中华人民共和国森林法》、《中华人民共和国对外贸易法》、《中华人民共和国海关法》和《中华人民共和国进出口货物原产地条例》，见表12-8。

《中华人民共和国森林法》第十五条规定：不得非法改变林地用途。第五十六条规定：采伐林地上的林木应当申请采伐许可证。第六十五条规定：木材经营加工企业应当建立原料和产品出入库台账。任何单位和个人不得收购、加工、运输明知是盗伐、滥伐等非法来源的林木。这为中国打击非法采伐及相关贸易提供了法律基础。此外，该法还规定了非法采伐、收购、加工、运输木材的相关法律责任。《中华人民共和国森林法实施条例》规定了申请林木采伐许可证的相关条件，以及木材运输必须持有林业主管部门核发的木材运输证，而申请木材运输证必须提交林木采伐许可证或者其他合法来源证明等条件。该实施条例还规定了其他有关非法采伐和运输的经济处罚。此外，国家林草局先后制定了《关于违反森林资源管理规定造成森林资源破坏的责任追究制度的规定》、《关于破坏森林资源重大行政案件报告制度的规定》、《占用征用林地审核审批管理规范》、《国家林业局关于严格天然林采伐管理的意见》、《国家林业局关于规范树木采挖管理有关问题的通知》和《重大林业生态破坏事故应急预案》等一系列办法及规定，从而完善了有关森林资源管理的法律法规体系。

同时，《中华人民共和国野生动物保护法》、《中华人民共和国环境保护法》、《中华人民共和国种子法》、《中华人民共和国防洪法》和《中华人民共和国防沙治沙法》对森林的保护、更新和禁伐做出了明文规定。《中华人民共和国刑法》对非法采伐做出了详细的刑罚规定，《最高人民法院关于审理破坏森林资源刑事案件具体应用法律若干问题的解释》具体规定了非法采伐的树种、数量等量刑依据以及相应的罪名和处罚。《中华人民共和国进出口商品检验法》规定，对于进出口木材必须经过商检机构或者国家商检部门、商检机构指定的检验机构检验。

表 12-8　中国有关木材合法性的法律法规

相关法律名称	最新修订及实施日期	相关内容
《中华人民共和国森林法》	2019 年 12 月 28 日最新修订 2020 年 7 月 1 日起施行	第十五条规定：森林、林木、林地的所有者和使用者应当依法保护和合理利用森林、林木、林地，不得非法改变林地用途和毁坏森林、林木、林地。 第五十六条规定：采伐林地上的林木应当申请采伐许可证，并按照采伐许可证的规定进行采伐。 第六十五条规定：木材经营加工企业应当建立原料和产品出入库台账。任何单位和个人不得收购、加工、运输明知是盗伐、滥伐等非法来源的林木。 第七十六条规定：盗伐林木的，由县级以上人民政府林业主管部门责令限期在原地或者异地补种盗伐株数一倍以上五倍以下的树木，并处盗伐林木价值五倍以上十倍以下的罚款。滥伐林木的，由县级以上人民政府林业主管部门责令限期在原地或者异地补种滥伐株数一倍以上三倍以下的树木，可以处滥伐林木价值三倍以上五倍以下的罚款。 第七十八条规定：违反本法规定，收购、加工、运输明知是盗伐、滥伐等非法来源的林木的，由县级以上人民政府林业主管部门责令停止违法行为，没收违法收购、加工、运输的林木或者变卖所得，可以处违法收购、加工、运输林木价款三倍以下的罚款。
《中华人民共和国对外贸易法》	2022 年 12 月 30 日最新修订 公布之日起施行	第十五条规定：国家基于“保护人的健康或者安全，保护动物、植物的生命或者健康，保护环境”，可以限制或者禁止有关货物、技术的进口或者出口。第三十三条规定：在对外贸易活动中，不得“伪造、变造进出口货物原产地标记，伪造、变造或者买卖进出口货物原产地证书、进出口许可证、进出口配额证明或者其他进出口证明文件”。第二十五条规定，国家基于“我国缔结或者参加的国际条约、协定的规定”，可以限制或者禁止有关的国际服务贸易。
《中华人民共和国海关法》	2021 年 4 月 29 日修订	第二十四条规定：进口货物的收货人、出口货物的发货人应当向海关如实申报，交验进出口许可证件和有关单证。国家限制进出口的货物，没有进出口许可证件的，不予放行。
《中华人民共和国进出口货物原产地条例》	2019 年 3 月 2 日颁布 2019 年 3 月 2 日起实施	第十一条规定：进口货物的收货人应当如实申报进口货物的原产地。 第十四条规定：海关在审核确定进口货物原产地时，可以要求进口货物的收货人提交该进口货物的原产地证书，并予以审验；必要时，可以请求该货物出口国（地区）的有关机构对该货物的原产地进行核查。

2. 法律执行

中国政府制定了一系列法律法规，同时健全了行政机构，加强了木材管理，对相应的量刑处罚都做了明确规定。中国已建立《林业行政处罚程序规定》《林业行政执法监督办法》《林业行政处罚听证规则》等行政规章制度，从程序上保证了林业法律法规的正确执行，为林业行政执法提供了较为完备的执法依据，也维护了当事人的合法权益。

为了使《中华人民共和国森林法》（简称《森林法》）和相关法律法规得到贯彻执行、制止非法采伐活动，中国政府于 1984 年组建森林公安局，隶属于当时的中华人民共和国林业部（国家林业和草原局前身）。森林公安局的主要职责有：指导全国森林公安机关林业行政执法工作，协调组织打击破坏森林及野生动物资源违法犯罪活动的统一行动和专项治理，督促查处破坏森林资源、国家重点保护野生动物资源的特大案件，指导林区安全综合治理工作。《森林法》赋予了森林公安机关法律地位、职责权限、管理范围和管理体制。各级地方林业行政部门和公安机关都设有森林公安机关或森林警察机构具体负责辖区事务，依法打击有关非法活动。同时，各级地方林业行政部门下属的木材检查站负责检查运输中木材的有关证明，截获非法采伐木材，协助森林公安机关破获重大案件，是林业基层行政执法单位，由县级以上地方林业行政主管部门领导。自 2020 年开始，森林公安整体划转到公安部实行统一领导管理，在业务上接受林草部门的指导。按照中央要求和《森林法》，森林公安的职能保持不变，继续承担森林资源保护、森林草原防火等职责（国家林业和草原局，2019）。

1999 年以来，针对一些地区破坏森林和野生动物资源的违法犯罪活动比较猖獗的情况，森林公安局相继组织开展了冬季严打、破案攻坚战、打击破坏森林资源专项行动、征占林地清理整顿等一系列专项整治行动，重点打击盗伐和滥伐木材、收购和运输以及加工非法木材的活动。图 12－3 显示了 2009—2019 年中国林业行政案件查处数量与收缴非法木材数量。林业行政案件包括：非法收购、运输木材案件；违法占用征收林地案件；滥伐、盗伐林木案件；毁坏林木、苗木案件；非法经营、加工木材案件；违反森林植物检疫规定案件；非法收购、出售、运输野生动物及其产品案件；非法猎捕野生动物案件；非法驯养、繁殖野生动物案件，违反林木种苗管理规定案件和其他案件。2019 年，中国林业行政案件查处数量为 13.56 万起，不到 2009 年林业行政案件查处数量的一半，收缴非法采伐木材 9.8 万立方米。近年来，林业行政案件查处数量呈现明显下降的局势，近五年收缴的非法采伐木材数量处于较低水平，这从侧面反映了中国林业执法部门的严厉打击有效遏制了一些地方盗砍滥伐林木、乱征滥占林地、私收滥购林木和非法运输木材等各类破坏森林资源的违法犯罪活动。

3. 木材监管体系

中国木材监管体系包括森林管护、林木采伐以及木材生产、流通和消费等领域。其中，中国在木材采伐和流通运输环节上主要采取文件管理方式，严格执行年森林采伐限额、木材生产计划和采伐许可证制度以及采伐作业规程，合理量材造材，通过采伐限额及许可、产地证明、运输许可证与发票核对制度，对无证采伐和乱砍滥伐进行依法严肃处理，加强了木材源头和流通监督管理，而且效果比较明显。但是，中国在木材加工、产品包装、物品装卸、成品运输、商品销售、产品消费等环节的监管制度还有待完善。目前，中国林业科学研究院正在开展木材跟踪系统研究，制定和完善有关木材原料和产品从采伐、运输、装卸、加工、制造、包装和销售到最终消费者的木材供应链全程监管

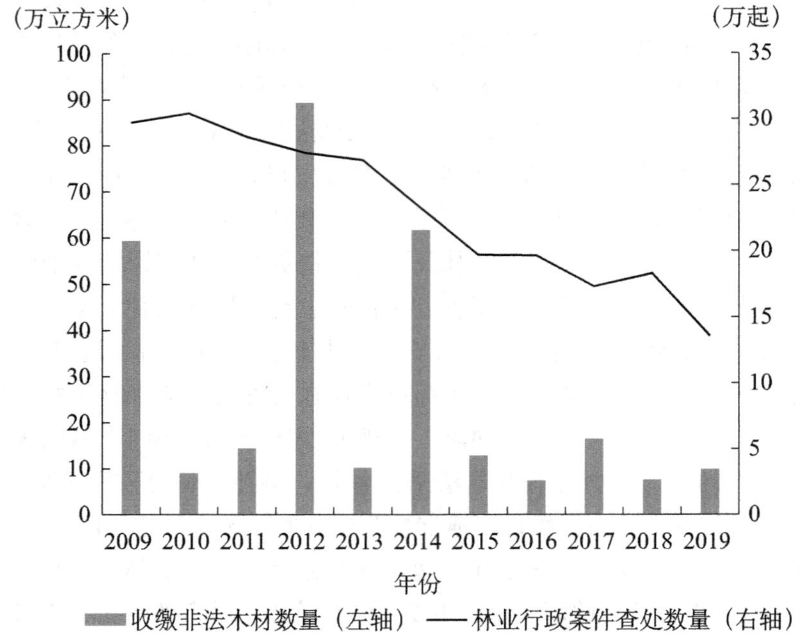

图 12-3 2009—2019 年中国林业行政案件查处数量与收缴非法木材数量

资料来源：作者根据历年《中国林业和草原发展报告》整理。

体系，供政府适时采纳，以推动 FLEGT 进程，从而有效地惩治木材非法采伐及其相关贸易。

4. 绿色采购政策

中国政府的采购数量巨大，因而实施绿色采购具有很强的杠杆作用，能够促进绿色产业的发展和绿色消费市场的形成；同时，绿色采购也是树立政府良好形象、保护生态环境、促进形成环境友好社会的一个非常有效的途径和手段。2002 年，中国政府制定并通过了《中华人民共和国政府采购法》，该法规定了采购当事人、采购方式、采购程序、采购合同、监督检查以及法律责任。2006 年 11 月，中国财政部和国家环保总局联合正式对外公布《环境标志产品政府采购实施意见》和首批《环境标志产品政府采购清单》，这标示着中国政府绿色采购制度开始正式实施。该政策适用于各级政府，并以中国环境标志认证为基础，该标志认证要求企业在产品生产的各个环节遵循环境保护原则，能够引领木制品行业可持续发展。政府采购范围内的木制品一般是成品，如办公用的纸制品类、家具、地板和木门等；也包含用于工程建筑的半成品，如锯材、人造板（胶合板、中密度纤维板、刨花板和细木工板）等。该政策虽然没有涉及使用的木材是否来自可持续经营的森林、是不是合法采伐得到的木材等方面，但已表明中国政府准备通过采购政策来处理环境方面的问题。这项政策的实施将在一定程度上促进销售商采购合法来源的木材和林产品，同时影响并促进了木材生产商的合法采伐。

目前，中国的林业主管部门正在积极推动扩大政府绿色采购政策范围，将认证林产品纳入政府采购，以进一步制止木材非法采伐和促进森林可持续经营。中国国家林业局在《关于加快推进森林认证工作的指导意见》和《林业品牌建设与保护行动计划（2017—2020

年)》中均指出：要进一步推进森林认证产品纳入政府采购目录并逐步提高采购比例。

5. 森林认证

中国在森林认证方面做出了巨大努力，并取得了明显成效。森林管理委员会（Forest Stewardship Council，FSC）和森林认证体系认可计划（Programme for the Endorsement of Forest Certification，PEFC）分别在中国设立了办公室，以推动各自体系在中国的发展。截至 2021 年 11 月，中国通过 FSC 认证的森林面积为 131 万公顷，获得 COC 认证的企业超过 14 000 家。①

中国政府关注森林可持续经营，重视森林认证，专门成立了国家林业局森林认证处和中国森林认证工作领导小组。2009 年 3 月，国家认证认可监督管理委员会发布《中国森林认证实施规则》（试行），标志着中国森林认证体系（China Forest Certification Scheme，CFCS）的正式运作。2007 年 9 月 10 日，国家林业局正式发布《中国森林认证 森林经营》和《中国森林认证产销监管链》林业行业标准，其他标准和相关技术规程正在制定或发布过程中。森林认证在我国取得了快速发展，截至 2021 年 11 月，中国已有 581.8 万公顷森林获得了中国森林认证管理委员会（China Forest Certification Council，CFCC）认证，超过 360 家企业获得了 COC 认证。

中国森林认证体系也积极探索与国际森林认证体系的互认。2011 年 5 月，CFCC 申请加入森林认证体系认可计划（Programme for the Endorsement of Forest Certification，PEFC），并于 2011 年 6 月正式成为 PEFC 这一世界最大森林认证体系的会员。2012 年，CFCC 向 PEFC 正式提交了互认材料，并于 2014 年初正式获得 PEFC 体系的国际互认。

6. 国际交流与合作

由于非法采伐及其相关贸易问题的复杂性、广泛性和严重性，对非法采伐及其相关贸易的有效治理需要国际社会共同努力、相互配合、联合行动。近年来，中国在国际交流与合作方面做出了如下努力。

首先，中国与多个国家和地区建立了打击非法采伐及相关贸易双边论坛，积极参加亚洲、欧洲和北亚森林执法与行政管理区域进程。目前，中国已经和美国、欧盟、英国、澳大利亚、日本、印度尼西亚签署了打击非法采伐及相关贸易备忘录并在此领域探讨开展合作（见表 12-9），共同为全球森林可持续发展做出努力。同时，中国也积极开展与国际组织的合作。目前，国家林草局正与 FAO、WWF、ITTO、IUCN、TNC、森林趋势组织等进行有效合作，并开展了一系列有关打击非法采伐的论坛培训和考察工作及相关的合作项目。

表 12-9　中国与其他国家和地区应对非法采伐的双边合作

合作国家和地区	合作内容
美国	2008 年 5 月，中美签署了《关于打击木材非法采伐及相关贸易谅解备忘录》，“非法采伐问题”被纳入中美战略经济对话。目前，已经连续举办了 4 次打击非法采伐和相关贸易的论坛活动。

① FSC 官方网站的 FSC. Facts and Figures，December 2012。

续表

合作国家和地区	合作内容
欧盟	2008 年 4 月 24 日，国家林业局局长贾治邦会见欧盟环境委员会委员斯达夫洛斯·迪马斯先生一行，双方同意在木材和木材产品联合认定方面展开共同研究。2009 年 1 月，中国总理温家宝访问欧盟时，签署建立中欧森林执法和行政管理双边协调机制，双方目前正在协调机制下开展木材合法性跟踪研究项目。
英国	2009 年 10 月，中国林业科学研究院林业科技信息研究所得到英国国际发展部，英国环境、食品和农村事务部和中国国家林业局的资助，开展“中国木材合法性认定体系研究”，探索建立了一套国际上认可、积极有效的认定木材合法性的方法。中英双方正在开展第二期的项目合作。在非法采伐问题上，中国被国际社会认为是解决非法采伐问题的主要力量。
澳大利亚	2009 年 10 月底，双方签署了《中华人民共和国政府与澳大利亚政府关于打击木材非法采伐及相关贸易支持森林可持续经营的谅解备忘录》，并已召开了两次双边论坛会议。目前，双方已经建立工作组，召开了三次工作组会议，开始落实备忘录的内容。
日本	2010 年，日本政府农林水产省与中国国家林业局就签署“打击木材非法采伐及相关贸易-支持森林可持续经营的谅解备忘录”进行了磋商，并在第三次中日经济高层对话上，双方签署了《中华人民共和国政府和日本国政府关于打击木材非法采伐及相关贸易-支持森林可持续经营的合作备忘录》。
印度尼西亚	中国国家林业局与印度尼西亚林业部于 2002 年 12 月 18 日签署了《中华人民共和国政府和印度尼西亚政府关于合作打击非法产品贸易的谅解备忘录》。2009 年 9 月，双方同意成立落实备忘录技术专家工作组，在备忘录框架下展开相关活动，进一步推动备忘录的落实。2010 年 3 月 30 日—4 月 7 日，印度尼西亚林业部技术专家工作组应中国国家林业局的邀请来华参加了系列活动，就中国与印度尼西亚合作进行了交流和考察。
俄罗斯	中国国家林业局依托林产品国际贸易研究中心，在 WWF 的协助下，选择在俄罗斯进行森林资源合作的大兴安岭林管局新林林业局作为试点企业，开展《中国企业境外森林可持续经营利用指南》试点工作，旨在探索经验，引导和规范企业行为，起到示范和带动作用。

其次，中国非常关注木材生产国，特别是对中国出口木材国家的森林资源经营管理，并采取积极措施帮助一些国家保护和合理开发森林资源。近些年，中国积极对东盟及非洲、大洋洲一些木材生产国提供人员培训，加强这些国家森林资源管理者的素质和管理水平，并帮助周边一些贫穷国家恢复森林资源，鼓励中国企业在缅甸、老挝、柬埔寨等国家开展造林和毒品替代种植。这些举措的主要目的是解决当地居民生计问题，减缓和避免天然、原始森林的破坏，从源头上遏制森林非法采伐及其相关贸易。

再次，中国政府十分重视规范中国林业企业的境外投资与经营行为。2007 年，中国政府出台了《中国企业境外可持续森林培育指南》。2009 年 3 月，国家林业局、商务部根据有关法律法规及相关国际公约、协定等，共同制定并颁布了《中国企业境外森林可持续经营利用指南》（简称《指南》），要求中国林业企业在境外从事森林培育活动时，应严格执行所在国的有关法律法规，杜绝木材非法采伐和非法贸易，依法保护林地，引导规范中国企业按照可持续发展的理念培育和利用森林。此外，我国在加蓬、圭亚那、俄罗斯远东及莫桑比克选取了一些中国企业开展试点工作，通过实地考察、座谈、召开培训会等方式向中国企业宣传《指南》的各项内容，引导企业树立环保意识和公众利益意识。

最后，中国政府积极参与相关国际进程和会议。中国政府积极响应并参与“森林执法与施政”会议，包括2001年9月在巴厘岛召开的“森林执法与施政”亚洲部长级会议、2003年10月在喀麦隆雅温得召开的“森林执法与施政”非洲部长级会议以及2005年11月在俄罗斯圣彼得堡召开的“森林执法与施政”欧洲和北亚部长级会议。中国相继加入《联合国防治荒漠化公约》《濒危野生动植物种国际贸易公约》《关于特别是作为水禽栖息地的国际重要湿地公约》《生物多样性公约》等，认真履行《国际热带木材协定》，协助木材生产国控制非法采伐。中国已与世界上1/3的国家和数十个国际组织建立了合作关系，与59个国家签订了96个部门间合作协议和14个政府间协定。

2002年12月，中国-印度尼西亚两国政府签署谅解备忘录，承诺在遏制林产品非法贸易上进行合作。在2007年亚太经合组织第十五次领导人非正式会议上，胡锦涛主席提出建立“亚太森林恢复与可持续管理网络”。2007年9月，国家林业局作为会议的主办方之一举办了“中欧FLEG”会议，会议讨论了FLEG的重要性和促进政策合作的具体步骤。该会议成果丰硕，出台了一系列建议，包括：加强机构间合作；加大利益相关方的参与度；在供应链上采取协同一致的行动；支持国内森林的可持续生产（IUCN，2008）。中国参与的“应对非法采伐及其相关贸易”的相关进程，以及中国在林产品全球贸易中日益增强的影响力和做出的相关国际承诺，都会使人们进一步思量中国对世界森林的贡献。以上政策行动可以促进中国和木材生产国建立良好交流环境，同时也为中国提供了一个机遇，使我们能在区域和全球范围内发挥领导作用。

2011年9月，在首届APEC林业部长级会议上，通过了《北京林业宣言》，强调森林在经济、社会和环境可持续发展、生态保护、消除贫困、绿色增长特别是应对气候变化等方面具有重要的作用和功能，因而加强森林保护、恢复和管理，防止毁林和森林退化，打击非法采伐，促进合法采伐的林产品贸易，已成为国际社会普遍关注的重大课题。2021年11月，《联合国气候变化框架公约》第二十六次缔约方大会世界领导人峰会召开，包括中国在内的114个国家共同签署了《关于森林和土地利用的格拉斯哥领导人宣言》，承诺到2030年停止砍伐森林，扭转土地退化状况。

二、私人部门行动

1. 企业认知和行动

中国是全球最大的林产品生产、贸易和消费国，欧美等发达国家是中国林产品出口的主要市场。欧美等发达国家市场对合法木材的需求正在提升中国出口企业对木材合法性的认知。徐斌等（2014）采用问卷调查、利益方访谈等形式对部分中国林产品出口企业进行了调查与分析，结果表明：约有7%的受访者表示非常了解有关合法与可持续的国际林产品贸易政策，42%的受访者表示对相关政策有一些了解，41%的受访者表示听说过，10%的受访者表示不知道相关政策。但该调查仅发生在《雷斯法案修正案》和

《欧盟木材法规》正式实施后不久，很多影响并未显现。然而，研究结果显示：在 49 家受访企业中，大多数受访者表示客户已对木材合法性提出了有关要求，只有 17%的受访者表示从未收到相关要求。因此，林产品国际贸易市场受到了有关合法与可持续的国际林产品贸易政策的影响，越来越多的客户对中国的木材出口企业提出了合法性要求，这将提升中国企业对木材合法性的认知，而且随着时间的推移，这种趋势会更为明显。

为了应对国际市场的木材合法性需求，中国企业已经采取了一系列积极行动，主要包括开展第三方森林认证、制定企业绿色采购政策、建立木材供应链管理体系、参与木材合法性验证与参与非政府组织的倡议。在徐斌等（2014）的调查中，只有 16%的企业未采取任何措施。截至 2021 年 11 月，中国获得 FSC 的 COC 认证的企业超过 14 000 家，而在 2006 年，这一数量还不足 500（FSC，2021），超过 360 家企业获得了中国森林认证机构 CFCC 的 COC 认证（PEFC，2021）。

2. 行业协会的行动

尽管中国政府尚未出台有关木材合法性的相关标准，但中国林业行业协会在积极开展这方面的工作，主要包括对会员企业的鼓励和培训以及探索木材合法性的行业标准。中国林产工业协会（China National Forest Products Industry Association，CNFPIA）成立于 1988 年，目前会员企业超过 3 000 家。2009 年，该协会在全面收集、分析、消化、吸收国内外有关技术、标准和法规的基础上，制定了《中国木材合法性认定管理办法》（简称《管理办法》），随后选择了 8 家会员企业开展木材合法性认定试点，并根据试点成果对《管理办法》进行了多轮修改完善。此后，该协会印发了《中国林产工业协会关于推动木材加工企业进一步规范木材合法利用的有关通报》和《中国林产工业协会关于继续开展中国木材合法认定试点工作的通知》，决定在全面开展木材合法性认定的同时，继续开展认定试点工作。当前，此项工作正在推进中。2016 年 7 月 5 日，林产工业协会标准编制组在北京召开专家会议，决定将《管理办法》转化为团体标准，并由专家对标准内容提出了修改意见和建议，针对专家提出的意见，该编写组逐条落实并说明采纳的原因。2017 年 2 月 15 日，根据《中国林产工业协会团体标准制修订管理办法》和《关于申报 2016 年度协会社团标准计划项目的通知》，中国林产工业协会标准化技术委员会组织专家对收到的《中国木材合法性认定》团体标准提案进行了立项审查。经专家讨论和企业代表评议，一致通过。2017 年 5 月 4 日，按照国家相关标准起草规则和格式要求，《中国木材合法性认定》（征求意见稿）编制完成。然而，该标准不属于强制性标准的范畴，只作为推荐性团体标准进行发布。[①] 尽管中国林产工业协会已经初步制定了《中国木材合法性认定》这一行业标准，但该标准并没有将合法性作为强制要求，也没有对不遵守的成员进行惩罚，更没有制定监测或核查其成员的手段。

此外，中国林产工业协会还对会员企业进行指导和帮助。近年来，该协会的会员企业对于木材合法性方面的指导需求逐步增加，这说明欧美等发达国家对合法木材的需求对于中国的私人部门产生了一定影响。中国木材流通协会积极参与社会信用体系和企业信用制度建设，在行业内拟开展“中国木材行业合格供应商评估”和“中国木材行业企

① 中国林产工业协会网站。

业信用评估”工作，旨在将企业木材综合利用率、企业木制品原料来源是否合法、是否来自可持续发展林地、是否通过森林认证和产销监管链认证、企业是否对植树造林等公益事业做出贡献等内容纳入评估指标，并给予相应的权重，该工作在培育行业诚信企业和品牌产品过程中发挥了重要作用。如果这一工作正式实施，必将进一步增强打击木材非法采伐的力度和效率。2012 年 6 月，中国林业产业联合会在江西宜丰召开了全国林业产业诚信联盟座谈会，9 月下发了《关于做好申报推介中国林业产业诚信联盟单位的通知》(简称《通知》)，进一步规范中国林业产业诚信联盟的申报、推介、评定工作，确保入盟单位的质量。《通知》下发后已陆续收到林业系统企事业单位超过 300 份入盟申请，拉开了中国林业产业诚信联盟的帷幕，积极推动了国内林业产业诚信工作的开展。

3. 境外投资与经营

由于部分国家实施原木出口限制以及国内天然林禁伐政策，中国政府由此提出了发展海外林业经济合作，投资开发海外森林资源作为扩大中国林业对外开放、寻求林业经济新的增长点、加速我国外向型林业产业建设的重要举措。中国林业企业按照《中国企业境外可持续森林培育指南》和《中国企业境外森林可持续经营利用指南》的要求，严格执行所在国的有关法律法规，杜绝木材非法采伐和非法贸易，依法保护林地，以可持续发展的理念培育和利用森林。例如，中粮集团旗下中土畜木材事业部在加蓬共和国成立了加蓬三利木业公司。加蓬三利木业公司的整个业务流程是：先进行规划森调和采伐森调，这是对林地内的资源进行价值评估，以便了解林地的资源分布、确定每年的工作区块，然后根据森调报告进行合理的林道修建并进行采伐，再将采伐后的原木运送至工厂进行初加工，而加工后的产品运往港口，并进行报关、清关手续，最后出口。由此，加蓬三利林业公司形成了集采伐、加工、物流、分销到最终消费者的纵向一体化网络(宿海颖和陈勇，2012)。2016 年 6 月，12 家加蓬中资林业企业（共有林地面积约 500 万公顷，占所有中资企业在加蓬经营森林的 80%以上）共同发出了“可持续森林经营倡议书”，承诺依照《中国企业境外森林可持续经营利用指南》的要求，严格遵守相关法律法规和国际公约，履行负责任的森林经营，引入产品追踪体系，杜绝和防范非法采伐及造成森林退化的风险，共同保护森林生态环境（宿海颖和陈勇，2012)。

第七节　趋势展望

一、进一步完善木材合法性立法工作

目前，中国在国产木材合法性管理方面具有相对完善的法律体系，这些法律体系为应对国内非法采伐提供了良好的法律依据。中国拥有严格而具体的依法凭证采伐林木的管理制度和体系，木材凭证经营加工管理与凭证采伐林木管理、凭证运输木材管理共同构成了森林采伐源头管理和木材流通环节管理一体化监管体系。此外，中国林业行政执法监督管理体系对依法采伐木材的实施和监督提供了保证。近年来，中国林业行政案件查处数量呈明显下降趋势，收缴非法木材数量维持在历史低位。这表明中国拥有完善的木材合法采伐、运输和经营的管理及执法制度，从而为国产木材的合法性提供了有力保

障，有效降低了国内非法采伐的风险。但从实践看，中国国产木材在满足国际市场合法性要求方面仍存在一定的困难，比如企业很难收集到合法性证明、很难实现原产地追溯等。为此，我们要进一步完善中国的木材采伐、运输和管理制度，实现国产木材来源可追溯，确保国产木材满足国际市场的合法性需求。

二、进一步加强进口木材合法性管理

如前所述，中国在进口木材合法性管理方面仍有较大的提升空间。与世界其他木材消费国相比，中国并没有出台针对进口木材合法性管理的相关法案。尽管中国林产工业协会已经初步制定了《中国木材合法性认定》这一行业标准，但此标准并没有将合法性作为强制要求，也没有对不遵守的成员进行惩罚，更没有制定监测或核查其成员的手段，因而其效力和覆盖范围远不足以降低中国进口木材的高违法风险。中国在进口木材合法性管理方面的不足给全球打击非法采伐进程和中国木材出口企业均带来了不利影响。一方面，由于对木材及其制品的需求不断增长，导致我国的木材进口量随之增大，进而大量疑似非法木材流入中国。贸易数据显示：2000—2013 年中国进口高风险国家的木材总量在增加，但其占中国进口总量的比例却在逐渐减少。然而，自 2013 年开始，中国进口自高风险国家的木材总量和比例均呈上升趋势，中国与美国的贸易摩擦可能是这一趋势的重要原因之一。贸易数据的分析结果表明：中国进口非法采伐木材的风险进一步加大，这可能对全球应对非法采伐及其相关贸易产生不利影响。这是因为中国大量进口高风险国家木材就会减少其他消费国和木材生产国的直接贸易，从而削弱了消费国立法行为所能产生的影响，并减弱了生产国建设和落实全国木材合法性保证体系的积极性。另一方面，我国生产的木材制品大量出口到欧美等政策环境敏感的国家和地区，我国企业在生产和出口木制品过程中面对着来自消费市场的较大质疑。国际社会对中国加强木材合法性管理的压力不断增大，我国企业在林产品进出口过程中面临的合法性挑战也越来越大。

因此，为了顺应全球打击非法采伐及其相关贸易的新形势，弥补在需求侧打击非法木材贸易的最后一环，考虑出台中国进口木材合法性管理相关法规制度有其必要性。此举有助于维护中国企业在林产品进出口贸易中的合法权益，从而推动和促进中国林产品贸易的可持续发展。

三、建立和推广中国木材合法性认定体系

如何验证合法和非法木材是解决非法采伐及其相关贸易问题的关键，我们要做好木材合法性评估和验证工作，积极推进木材来源证明、木材跟踪和供给链管理。我国具有严格的木材采伐和运输管理制度，这本应是我国木材“合法”身份的最可信证明。但从国际上说，林产品的合法性还需要第三方的验证或企业的实地验证，借以提高其可信度，因此我国还应根据国际要求，发展我国的木材合法性验证体系，从而提高我国林产品合法性的可信度。

我国已提出建立木材合法性验证体系框架：一是建立以政府为主导的木材合法性认证体系。由于我国木材运输证的办理需要提供木材采伐许可证和其他合法性证明，所以原则上用“一证”即可证明木材的合法性。因此，可考虑完善目前的木材运输证管理体

系，将进口木材的合法性证明纳入我国木材运输管理制度，补充有关木材及其制成品的材料来源、树种及合法性［如采伐许可证（编号）等信息］，实现可追溯性，然后将其直接作为中国木材及木制品的合法性证明，该方法的成本低、可操作性强。在必要时，我国可建立专门针对出口木材及木制品运输证的管理制度和办理要求（如木材来源、树种等信息以及合法性证明），注明该批木材或木制品的合法性，并授权具有资质或省级以上的林业管理部门审核发放。二是建立以市场为主导的第三方合法性认证体系，以提高可信度。这主要包括：根据国际市场要求，建立适合中国国情、林情且能有效应对国际木材合法性要求的木材合法性评估标准，木材来源合法性的认证程序和办法；建立木材合法性管理及许可证发放机构，直接或认可相关的验证机构开展验证审核，发放木材合法性证书，提高我国木材合法性的可信度。企业可以在自愿的基础上开展合法性验证。在条件成熟时，也可将其作为我国外贸型木材加工企业的强制要求。

推荐读物

［1］程宝栋，李凌超．非法采伐、跨国木材合法性保障制度与相关贸易：进展、挑战和对策［J］．国际贸易，2016（7）：38－42，68．

［2］程宝栋，翟瑞一．应对非法采伐与相关贸易的国际行动及启示［J］．对外经贸实务，2013（6）：22－24．

［3］管志杰．全球治理非法采伐的贸易影响及对策研究［M］．北京：经济科学出版社，2016．

［4］韩沐洵，田明华，蔡昕妤，等．中国木质林产品贸易与国际非法采伐相关性分析［J］．林业经济，2013（9）：75－82，101．

［5］金普春．关于非法采伐和贸易问题的思考［J］．绿色中国，2005（8）：21－23．

［6］缪东玲．非法采伐及相关贸易研究综述［J］．世界林业研究，2018，31（3）：1－8．

［7］钱静，杨红强，聂影．木材非法采伐与贸易研究进展：基于1998～2017年文献成果［J］．林业经济，2018，40（12）：3－9．

［8］孙久灵，陆文明，田明华．国际非法采伐与相关贸易问题的探讨［J］．北京林业大学学报（社会科学版），2010，9（2）：111－114．

［9］徐斌，陈绍志，陈勇．应对非法采伐与相关贸易策略研究［M］．北京：中国林业出版社，2014．

［10］杨春芳，杨红强．非法采伐及相关贸易统计数据缺乏的估算方法学综述［J］．林业经济，2020，42（3）：88－96．

［11］Kolokoltsov，V. N.，“Inspection-Corruption Game of Illegal Logging and Other Violations：Generalized Evolutionary Approach”［J］，*Mathematics*，2021，9（14）：1619．

［12］Mukul，S. A.，Herbohn，J.，et al.，“Comparing the Effectiveness of Forest Law Enforcement and Economic Incentives to Prevent Illegal Logging in Bangladesh”［J］，*International Forestry Review*，2014，16（3）：363－375．

［13］ Prestemon，J. P.，"The Impacts of the Lacey Act Amendment of 2008 on U. S. Hardwood Lumber and Hardwood Plywood Imports"［J］，*Forest Policy and Economics*，2015 (50)：31－44.

［14］ Villanueva，F. D. P.，Tegegne，Y. T.，Winkel，G.，et al.，"Effects of EU Illegal Logging Policy on Timber-Supplying Countries：A Systematic Review"［J］，*Journal of Environmental Management*，2023，327：116874.

思考与讨论

1. 非法木材采伐的主要驱动因素有哪些？
2. 国际非法木材采伐贸易有哪些特点？
3. 我国应对非法木材采伐及其相关贸易有哪些具体行动？
4. 基于国际贸易、环境规制等理论，非法采伐法案对林产品来源国的影响路径是什么？
5. 非法采伐法案对我国有哪些影响？我国应如何应对？
6. 未来国际非法采伐及其相关贸易会有哪些变化？

主要参考文献[①]

[1] 埃莉诺·奥斯特罗姆，拉里·施罗德，苏珊·温．制度激励与可持续发展［M］．上海：上海三联书店，2000.

[2] 蔡飞，张兰，张彩虹．我国林木生物质能源资源潜力与可利用性探析［J］．北京林业大学学报（社会科学版），2012，11（4）：103－107.

[3] 曹玉昆．国有林经营保护与国有森工企业改革发展［M］．北京：中国林业出版社，2000.

[4] 陈钦，刘伟平．公益林生态效益补偿的制度变迁分析［J］．林业经济，2000（4）：48－53.

[5] 陈嵘．历代森林史略及民国林政史料［J］．南京：金陵大学农学院森林系林业推广部，1934：99－100.

[6] 陈文汇，刘俊昌．国外主要国有森林资源管理体制及比较分析［J］．西北农林科技大学学报（社会科学版），2012，12（4）：80－85.

[7] 陈岳，伍学龙，魏晓燕，等．我国生态产品价值实现研究综述［J］．环境生态学，2021，3（11）：29－34.

[8] 程宝栋，宋维明．中国应对国际木材非法采伐问题的思考［J］．国际贸易，2008（3）：50－53.

[9] 崔海兴，郎晓娟，郑风田．国有林区森工企业困境成因解析：不具备垄断条件下的垄断［J］．林业经济，2010（6）：12－17.

[10] 戴广翠．森林环境服务业发展的理论与实践研究［D］．北京：北京林业大学，2009.

[11] 戴广翠，黄东，高岚，等．从森林环境经济核算看林业对国民经济的贡献：《联合国粮农组织林业环境与经济核算指南》案例研究［J］．林业经济，2007（1）：39－44.

① 本书完整的参考文献已放在人大社网站相关书目下，读者可查阅使用。

[12] 道格拉斯·C. 诺斯．制度、制度变迁与经济绩效 [M]. 上海：三联书店，1994.

[13] 窦亚权，李娅．我国国家公园建设现状及发展理念探析 [J]. 世界林业研究，2018，31 (1)：75-80.

[14] 樊宝敏，李晓华，杜娟．中国共产党林业政策百年回顾与展望 [J]. 林业经济，2021，43 (12)：5-23.

[15] 樊宝敏．中国清代以来林政史研究 [D]. 北京：北京林业大学，2005.

[16] 范小杉，何萍．国际森林资源资产核算进展及启示 [J]. 林业经济，2016，38 (10)：93-96.

[17] 高岚，温亚利，刘俊昌．农林经济管理研究进展 [M]. 北京：中国环境科学出版社，2006.

[18] 郭兆迪，胡会峰，李品，等．1977～2008 年中国森林生物量碳汇的时空变化 [J]. 中国科学：生命科学，2013，43 (5)：421-431.

[19] 国家发改委宏观经济研究院课题组．中国绿色 GDP 的统计方法研究 [J]. 经济学动态，2005 (8)：22-27.

[20] 何桂梅，王鹏，徐斌，等．国际林业碳汇交易变化分析及对我国的启示 [J]. 世界林业研究，2018，31 (5)：1-6.

[21] 何丕坤，何俊．中国社会林业发展的回顾与展望 [J]. 绿色中国，2004 (Z1)：74-78.

[22] 何文剑，赵秋雅，张红霄．林权改革的增收效应：机制讨论与经验证据 [J]. 中国农村经济，2021 (3)：46-67.

[23] 侯元兆，王琦．中国森林资源核算研究 [J]. 世界林业研究，1995 (3)：51-56.

[24] 胡鞍钢，郎晓娟，沈若萌，等．集体林权制度改革：开启中国绿色改革之路 [J]. 林业经济，2014，36 (2)：3-10.

[25] 黄宝荣，王毅，苏利阳，等．我国国家公园体制试点的进展、问题与对策建议 [J]. 中国科学院院刊，2018，33 (1)：76-85.

[26] 黄冲，罗攀柱．社会生态系统分析框架在世界森林治理研究中的应用及启示 [J]. 世界林业研究，2022，35 (1)：1-7.

[27] 黄雷．中国开发林木生物质能源与其产业发展研究 [M]. 北京：中国农业出版社，2015.

[28] 姜霞，黄祖辉．经济新常态下中国林业碳汇潜力分析 [J]. 中国农村经济，2016 (11)：57-67.

[29] 蒋海．对当前林业经济理论基础和研究前沿的几点认识——兼与李周同志商榷 [J]. 林业经济，1997 (6)：57-60.

[30] 荆珍．全球森林治理：机制、机构、理念、前景 [D]. 长春：吉林大学，2016.

[31] 柯水发．改革开放以来的林业发展评价与展望 [M]. 北京：经济科学出版社，

2019.

[32] 柯水发，纪元，黄雷．新一轮中国集体林权制度改革：演进历程、驱动因素与融合趋势 [J]. 农林经济管理学报，2022，21 (4)：424 - 432.

[33] 柯水发，纪元，温亚利，等．新时代我国林业经济管理学科的拓展 [J]. 中国林业教育，2023，41 (1)：32 - 39.

[34] 柯水发，李红勋，崔海兴，等．林业经济学 [M]. 北京：中国林业出版社，2020.

[35] 孔繁文，何乃蕙，高岚．中国森林资源价值的初步核算 [J]. 数量经济技术经济研究，1990 (11)：56 - 64.

[36] 雷加富．关于深化重点国有林区改革的几点思考 [J]. 林业经济，2006，28 (8)：3 - 6.

[37] 李剑泉，陈绍志，陈洁．木材合法性认定与森林认证的比较优势及影响研究 [J]. 林业经济，2013 (9)：47 - 54.

[38] 李金昌．资源核算及其纳入国民经济核算体系初步研究 [J]. 中国人口·资源与环境，1992 (2)：25 - 32.

[39] 李莉．中国林业史 [M]. 北京：中国林业出版社，2017.

[40] 李怒云，苏迪．我国林业碳汇的发展趋势与展望 [J]. 中华环境，2018 (9)：28 - 31.

[41] 李文华，李世东，李芬，等．森林生态补偿机制若干重点问题研究 [J]. 中国人口·资源与环境，2007 (2)：13 - 18.

[42] 李周．改革以来的林业经济研究评述：祝贺《林业经济》创刊 100 期 [J]. 林业经济，1996 (6)：21 - 27.

[43] 李周．林业经济学科建设的思考 [J]. 林业经济问题，2017，37 (3)：88 - 96，112.

[44] 联合国粮食及农业组织．林权制度改革：问题、原则和过程 [M]. 徐猛，刘翔洲，译．北京：中国农业出版社，2014.

[45] 梁丹．全球视角下的森林生态补偿理论和实践：国际经验与发展趋势 [J]. 林业经济，2008 (12)：7 - 15.

[46] 廖士义．林业经济学导论 [M]. 北京：中国林业出版社，1987.

[47] 廖士义．林业经济研究初议 [J]. 林业经济，1979 (2)：15 - 19.

[48] 林毅夫，刘志强．中国的财政分权与经济增长 [J]. 北京大学学报（哲学社会科学版），2000 (4)：5 - 17.

[49] 刘璨．改革开放以来集体林权制度改革的分权演化博弈分析 [J]. 中国农村经济，2020 (5)：21 - 38.

[50] 刘俊昌．林业经济学 [M]. 北京：中国农业出版社，2011.

[51] 龙贺兴，傅一敏，刘金龙．国际森林治理的变迁历程和展望 [J]. 林业经济，2016，38 (3)：3 - 7，42.

[52] 龙贺兴，张明慧，刘金龙．从管制走向治理：森林治理的兴起 [J]. 林业经济，

2016，38（3）：19－24.

[53] 蒙莹莹．孙中山林业思想研究［D］．北京：北京林业大学，2014.

[54] 缪东玲，田禾，程宝栋．木材合法性认证及其对中国木质林产品贸易的影响［J］．世界林业研究，2014，27（2）：61－65.

[55] 潘丹，陈寰，孔凡斌．1949年以来中国林业政策的演进特征及其规律研究：基于283个涉林规范性文件文本的量化分析［J］．中国农村经济，2019（7）：89－108.

[56] 丘水林，靳乐山．生态产品价值实现：理论基础、基本逻辑与主要模式［J］．农业经济，2021（4）：106－108.

[57] 邱俊齐．林业经济学［M］．北京：中国林业出版社，1998.

[58] 沙希·康德，贾纳基·R. R. 阿拉瓦帕蒂．森林资源经济学手册［M］．国家林业和草原局经济发展研究中心，国家林业和草原局对外合作项目中心，译．北京：中国林业出版社，2018.

[59] 沈月琴，曾程，王成军，等．碳汇补贴和碳税政策对林业经济的影响研究：基于CGE的分析［J］．自然资源学报，2015，30（4）：560－568.

[60] 沈月琴，张耀启．林业经济学［M］．北京：中国林业出版社，2011.

[61] 盛洪．制度经济学在中国的兴起［J］．管理世界，2002（6）：149－153.

[62] 施荫森，张文琪，苑文仲．林业生产经济［M］．北京：农业出版社，1982.

[63] 孙冬冬．中国国家公园制度建设与管理体制研究［D］．成都：成都理工大学，2015.

[64] 王金南，王志凯，刘桂环，等．生态产品第四产业理论与发展框架研究［J］．中国环境管理，2021，13（4）：5－13.

[65] 王若楠．我国国家公园管理体制研究［D］．重庆：西南大学，2022.

[66] 王毅昌，蒋敏元．东北、内蒙古重点国有林区管理体制改革探求［J］．林业科学，2005（5）：163－168.

[67] 王玉芳，郭辰星．中国林业生物质能源研究综述：基于文献计量工具的可视化分析［J］．林业经济，2019，41（9）：118－122.

[68] 王志刚．多中心治理理论的起源、发展与演变［J］．东南大学学报（哲学社会科学版），2009，11（S2）：35－37.

[69] 威廉·F. 海德．全球视角下的林业经济学［M］．徐晋涛，陈思莹，等译．北京：北京大学出版社，2022.

[70] 蔚东英．国家公园管理体制的国别比较研究：以美国、加拿大、德国、英国、新西兰、南非、法国、俄罗斯、韩国、日本10个国家为例［J］．南京林业大学学报（人文社会科学版），2017，17（3）：89－98.

[71] 温铁军，王平，陈学群．国有林区改革的困境和出路［J］．林业经济，2007（9）：23－26.

[72] 吴柏海，张蕾，余涛．《雷斯法案》对中美林产品贸易产生的影响及应对策略［J］．林业经济，2009（1）：69－71.

[73] 吴红军，李剑泉．我国森林生态效益补偿政策探析［J］．林业资源管理，2008

(5)：20－23，31.

[74] 谢晨，张坤，王佳男．奥斯特罗姆的公共池塘治理理论及其对我国林业改革的启示 [J]. 林业经济，2017，39 (5)：3－10，18.

[75] 谢和生，何亚婷，何友均．我国林业碳汇交易现状、问题与政策建议 [J]. 林草政策研究，2021，1 (3)：1－9.

[76] 谢屹，贺超，温亚利．中国林业经济管理学学科问题初探 [J]. 林业经济问题，2007 (4)：362－365.

[77] 邢红．中国国有林区管理制度研究 [D]. 北京：北京林业大学，2007.

[78] 邢美华，黄光体，张俊飚．森林资源价值评估理论方法和实证研究综述 [J]. 西北农林科技大学学报（社会科学版），2007 (5)：30－35.

[79] 邢熙，郑风田，崔海兴．中国林木生物质能源：现状、障碍及前景 [J]. 林业经济，2009 (3)：6－12.

[80] 熊大桐．中国古代林业科学技术知识初探 [J]. 林业科学，1987 (2)：162－173.

[81] 熊大桐，等．中国近代林业史 [M]. 北京：中国林业出版社，1989.

[82] 徐国祯．乡村林业的发展及其意义 [J]. 世界林业研究，1992 (4)：13－19.

[83] 徐晋涛，姜雪梅，季永杰．重点国有林区改革与发展趋势的实证分析 [J]. 林业经济，2006 (1)：10－15.

[84] 徐晋涛，易媛媛．“双碳”目标与基于自然的解决方案：森林碳汇的潜力和政策需求 [J]. 农业经济问题，2022 (9)：11－23.

[85] 徐拓远，张晓晓，刘金龙，等．分权还是集权：对改革开放以来我国林业税费体制变迁的解释 [J]. 农业经济问题，2019 (1)：133－144.

[86] 许恩银，王维枫，聂影，等．中国林业碳贡献区域分布及潜力预测 [J]. 中国人口·资源与环境，2020，30 (5)：36－45.

[87] 薛达元，蒋明康．中国自然保护区类型划分标准的研究 [J]. 中国环境科学，1994 (4)：246－251.

[88] 闫颜，唐芳林．我国国家公园立法存在的问题与管理思路 [J]. 北京林业大学学报（社会科学版），2019，18 (3)：97－101.

[89] 杨博文．“资源诅咒”抑或“制度失灵”?：基于中国林业碳汇交易制度的分析 [J]. 中国农村观察，2021 (5)：51－70.

[90] 臧振华，张多，王楠，等．中国首批国家公园体制试点的经验与成效、问题与建议 [J]. 生态学报，2020，40 (24)：8839－8850.

[91] 曾程，沈月琴，冯娜娜．Faustmann 模型：起源、拓展与应用. 绿色经济与林业发展论：第六届中国林业技术经济理论与实践论坛论文集 [A]，2012－11－17：325－331.

[92] 曾维忠，刘胜，杨帆，等．扶贫视域下的森林碳汇研究综述 [J]. 农业经济问题，2017，38 (2)：102－109，3.

[93] 曾伟，李腊梅，曾寅初．木材合法性贸易要求对中国木质林产品贸易的影响：

基于欧盟新木材法案的分析 [J]. 林业经济问题，2017，37 (2)：70－74，108.

[94] 张道卫，皮特·H. 皮尔森. 林业经济学 [M]. 刘俊昌，贺超，孟莉，等译. 北京：中国林业出版社，2001.

[95] 张建国. 中国林业经济学 [M]. 哈尔滨：东北林业大学出版社，1992.

[96] 张兰，张彩虹. 林木生物质能源发展研究综述 [J]. 经济问题探索，2012 (10)：186－190.

[97] 张敏. 社会林业现状及发展趋势 [J]. 世界林业研究，2003 (5)：35－39.

[98] 张颖，李晓格，温亚利. 碳达峰碳中和背景下中国森林碳汇潜力分析研究 [J]. 北京林业大学学报，2022，44 (1)：38－47.

[99] 张颖. 森林资源核算的理论、方法、分类和框架 [J]. 林业科技管理，2003 (2)：11－14，21.

[100] 张颖. 中国森林生物多样性价值核算研究 [J]. 林业经济，2001 (3)：37－42.

[101] 张壮，赵红艳. 中国国有林区体制变迁的逻辑特征与实践取向 [J]. 社科纵横，2021，36 (3)：58－63.

[102] 赵佳程，张沛，巴枫，等. 森林治理中以行动者为中心的权力理论 [J]. 资源科学，2020，42 (4)：636－648.

[103] 赵敏娟，徐涛，姚柳杨，等. 生态文明背景下自然资源治理体系的框架设计 [J]. 中国环境管理，2015，7 (5)：26－32.

[104] 赵西君. 中国国家公园管理体制建设 [J]. 社会科学家，2019 (7)：70－74.

[105] 中国可持续发展林业战略研究项目组. 中国可持续发展林业战略研究总论 [M]. 北京：中国林业出版社，2002.

[106] 中国林业经济学会，国家林业和草原局管理干部学院. 新中国林业经济思想史略 (1949～2000) [M]. 北京：中国林业出版社，2019.

[107] 中国森林资源核算及纳入绿色 GDP 研究项目组. 绿色国民经济框架下的中国森林核算研究 [M]. 北京：中国林业出版社，2010.

[108] 钟兆真，刘丽娜，张亚鹏，等. 中国生物质能政策变迁研究：2000—2019 年 [J]. 中国人口·资源与环境，2022，32 (1)：77－88.

[109] 周宏春. 生态价值核算回顾与评价 [J]. 中国生态文明，2016 (6)：54－61.

[110] 朱臻，沈月琴，徐志刚，等. 森林经营主体的碳汇供给潜力差异及影响因素研究 [J]. 自然资源学报，2014，29 (12)：2013－2022.

[111] Shashi Kant，谢屹，温亚利. 林业经济学领域的拓展 [J]. 绿色中国，2005 (2)：54－57.

图书在版编目（CIP）数据

林业经济学：拓展与进展 / 柯水发等编著. 北京：中国人民大学出版社，2024.12. --（新编 21 世纪研究生系列教材）. -- ISBN 978-7-300-33126-3

Ⅰ. F307.2

中国国家版本馆 CIP 数据核字第 20249RB777 号

新编 21 世纪研究生系列教材

林业经济学：拓展与进展

柯水发 等 编著

Linye Jingjixue：Tuozhan yu Jinzhan

出版发行	中国人民大学出版社		
社　　址	北京中关村大街 31 号	**邮政编码**	100080
电　　话	010-62511242（总编室）		010-62511770（质管部）
	010-82501766（邮购部）		010-62514148（门市部）
	010-62515195（发行公司）		010-62515275（盗版举报）
网　　址	http://www.crup.com.cn		
经　　销	新华书店		
印　　刷	固安县铭成印刷有限公司		
开　　本	787 mm×1092 mm　1/16	**版　　次**	2024 年 12 月第 1 版
印　　张	17 插页 1	**印　　次**	2024 年 12 月第 1 次印刷
字　　数	383 000	**定　　价**	59.00 元

教学支持说明

1. 教辅资源获取方式

为秉承中国人民大学出版社对教材类产品一贯的教学支持，我们将向采纳本书作为教材的教师免费提供丰富的教辅资源。您可直接到中国人民大学出版社官网的教师服务中心注册下载——http://www.crup.com.cn/Teacher。

如遇到注册、搜索等技术问题，可咨询网页右下角在线 QQ 客服，周一到周五工作时间有专人负责处理。

注册成为我社教师会员后，您可长期根据您所属的课程类别申请纸质样书、电子样书和教辅资源，自行完成免费下载。您也可登录我社官网的“教师服务中心”，我们经常举办赠送纸质样书、赠送电子样书、线上直播、资源下载、全国各专业培训及会议信息共享等网上教材进校园活动，期待您的积极参与！

2. 高校教师可加入下述学科教师 QQ 交流群，获取更多教学服务

经济类教师交流群：809471792

财政金融教师交流群：766895628

国际贸易教师交流群：162921240

税收教师交流群：119667851

3. 购书联系方式

网上书店咨询电话：010-82501766

邮购咨询电话：010-62515351

团购咨询电话：010-62513136

中国人民大学出版社经济分社

地址：北京市海淀区中关村大街甲 59 号文化大厦 1506 室　100872

电话：010-62513572　010-62515803

传真：010-62514775

E-mail：jjfs@crup.com.cn